高等职业教育电子商务专业系列教材

电子商务基础

主　编　张格余　杨永靖
副主编　钱晓舒　许丹青
参　编　李　芳　袁　辉　张　沚
　　　　　韩宇浩　魏湘明　徐良霞

机械工业出版社

本书依据五年制高等职业教育电子商务专业人才培养目标，依托国内知名电子商务平台，系统介绍主要电子商务交易模式（B2C、C2C、B2B、移动电商）、网络营销、物流配送、网上银行、网上创业等业务流程，培养学生从事电子商务工作的实践技能和网上创业意识。

本书以技术技能人才培养为目标，以电子商务业务活动中的技能需求为主线，采取项目教学、任务驱动、实战训练等方式，培养、训练、提高学生的电子商务应用能力。全书共分 6 个项目，包括初识电子商务、电子商务交易模式及其应用、体验网络营销、感知物流管理、网上支付与电子商务安全、网上创业等内容。每个项目分为若干个任务，在每个任务中包括任务情景、任务分析、任务实施、相关知识、实战训练、思考与练习等内容。

本书可作为五年制高职电子商务专业及商贸类专业（农村电子商务、商务数据分析与应用、现代物流管理、市场营销、商务管理、国际贸易等专业）的教学用书。本书配套资源丰富，授课教师可登录机械工业出版社教育服务网（www.cmpedu.com）免费注册下载电子教案、电子课件等课程资源。

图书在版编目（CIP）数据

电子商务基础 / 张格余，杨永靖主编． -- 北京：机械工业出版社，2025.3．--（高等职业教育电子商务专业系列教材）． -- ISBN 978-7-111-78128-8

Ⅰ．F713.36

中国国家版本馆 CIP 数据核字第 2025GB5397 号

机械工业出版社（北京市百万庄大街 22 号　邮政编码 100037）

策划编辑：李绍坤　　　　　责任编辑：李绍坤　王华庆
责任校对：李　杉　李小宝　封面设计：鞠　杨
责任印制：张　博

北京机工印刷厂有限公司印刷

2025 年 8 月第 1 版第 1 次印刷

184mm×260mm・17.25 印张・413 千字

标准书号：ISBN 978-7-111-78128-8

定价：55.00 元

电话服务	网络服务
客服电话：010-88361066	机　工　官　网：www.cmpbook.com
010-88379833	机　工　官　博：weibo.com/cmp1952
010-68326294	金　书　网：www.golden-book.com
封底无防伪标均为盗版	机工教育服务网：www.cmpedu.com

前　言

随着电子商务的迅猛发展，电子商务正在改变世界贸易格局并成为经济发展新的增长点。连续多年的"双11经济"和"淘宝村"的不断涌现，更彰显了电子商务的魅力！2015年《政府工作报告》中提出"互联网＋"行动计划，奏响了"大众创业、万众创新"的时代序曲，掀起了第四次创业大潮。直播电商、跨境电商、农村电商快速发展，电子商务行业迎来了前所未有的发展机遇。电子商务是数字经济的重要组成部分之一，在实现数字经济飞速发展和全面推进的同时，也能在一定程度上通过电子商务等多种经济发展形式助推传统产业结构的转型与优化升级。新兴数字技术手段以及电子商务两大重要推动力量，可以同时带动多个行业领域内的经济业态实现蓬勃向好发展。在数字经济的背景下，电子商务的整体发展形势呈现出新业态和新模式，对我国经贸产业的转型发展以及市场规模扩大，产业结构优化升级，全面建成小康社会等多方面战略要求作出了重要的贡献。

电子商务的快速发展，加剧了企业对电子商务人才的需求。为实现技术技能电子商务人才培养目标，我们依据五年制高职电子商务专业人才培养方案和课程标准，组织电子商务专业骨干教师编写了本书。

本书以电子商务的实际业务为背景，以电子商务业务活动为主线，突出实践教学，采取项目教学、任务驱动，通过"教学做"一体教学模式改革，培养、提高学生的实践能力，实现高职教育技术技能人才培养目标。

本书特点如下：

（1）由软件模拟到实战，提升学生技能　改变以往学生对软件模拟学习兴趣不高的弊端，以知名电子商务网站及相关网络资源为依托，突出学生实践能力培养，通过实战训练，帮助学生熟悉并掌握真实电子商务业务流程，进一步加深学生对电子商务基本理论的理解与掌握；提高学生的电子商务应用能力，培养学生的网上创业意识和创新能力。

（2）适应电商行业发展，融入电商新技术　随着电子商务快速发展，跨境电子商务、农村电子商务、直播电商、移动电商等新技术、新业态不断涌现。本书对电子商务新技术做了系统介绍，帮助学生适应电子商务发展新要求。

（3）坚持立德树人根本，实施课程思政　以我国电子商务发展取得巨大成就为主线，挖掘家国情怀、民族自信、数字工匠等思政元素，弘扬爱国主义主旋律，实施课程思政。

本书由张格余、杨永靖担任主编，钱晓舒、许丹青担任副主编，李芳、袁辉、张沚、韩宇浩、魏湘明、徐良霞参加编写。其中，项目1由杨永靖、韩宇浩编写，项目2由张格余、杨永靖、徐良霞编写，项目3由袁辉、魏湘明编写，项目4由李芳编写，项目5由许丹青、张沚编写，项目6由钱晓舒编写。

在本书编写过程中，机械工业出版社的编辑提供了大力支持，提出了许多宝贵意见。本书使用了知名电子商务网站资源，参考了许多电子商务书籍及网络资源，在此一并致以诚挚的谢意！由于电子商务理论与实践在不断探索发展中，书中可能存在一些不足之处，敬请批评指正。

编　者

目　录

前言

项目 1　初识电子商务 ... 1
任务 1　走进电子商务 ... 2
任务 2　电子商务发展现状与趋势 ... 12
任务 3　电子商务分类及特点 ... 17
任务 4　网络市场调研 ... 28
任务 5　商务信息检索 ... 40
任务 6　商务网络工具的使用 ... 53

项目 2　电子商务交易模式及其应用 ... 74
任务 1　B2C 电子商务 ... 74
任务 2　C2C 电子商务 ... 82
任务 3　B2B 电子商务 ... 91
任务 4　移动电子商务 ... 110
任务 5　直播电商 ... 123
任务 6　跨境电子商务 ... 141

项目 3　体验网络营销 ... 156
任务 1　网络营销概述 ... 157
任务 2　网络营销策略与方法 ... 164
任务 3　网络广告 ... 173

项目 4　感知物流管理 ... 188
任务 1　认识物流 ... 188
任务 2　物流配送 ... 197

项目 5　网上支付与电子商务安全 ... 205
任务 1　网上支付 ... 206
任务 2　网上银行 ... 220
任务 3　电子商务安全技术 ... 225

项目 6　网上创业 ... 234
任务 1　网上创业渠道 ... 234
任务 2　网店装修 ... 241
任务 3　网店运营与推广 ... 255

参考文献 ... 270

项目 1

初识电子商务

学习目标

知识目标

- 明确电子商务的含义、功能、现状和发展趋势；
- 掌握电子商务的基本组成要素、分类和特点；
- 理解电子商务中的四种"流"；
- 明确网络市场调研的概念、方法、内容和过程；
- 了解搜索引擎的含义、分类和工作原理；
- 了解易企秀、腾讯会议和百度网盘的功能。

能力目标

- 能对比分析电子商务平台的经营特点；
- 能使用在线问卷调查平台开展网络市场调研；
- 能熟练掌握搜索引擎的使用方法和技巧；
- 能熟练掌握商务网络工具的使用并辅助商务活动的开展。

素质目标

- 热爱电子商务职业，自觉遵守电子商务法律规范，具有从事电子商务工作必须具备的合作意识、团队精神、诚信意识、网络安全等素质。

任务1　走进电子商务

 任务情景

2009年淘宝商城推出"双11"购物节，于当年实现了0.52亿元的销售额；2010年"双11"实现了9.36亿元销售额……2024年，全国综合电商平台"双11"实现了11093亿元销售额。连续多年的"双11经济"，彰显了电子商务的巨大魅力，折射出我国电子商务的发展历程。

下面一起走进电子商务，揭开电子商务的神秘面纱！

 任务分析

通过本任务的学习，对我国电子商务建立全面而深入的认识，了解电子商务的基本知识和技能，理解电子商务是如何成为推动我国乃至全球消费市场的重要力量的，为将来从事电子商务及相关领域的工作奠定坚实基础。

 任务实施

面对风高浪急的国际环境和艰巨繁重的国内改革发展稳定任务，我国科学统筹经济社会发展，国民经济顶住压力持续恢复，经济韧性持续显现。电子商务市场规模增速虽有所放缓，但总体发展势头依然强劲。网络零售拉动消费增长的作用持续提升，跨境电商促进外贸进出口持续增长，农村电商助力巩固拓展脱贫攻坚成果同乡村振兴有效衔接，电子商务业态模式迭代创新并与实体经济深度融合，为拓展发展空间、提振发展信心做出了积极贡献，成为稳增长、保民生、促转型、优结构的"强心剂"和助力经济持续恢复的"稳定器"。

近年来，我国电子商务发展呈现出以下特点：

1）电子商务模式与业态迭代创新。

第一，即时零售赋能实体商业数字化转型。在"宅经济"带动下，我国电子商务线上线下协同联动快速发展，即时零售新模式首先在外卖领域出现。随着外卖骑手配送的商品种类越来越丰富，外卖平台也从以餐饮配送为主演变成"万物配送到家"的平台。各大电商平台和传统零售企业纷纷布局即时零售，平台和自营两种即时零售模式同步发展。即时送达的便利性与商品品类的多元性吸引越来越多的消费者选择即时零售。即时零售新业态的兴起，不仅开拓了电子商务新的增长点，使得时效性和本地化属性强的消费需求在线上得到满足，更为线下实体商家带来新的发展机遇。依托线下实体零售业务和末端配送效率优势，即时零售业务向上下游延伸，有助于打通全领域数字化通路，助力线下实体商业实现线上线下相融合。

第二，电商直播间成为新型网络店铺。截至2024年12月，我国网络直播用户规模达8.33亿人，较2023年12月增长1737万人，已占网民整体的75.2%，消费者通过直播电商购买商品已成为一种常态化的购物方式。伴随用户规模的持续扩大及交易额的不断攀升，直

播电商吸引更多商家将其作为营销引流的"标配",服务范围快速扩大。直播电商利用"人货场"新交互场景激发消费者潜在需求,缩短消费决策时间,销售转化率较传统电商明显提升。主要直播电商平台交易额增速高于传统电商平台,直播电商对传统电商产生了一定的替代效应。与传统网店相比,直播间能实现双向实时互动,凭借超长的直播时长和密集的场次覆盖,直播间已成为新型网络店铺。同时,直播电商利用更丰富的视频信息推介,把一些原本难以在线上销售的非标品也加入了直播间货架。品牌商纷纷入驻直播间,品牌自播成为企业营销的重要方式,利用私域流量助力品牌持续增长。随着人工智能和虚拟现实技术的迅速发展,已崭露头角的虚拟主播应用将更加广泛。直播电商行业正从流量驱动转为产品和内容驱动,进入以品牌自播、知识主播、技术赋能和定制化直播等为特点的新发展阶段。

第三,短视频内容"种草"助力流量红利变现。电商消费行为呈现出碎片化、社交化、娱乐化的特点,逐渐形成"兴趣内容引导购买"的新电商消费模式。短视频通过优质内容占据受众的注意力和时间,其中具备内容优势的带货短视频能够激发用户消费兴趣,达到深度"种草"的目的。短视频用户规模快速增长,短视频成为全民化应用。截至2024年12月,短视频用户规模为10.4亿人,占网民整体的93.8%。带货短视频在数量和质量上均显著提升,与用户兴趣、日常关注点等相关度较高的视频内容能够引起广泛的互动传播。短视频平台持续拓展电商业务,"内容+电商"的种草变现模式已深度影响用户消费习惯。短视频平台依托流量和效率优势持续吸引商家入驻,新开店商家数量增速明显。用户通过内容消费产生商品消费,短视频带来的商品交易额快速增长。

第四,线上服务助力消费场景创新。推进生活服务业数字化转型,不仅对方便百姓生活、提振消费具有重要意义,而且为行业转型升级和高质量发展注入了新动力。新一代信息技术与服务业深度融合,"互联网+"激发服务业新动能,打破了服务消费供需双方在时空上的限制,拓展了服务消费场景,改善了服务消费体验,推动线上服务消费供给更加丰富,使服务消费市场增长潜力加速释放。互联网家政平台用户规模不断增长,线上渗透率持续提升,线上渠道已经成为家政行业重要的需求来源。在线医疗和医药电商以其独特的互联网优势发挥了重要作用,居民关注度和使用率显著提高。截至2024年12月,我国互联网医疗用户规模达4.18亿人,占网民整体的37.7%。随着政策的开放与推进,医药电商行业正迎来新一轮的增长,市场规模进一步扩大。其中,医药电商O2O(线上线下商务)模式基于线下药店,利用互联网平台销售药品,既为线下药店增长注入新的市场活力,又满足了消费者即时用药咨询和药品购买的需求。

2)电子商务与传统产业深度融合。

第一,B2B(企业对企业)电子商务发力工业品线上采购与供应链服务。在政策引导支持、市场需求驱动及数字技术进步等多重利好因素共同作用下,工业品B2B市场规模保持上升态势。企业线上采购持续增长,产业链上下游企业主动参与和加速数字化转型,工业品B2B平台业务由平台主导推动转向上下游企业协同推动。在宏观经济增速放缓和生产要素成本较快增长的背景下,产业链上游商家在获客、产品营销、精准匹配下游采购客户需求及线上运营效率等方面存在能力不足的短板,同时产业链下游客户也面临传统采购的诸多痛点,更倾向于选择更为便利和低成本的线上采购方式。工业品B2B平台不断完善服务生态,在线上交易服务的基础上,不断提升线上运营、供应链金融、仓储物流服务以及本地化服务等多元服务能力,助力供应链数字化升级,提升产业链要素配置效率。

第二,电子商务贯通生产与消费,促进数实深度融合。制造业企业通过打造电子商务平台,聚合消费者、服务商、供应商等主体,搭建供给与需求数字化桥梁,在打通消费、设计、生产与供应数据的基础上,通过消费与需求数据分析提升供给侧的研发、设计、生产精准度和效率,提高供需匹配度,形成以客户为中心的定制生产模式。电商平台企业基于大数据分析的灵活响应优势纷纷发力定制化生产服务,通过订单驱动智能化生产,由点及线到面,逐步带动制造全流程贯通和产业链上下游协同,提升供应链服务的弹性和快速响应能力,助力制造业数字化智能化转型。

第三,各地积极推动电子商务与产业融合发展。各地方主动适应经济发展新常态,大力推动电子商务与传统产业融合,助力经济高质量发展。广东省贯彻落实《国务院关于深化制造业与互联网融合发展的指导意见》,充分发挥电子商务的渠道优势和数据优势,积极促进全省制造业与互联网深度融合发展,实现数字化转型。江西省商务厅印发《关于加快电子商务与产业融合促进线上消费提质升级的指导意见》,通过推进如"电商+产业品牌""电商+工业制造""电商+乡村振兴""电商+商品市场""电商+商贸物流"等"电商+"系列行动,实现电商与产业供应链深度融合,促进全省电子商务生态体系更加健全。湖南省通过推广"电商+"模式促进电商与乡村振兴特色深度融合,开展"电商+农产品""电商+文旅""电商+民俗产品",扩展"电商+"空间。江苏省商务厅发布《江苏电商高质量发展十大重点行动》,聚焦电子商务市场主体培育、示范基地升级、电商直播应用深化、"数商兴农"等重点领域,立足电子商务连接线上线下、衔接供需两端、对接国内国外市场的重要定位,进一步做大、做强、做优江苏电子商务产业,加快赋能经济社会数字化转型。

3)农村电商促进乡村振兴成效显著。

第一,农村电商基础设施快速完善。我国数字乡村建设取得显著进展,城乡数字鸿沟进一步缩小。农村网络基础设施实现全覆盖,农村通信难问题得到根本性解决。截至2024年12月,农村地区互联网普及率已达67.4%,60岁及以上老年群体互联网普及率达52.2%。有关部门和各地大力推进农村公路、水利、电网、农产品产地冷链物流基础设施的数字化改造。农村公路数字化管理不断完善,实施《农村公路基础设施统计调查制度》《公路养护统计调查制度》《道路运输统计调查制度》等,定期开展监测统计,建立基础设施数据库,实现农村公路建、管、养、运全业务链条的在线管理监测,提升农村公路数字化、智能化的统计、监测和管理水平。农村电网巩固提升工程深入推进,支撑农产品上行的基础设施明显改善。

第二,"数商兴农"初见成效。"数商兴农"工程着眼于改善农村电商的服务基础设施,提升农村产品网货化能力,助力国家"乡村振兴"战略实施。商务部引入公益资金支持持续开展"三品一标"认证帮扶。商务部指导各地方和电商企业举办"数商兴农"专场活动,带动地理标志产品和各地农特产品销售;指导中国电商乡村振兴联盟开展助农帮扶,帮助对接销售农产品。随着"数商兴农"工程深入实施,工业品下乡、农产品进城的农村电商双向流通格局得到巩固提升,直播电商、社区电商等新型电子商务模式在农村和农产品网络零售领域不断创新发展,在促进农产品上行、更好保障农产品有效供给等方面发挥了重要作用。

第三,农村电商新业态蓬勃发展。近年来,农村电商的快速发展带动农村地区数字化、网络化、规模化、体系化的流通基础设施加快完善,促进线上渠道在满足农村居民消费需求和释放消费潜力方面的作用持续显现。商务部、财政部等联合下发《关于支持实施县域商业建设行动的通知》，要求加快补齐农村商业设施短板，健全县乡村物流配送体系，引导商贸流通企业转型升级，推动县域商业高质量发展。随着农村居民可支配收入的增加，农村消费升级趋势越来越明显。即时零售成为打通网络零售最后一公里的重要业态，逐渐从城市向农村地区拓展。即时零售不仅能够提振县域消费，满足农村居民即买即达、平价购物的需求，还能优化供给，促进农村服务业提质扩容，推动本地订单增长、商户降低成本和增加收入，成为县域现代商业体系的重要组成部分。现代信息技术推动农村经济提质增效，"互联网＋教育""互联网＋医疗健康"等服务不断深化。乡村旅游、休闲农业、民宿经济等乡村新业态依托电子商务蓬勃兴起，土地流转、农资电商、农机服务线上平台、线上农业技术服务等新模式发展迅速，促进了数字技术在农业生产和农村生活领域的进一步应用，农村电商继续保持乡村数字经济"领头羊"地位。

4）电子商务集群化发展效能不断提升。

第一，示范基地引领电子商务产业集聚和高质量发展。商务部聚焦打造建设电子商务产业集群，深入开展国家电子商务示范基地创建工作。自2011年以来，通过强化政策引导、聚合要素资源、完善公共服务、推动政产学研协同等举措破除产业发展瓶颈，国家电子商务示范基地的规模效应、知识溢出效应、要素重组效应和辐射带动效应日益凸显，在培育壮大电商企业、激励新技术应用、促进模式创新和传统产业数字化转型、带动创业就业和消费升级等方面发挥了重要作用，成为电子商务"双创"新平台、数字经济发展新载体。在国家电子商务示范基地的引领和带动下，全国初步形成了促进和引导电商园区发展的国家级、省级、市级三级示范体系，全国电商产业园区的数量、规模和质量不断提升，实现梯次推进、协同发展。国家电子商务示范基地与地方电子商务产业园建立优势互补、资源共享合作机制，东、中、西及东北地区示范基地（园区）通过互设飞地产业园、运营服务外包和模式复制、一对一帮扶等多种方式开展互助协作，合力推动电子商务产业集群发展。

第二，电子商务公共服务助力中小微电商企业快速发展。商务部不断完善电子商务公共服务体系，依托全国电子商务公共服务平台，实现政策法规、监测数据、分析报告、电商培训等政府资源汇聚开放，以及示范基地、展会论坛、促销活动、国际合作的在线展示。公共服务平台设立信用共建板块，支持电商企业依据相关行业标准自主建立和公开诚信档案，鼓励第三方信用服务机构为建档企业提供增值服务，推动多方合力共建电子商务诚信工作机制。公共服务平台汇聚了19家大型电子商务企业和社会服务机构，提供数字赋能、数据分析、诚信建设、人才招聘、融资对接等24项配套服务，在赋能中小微电商企业方面初见成效。加强电子商务人才培养，依托全国电子商务公共服务平台，整合专业培训机构和网络零售、生活服务、直播电商平台培训资源，着力打造惠及广大全体电商从业者的"云课堂"；针对青年等重点群体创业就业需求，与共青团中央合作录制并推广"数商青年"电商云课。国家电子商务示范基地围绕电子商务产业链上下游，培育专业服务商，推动产业链各环节紧密衔接，为中小微电商企业和创业者提供网络建站、营销策划、仓储物流、人才培训、运营推广、金融服务等配套服务，构建全要素、低成本、便利化、资源共享的公共服务体系。

5）电子商务国际化步伐稳步推进。

第一，"丝路电商"合作提质扩容。我国电子商务多双边国际合作持续推进，为我国跨境电商发展提供了良好的国际环境。一是"丝路电商"朋友圈不断扩大，伙伴国增加到33个，在政策沟通、产业对接、能力建设、地方合作等方面开展多层次、宽领域务实合作，为加快双边跨境电商协同发展提供了契机。二是"丝路电商"国际合作机制升级。商务部认真落实、积极谋划，指导地方申请创建，进一步推进"丝路电商"合作机制建设，丰富合作内涵，提升合作实效。三是《区域全面经济伙伴关系协定》（RCEP）有序落地。RCEP全部15个签署成员方均已完成生效程序，在通关便利化、线上消费者保护、关税、网络安全、计算机设施、争端解决等方面达成区域电子商务合作机制，助力跨境电商企业拓展新兴市场。

第二，跨境电商成为稳外贸、促消费重要抓手。面对复杂严峻的国内外形势和多重超预期因素冲击，商务部聚焦行业痛点，着力解决跨境电商发展的共性问题。从完善支持政策入手，会同相关部委出台一系列便利跨境电商进出口的政策措施，支持符合条件的跨境电商企业发展，取得显著成效。跨境电商企业通过打造要素集聚、反应快速的柔性供应链，提升商品与服务质量，更好地满足了海外消费者个性化、定制化的需求。跨境电商凭借线上交易、非接触式交货、交易链条短等优势在稳外贸方面发挥了重要作用。据海关初步统计，2024年我国跨境电商进出口额为2.63万亿元，同比增长10.8%，占整个进出口的比重提升到6%。跨境电商进口成为消费升级新路径。在中国居民消费升级过程中，模仿式、排浪式消费逐渐淡出，个性化和多样化渐成主流，跨境电商"买全球"的特性可以满足国内消费者追求个性化和品质化的消费需要，已成为国内消费者全球购物重要渠道。

第三，跨境电商全面推动品牌出海。我国跨境电商历经产品出海、精品出海之后，在2022年全面进入品牌出海阶段。随着外贸数字化转型步伐的加快，跨境电商品牌培育正向全阵营、全渠道、全市场发展。一是全阵营品牌培育。跨境电商品牌培育由传统上仅依靠贸易型卖家负责，转为平台卖家、工贸企业、传统品牌商、新消费品牌商等多类主体共同参与，形成新的品牌出海阵营。二是全渠道品牌培育。以往跨境电商品牌培育主要以第三方平台和独立站为渠道，现在正转为通过第三方平台、独立站、社交网络以及海外实体等全渠道发力，提升品牌影响力。三是全市场品牌培育。随着各主要跨境电商平台拓展全球布局，我国跨境电商企业在稳住欧美主流市场的基础上，正加快在中东、东南亚、拉美等地区布局，实现全球化发展。

相关知识

1. 电子商务的含义

电子商务作为一种现代商务方式，将原来面对面的交易方式，逐步变成了通过互联网完成的交易方式。电子商务有广义和狭义之分，一般认为的电子商务是指广义的电子商务（E-Business），狭义的电子商务又称为电子商业（E-Commerce）。

对电子商务的定义众说纷纭，众多国际化组织和世界著名IT公司都曾对电子商务下过定义，这些定义都有其科学的地方。根据我国《电子商务师国家职业资格培训教程》上的定义，电子商务是指通过互联网进行的销售商品、提供服务等经营活动，包括商品交易、信息服务和产品服务。商务活动理所当然地是电子商务的内容和核心，而信息技术与网络技术则是电子商务的形式和手段。

2. 电子商务的内涵

完整的电子商务的内涵应包括四个方面的内容：①前提条件；②人的知识和技能；③系列化、系统化、高效的电子工具；④以商品交易为中心的各种经济事务活动。

（1）电子商务的前提是电子信息技术

当今社会技术的代表应当是电子信息技术，它是开发和利用信息资源（充分共享、再生、组合、产生新的信息）的有效工具，是实现电子商务的前提条件。信息技术的广泛应用已经渗透到了人类社会、经济的各个领域。在发达国家，信息化的程度比较高，我国也正在奋起直追，在国家工业化的同时向信息化积极迈进，力求加速实现国民经济信息化。

（2）电子商务的关键是人的知识与技能

第一，电子商务是一个社会系统，社会系统的中心是人；第二，电子商务系统实际上是由围绕商品交易的各方面代表和各方面利益的人所组成的关系网；第三，在电子商务活动中，虽然充分强调工具的作用，但归根结底起关键作用的仍然是人，因为工具的发明、制造、应用和效果的实现都是靠人来完成的。所以，必须强调人在电子商务中的决定性作用。那么什么样的人才是合格的？显然，电子商务是信息现代化与商务的有机结合，所以能够掌握运用电子商务理论与技术的人必然是掌握现代技术、掌握现代商贸理论与实务的复合型人才。

（3）电子商务的工具是系列化、系统化、高效的电子工具

本书所指的电子工具是能跟上信息时代发展步伐的系列化、系统化、高效的电子工具。从系列化讲，电子工具应该是包括商品需求咨询、商品订货、商品买卖、商品配送、货款结算、商品售后服务等，伴随商品生产、流通、分配、交换、消费甚至再生产的全过程的电子工具，如电视、电话、计算机、电子货币、电子商品配送系统等。

从系统化讲，商品的需求、生产、交换要构成一个有机整体，构成一个大系统。同时，为防止"市场失灵"，还要将政府对商品生产、交换的调控引入该系统，而能达到此目的的电子工具主要有：局域网（LAN）、城市网（CAN）和广域网（WAN），它们实现纵横相连、宏微结合、反应灵敏及安全可靠的电子网络，以进行大到国家间，小到零售商与顾客间的方便、可靠的电子商务活动。

（4）电子商务的对象是以商品交换为中心的各项经济事务

从社会再生产发展的环节看，在生产、流通、分配、交换和消费这个链条中，发展变化最快、最活跃的就是中间环节的流通、分配和交换。这些中间环节又可以看成是以商品的交换为中心来展开的。即商品的生产主要是为了交换——用商品的使用价值去换取商品的价值，围绕交换必然产生流通、分配等活动，它连接了生产和消费等活动。所以，以商品交易为中心的各种经济事务活动可以统称为商务活动。由此可见，电子商务可以大幅度地减少不必要的商品流动、物资流动、人员流动和货币流动，减少商品经济的盲目性，减少有限物质资源、能源资源的消耗和浪费。

3. 电子商务中的四种"流"

在电子商务的任何一笔交易中，都包含以下四种基本的"流"：信息流、商流、资金流和物流，如图1-1所示。

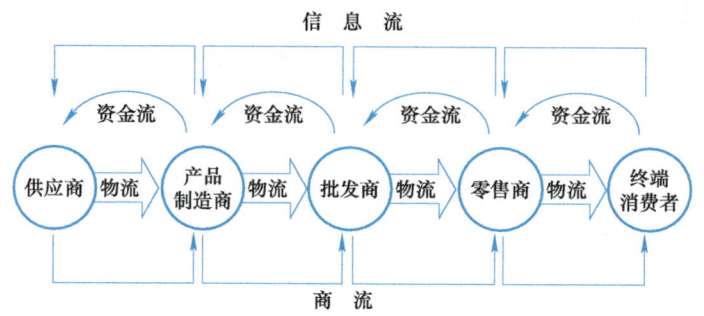

图1-1 电子商务中的"四流"

信息流既包括商品信息的提供、促销营销、技术支持、售后服务等内容，也包括诸如询价单、报价单、付款通知单、转账通知单等商业贸易单证，还包括交易方的支付能力、支付信誉、中介信誉等。

商流是一种买卖或者说是一种交易活动过程，通过商流活动发生商品所有权的转移。

资金流主要是指资金的转移过程，包括付款、转账和兑换等过程。

物流主要是指商品和服务的配送和传输渠道。对于大多数商品和服务来说，物流可能仍然经由传统的经销渠道传输，然而对有些商品和服务来说，可以直接以网络传输的方式进行配送。

电子商务的过程是以物流为物质基础，以商流为表现形式，信息流贯穿始终，引导资金流正向流动的动态过程。

商流是物流、资金流和信息流的起点和前提，一般情况下，没有商流就不太可能发生物流、资金流和信息流。反过来，没有物流、资金流和信息流的匹配和支撑，商流也不可能达到目的。

4. 传统商务与电子商务的比较

电子商务与传统商务的核心都是商务，只是手段、工具不同。其实早在电报刚出现时，人们就已经开始了对运用电子手段进行商务活动的讨论。后来，随着电话、传真、计算机、互联网、无线网等工具的诞生，商务活动中可应用的工具也得到了补充。

可以从买方和卖方的角度分别了解传统商务的交易活动。在传统商务中，涉及买方的主要业务活动如图1-2所示。

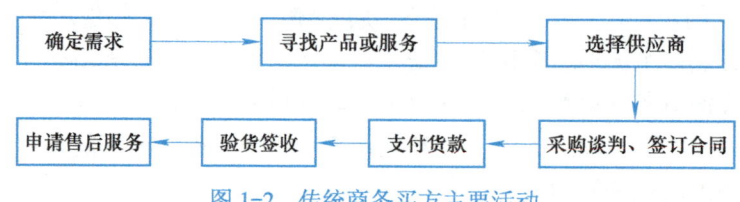

图1-2 传统商务买方主要活动

对于上述买方完成的每一项业务活动，卖方都有一个相应的业务活动与之对应，如图 1-3 所示。

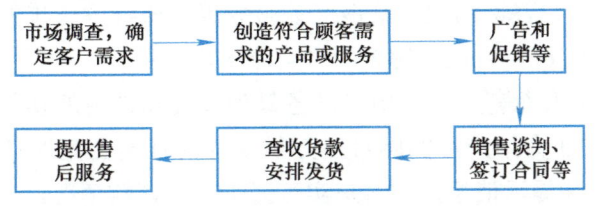

图 1-3　传统商务卖方主要活动

传统商务与电子商务的比较可从信息提供、交易渠道、交易对象、交易时间、交易地点、交易成本、营销活动、顾客方便度、对应顾客和服务等方面进行比较，见表 1-1。

表 1-1　传统商务与电子商务的比较

项目	传统商务	电子商务
信息提供	传统渠道，传统媒体，有延迟	网络传递，很及时，且更新快
交易渠道	企业→多级中间商→消费者	企业→消费者
交易对象	在一定的交易范围内	遍布全球
交易时间	规定的营业时间内	7×24×365
交易地点	需要销售空间（店面）	网络虚拟空间
交易成本	相对较高	很低
营销活动	主要是单方面的营销	可实现一对一、一对多、多对一的营销
顾客方便度	受时间、空间、天气等因素的限制	顾客按自己的方式无拘无束购物
对应顾客	需要用很长时间掌握顾客的需求	能够迅速捕捉顾客的需求，及时应对
服务	不够周到	互动性强，更加快捷方便、周到灵活

5. 电子商务的功能

电子商务可提供网上宣传、网上交易、网上支付和管理等全过程的服务，也就是说，从寻找客户开始，一直到洽谈、订货、在线（收）付款、开具电子发票，一直到电子报关、电子纳税等，都可通过互联网一气呵成。其具体功能体现在：信息发布与广告宣传、咨询洽谈、网上订购、网上支付、电子银行、服务传递、意见征询、交易管理、在线服务支持等。

1）信息发布与广告宣传：企业可以凭借自身和其他网站的网页发布各类商业信息，信息发布的实时性和方便性是传统媒体无可匹敌的，各种多媒体的信息全方位展现了以往各种媒体所不具备的功能。这对于企业来说，相当于在全球范围内作了广告宣传；对用户来说，则可利用网上的检索工具，迅速找到所需商品信息。当然，商家的宣传可能与产品完全不相关，如对企业的整体形象、经营理念、企业文化和企业精神进行宣传，起到塑造、倡议、服务、影响、激励以及解释等作用。与传统各类广告相比，网上广告成本低、覆盖范围广，给顾客的信息量最为丰富。

2）咨询洽谈：电子商务在网上提供多种方便的异地咨询和洽谈手段，它超越了人们面对面交流的限制，使企业和客户可以借助即时通信工具和非实时的电子邮件、新闻组（News Group）来了解商品信息、咨询沟通、洽谈交易事务等。如有进一步的需求，还可用网上的白板会议（White Board Conference）等来即时交流图形信息。

3）网上订购：对个人而言，也许电子商务最为直观和方便的功能就是网上购物。企业为方便客户操作，通常在介绍产品的网页上提供友好的订购交互对话框，帮助客户完成订购过程，有时还提供订购提示信息，向客户实时提供网上订购情况。当客户填完订购单后，系统回复确认信息单，通知客户订购信息已收悉。为保护客户和商家的商业信息安全，订购信息往往采用加密的方式进行交流。利用网上订购，企业的销售活动可以得到密切跟踪，经营管理活动会更加迅捷、有效。

4）网上支付：买东西就会涉及支付。电子商务要成为一个完整的过程，网上支付是重要环节。客户可以使用信用卡、电子现金、电子钱包以及电子支票等，通过银行实施支付。在网上直接采用电子支付手段可节省交易中很多人员的开销，但是，值得注意的是，网上支付将需要更为可靠的信息传输安全性以及可靠性控制，以防止欺诈、窃取、修改、假冒和否认等非法行为。安全问题得不到保证，用户不可能放心，电子商务也就不可能有大发展。

5）电子银行：网上支付必须要有电子金融来支持，银行、信用卡公司等金融单位为电子商务提供网上金融服务。

6）服务传递：对于已付款的客户，应将其订购的货物尽快地传递到他们的手中。对于无形的商品，如软件、电子读物、信息服务、音乐等，适合在网上直接传递；对于那些必须要经过实际运输的商品，物流配送部门或公司能起到传递服务的作用。

7）意见征询：电子商务过程中，商家可以非常方便地采用网页上的"选择""填空"等对话框收集客户对销售服务的反馈意见，使生产者和消费者之间的距离缩短，这些反馈意见不仅能提高企业售后服务的水平，更能使企业获得改进产品、发现市场的商业机会，使企业的市场运营形成良性循环。

8）交易管理：整个交易的管理将涉及人、财、物多个方面，包括企业和企业、企业和客户及企业内部等各方面的协调和管理。因此，交易管理是涉及商务活动全过程的管理。

9）在线服务支持：企业可以借助IM（即时通信）、FAQ（常见问题解答）、BBS（公告板系统）等来提供更加完善的顾客服务，包括提供有关产品和服务的信息、在线解答顾客在产品使用中遇到的各种问题、提供产品订购和运送过程的有关信息等。

 拓展训练

查阅最新发布的《中国互联网络发展状况统计报告》《中国电子商务报告》等，了解我国互联网和电子商务发展现状和趋势，了解电子商务服务业、农村电子商务、跨境电子商务、直播电商、社交电商等电子商务业态的含义和发展规模。

项目1　初识电子商务

✎ 实战训练

通过本任务的学习，结合生活实际经历和相关网络资源，总结电子商务的优势，并写出分析报告。

思考与练习

一、判断题

1. 电子商务是数字经济中发展规模最大、增长速度最快、覆盖范围最广、创业创新最为活跃的重要组成部分。（　　）
2. 信息流包括商品信息的提供、促销营销、技术支持、售后服务等内容，但不包括交易方的支付能力、支付信誉、中介信誉等。（　　）
3. 商流是物流、资金流和信息流的起点和前提，一般情况下，没有商流就不太可能发生物流、资金流和信息流。（　　）

二、单选题

1. 电子商务的前提是（　　）。
   A．电子信息技术　　　　　　　　B．人的知识与技能
   C．高效的电子工具　　　　　　　D．各项经济事务
2. 电子商务的关键是（　　）。
   A．电子信息技术　　　　　　　　B．人的知识与技能
   C．高效的电子工具　　　　　　　D．各项经济事务
3. （　　）是一种买卖或者说是一种交易活动过程，通过商流活动发生商品所有权的转移。
   A．信息流　　　B．商流　　　C．资金流　　　D．物流
4. 电子商务的过程是以（　　）为物质基础，以（　　）为表现形式，（　　）贯穿始终，引导（　　）正向流动的动态过程。
   A．信息流　　　B．商流　　　C．资金流　　　D．物流

三、多选题

1. 电子商务是指通过互联网进行的销售商品、提供服务等经营活动，包括（　　）。
   A．商品交易　　B．信息服务　　C．产品服务　　D．物流交易
2. 关于电子商务的内涵，理解正确的是（　　）。
   A．电子商务的前提是电子信息技术
   B．电子商务的关键是人的知识与技能
   C．电子商务的工具是系列化、系统化、高效的电子工具
   D．电子商务的对象是以商品交换为中心的各项经济事务

四、简答题

1. 电子商务的含义。
2. 电子商务的功能。

任务 2 电子商务发展现状与趋势

 任务情景

2025 年 1 月 1 日，《中华人民共和国电子商务法》（以下简称《电子商务法》）实施满 6 年。自 2019 年《电子商务法》实施以来，我国电子商务营商环境不断优化，电子商务已经成为数字经济中发展规模最大、覆盖范围最广、创业创新最为活跃的重要组成部分，在服务构建新发展格局中发挥了积极作用。我国连续多年成为全球最大网络零售市场。

 任务分析

本任务探讨电子商务在扩大市场规模、促进消费升级、带动创新创业等方面的作用，以及在全球网络零售市场中的领先地位。此外，本任务还将分析电子商务领域的新技术应用（如大数据、云计算、人工智能等）对商业模式创新和企业竞争力提升的影响。

通过知识和案例的学习，了解电子商务产生的技术基础及市场需求，了解全球电子商务的发展概况，明确我国电子商务的发展现状及未来发展趋势。

 任务实施

1. 我国电子商务发展总体情况

2024 年全国网上零售额增长 7.2%，连续 12 年位居全球最大网络零售市场；产业电商打造数实融合新渠道，全国组织近 500 场产业对接活动，品牌化打造全国网上年货节等"4+N"网络消费矩阵，实施数字消费提升行动，多措并举推动消费持续扩大。培育超 2000 个"电商+产业带"，带动产业链协同创新；"丝路电商"拓展国际合作新空间，伙伴国增至 33 个，先行区三方面 38 项任务全面推进，为电商领域制度型开放提供成果支撑；数字商务三年行动计划落地见效，商务各领域数字化水平稳步提升，成为发展新质生产力的新动能。出台推动农村电商高质量发展政策，提升电商产供链韧性和协同效能。"数商兴农"助力农产品上行，推动农村和农产品网络零售额分别增长 6.4% 和 15.8%。国家统计局数据显示，2024 年全年网上零售额增长 7.2%，实物网络零售额拉动社会消费品零售总额增长 1.7 个百分点。以旧换新成效显著，重点商品以旧换新拉动实物网络零售额增长 1.3 个百分点。数字消费不断壮大，智能家居系统增长 22.9%。网络服务消费快速增长，在线旅游增长 48.6%，在线餐饮增长 17.4%。商务部电子商务司负责人介绍，电子商务有效助力国内消费平稳增长，促进实体经济与数字经济深度融合，推动经济全球化普惠共赢，数字商务三年行动计划起步实施，商务各领域数字化水平稳步提高，为商务高质量发展作出积极贡献。

2. 新电商特征呈现多元化

新电商的定义内涵不断丰富。新电商是以数据为核心要素，以大数据、人工智能等数

字技术为支撑,以数字化平台为载体,以用户为中心,在新一代信息技术与商贸活动的融合创新下衍生的新业态。它拓宽传统电子商务的边界,是一种促进数字空间与实体空间深度融合的产业组织形式,创造电子商务和传统商务的新价值。它包含新场景、新体验、新链接等元素,体验式消费、多场景融合和智能化匹配特色明显。当前,我国新电商特征呈现多元化。

1）需求适配更加高效。在消费端,我国居民消费向发展型、享受型和品质型消费快速升级,呼唤更多的新业态、新模式和新服务,以满足消费者对优质产品和品质服务的供给。

2）场景体验更加人性化。传统电商的应用场景较为单一,通过购物为个人和企业节省时间和效率。新电商的应用场景是以新技术的创造性应用为导向,借助5G、大数据、物联网、人工智能、区块链、虚拟现实/增强现实等数字技术,与电子商务各细分领域集成创新,产生了一大批创新应用场景。

3）成长发展更加快速。数字经济孕育的新模式和新业态打破了空间的限制,引导要素流动通畅,为电子商务的发展注入了新动能,带动了线上零售、乡村振兴和跨境贸易的快速发展。

4）社会功能更加多元。传统的电子商务往往聚焦于提质增效,为企业创造最大化的经济收益。与传统电子商务相比,新电商处在数字经济发展的前沿,影响渗透更加多元立体,经济社会效益明显。

3. 新电商行业新生态

元宇宙、ChatGPT、DeepSeek、数字孪生、Web 3.0等前沿数字技术持续突破,为新电商创新应用场景提供了新的可能,从营销、生产到物流、服务等产业链各个环节都有望挖掘深层用户需求,衍生新业务模式,升级用户体验,形成新电商行业新生态。

1）元宇宙搭建虚拟化电商新天地。"元宇宙+新电商"有望把商品演变成虚拟商品,把人演变为虚拟人,实现多感官交互和沉浸式的购物体验,对用户当前消费需求形成更精准匹配,对用户的潜在消费需求做出更深层的挖掘,通过引流为平台带来销量增长。

2）生成式人工智能引发电商新风潮。"生成式人工智能+新电商"将有望升级新电商的场景服务,为新电商客户提供全方位、个性化的支持,有利于新电商企业提质增效,优化体验,打造品牌。

3）数字孪生打造强韧性电商供应链。"数字孪生+新电商"将有利于新电商供应链弹性的稳定提升,既可以通过数字孪生模型的创建,实现新电商企业供应链运行全程可视,信息链条畅通无阻,也可以帮助新电商企业在紧急状况下测试并确定最佳行动方案,借此显著提高供应链组织的稳定性,帮助企业适应瞬息万变的市场环境。

相关知识

1. 电子商务的产生

电子商务并非新兴之物。早在1839年电报刚出现的时候,人们就开始了对运用电子手段进行商务活动的讨论。所以电子商务是在计算机技术、网络通信技术的互动发展中产生并且不断完善的。随着互联网（Internet）的爆发性发展,电子商务得到了迅速扩张。

电子商务产生的原因可以从"电子"和"商务"两个方面进行分析。

第一，信息网络技术为电子商务奠定了技术基础。20世纪80年代末期，以Internet技术和电子数据交换（EDI）技术为代表的全球网络技术迅猛发展，推动了现代通信技术的不断更新。Internet的技术性能为它在商业上的应用提供了广阔的天地。例如，Internet所提供的信息是双向的，信息的提供者在发布信息的同时，还能及时收集信息获得者的反馈，信息获得者可以对信息进行选择接收。这种信息传递和人与人直接进行面对面的交流类似。传统的信息传播是单向的，如广播、电视等在信息发布出去后，并不知道有多少接收者，也不知道接收者是谁。

第二，国际经济交往的客观需求。1950年，全球贸易额仅为1130亿美元，2000年已经达到约12万亿美元，增长了近100倍。全球贸易额的增加带来了各种贸易单证、文件数量的激增，繁多的贸易单证在各个国家的数个公司之间传递。纸面文件的处理工作非常繁重，而且容易出错。国际贸易的发展，客观上要求从根本上消除传统纸面文件所形成的成本高、传递慢、重复处理等问题。

第三，市场竞争是催化剂。世界市场的激烈竞争也大大促进了电子商务的发展。20世纪70年代以后，价格因素在竞争中所占据的比重在减少，而非价格因素在上升。例如，小批量、多品种、定制式生产成为销售商和消费者新的需求，这就要求商业文件的传递和处理速度大大加快，以适应瞬息万变的市场变化。因此，可以说市场竞争是电子商务产生和发展的催化剂。

2. 电子商务发展概况

（1）全球电子商务发展概况

电子商务最早出现在美国，也是现在发展最为成熟的地区。处在第二的是欧盟，成为全球电子商务领先地区。亚洲作为电子商务的新秀，也在蓬勃发展，并且亚洲地域广阔，拥有着潜在的巨大市场。人们在网上购物的首要原因是电子商务商店提供的免费送货选项。超过一半（50.7%）的消费者将此列为他们网上购物的主要原因之一。其他主要原因包括能够使用优惠券和应用折扣（41%）、阅读其他客户的评价（35%）、轻松退货（33%）以及快速结账过程（30%）。

随着全球人均购买力增强，互联网普及率提升，第三方支付工具进一步成熟，跨境物流等配套服务日益完善，全球零售市场向电商化转型，市场规模不断壮大。ChannelEngine发布的《2025年电商平台购物行为报告》显示，全球电商市场预计到2025年交易额将突破5万亿美元，增长率达20%。报告指出，2025年全球电商市场将呈现多样化、个性化、可持续化和技术驱动等特点，卖家须密切关注消费者行为变化，调整市场策略。

（2）我国电子商务发展概况

我国的电子商务经过20多年的发展，从1997年电子商务概念导入我国市场开始，经历了互联网泡沫的冰河时期，到后来2007年的网络购物爆发年，以及随之而来的金融危机下的调整与转型，再到近几年跨境电商、农村电商和直播电商的爆发。发展至今，电子商务对我国社会、经济的发展都起到了一定的促进作用。2015年3月，《政府工作报告》中提出"互联网+"行动计划，推动移动互联网、云计算、大数据、物联网等与现代制造业结合，促进电子商务、工业互联网和互联网金融健康发展，引导互联网企业拓展国际市场。"互联网+"战略就是利用互联网的平台，利用信息通信技术，把互联网和包括传统行业在内的各行各业结合起来，在新的领域创造一种新的生态。例如，传统集市+互联网有了淘宝网，传统百货卖场+互联网有了京东商城，传统银行+互联网有了支付宝，传统红娘+互联网有了百合网，传统交通+互联网有了网约车，而传统新闻+互联网有了各类新闻公众号。

第 55 次《中国互联网络发展状况统计报告》显示：截至 2024 年 12 月，我国网民规模达 11.08 亿人，互联网普及率达 78.6%。其中，农村网民规模达 3.13 亿人，占网民整体的 28.2%；城镇网民规模达 7.95 亿人，占网民整体的 71.8%；手机网民规模达 11.05 亿人，网民使用手机上网的比例为 99.7%；网络购物用户规模达 9.74 亿人，占网民整体的 87.9%；网络支付用户规模达 10.29 亿人，占网民整体的 92.9%；网上外卖用户规模达 5.91 亿人，占网民整体的 53.3%；网络直播用户规模达 8.33 亿人，占网民整体的 75.2%；网络视频用户规模达 10.70 亿人，占网民整体的 96.6%，其中，短视频用户规模达 10.40 亿人，占网民整体的 93.8%；微短剧用户规模达 6.62 亿人，占网民整体的 59.7%。

国家统计局数据显示：2024 年全年社会消费品零售总额 487895 亿元，比上年增长 3.5%；全国网上零售额 155225 亿元，比上年增长 7.2%，其中，实物商品网上零售额 130816 亿元，增长 6.5%，占社会消费品零售总额的比重为 26.8%；在实物商品网上零售额中，吃类、穿类、用类商品分别增长 16.0%、1.5%、6.3%。据海关初步统计，2024 年我国跨境电商进出口额 2.63 万亿元，同比增长 10.8%，占整个进出口的比重提升到 6%，更多优质产品可以直达海外消费者。

3. 我国电子商务的发展趋势

随着我国电子商务行业的快速发展，电子商务发展将引领一系列新技术的发展。关键技术和商业模式将持续创新，大数据、区块链、人工智能、生物识别等关键技术将在电子商务领域应用推广，并进一步完善。电子商务赋能传统行业转型发展，进一步地向县域（农村）发展。此外，电子商务的治理环境也将日益完善，在电商立法、监管制度、市场秩序维护、平台治理等方面与时俱进，为电子商务的健康发展提供良好的政策环境支持。

1）法律法规建设推动行业快速发展。国家陆续出台政策，支持电子商务行业发展。《电子商务法》将促进发展作为重要的立法目的，以推动电子商务快速发展。作为我国首部电子商务领域综合性法律，《电子商务法》的出台标志着我国电子商务行业进入有法可依的新阶段。《电子商务法》强化电商平台责任，规范电商经营者行为，加强消费者权益保护，对于刷单、删差评、"大数据杀熟"、"平台二选一"等不正当市场行为予以明令禁止，有利于保障电子商务各方主体的合法权益，维护市场秩序，促进电子商务持续健康发展。伴随着《电子商务法》的颁布，随后相关政策法规标准陆续制定及修订，促进、规范和保障电子商务高质量发展的法律、法规、政策和标准体系不断完善，为电子商务健康有序发展提供了法律保障和政策标准支持。

2）网络购物增长为行业带来发展空间。随着 5G 技术逐渐成熟，互联网普及率提升，网络总体用户数量及用户停留时间有望持续增长，网络购物不断渗透。5G 通信的超高速率、千倍容量、超低时延、低功耗以及高可靠性等特点，有助于打破电商现有局限，通过虚拟现实和增强现实优化顾客体验，实时提供移动性、普遍性的电子商务服务，实现移动设备连接和资源共享，优化用户体验，扩大电子商务行业的发展空间。

3）消费换档升级为行业发展创造土壤。我国居民消费从注重数量逐渐向追求质量和服务体验转变。商品和服务的品质不断改善，促进了中高收入家庭的居民消费；新业态和跨境电商的快速发展，为品牌商品提供了更加多元化、价格透明、高性价比的来源；"80后""90后"逐渐成为品质消费、个性化消费、定制化消费的引领者，进一步促进了消费升级。品牌商品的销售快速增加，为电子商务综合服务商的茁壮成长创造了环境。

4）技术创新，激活电子商务业态更新。随着大数据、人工智能等现代技术发展，消费多样化、个性化、小众化发展趋势显著，消费者之间的信息交流显著增强，社交互动消费需求逐渐凸显，催生了更多电商新模式。在数字经济迅速发展、年轻人独立意识增强的趋势下，消费者的个性化需求将进一步被挖掘，多元化、个性定制化消费将持续成为消费热点。"90后""00后"等年轻消费者愿意分享数据，电商企业以此为依据将提供更加个性化、针对性强的产品和服务，定制化订单数量显著增加。各类流量App产品的电商化转型以及社交电商、内容电商、直播等电商新业态的发展，形成多元化消费场景，满足更多层次消费者需求，移动端网络零售额占比将进一步提升，大数据应用更加智能化。

5）社交电商、直播电商为行业发展带来新动能。社交电商开创了丰富的网络零售和电子商务的蓝海商业模式，拼团、分销、内容、社区团购等创新模式不断涌现，社交电商借助社交媒体或互动网络媒体，通过分享、内容制作、分销等方式，实现了对传统电商模式的迭代创新。直播电商伴随直播行业应运而生，网络直播型社交电商通过网红、KOL（关键意见领袖）在视频直播过程中向粉丝群体推荐商品而完成商品销售，不断拓展网络消费空间。直播电商实时互动的方式有利于激活用户感性消费，提升购买转化率和用户体验，粉丝运营、IP打造和优质创意视频内容促进转化效率，提升电商流量转化。

6）电商赋能，带动乡村振兴提速发展。电商发展离不开农村这个巨大的潜力市场，随着互联网深入到千家万户，农民将越来越多地和电商产生联系。2021年，农产品网购成为新风口，开始引领消费风潮，发展空间将更广阔。健康绿色消费需求的支撑作用增强，现代技术发展的支撑能力也在逐步增强。农村电商发展成为高效连接农产品供需两端、助力农产品上行的重要渠道，也是改变传统农业发展方式、助力构建农村现代流通体系的有效途径。传统电商平台将继续逐步搭建、完善全国农产品数字化流通网络，在全国推广"产地仓+销地仓"模式，助力农产品上行，促进农村电商提质。新兴电商平台将重塑"互联网+农业+消费"产业链，依托技术、商业模式创新，重塑农业产业链，推动农产品网购实现跨越式发展。此外，文旅电商新业态前景可期，通过挖掘乡村自然风光、发展休闲度假、旅游观光、创意农业、乡村手工艺等，将电商扩展到乡村旅游、休闲农业，并与之融合发展，带动乡村振兴提速发展。

7）势头良好，跨境电商步入快车道。在互联网与经济全球化深度结合的背景下，全球贸易业态发生重大变革，以跨境电商为代表的"数字贸易"新经济形态实现了从无到有、由小变大的快速发展。跨境电商框架的进一步完善、跨境风险意识的进一步增强、市场活力的进一步释放，以及国际物流通道搭建、跨境电商人才引进培育、传统企业跨境电商业务孵化、跨境电商大平台和服务商引入等措施，都将进一步优化跨境电商发展环境，推动跨境电商步入"快车道"发展。

拓展训练

检索亚马逊中国发展历程相关资料，请思考其给我国的零售业和我国电子商务的发展带来了什么启示？

实战训练

分小组研究凡客诚品、拉手网、窝窝团、京东商城等网站的发展历程，总结成功的经验和失败的教训，并完成分析报告。

思考与练习

一、判断题

1. 信息网络技术为电子商务奠定了技术基础。　　　　　　　　　　　（　　）
2. 刷单、删差评、"大数据杀熟""平台二选一"等属于不正当市场行为。（　　）

二、多选题

1. 电子商务可以通过（　　）的公平获取，缩小甚至抹平以往市场主体在要素获取上的差距。
   A．信息　　　　　B．知识　　　　　C．产品　　　　　D．技术工具
2. 如今，社交化关系、（　　）、智慧化供应、社会化物流，已成为"电商＋实体经济"的一种新发展模式。
   A．数据化营销　　B．多元化推广　　C．平台化研发　　D．柔性化生产
3. （　　）为电商的未来提供了更多可能。
   A．人工智能　　　B．3D打印　　　　C．元宇宙　　　　D．物流配送

三、简答题

谈谈我国电子商务的发展趋势。

任务3　电子商务分类及特点

任务情景

在全球化的商业环境中，电子商务已成为推动经济发展的重要力量。随着互联网技术的不断进步和普及，各种类型的电子商务平台如雨后春笋般涌现，它们在商业模式、服务对

象、交易流程等方面各具特色。作为一名电子商务专业的学生，需要研究不同类型的电子商务平台，以便为未来的职业生涯做好准备。

任务分析

通过浏览国内外著名电子商务网站和对相关知识的学习，知晓不同类型电子商务平台的经营特点，明确电子商务的基本组成要素、分类和特点。

任务实施

1. 浏览 B2C 电子商务平台

B2C 电子商务平台主要有天猫、京东、当当网、亚马逊中国等。

（1）天猫（www.tmall.com）：理想生活上天猫

天猫是淘宝网全新打造的 B2C 平台。其整合数千家品牌商、生产商，为商家和消费者之间提供一站式解决方案，提供 100% 品质保证的商品，7 天无理由退货的售后服务，以及购物积分返现等优质服务。

2008 年 4 月，淘宝商城成立。2011 年 6 月，淘宝商城从淘宝网中拆分出来，并于 2012 年更名为天猫商城。2014 年 2 月 19 日，阿里巴巴集团宣布天猫国际正式上线，为国内消费者直供海外原装进口商品。2018 年 11 月 26 日，天猫升级为"大天猫"，形成天猫事业群、天猫超市事业群、天猫进出口事业部三大板块。2021 年 5 月 3 日，阿里巴巴旗下"天猫香港"上线试营业。

天猫以阿里巴巴作为强大后盾，借助天猫优质的商家、用户，完善的信用评价机制，依托阿里巴巴强大的技术能力，构建了以智慧门店、品牌数据银行、客户运营平台为主的新零售模式。构建天猫新零售模式的过程中，天猫紧跟国家政策，利用大数据驱动零售行业的运营，借助阿里巴巴强大的技术能力，从用户、产品、场景三个方面进行数字化，实现线下零售运营的互联网化。

天猫新零售聚焦天猫商家的经营效率，着眼于当前线下实体门店普遍存在的问题，针对性地提出了智慧门店解决方案，并通过门店数字化、数据赋能和运营赋能三条线路，帮助实体门店进行客流数字化、产品数字化、交易数字化、支付数字化和会员数字化。

（2）京东（www.jd.com）：正品低价、品质保障、配送及时、轻松购物

京东是我国自营式电商企业。2024 年京东集团全年收入达 11588 亿元人民币（约 1588 亿美元）。亮眼的业绩背后，人工智能技术在业务场景中的深度应用与价值转化成为关键增长驱动力。京东于 2004 年正式涉足电商领域。京东集团定位于"以供应链为基础的技术与服务企业"，目前业务已涉及零售、科技、物流、健康、保险等领域。自创立之初，京东就秉持诚信经营的核心理念，坚守正品行货，成为我国备受消费者信赖的企业。京东坚定"客户为先"的服务理念，大力发展自建物流，打造极致消费体验，成为领先全球的新标杆。

京东零售持续创新，不断为用户和合作伙伴创造价值，目前已完成计算机、数码、手机、家电家居、消费品、服饰、美妆、运动户外、奢品钟表、生鲜、汽车、工业品等品类覆盖，拥有自营商品 SKU（库存量单位）超过 1000 万个，布局了京东 MALL、超体、城市旗舰店、京东五星电器、京东家电专卖店、京东之家、京东计算机数码专卖店、JD Ehome、京东养车、京东国际跨境体验店等数以万计的线下门店；同时，布局京东到家等同城业务，连接着百万级的连锁超市、菜店、药店、鲜花店、手机店、服饰店、宠物店等门店，为消费者提供小时级乃至分钟级送达的即时零售服务，及吃喝玩乐用一站式的同城服务。

（3）当当网（www.dangdang.com）

当当网是全球知名的综合性网上购物商城，从 1999 年 11 月正式开通至今，当当已从早期的网上卖书拓展到网上卖各品类百货，包括图书音像、美妆、家居、母婴、服装和 3C 数码等几十个大类，其中在库图书、音像商品超过 80 万种，百货 50 余万种。目前当当网的注册用户遍及全国 32 个省、自治区和直辖市，每天有 450 万独立访客，每天要发出 20 多万个包裹。物流方面，当当在全国 11 个城市设有 21 个仓库，共 37 万多平方米，并在 21 个城市提供当日达服务，在 158 个城市提供次日达服务，在 11 个城市提供夜间递服务。

当当网一直致力于产品、技术和创新服务，同时在物流网络等电子商务基础设施的构建上也着力甚勤，相继推出了可实现购买功能的手机当当网、网上自助式的退换货、订单跟踪查询系统、个性化推荐、定制图书以及在线阅读等革命性的产品和服务，并在全国建成总面积达 10 万平方米的五大物流中心，货到付款服务可覆盖全国 1238 个地区近 800 个城市，这些都大大提升了当当网的商品交付能力、用户体验和平台黏性。

（4）亚马逊中国（www.amazon.cn）

亚马逊公司是互联网上最早开始经营电子商务的公司之一，成立于 1994 年，总部位于美国华盛顿州的西雅图，后收购卓越网，在中国设立亚马逊中国（简称亚马逊）。

自 2024 年 1 月 27 日起，亚马逊将进一步拥抱移动购物趋势，推出新版"亚马逊购物"App。客户可以升级当前版本 App 或下载新版 App，也可以通过"亚马逊海外购"微信小程序体验新版购物功能。计算机端将不再提供购物服务。

新版"亚马逊购物"App 将融入更多本地化元素和页面设计，购物体验更加高效、流畅。客户可以继续以优惠的价格选购海外好物，并体验快捷的国际配送服务。

随着亚马逊的不断发展，其致力于为所有客户打造更优质的购物体验，包括更快捷的国际配送、丰富的选品以及更多超值优惠，专注于为所有客户提供更好的服务。

除此之外，B2C 电子商务平台还包括苏宁易购、唯品会、美团和凡客诚品等。

2. 浏览 B2B 电子商务平台

主要的 B2B 电子商务平台：阿里巴巴、慧聪网、中国制造网、环球资源网等。

（1）阿里巴巴（www.1688.com）：全球领先的采购批发平台

阿里巴巴是全球企业间（B2B）电子商务的著名品牌，为数千万网商提供海量商机信息和便捷安全的在线交易市场，也是商人们以商会友、真实互动的社区平台。阿里巴巴现为阿里集团的旗舰业务，以批发和采购业务为核心，通过专业化运营，完善客户体验，全面优化企业电子商务的业务模式。阿里巴巴已覆盖原材料、工业品、服装服饰、家居百货、小商品等 16 个行业大类，提供原料采购、生产加工、现货批发等一系列的供应服务。

阿里巴巴是我国电子商务界的一个神话，是全球企业间电子商务最好的品牌之一。阿里巴巴不同于早期互联网公司以技术为驱动的网络服务模式，它在电子商务萌芽阶段就商业化地切入，并且踏实地做着自己能力能够做到的事情。阿里巴巴具有明确的市场定位，在发展初期专做信息流，绕开物流，前瞻性地观望资金流，并在恰当的时候介入支付环节。它的运营模式遵循循序渐进的过程，依据我国电子商务的发展状况来准确定位网站。

（2）慧聪网（www.hc360.com）：中小企业经营服务平台

慧聪网成立于 1992 年，是国内领先的 B2B 电子商务服务提供商，于 2003 年 12 月在香港联交所创业板成功上市，成为国内信息服务业及 B2B 电子商务服务业首家上市公司。慧聪集团致力于利用互联网和大数据赋能传统产业，成为我国领先的产业互联网集团。

慧聪网是慧聪集团旗下 B2B 电子商务平台，为我国中小企业推荐优商优品，提供专业互联网采购经验，让企业采购能够更省心省力、更高效地做生意。慧聪网通过 AI 和算法，对平均每天超过 10 万条的商品求购信息在买方会员和卖方会员之间形成深度撮合和实时匹配，从营销定向化、销售转化、交易协同到客户服务，为企业提供全场景服务，助力企业在线上完成"找生意"和"做生意"两个核心动作。

（3）中国制造网（cn.made-in-china.com）：立足内贸领域，专注中国制造的 B2B 电子商务平台

中国制造网内贸站创立于 1998 年，是由焦点科技股份有限公司运营的国内综合性第三方 B2B 电子商务服务平台。网站立足内贸领域，致力于为国内中小企业构建交流渠道，帮助供应商和采购商建立联系、挖掘国内市场商业机会。

中国制造网内贸站为买卖双方提供信息管理、展示、搜索、对比、询价等全流程服务，同时提供平台认证、广告推广等高级服务，帮助供应商在互联网上展示企业形象和产品信息，帮助采购商精准、快速找到诚信供应商。

中国制造网为我国中小企业发掘了商业机会，创造了大量就业机会，并且为中小企业提供各类电子商务软件服务，以软件服务业带动和提升了传统制造业的信息化能力。

（4）环球资源网（www.globalsources.com）：全球最大的免费发布信息网

环球资源网是一家深受国际认可，致力于促成全球贸易的多渠道 B2B 贸易平台，以定制化的采购方案及值得信赖的市场资讯联结全球诚信买家与已核实供应商，助力买卖双方应时而变，快速把握新商机。

环球资源网通过 B2B 贸易网站、App、展会、商业配对、专业贸易杂志、媒体以及采购直播等丰富渠道推动诚信贸易。截至 2024 年，环球资源服务全球各地超过 1000 万注册买家及用户，包括 97 家全球百强零售商，在促进全球贸易发展中发挥了至关重要的作用。

除此之外，B2B 电子商务平台还包括中国商品网、敦煌网、我的钢铁网、美菜网、汇通达、国联资源网和中农网等。

3. 浏览 C2C 电子商务平台

C2C 电子商务平台主要有淘宝网、拍拍等。

（1）淘宝网（www.taobao.com）

淘宝网的使命是"没有淘不到的宝贝，没有卖不出的宝贝"，由阿里巴巴集团于 2003

年5月10日投资创办。淘宝网倡导诚信、活泼、高效的网络交易文化,坚持"宝可不淘,信不能弃"。在为淘宝会员打造更安全高效的网络交易平台的同时,淘宝网也全心营造和倡导互帮互助、轻松活泼的家庭式氛围。每位在淘宝网进行交易的人,不但交易更迅速高效,而且可以交到更多朋友。目前,淘宝网已成为广大网民网上创业和以商会友的首选。

2008年"大淘宝战略"应运而生。秉承"开放、协同、繁荣"的理念,通过开放平台,发挥产业链协同效应,大淘宝致力于成为电子商务的基础服务提供商,繁荣整个网络购物市场。为社会创造100万个直接就业机会是大淘宝最重要的目标。推动"货真价实、物美价廉、按需定制"网货的普及是大淘宝的使命。通过提供销售平台、营销、支付、技术等全套服务,大淘宝帮助更多的企业开拓内销市场、建立品牌,实现产业升级。大淘宝的出现将为整个网络购物市场打造一个透明、诚信、公正、公开的交易平台,进而影响人们的购物消费习惯,推动线下市场以及生产流通环节的透明、诚信,从而衍生出一个"开放、透明、分享、责任"的新商业文明。

随着淘宝网规模的扩大和用户数量的增加,淘宝也从单一的C2C网络集市变成了包括C2C、分销、拍卖、直供、众筹、定制等多种电子商务模式在内的综合性零售商圈。

(2)拍拍(www.paipai.com):京东旗下二手交易平台

拍拍是爱回收联合京东集团共同打造的品质二手零售平台,独家经营京东平台上的二手业务。拍拍业务主要覆盖二手商品购买、二手商品回收及商品租赁业务,也有个人闲置交易业务,旨在为满足用户各类场景下对二手商品的交易需求。主要包括三大功能模块:

第一,夺宝岛。作为京东旗下清仓微瑕商品销售平台,以1元起拍和一口价秒拍为核心交易模式,所售商品正品保障,购买方式好玩有趣。货源主要是全新的库存清仓商品、包装外观微瑕疵商品(京东备件库)、经过质检的优质二手商品等。这也保证了平台大品牌、微瑕疵、高折扣。

第二,拍拍清仓。拍拍清仓则起源于对京东售后退货商品多年的止损运营沉淀,具备全品类检测定级、清洁、重新包装、仓配等基础运营能力,以及快速、高价值的商品变现能力。通过多渠道的组合处置,满足全品类商品的库存处置需求,为商家提供一定条件下库存处置效率与价格的最优解,是目前全国规模最大、处置效率最高的全品类微瑕疵清仓商品处置平台。

第三,拍拍优品。拍拍优品还自建起了供应链管理、官方检测、仓配、客服售后、店铺运营服务,开放赋能让B端合作更简单,C端体验更有保障。以信赖为中心的价值创造,保证用户体验。

除此之外,C2C电子商务平台还包括闲鱼、孔夫子旧书网和转转等。

相关知识

1. 电子商务的基本组成要素

电子商务的基本组成要素一般包括Internet、用户、商家、银行、认证中心、物流配送(配送中心)等,其系统结构如图1-4所示。

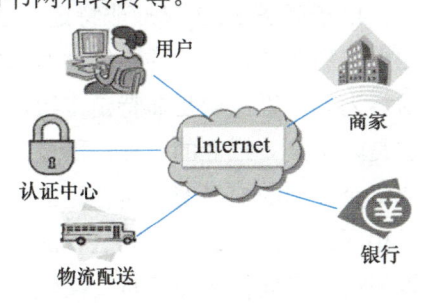

图1-4 电子商务的基本组成要素

1）Internet。Internet 是电子商务的基础，也是商务、业务等信息传送的载体。

2）用户。电子商务活动中的用户主要分为个人和企业用户。个人用户使用浏览器等接入 Internet，企业用户利用 Internet 发布产品信息、接收订单等，如要在网上进行销售等商务活动，还要借助于电子报关、电子报税、电子支付系统与海关、税务局、银行进行有关商务、业务处理。

3）银行。银行可在 Internet 上实现传统的业务，为用户提供 7×24 小时实时服务，还与信用卡公司合作，发放电子钱包，提供网上支付手段，为电子商务交易中的用户和商家服务。

4）认证中心。认证中心（Certificate Authority，CA）是法律承认的权威机构，具有半官方的性质，负责发放和管理数字证书，使网上交易的各方能互相确认身份。数字证书是一个包含证书持有人个人信息、公开密钥、证书序号、有效期、发证单位的电子签名等内容的数字文件。

5）物流配送（配送中心）。配送中心接受商家的送货要求，组织运送无法从网上直接得到的商品，跟踪商品的流向，将商品送到消费者手里。

2. 电子商务的分类

电子商务应用范围广泛，人们可以依据不同的标准对电子商务进行分类。通过研究电子商务的类型，可以从不同角度加深对电子商务的理解。根据研究侧重点不同，电子商务有以下几种主要分类方法。

（1）按照交易对象分类

按照交易对象分类，电子商务主要可以分为 B2B、B2C、C2C、B2G 和 C2B 等类型。

1）企业与企业之间的电子商务。企业与企业之间的电子商务（Business to Business，B2B）是一种企业与企业之间通过互联网开展商务活动的电子商务模式。B2B 也泛指企业间的市场活动，不局限于最终交易对象的认定。B2B 着重于企业间网络的建立、供应链体系的稳固。

B2B 是应用最广泛的电子商务类型之一。企业可以是生产企业（如海尔、戴尔等），其与上游原材料和零配件供应商，下游经销商、物流运输商、产品服务商等之间利用各种网络商务平台开展电子商务活动。企业也可以是商家，如某商家通过中国制造网平台采购某公司的商品等。

电子商务 B2B 包括非特定企业间的电子商务和特定企业间的电子商务。非特定企业间的电子商务是在开放的网络中对每笔交易寻找最佳伙伴，与伙伴进行从订购到结算的全部交易行为。这里虽说是非特定多数，但由于加入该网络的只限于需要这些商品的企业，可以设想是限于某一行业的企业。不过，它不以持续交易为前提，不同于特定企业间的电子商务。特定企业间的电子商务是在过去一直有交易关系或者今后一定要继续进行交易的企业间，为了相同的经济利益，共同进行的设计、开发或全面进行市场及库存管理的商务交易。企业可以使用网络向供应商订货、接收发票和付款。

2）企业与消费者之间的电子商务。企业与消费者之间的电子商务（Business to Customer，B2C）是一种企业与消费者之间进行商品或服务交易的电子商务模式，也就是通常说的商业零售。这种形式的电子商务一般以网络零售业为主，主要借助于互联网开展在线销售活动。

互联网上已遍布各种类型的在线零售企业。这类企业建立自己的网站，一般出售自己的商品（或者为其他企业提供交易平台）。它们出售的商品几乎包括了所有的消费品，它们还可提供各类网络服务，如远程教育、在线医疗等。B2C 以其完备的双向信息沟通、灵活的交易手段、快捷的物流配送、低成本高效益的运作方式等在各行各业展现了极强的生命力。

3）消费者与消费者之间的电子商务。消费者与消费者之间的电子商务（Customer to Customer，C2C）是一种消费者之间通过网络商务平台实现交易的电子商务模式。该模式不仅能够让消费者在网络商务平台上开网店创业，还能够让消费者出售所持有的闲置物品。在开放的网络环境中为每笔交易寻找最佳伙伴。

4）企业与政府之间的电子商务。企业与政府之间的电子商务（Business to Government，B2G）涵盖了政府与企业间的各项事务，包括政府采购、税收等。

B2G 可以使企业和政府之间通过互联网方便、快捷地进行信息交换。一方面，政府作为消费者，可以通过互联网发布采购清单，公开、透明、高效、廉洁地完成所需物品的采购；另一方面，政府对企业实施的宏观调控、监督管理等通过网络以电子商务方式更能充分、及时地发挥作用。由于活动在网上完成，使得企业可以随时随地了解政府的动向，还能减少中间环节的时间延误和费用，提高政府办公的公开性与透明度。B2G 比较典型的例子是网上采购，即政府机构在网上进行产品、服务的招标和采购。这种运作模式的来源是投标费用的降低。这是因为供货商可以直接从网上下载招标书，并以电子数据的形式发回投标书。同时，供货商可以得到更多的甚至是世界范围内的投标机会。由于通过网络进行投标，即使是规模较小的公司也能获得投标的机会。

5）消费者与企业之间的电子商务。消费者与企业之间的电子商务（Customer to Business，C2B）是一种先由消费者提出需求，后由生产或商贸企业按需求组织生产和货源的电子商务模式。

通常情况下，消费者根据自身需求定制产品和提出能接受的价格，或主动参与产品设计、生产和定价，提出个性化需求，由生产企业进行定制化生产。

C2B 的核心是以消费者为中心，消费者当家做主。站在消费者的角度看。C2B 产品应该具有以下特征。第一，消费者平等。相同生产厂家的相同型号的产品无论通过什么终端渠道购买价格都一样。第二，拒绝暴利。C2B 产品价格组成结构合理。第三，拒绝盗版，渠道透明。第四，品牌共享，供应链透明。

（2）按照商务活动内容分类

按照商务活动内容分类，电子商务可分为间接电子商务和直接电子商务。

1）间接电子商务。间接电子商务（Indirect Electronic Commerce）即有形货物的电子订货,是指在网上进行的交易环节只能是订货、支付和部分的售后服务,而商品的配送还需交由现代物流配送公司或专业的服务机构去完成。因此,间接电子商务要依靠送货的运输系统等外部要素,又被称为不完全的电子商务。

2）直接电子商务。直接电子商务（Direct Electronic Commerce）即无形货物和服务,又叫完全电子商务,是指商家将无形商品和服务产品内容数字化,不需要某种物质形式和特定的包装,直接在网上以电子形式传送给消费者,收取费用的交易活动。如计算机软件、音像制品、网上订票、网上参团旅游或娱乐、网上咨询服务以及网上银行、网上证券交易等,通过互联网或专用网直接实现交易。

（3）按照使用网络类型分类

按照使用网络类型分类,电子商务可分为 EDI 商务、Internet 商务和 Intranet 商务三种类型。

1）EDI（Electronic Data Interchange）商务。按照国际标准组织的定义,EDI 商务是"将商务或行政事务按照一个公认的标准,形成结构化的事物处理或文档数据格式,从计算机到计算机的电子传输方法"。简单地说,EDI 就是按照商定的协议,将商业文件标准化和格式化,并通过计算机网络,在贸易伙伴的计算机网络系统之间进行数据交换和自动处理。

EDI 主要应用于企业与企业、企业与批发商、批发商与零售商之间的批发业务。相对于传统的订货和付款方式,EDI 大大节约了时间和费用。相对于互联网,EDI 较好地解决了安全保障问题。这是因为使用者均有可靠的信用保证,并有严格的登记手续和准入制度,加上多级权限的安全防范措施,从而实现了包括付款在内的全部交易工作电子化。

2）Internet（互联网）商务。按照国际互联网协会的定义,互联网是一种"组织松散、国际合作的互联网络"。该网络"通过自主遵守计算的协议和过程",支持主机对主机的通信。具体来说,互联网就是让一大批计算机采用一种叫作 TCP/IP 的协议来即时交换信息。

互联网商务是国际现代商业的最新形式,它以计算机、通信、多媒体、数据库技术为基础,通过 Internet,在网上实现营销、购物服务。它突破了传统商业生产、批发、零售及进、销、存、调的流转程序与营销模式,真正实现了少投入、低成本、零库存、高效率,避免了商品的无效搬运,从而实现了社会资源的高效运转和最大节余。消费者可以不受时间、空间、厂商的限制,广泛浏览,充分比较,方便使用,以最低的价格获得最为满意的商品和服务。

3）Intranet（内联网）商务。Intranet 商务是在 Internet 基础上发展起来的企业内部网,或称内联网。它在原有的局域网上附加一些特定的软件,将局域网与互联网连接起来,从而形成企业内部的虚拟网络。Intranet 与互联网之间的最主要的区别在于 Intranet 内的敏感或享有产权的信息受到企业防火墙安全网点的保护。它只允许有授权者介入内部 Web 网点,外部人员只有在许可条件下才可进入企业的 Intranet。Intranet 将大、中型企业分布在各地的分支机构及企业内部有关部门和各种信息通过网络予以联通,使企业各级管理人员能够通过网络获取自己所需的信息,利用在线业务的申请和注册代替纸张贸易和内部流通的形式,从而有效地降低了交易成本,提高了经营效益。

(4) 按照网络接入方式分类

按照网络接入方式分类，可以将电子商务分为网站电子商务、移动电子商务和语音电子商务三种类型。

1）网站电子商务。网站电子商务基于WWW（World Wide Web）的电子商务，用户端需要个人计算机才能应用，其主要特点是"固定"接入和应用。

2）移动电子商务。移动电子商务是基于移动通信网络和Internet的集成而产生的移动式电子商务，其主要特点是"移动"接入和应用。

3）语音电子商务。语音电子商务是基于语音通信网络与Internet的集成而产生的语音式电子商务，其主要特点是"语音"接入和应用。

3. 电子商务的特点

电子商务的特点是电子商务本质的外在表现。准确认识电子商务的特点，有利于从本质上加深对电子商务的认识。

(1) 商务性

电子商务最基本的特性为商务性，即提供买、卖交易的服务、手段和机会。网上购物提供一种客户所需要的方便途径，因而电子商务对任何规模的企业面言，都是一种机遇。就商务性而言，电子商务可以扩展市场，增加客户数量。通过将万维网信息连至数据库，企业能记录下每次访问、销售、购买形式和购货动态以及客户对产品的偏爱，这样企业就可以通过统计这些数据来获知客户最想购买的产品是什么。

(2) 虚拟性

虚拟性实质上是指在Internet上完成的交易。这里的"虚拟"是同"实在"相对应的。电子商务的虚拟性主要体现在三个方面：一是交易物品或服务被虚拟展示；二是交易过程的某环节被虚化；三是部分交易标的物虚拟化，如网络游戏分值或装备。

(3) 全球性

全球化实体市场的低速度决定了商品交易的市场规模和范围的有限性，而在电子商务这种虚拟化的商品市场中，由商务的数字化带来的虚拟特性使信息的传递以极高的速度快速流转。在这种环境下，商务主体之间的距离被无限地缩短了，商务交易的时间限制和空间限制被突破了，商务交易的范围也从有限的区域性小市场走向全球化的大市场。因此，相对于传统商务而言，电子商务的市场被深深地打上了全球化的烙印。

(4) 数字化

电子商务是以信息技术为基础的商务活动，它的进行需要通过计算机网络系统来实现信息交换和传输。电子商务数字化是非常丰富的，它可以在全世界范围内检索，其内容可以涵盖人类知识的方方面面；它的表达形式可以是文字的，也可以是图形的，还可以是音像的。

(5) 低成本

电子商务减少了商品流通的中间环节，节省了大量的开支，从而也大大降低了商品流通和交易的成本。网络上信息传递的成本低于信件、电话、电报、传真的成本。通过电子商务，买卖双方即时沟通信息，企业能够更快地匹配买家，也使无库存销售成为可能，能够极大地节约资源、降低成本。

（6）集成性

集成性是指通过结构化的综合布线系统和计算机网络技术，将各个分离的设备（如个人计算机）、功能、信息等要素集中成为一个相互关联的、统一的和协调的系统。例如，电子商务与企业资源计划（ERP）的集成就是当前我国中小企业面临的一个问题。ERP以管理会计为核心能够合理规划企业资源，将企业所有内部资源整合在一起，而电子商务的侧重点是解决企业与外部世界的通信、连接和交易等。把电子商务与ERP结合、统一起来，就是集成要解决的问题，这需要在电子商务和ERP之间建立广泛的数据和业务逻辑的接口。

（7）协调性

电子商务涉及电子数据处理、网络数据传输、数据交换和资金汇总等技术。在企业电子商务内部有导购、订货、付款、交易与安全等子系统，在交易过程中要经历商品浏览和订货、销售处理和发货、售后服务等环节。电子商务的开展由消费者、厂商、物流、报关、保险、商检和银行等不同参与者通过计算机网络互相依赖、互相协助完成。

电子商务的协调性是指电子商务中客户、供应商、生产商、银行、海关、税务等各部门的多单位之间的协调一致。简言之，协调性是指电子商务主体间的协调一致。

（8）普遍性

普遍性是指电子商务不受时空限制，可以在任何时间和任何地点进行交易活动。传统形式下，购物受商店上下班时间的限制，也受商店地理位置限制。对于员工来说，要按规定的时间上下班。对于老人来说，购物只能去附近的小商店。电子商务完全打破了这种局限，将市场从物理空间和时间限制中解放出来，商务可以在任何时间、任何地点发生。员工可以下班后回到家里打开计算机，通过敲打键盘进行网络购物，也可以坐在车上完成购物。他的订单发出以后，还可以利用Internet跟踪商家发货进程，可以网上付款结算。

（9）交互性

交互性是电子商务与传统商务相区别的重要方面。传统商务中企业与消费者之间的沟通是很有限的，信息的不对称使企业处于主动地位，而消费者只能被动地接受。在电子商务交易过程中，主体之间实时地双向沟通，买卖双方平等协商，也可以满足消费者的个性化需求，实行个性化定制。

（10）服务性

在电子商务环境中，客户不再受地域的限制，像以往那样，忠实地只做某家邻近商店的老主顾，他们也不再仅仅将目光集中在最低价格上。因而，服务质量在某种意义上成为商务活动的关键。技术创新带来新的结果，企业能自动处理商务过程，并不再像以往那样强调公司内部的分工。现在互联网上许多企业都能为客户提供完整服务，而互联网在这种服务的提高中充当了催化剂的角色。企业通过将客户服务过程移至互联网上，使客户能以一种比过去简捷的方式完成过去他们较为费事才能获得的服务。不仅对客户来说如此，对于企业而言，同样也能受益。

项目1　初识电子商务

> **拓展训练**
>
> 根据所学内容并结合网络资源，举例说明哪些电子商务平台属于B2B、B2C、C2C、B2G和C2B模式，每个模式不少于5个平台。

> **实战训练**
>
> 分小组分别进入淘宝网、京东商城和阿里巴巴三个网络平台，浏览首页的主要内容和功能，并从交易模式、经营产品特点、搜索方式、支付方式及物流配送等几方面进行比较分析，并写出分析报告。

思考与练习

一、判断题

1. 认证中心是法律承认的权威机构，具有官方的性质，负责发放和管理数字证书，使网上交易的各方能互相确认身份。（　　）
2. 按照使用网络类型分类，电子商务可分为EDI商务、Internet商务和Intranet商务三种类型。（　　）
3. 按照商务活动内容分类，电子商务可分为直接电子商务和间接电子商务。（　　）
4. 网上订票属于间接电子商务。（　　）
5. 间接电子商务要依靠送货的运输系统等外部要素，又被称为不完全的电子商务。（　　）

二、单选题

1. （　　）是电子商务的基础，也是商务、业务等信息传送的载体。
   A．Internet　　B．银行　　C．认证中心　　D．物流配送
2. （　　）的核心是以消费者为中心，消费者当家做主。
   A．B2C　　B．C2C　　C．B2G　　D．C2B
3. 政府采购属于（　　）。
   A．B2C　　B．C2C　　C．B2G　　D．C2B
4. 天猫是（　　）电子商务平台。
   A．B2C　　B．C2C　　C．B2G　　D．C2B
5. 京东作为我国自营式电商企业，是（　　）电子商务平台。
   A．B2C　　B．C2C　　C．B2G　　D．C2B
6. 慧聪网是国内领先的（　　）电子商务服务提供商。
   A．B2C　　B．B2B　　C．B2G　　D．C2B

三、多选题

1. B2C电子商务平台包括（　　）。

A. 京东　　　　B. 唯品会　　　　C. 天猫　　　　D. 苏宁易购
2. B2B 电子商务平台包括（　　）。
A. 阿里巴巴　　　　　　　　　　B. 慧聪网
C. 中国制造网　　　　　　　　　D. 敦煌网
3. C2C 电子商务平台包括（　　）。
A. 淘宝网　　　　　　　　　　　B. 拍拍
C. 闲鱼　　　　　　　　　　　　D. 孔夫子旧书网

四、简答题

1. 电子商务的基本组成要素。
2. 间接电子商务的含义。
3. 直接电子商务的含义。
4. 电子商务的特点。

任务4　网络市场调研

任务情景

某公司于2000年6月成立，总部设立在厦门，是集研发、生产、销售为一体，员工近3万人的大型服饰企业。该公司在全世界拥有店铺7000余家，产品行销欧洲、东南亚、中东、南北美洲、非洲等地区，在全球100多个国家和地区拥有商标专有权，并相继斩获"中国500最具价值品牌""《福布斯》亚洲200佳"等殊荣。

该公司是我国较早开启电商业务的服饰企业之一，自2009年其第一家网店在淘宝开张以来，通过提供及时周到的服务和时尚且具有性价比的产品，迅速赢得了消费者的厚爱，多项业务指标处于行业前列，成功进入天猫200最优秀商家代表行列，成为天猫智囊团成员，入围"中国鞋类品牌电商20强"。市场调研是营销链中的重要环节，没有市场调研，就把握不了市场，其网络销售的成功，归功于前期对网络消费者进行的科学而充分的网络市场调研。

任务分析

网络市场调研为企业制定网络营销策略提供数据支持，对于改善企业生产经营，改善服务质量，提高企业管理水平，增加经济效益都具有十分重要的意义。面对网络市场调研任务：首先，要明确本次网络市场调研的目标，根据调研目标选择恰当的调研策略、方法和手段，完成网络市场调研的策划。其次，设计在线调研问卷。问卷调查是收集调研信息最重要的方式之一。根据调研目标，设计调研问卷中的问题，并根据问题的内容选择恰当的问卷问题类型。对调研问卷初稿进行预测试，最终形成定稿。最后，将问卷发布到专业的问卷调查平台，在问卷调查工作完成后分析调研结果，并撰写网络市场调研报告。

项目 1　初识电子商务

任务实施

网络市场调研是一个系统工程，实施步骤环环相扣。本任务主要以专业的在线调研平台问卷星为例，介绍在线问卷法的应用，如图 1-5 所示。

图 1-5　问卷星操作流程

1. 注册登录问卷星

1）打开问卷星网站（http://www.wjx.cn）首页，可以完成账号注册后登录，也可以选择第三方登录（支持 QQ 登录、微信登录和企业微信登录）。

2）单击右上角的"登录"按钮，进入登录界面。使用账号和密码进行登录，或选择第三方账号登录。

3）完成登录，进入问卷星管理后台，如图 1-6 所示。

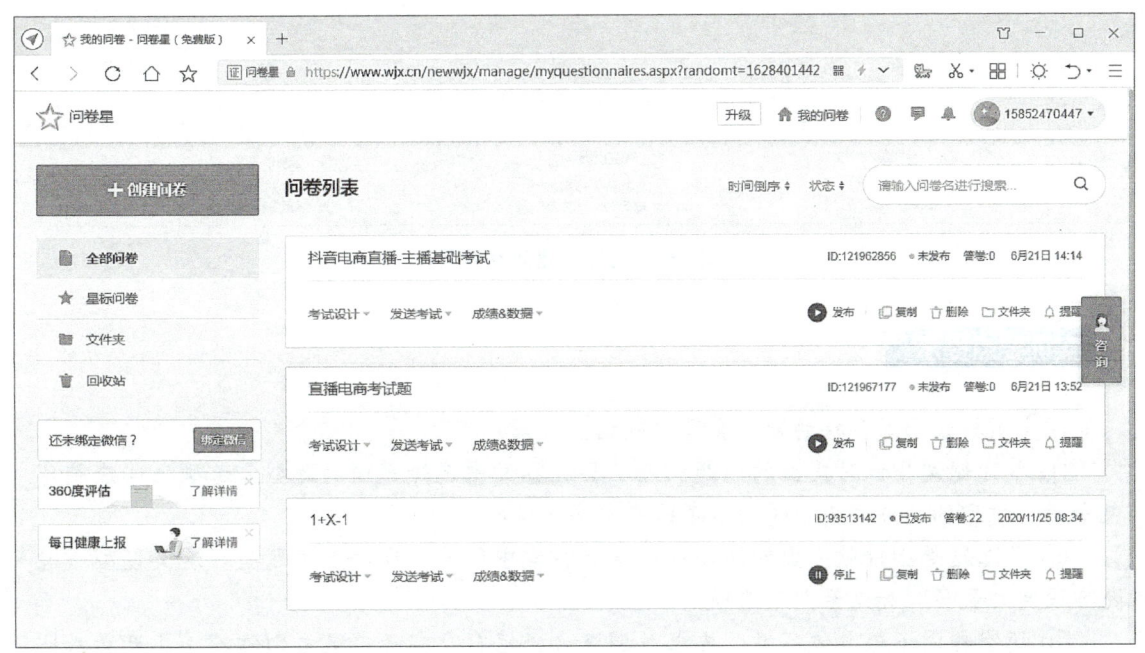

图 1-6　问卷星管理后台

2. 创建调查问卷

1）选择问卷类型。在问卷星管理后台，单击"创建问卷"按钮，进入选择创建问卷类型页面，默认为通用应用，如图 1-7 所示。通用应用分为 6 类：调查、考试、投票、表单、360 度评估和测评。

2）选择创建问卷方式。把光标移动到"调查"类型上方，单击"创建"按钮，弹出创建调查问卷页面。问卷星提供 4 种调查问卷创建方式：创建空白问卷、从模板创建问卷、文本导入和人工录入服务。

3）创建问卷。以"创建空白问卷"为例，输入调查问卷标题，单击"立即创建"按钮，进入设计文件页面，完成问卷说明的添加。

图 1-7　选择创建问卷类型

实训要点提示

　　问卷星提供形式多样的题目类型，包括：
　　① 单选题是指针对提出的问题仅可从备选答案中选择一项的题型，选项之间应是不包含的、排斥的，被调查者的回答不能有更多的选择。
　　② 多选题是指针对提出的问题可从备选答案中任选一项以上的题型，这类题型一般还可设定"最多"和"至少"选项。
　　③ 填空题因不给具体答案，要求被调查者根据自身实际情况自由作答，属开放式问题，虽难于统计，但常用于探测性调研。
　　④ 排序题又称顺位式问题，是列出若干项目，要求被调查者按一定原则进行排序。顺位方法主要有两种：一种是对全部答案排序，另一种是只对其中的某些答案排序。
　　⑤ 评分题是依据事先制订的统一打分标准，根据调查对象自己对评估对象的了解和认识，在每一个测量项目上公正客观地打出评估分。
　　⑥ 矩阵题是将若干同类问题及几组答案集中在一起排列成一个矩阵，同类问题集中排列。

4）设计问卷。以单选题为例介绍问卷的设计。在设计问卷界面，单击左侧的"单选"，进入单选题设置页面，如图1-8所示。可以进行题目和选项编辑、调整选项顺序等，问卷星还支持逻辑设置，包括题目关联、跳题逻辑和选项关联。题目设置完成后，单击"完成编辑"按钮。

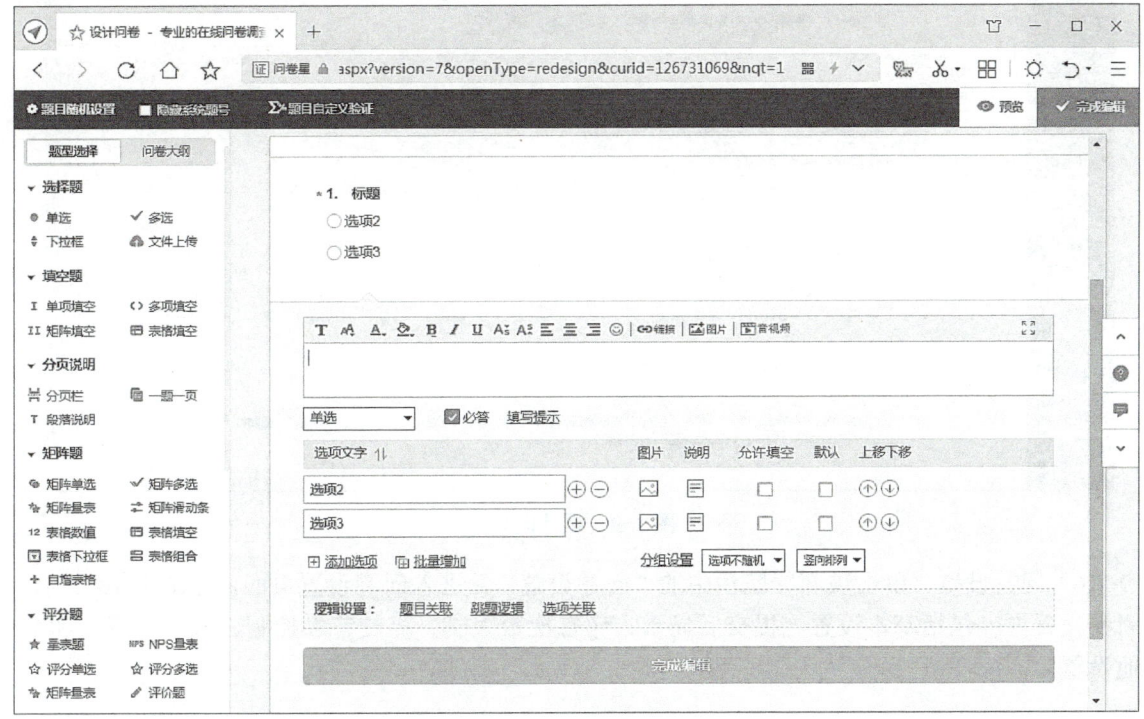

图1-8　单选题设置

实训要点提示

问卷星对每种题目类型有更为细致的功能划分，具体如下：
① 选择题：单选、多选、下拉框和文件上传。
② 填空题：单项填空、多项填空、矩阵填空和表格填空。
③ 分页说明：分页栏、一题一页和段落说明。
④ 矩阵题：矩阵单选、矩阵多选、矩阵量表、矩阵滑动条、表格数值、表格填空、表格下拉框、表格组合和自增表格。
⑤ 评分题：量表题、NPS量表、评分单选、评分多选、矩阵量表和评价题。
⑥ 高级题型：排序、比重题、滑动条、情景随机、商品题型和多级下拉。
⑦ 个人信息：姓名、基本信息、性别、年龄段、省份、手机、手机验证、日期、时间、地图、职业、行业、高校、密码、邮寄地址和绘制签名。

5）完成问卷编辑。按照各类题目的操作提示，完成在线问卷所有题目的添加和编辑之后，单击页面右上方的"完成编辑"按钮，进入设计向导页面，如图1-9所示。

图 1-9 设计向导

6）问卷设置。单击顶部导航栏中的"问卷设置"，进入问卷设置页面，如图 1-10 所示。问卷设置内容包括基本设置、提交后显示、作答次数限制、提交答卷控制、分享与查询和其他设置。

图 1-10 问卷设置

项目 1　初识电子商务

> **实训要点提示**
>
> 问卷设置的具体内容包括：
> ① 基本设置：时间控制、答题密码、标题及说明。
> ② 提交后显示：显示感谢信息、跳转到指定页面、按条件处理（可发送邮件和短信）、开启核销码/优惠码。
> ③ 作答次数限制：作答设备控制、IP 地址限制、微信作答控制。
> ④ 自定义重复作答提示文字：提交答卷控制，允许断点续答，允许提交答卷前预览答卷，控制提交答卷总数，提交答卷时需要输入验证码，隐藏答题者来源详情、IP 地址信息（适用于要求匿名的场景，开启后不允许再取消）。
> ⑤ 分享与查询：问卷内容（允许复制问卷、允许搜索引擎检索）、统计分析不公开、详细信息不公开、对外查询（答题者查询答卷）。
> ⑥ 其他设置：显示设置（可设置问卷的按钮、进度条、提示语言、背景等问卷外观）、数据推送。

7）其他设置。有兴趣的同学还可以尝试进行问卷外观、红包奖品、质量控制和消息互动等方面的设置。

3. 发布调查问卷

1）生成链接和二维码。在设计向导页面，单击"发布此问卷"按钮，进入链接和二维码页面，系统自动生成该问卷的链接和二维码，方便问卷的分享和传播，如图 1-11 所示。调查者还可以通过发送邀请邮件或者短信，用 Flash 等方式嵌入到公司网站，通过 QQ、微博等方式将问卷发给好友填写。

图 1-11　链接和二维码

> **实训要点提示**
>
> 问卷星提供了付费和免费的方式，满足快速回收足够的答卷的需求。
>
> 付费的方式包括样本服务和申请推荐。
>
> ① 样本服务是由问卷星从其260万样本库成员中邀请符合条件的目标人群来填写问卷，可以保证数据的真实性和有效性，是快速进行各种类型市场调查、学术调研的利器。
>
> ② 申请推荐是由问卷星系统随机邀请人群填写问卷，以最低成本在最短时间内回收到所需数量的数据。使用问卷推荐服务，问卷必须符合以下条件：对目标人群没有特定要求、题目数不超过40道。
>
> 免费的方式包括互填问卷、添加微信红包、开启抽奖功能和添加自定义奖品。
>
> ① 互填问卷是通过加入问卷星互填社区，与千万社区成员一起互填问卷。每帮别人填写一份问卷可以获取相应点数，点数越高，问卷被填写的概率越大。
>
> ② 添加微信红包是为问卷设置微信红包，让填写问卷的用户也可以体验抽红包的感觉（只需要支付红包费用，不需要任何其他费用）。
>
> ③ 开启抽奖功能是为吸引更多用户来填写问卷，可在链接与二维码页面开启系统自带的抽奖功能，奖品由问卷星提供。
>
> ④ 对问卷星提供的奖品不满意，可以添加自定义奖品。

2）制作二维码海报。在链接和二维码页面，单击二维码下方的制作二维码海报链接，可在线进行二维码海报、二维码Logo的设计和下载。

3）微信发送。单击顶部导航栏中的"微信发送"，进入微信发送设置页面。内容包括功能设置（只允许从微信中填写，获取微信用户的昵称、性别等（需登录），限制微信用户填写次数，允许查询答卷，必须关注我的微信账号才能回答，禁止分享到朋友圈，禁止"发送给朋友"）和小程序打开问卷的设置等。

4）设置微信分享Logo和文案。在微信发送页面单击"设置微信分享Logo和文案"按钮，进入微信分享设置页面，可进行Logo上传、直接分享说明设置、作答后分享说明设置、获取分享链接和二维码、查看分享效果图，完成后单击"保存"按钮。

4. 数据分析与下载

1）统计分析。单击左侧导航栏中的"分析&下载"按钮，进入调查问卷统计分析页面查看统计结果，如图1-12所示，显示的是默认报告。

项目 1　初识电子商务

图 1-12　统计分析

实训要点提示

① 除了默认报告外，问卷星还提供了分类统计、交叉分析、自定义查询和 SPSS 分析功能等。

② 使用分类统计功能可以以问卷中任何一道或多道选择题的选项、填写者 IP 所在省份或城市、答卷来源渠道为依据进行分类，从而得到每一类答卷的统计报告。

③ 使用交叉分析可以设定一个或多个自变量、因变量，从而得到在自变量不同水平上，因变量数据的差异，并以数据表格或折线图、柱状图等方式呈现。

④ 使用自定义查询功能可以灵活设置一个或多个筛选条件，从而查询到所需要的答卷数据。例如：以填写日期为条件进行自定义查询可以得到所查询日期当天的答卷，以 IP 地址为条件进行自定义查询可以得到从该 IP 地址提交的答卷，以学生学号为条件进行查询可以得到该学号对应学生的答卷等。

⑤ 对于文字形式的主观题，问卷星可以自动提取所有答案中包含的关键词并统计，然后可以以饼状图、柱状图、条形图、折线图来呈现。在统计分析页面找到需要分析的文本主观题，单击"词频分析"，可以生成词云图。

⑥ 默认报告的统计结果显示为表格样式，还可以选择饼状图、圆环图、柱状图、条形图和隐藏零数据等。

2）下载报告。在统计分析页面，单击右侧的"报告"按钮，进入报告下载设置页面。选择文档格式、纸张大小后，单击"下载报告"进行调查报告的下载。

3）查看下载答卷。单击顶部导航栏中的"查看下载答卷"按钮，进入查看下载答卷页面可下载问卷的原始数据，如图 1-13 所示。单击"下载答卷数据"按钮，出现 4 种下载方式：按选项序号下载、按选项文本下载、下载到 SPSS（.sav）和在线 SPSS 分析，根据数据分析需要进行选择。把光标放在任何一条数据上，单击即可查看浏览每一份答卷的详细内容。

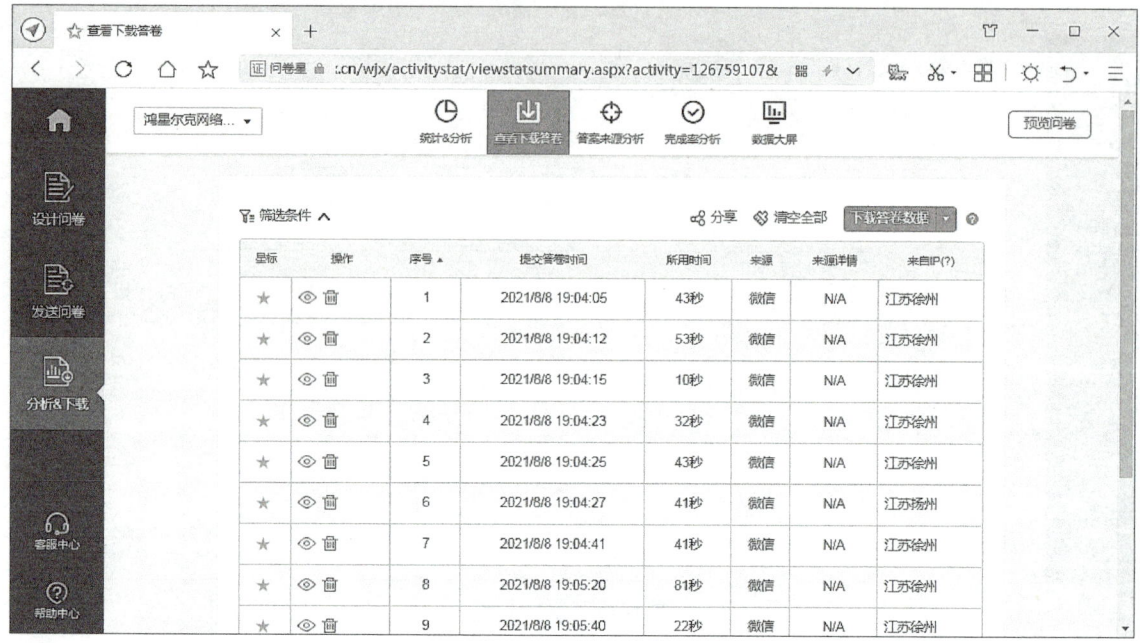

图 1-13　查看下载答卷

4）答案来源分析。单击顶部导航栏中的"答案来源分析"按钮，进入答案来源分析页面。问卷星提供三种来源分析方式，包括来源渠道分析、时间段分析和地理位置分析，默认为来源渠道分析，如图 1-14 所示。

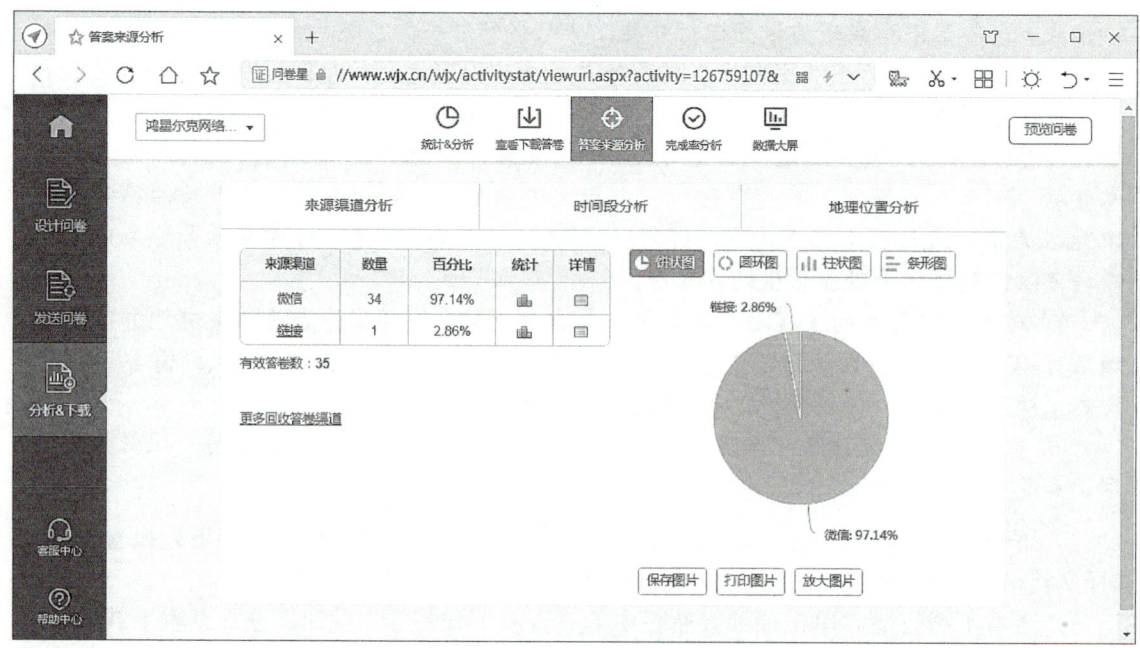

图 1-14　答案来源分析

相关知识

1. 网络市场调研概述

网络市场调研又称网上调查或在线调查,是指企业利用互联网作为沟通和了解信息的工具,对消费者、竞争者以及整体市场环境等与营销有关的数据系统进行调查分析研究。这些相关的数据包括顾客需要、市场机会、竞争对手、行业潮流、分销渠道以及战略合作伙伴等方面的情况。

与传统市场调查一样,网络市场调查也是针对一定阶段、一定区域内市场竞争状况、产品特色、顾客需求及购买行为变化、目前营销策略效果、未来市场的机会和成长潜力等一系列问题的调查和分析研究。网络市场调研与传统的市场调研相比有着无可比拟的优势,见表1-2。因此,网络市场调研成为网络时代企业进行市场调研的主要手段。

表1-2 网络市场调研与传统市场调研的优势比较

比较项目	网络市场调研	传统市场调研
调研费用	较低,主要是设计费和数据处理费,每份问卷所要支付的费用几乎为零	昂贵,包括:问卷设计、印刷、发放、回收、聘请和培训访问员、录入调查结果、由专业公司对问卷进行统计分析等多方面的费用
调研范围	全国乃至全世界,样本数量庞大	受成本限制,调查地区和样本的数量均有限
运作速度	很快,只需搭建平台,数据库可自动生成,几天就可能得出有意义的结论	慢,需要2~6个月才能得出结论
调研的时效性	全天候进行	不同的被访问者对其可进行访问的时间不同
被访问者的便利性	非常便利,被访问者可自由决定时间、地点回答问卷	不太方便,一般要跨越空间障碍,到达访问地点
调研结果的可信性	相对真实可信	一般有督导对问卷进行审核,措施严格,可信度高
适用性	适合长期的大样本调查,适合要迅速得出结论的情况	适合面对面的深度访谈,食品类产品等需要对受访者进行感官测试

2. 网络市场调研的方法

(1)网络市场直接调研

网络市场直接调研,是指在互联网上收集一手资料或原始信息的过程。按调查思路的不同,网络市场直接调研的方法可分为网上观察法、专题讨论法、在线问卷法、网上实验法和电子邮件调查法。网络市场直接调研优势明显,其不足之处是难以控制和选择被调查对象,不一定能满足调查样本要求,有时甚至可能出现样本重复、调查数据不真实以及调查数据无法进行抽样核实。因此,有效、可靠的网络市场直接调研方法还需要进一步从技术上、方法上和控制上进行完善。

1)网上观察法。网上观察法是指利用网络技术,观察正在进行的某一特定网上销售过程解决某一营销问题。与传统市场调研中的观察法相似,这种方法也是在被调查者无察觉

的情况下进行的，网络环境使观察法的运用更加自如。网上观察技术主要包括设置计数器、通过后台管理测试产品的敏感因素、发送电子邮件调查表、利用Cookie技术跟踪网络浏览者的上网行为等。

2）专题讨论法。专题讨论法是调查者依据调查题目的要求，将被调查者召集到一起，让他们对某一调查专题进行讨论并发表意见，从而获取调查资料或调查结论的一种调查方法。运用专题讨论法，要求主持人具有客观性，了解所讨论的话题，并了解群体激励和消费者行为。专题讨论法一般都根据事先准备好的询问项目或询问顺序进行。在具体操作时，除由1～2位主持人主持座谈外，还可用录音机或摄像机等将座谈者的座谈内容加以记录，以备以后分析。网络专题讨论可通过新闻组、社区论坛、邮件列表、线上会议、微博、IM（即时通信）群聊等渠道进行。

3）在线问卷法。在线问卷法是指通过互联网把传统的调查、分析方法在线化、智能化。在线问卷法是传统市场调研中问卷调查方法在互联网上的延伸，广泛应用于各种内容的在线调研活动中。以实现的技术方法为标准，在线问卷法分为站点法和电子邮件法两类。

4）网上实验法。网上实验法是指在既定条件下，通过实验对比，对市场现象中某些变量之间的因果关系及其发展变化过程加以观察分析的一种调查方法。在市场调查中，通过实验对比来取得市场情况第一手资料。在实验法中，调研人员（实验的组织者）根据调研的目的创造某种实验环境或条件，把调查对象置于特定（非自然状态）的实验环境中，通过有目的、有意识地改变或控制一个或几个影响因素，观察实验对象受其影响而发生动机及行为的变化情况，由此分析和认识这些现象的本质和发展变化规律。该方法最突出的特点是把调查对象置于非自然状态下开展市场调查，可提高调查的精度，所获得的调研资料比较真实、客观。实验法要求对实验的内容、步骤进行缜密设计，但由于影响市场变化的因素错综复杂，并相互影响和制约，其中很多是难以人为控制的，这使得实验结论难以与现实情况完全相符。

5）电子邮件调查法。电子邮件调查法是通过给被调查者发送电子邮件的形式将调查问卷发给一些特定的网上用户，由用户填写后以电子邮件的形式再反馈给调查者的调查方法。电子邮件法属于主动调查法，在一定程度上可以对用户成分加以选择，并节约被访问者的上网时间。如果调查对象选择适当且调查表设计合理，往往可以获得相对较高的问卷回收率。但采用电子邮件调查方式的前提条件是已经获得被调查者的电子邮件地址，并且预计他们对调查的内容感兴趣，因此没有用户资源的企业将无法采用这种方式，这也表明了内部邮件列表对企业网络营销策略的重要性。

（2）网络市场间接调研

网络市场间接调研，是指企业利用互联网收集与企业营销相关的二手资料信息，包括市场、竞争者、消费者和宏观环境等方面的信息。该方法简单方便，并且可以节省调研时间和费用，是企业应用最多的网络市场调研方式。网络市场间接调研的方法主要包括利用搜索引擎查找资料、访问相关网站收集资料（如各种专题性或综合性网站）和利用相关的网络数据库查找资料。

网络市场调研数据的来源渠道包括百度统计、谷歌分析、Crazy Egg 热力图、CNZZ 数据专家、生意参谋、客户关系管理工具、Alexa、百度指数、阿里指数、淘宝指数，以及竞争对手网站、求职网站、网络数据库、政府及行业官方网站等。

3. 网络市场调研的内容和过程

网络市场调研主要是针对特定市场或特定产品展开的，企业进行的市场调研也因其具体需求的不同而涉及不同的内容。网络市场调研是一个复杂的过程，其包含的内容非常广泛，主要包括市场需求调研、市场供给调研、消费者行为调研、竞争者状况调研和营销因素调研等。

网络市场调研应遵循一定的方法和步骤，以保证调研的效果和质量。网络市场调研一般包括以下六个步骤：明确问题与确定调研目标、确定调研对象和内容、制订网络市场调研计划、收集信息、整理和分析信息、撰写和提交调研报告。

4. 问卷星

问卷星是一个专业的在线问卷调查、考试、测评、投票平台，专注于为用户提供功能强大、人性化的在线设计问卷、采集数据、自定义报表、调查结果分析等系列服务。问卷星旨在以问卷为基础，提供强大的数据收集、存储和分析工具，深挖数据价值。自 2006 年上线至 2024 年 9 月底，用户累计发布超过 2.84 亿份问卷，累计回收超过 219.41 亿份答卷，并且保持每年 100% 以上的增长率，市场占有率超过 60%，已逐步成长为"问卷调研行业独角兽"。

与传统调查方式和其他调查网站或调查系统相比，问卷星具有快捷、易用、低成本的明显优势，已经被大量企业和个人广泛使用，六大典型应用包括：

1）问卷调查。通过制订详细周密的在线问卷，要求被调查者据此进行回答以收集资料，可用于员工敬业度调查、员工满意度调查、市场调研、客户满意度调查（NPS）。问卷星支持多种题型，可以设置跳转、关联和引用逻辑。支持微信、邮件和短信等方式收集数据，数据回收后可以进行分类统计、交叉分析，并且可以导出到 Word、Excel、SPSS 等。

2）在线考试。通过问卷星在线考试系统快速生成各类在线考试，支持手机填写，实现微信考试、题库抽题、随机组卷、系统阅卷、智能计分、考试时间限制等，适用于党建知识竞赛、课后练习考核、招聘培训考试、业务知识考核、安全生产规范、医药知识考核等场景，具有防作弊系统、考生用户体系、成绩查询系统等。

3）360 度评估。通过上级、同事、下级等不同层级人员的评估，全方位地反馈受评人的工作行为和表现。使用问卷星进行 360 度评估，还支持评价关系权重设置，可通过邮件、短信等多渠道发送 360 度评估问卷，最终输出多种 360 度测评报告，可用于绩效评估、人才测评、人才盘点、民主评议、人才发展、教学评估。

4）报名表单。帮助用户在日常工作中收集信息或意见反馈，并自动汇总数据，提高用户工作效率，可用作各类报名表、登记表、签到表、在线订单表、意见反馈表。

5）在线测评。在线测评系统可用于职业、人才、性格、心理、情商、生活、趣味测试。

6）在线投票。需要用到投票的场景都可以使用问卷星创建。问卷星支持计算机端、手机端投票，投票候选人支持文字、图片、视频等展现形式，票数统计迅速直观，现场投票还可以将投票墙投屏，实时展示投票结果。

拓展训练

1. 使用从模板创建问卷的方式，在问卷星创建关于鸿星尔克品牌的调查问卷。
2. 使用问卷星的在线投票功能，创建班级三好学生评选的在线投票。
3. 使用问卷星的报名表单功能，创建直播社团在线招新报名表。

实战训练

根据网络市场调研的方法、内容和步骤等，在线调研我国知名企业的网络营销现状。
1）调研对象：华为、海尔、格力、京东、天猫、拼多多等。
2）调研内容：目标受众、网站基本情况/App/小程序、网络推广策略等信息。
3）调研结果：撰写企业网络营销现状报告及答辩PPT。

思考与练习

1. 什么是网络市场调研？
2. 与传统的市场调研相比，网络市场调研的优势有哪些？
3. 简述网络市场直接调研的含义及方法。
4. 简述网络市场间接调研的含义及方法。
5. 网络市场调研的内容有哪些？

任务5　商务信息检索

任务情景

中国互联网络信息中心（CNNIC）发布的第55次《中国互联网络发展状况统计报告》显示：截至2024年12月，我国搜索引擎用户规模达8.78亿人，占网民整体的79.2%。2024年，搜索引擎行业受新兴技术创新驱动，持续优化服务效能，推动市场主体多元化发展。一是人工智能技术持续赋能智能搜索。随着生成式人工智能技术持续发展，传统搜索引擎行业更加注重提升智能化和个性化服务。百度 APP AI 功能覆盖其月活用户的近 70%；已有超过 20%的搜索结果页面涵盖 AI 生成内容。同时，针对个性化服务，百度推出百度文心智能体平台，已有超过 10 万个智能体应用了商业组件，实现收入转化的智能体数量增长了 395%。二是内容平台成为行业重要新生力量。电商平台、社交平台等更加重视依托内容生态构建搜索业务，并依靠搜索业务提升收入转化，成为行业重要新生力量。新浪微博结合通用数据和自身特色数据，如实时热点、事件脉络、网络流行语等，发布"知微"大模型，开发"智搜"场景，能够帮助网友快速了解热搜词条内容。

任务分析

搜索引擎提供一个包含搜索框的页面，在搜索框输入关键词，通过浏览器提交给搜索引擎后，搜索引擎即可返回跟用户输入的内容相关的信息列表。对网民而言，搜索引擎是一种检索工具，作为工具，使用者要了解搜索引擎的功用、性能，探讨并掌握其使用方法和技巧。

任务实施

在网络商务信息搜集中，搜索引擎是网络商务信息检索的重要入口，也是网络商务信息检索的重要工具。目前，国内的中文搜索引擎主要有百度、360 搜索、搜狗搜索、网易有道和夸克搜索等，国外的搜索引擎主要有谷歌、必应和雅虎等。

1. 百度

百度搜索是全球领先的中文搜索引擎，2000 年 1 月由李彦宏、徐勇两人创立于北京中关村，致力于向人们提供"简单，可依赖"的信息获取方式。创始人李彦宏拥有"超链分析"技术专利，使我国成为美国、俄罗斯、韩国之外，全球仅有的 4 个拥有搜索引擎核心技术的国家之一。百度拥有超过千亿条中文网页数据，可以瞬间找到相关的搜索结果。百度每天响应来自 100 余个国家和地区的数十亿次搜索请求，是网民获取中文信息和服务的最主要入口，服务 10 亿互联网用户。

"百度"二字源于我国宋朝词人辛弃疾的《青玉案·元夕》中的"众里寻他千百度"，象征着百度对中文信息检索技术的执着追求。百度致力于让网民更便捷地获取信息，找到所求，主要提供网页、图片、视频、地图、新闻、翻译、音乐、百度学术、百度百聘等搜索服务，以及百家号、贴吧、知道、百科、文库、百度网盘等社区服务产品。"熊掌"图标的想法来源于"猎人巡迹熊爪"的刺激，与李彦宏的"分析搜索技术"非常相似，从而构成百度的搜索概念，也最终成为百度的图标形象。百度熊也便成了百度公司的形象物。

2. 百度基本搜索方法与技巧

1）常规网页搜索。例如，想了解电子商务发展趋势，只需输入关键词"电子商务发展趋势"，然后单击"百度一下"按钮，如图 1-15 所示。

电子商务基础

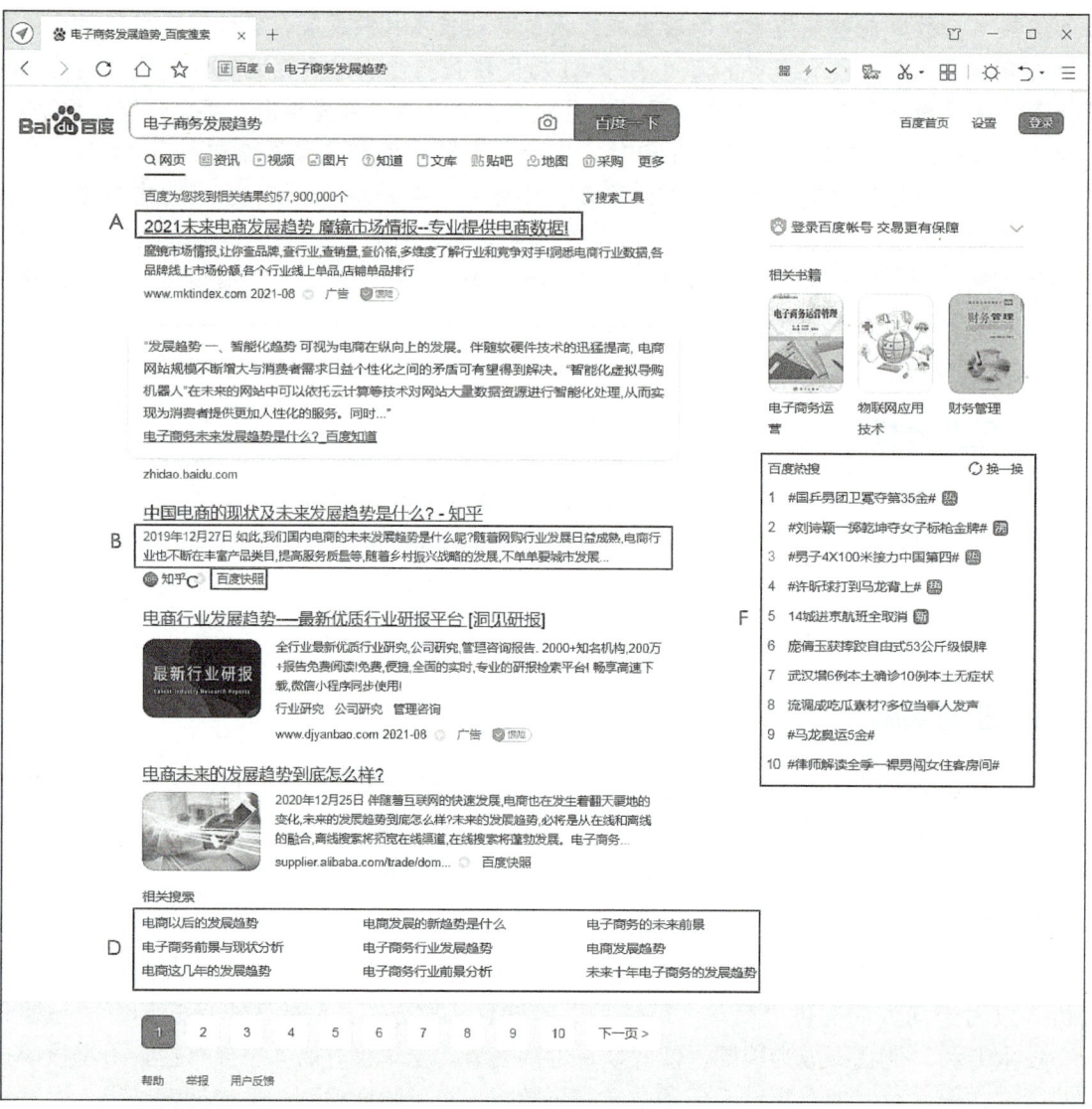

图1-15 "电子商务发展趋势"搜索结果

实训要点提示

① 输入关键词后，单击回车（<Enter>）键，百度会自动找出相关的网站或资料。

② 关键词，也称为查询词，是网络信息检索者输入搜索框中的文字，即其使用百度所需检索的内容。关键词可以是任何中文、英文、数字，或中文英文数字的混合体；可以输入两个、三个、四个，甚至可以输入一句话，多个关键词之间建议用空格隔开，可以获得更精确的检索结果。

③ 百度搜索结果页面构成：

a）搜索结果标题。单击标题，可以直接打开该结果网页。

b）搜索结果摘要。通过摘要，可以初步判断这个结果是否满足需要。

c）百度快照。每个未被禁止搜索的网页，在百度上都会自动生成临时缓存页面，称为"百度快照"。当遇到网站服务器暂时故障或网络传输堵塞时，可以通过"快照"快速浏览页面文本内容。百度快照只会临时缓存网页的文本内容，所以那些图片、音乐等非文本信息，仍是存储于原网页。当原网页进行了修改、删除或者屏蔽后，百度搜索引擎会根据技术安排自动修改、删除或者屏蔽相应的网页快照。

d）相关搜索。相关搜索是其他和检索者有相似需求的用户的搜索方式，按搜索热门度排序。如果搜索结果效果不佳，则可以参考这些相关搜索。

e）百度竞价排名。百度竞价排名是一种按效果付费的网络推广方式。企业在购买该项服务后，通过注册一定数量的关键词，其推广信息就会率先出现在网民相应的搜索结果中。百度按照给企业带去的潜在客户访问数收费。

f）百度热搜。百度热搜（https://top.baidu.com）以数亿用户海量的真实数据为基础，通过专业的数据挖掘方法，计算关键词的热搜指数，旨在建立权威、全面、热门、时效的各类关键词排行榜，引领热词阅读时代。

2）精确匹配。用双引号或书名号。例如，想了解电子商务的功能，为了精确匹配，只需把"电子商务的功能"加上双引号，然后单击"百度一下"按钮，如图1-16所示。

图 1-16 "电子商务的功能"加双引号的搜索结果

实训要点提示

如果输入的查询词很长，百度在经过分析后，给出的搜索结果中的查询词可能是拆分的。如果对这种情况不满意，则可以尝试让百度不拆分查询词。

① "电子商务的功能"如果不加双引号，搜索结果被拆分，效果不是很好，但加上双引号后，获得的结果更为精准。

② 书名号是百度独有的一个特殊查询语法。在其他搜索引擎中，书名号会被忽略，而在百度中，中文书名号是可被查询的。加上书名号的查询词，有两层特殊功能，一是书名号会出现在搜索结果中，二是被书名号括起来的内容不会被拆分。书名号在某些情况下效果特别好，例如，查名字很通俗和常用的电影《手机》，如果不加书名号，很多情况下出来的是通信工具手机，而加上书名号后，结果为电影《手机》相关内容。

3）网页搜索特色提示功能。百度提供拼音提示、错别字提示和搜索框提示等。例如，输入"点子商务模式"，然后单击"百度一下"按钮，搜索结果如图1-17所示。

图1-17 "点子商务模式"搜索结果及错别字提示

实训要点提示

① 拼音提示。如果只知道某个词的发音，却不知道怎么写，或者嫌某个词拼写输入太麻烦，则只要输入查询词的汉语拼音，百度即可把最符合要求的对应汉字提示出来。它事实上是一个无比强大的拼音输入法。拼音提示显示在搜索结果上方。

② 错别字提示。由于汉字输入法的局限性，在检索时经常会输入一些错别字，导致搜索结果不佳。这时，百度会给出错别字纠正提示。错别字提示显示在搜索结果上方。

③ 搜索框提示。百度会根据检索者输入的内容，在搜索框下方实时展示最符合的提示词。检索者只需单击符合需求的提示词，或者用键盘上下键选择需要的提示词并按<Enter>键即可。

4）图片搜索。百度图片使用世界前沿的人工智能技术，为用户甄选海量的高清美图，用更流畅、更快捷、更精准的搜索体验，带用户去发现多彩的世界。图片搜索有两种形式：第一种是通过关键词，常规的图片搜索是通过输入关键词的形式搜索到互联网上相关的图片资源；第二种是通过图片，百度识图实现了用户通过上传图片或输入图片的 URL 地址，从而搜索到互联网上与这张图片相似的其他图片资源，同时也能找到这张图片相关的信息。百度识图的主要功能包括：相同图像搜索、全网人脸搜索、相似图像搜索和图片知识图谱等。下面以第二种形式为例进行介绍。

首先，在百度首页的搜索框右侧找到相机样式的小图标，单击进入百度识图。其次，选择图片上传方式，在选择文件本地上传、拖拽上传和粘贴图片网址三种图片上传方式中选择一种进行上传。然后，在百度识图检索结果页面，选择符合要求的图片。如果对识图结果不满意，可以通过添加图片描述，使识图结果更精准。

> **实训要点提示**
>
> 上传的图片需要满足百度识图的格式和物理文件大小的要求。
> ① 图片格式。百度识图支持的图片格式有 jpg、gif、jpeg、png、bmp。
> ② 图片大小。所查询的图片要求在 5MB 以内。

5）音乐、视频、地图、新闻等搜索功能。例如，张宇想了解最新的电子商务相关新闻，可以在百度首页单击"新闻"进入百度新闻，在顶部的检索框输入"电子商务"，单击"百度一下"按钮，即可实现新闻的搜索。

3. 百度高级搜索和个性设置

1）专业文档搜索。例如，想查找关于电子商务就业方面 doc 格式的文献，在搜索框输入"电子商务就业 filetype:doc"即可，如图 1-18 所示。

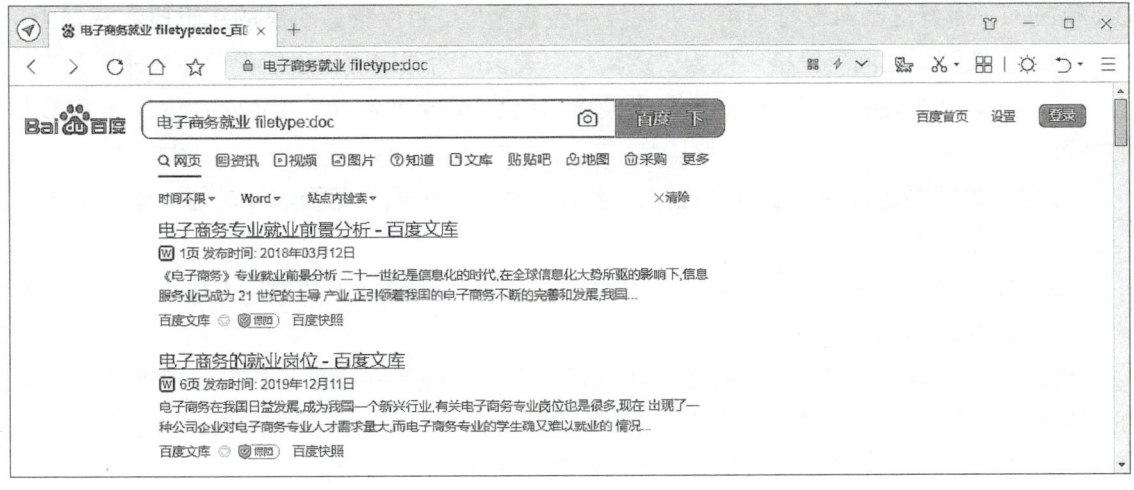

图 1-18 "电子商务就业 filetype:doc"搜索结果

很多有价值的资料在互联网上并非是普通网页，而是以 Word、Excel、PowerPoint、PDF 等格式存在。要搜索这类文档，需在普通的查询词后面（或前面），加上"filetype："文档类型进行限定。"filetype:"后可以跟以下文件格式：doc、xls、ppt、pdf、rtf、all。其中，all 表示搜索所有网页和文件（不限格式）。

> **实训要点提示**
>
> ① 在百度文库（wenku.baidu.com）检索页面，可直接使用专业文档搜索功能。
> ② 如果记不住文档搜索方式，可在常规检索形成的搜索结果页面，单击搜索结果上方的"搜索工具"，在"所有网页和文件"下拉列表中选择需要的文件格式，如图 1-19 所示。

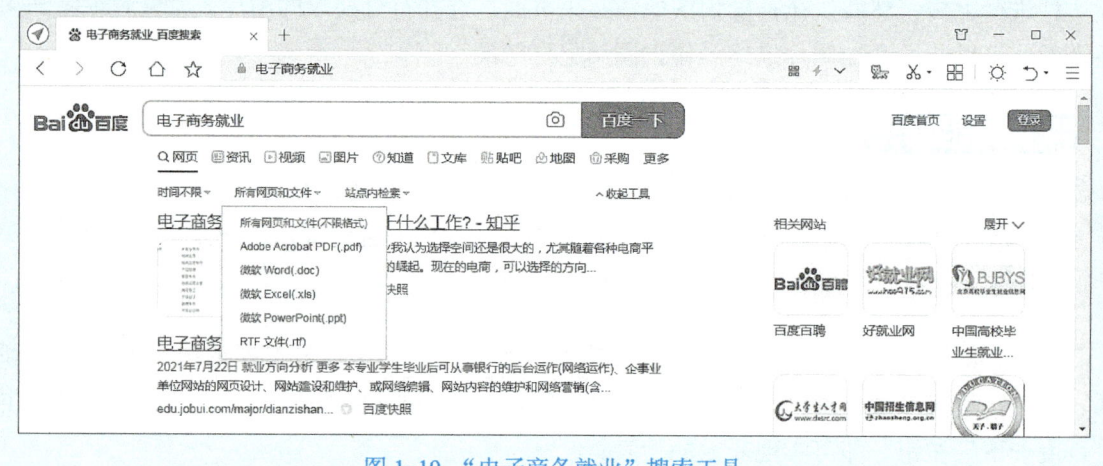

图 1-19 "电子商务就业"搜索工具

2）用好搜索逻辑命令，提高搜索精度。搜索引擎基本上都支持附加逻辑命令查询，常用的是"+"号、"|"号和"-"号，或与之相对应的布尔（Boolean）逻辑命令 AND、OR 和 NOT。用好这些命令符号可以大幅提高搜索精度。百度搜索引擎的逻辑检索规则为：

① 两个关键词之间有空格，便为"逻辑与"关系：两词同时出现的记录便被命中。
② "逻辑或"功能：可用"A|B"来搜索"包含 A 或包含 B，或者同时包含 A 和 B"的网页。
③ 两个关键词之间用减号（前面空一格）连接，可实现"逻辑非"功能：命中记录中不含减号后的关键词。

3）如果对百度查询语法不熟悉，可借助百度提供的高级搜索功能，方便地进行各种搜索查询，如图 1-20 所示。

检索者可根据自身习惯，在搜索设置（百度首页→设置→搜索设置）中改变百度默认的搜索设定，如是否显示搜索框提示、设定搜索语言范围、设定每页搜索结果显示条数、是否实现实时预测功能和是否显示搜索历史记录等，如图 1-21 所示。

项目 1　初识电子商务

图 1-20　百度高级搜索页面

图 1-21　百度个性设置页面

 相关知识

1. 搜索引擎的含义和分类

搜索引擎（Search Engine）是指根据一定的策略，运用特定的计算机程序搜集互联网上的信息，在对信息进行组织和处理后，将信息显示给用户，是为用户提供检索服务的系统。搜

索引擎按其工作方式主要可分为三种：全文搜索引擎（Full Text Search Engine）、目录索引类搜索引擎（Search Index/Directory）和元搜索引擎（Meta Search Engine）。

1）全文搜索引擎是名副其实的搜索引擎，国外代表性的有 Google，国内著名的有百度。它们都是通过从互联网上提取的各个网站的信息（以网页文字为主），建立起数据库，能够检索与用户查询条件匹配的相关记录，然后按一定的排列顺序将结果反馈给用户。

2）目录索引虽然有搜索功能，但在严格意义上算不上是真正的搜索引擎，仅仅是按目录分类的网站链接列表而已。用户在目录索引中查找网站时，可以使用关键词进行查询，也可以按照相关目录逐级查询，但在目录查询时，只能够按照网站的名称、网址、简介等内容进行查询，所以它的查询结果也只是网站的 URL（统一资源定位符），不能查到具体的网站页面。国内的搜狐目录、hao123 以及国外的 Dmoz 等都是目录索引。

3）元搜索引擎在接受用户查询请求时，同时在其他多个引擎上进行搜索，并将结果反馈给用户。在搜索结果排列方面，有的直接按来源引擎排列搜索结果，有的则按自定的规则将结果重新排列组合。

另外，垂直搜索引擎为 2006 年后逐步兴起的一类搜索引擎。不同于通用的网页搜索引擎，垂直搜索引擎专注于特定的搜索领域和搜索需求（例如：视频搜索、机票搜索、旅游搜索、生活搜索、小说搜索等），在其特定的搜索领域有更好的用户体验。

2. 搜索引擎的工作原理

搜索引擎的工作原理，可以看作三步：

1）从互联网上抓取网页。利用能够从互联网上自动收集网页的 Spider（爬虫）系统程序，自动访问互联网，并沿着任何网页中的所有 URL 爬到其他网页，重复这一过程，并把爬过的所有网页收集回来。被抓取的网页称为网页快照。由于互联网中超链接的应用很普遍，理论上，从一定范围的网页出发，就能搜集到绝大多数的网页。

2）建立索引数据库。由分析索引系统程序对收集回来的网页进行分析，提取相关网页信息，根据一定的相关度算法进行大量复杂计算，得到每一个网页针对页面内容中及超链接中每一个关键词的相关度（或重要性），然后用这些相关信息建立网页索引数据库。

3）在索引数据库中搜索排序。当用户输入关键词搜索后，由搜索系统程序从网页索引数据库中找到符合该关键词的所有相关网页。因为所有相关网页针对该关键词的相关度早已算好，所以只需按照现成的相关度数值排序，相关度越高，排名越靠前。

最后，由页面生成系统将搜索结果的链接地址和页面内容摘要等内容组织起来反馈给用户。

搜索引擎的 Spider 一般要定期重新访问所有网页（各搜索引擎的周期不同，可能是几天、几周或几月，也可能对不同重要性的网页有不同的更新频率），更新网页索引数据库，以反映出网页内容的更新情况，增加新的网页信息，去除死链接，并根据网页内容和链接关系的变化重新排序。这样，网页的具体内容和变化情况就会反映到用户查询的结果中。

互联网虽然只有一个，但各搜索引擎的能力和偏好不同，所以抓取的网页各不相同，排序算法也各不相同。使用不同搜索引擎的重要原因是它们能分别搜索到不同的内容，而互联网上有更大量的内容是搜索引擎无法抓取索引的，也是无法用搜索引擎搜索到的。所以，搜索引擎只能搜到其网页索引数据库里储存的内容。

3. SEO 和 SEM

SEO（Search Engine Optimization）即搜索引擎优化。搜索引擎优化是按照搜索引擎的搜索规则对网站进行内部调整及站外优化，使网站满足搜索引擎的检索原则且对用户更友好，从而更加容易被搜索引擎收录，提升优先排序，并将精准的流量带到网站中，获取免费流量，产生直接营销行为或者是品牌推广。

SEO 不仅可以对网站进行优化，还能结合搜索引擎算法的特点来进行营销，将企业需要营销的目标内容（广告、产品、品牌）传递给目标用户。这也使 SEO 成为网络营销不可或缺的一种营销方式，因此也可以说 SEO 是网络营销的一部分。通过 SEO 可以为网站带来大量、稳定的用户群，也就意味着可以为企业带来直接的经济价值。总的来说，SEO 可以为企业和网站带来 3 个方面的提升：提升搜索引擎排名、提升网站访问流量和提升品牌知名度。

SEM（Search Engine Marketing）是搜索引擎营销。SEM 是指基于搜索引擎平台的营销行为，利用用户对搜索引擎的依赖，在用户进行检索的时候将信息传递给目标客户。SEM 的基本思想是让用户发现信息，并通过单击进入网页，进一步了解所需要的信息。SEM 追求较高的性价比，以较小的投入，获得较大的来自搜索引擎的访问量，并产生商业价值。

SEM 和 SEO 有着相同的目的，即网站推广和品牌建设；不同的是实现的方法，SEO 通过纯技术手段使网站在搜索引擎上获得好的自然排名，而 SEM 同时使用技术手段和付费手段来对网站进行推广。

4. 我国搜索引擎行业发展

1）我国搜索引擎市场正逐步迈进以用户为中心的发展阶段（见表 1-3）。我国搜索引擎行业发展在历史进程中已经历了基于 PC 互联网搜索的分类目录时代、文本检索时代和整合分析时代三个主要时代，目前正处于以用户为中心的时代，但随着 AI 技术的落地和应用以及物联网重要性的日益凸显，搜索引擎行业出现升级趋势，朝着生活生态圈时代发展。

表 1-3 我国搜索引擎发展阶段

	基于 PC 互联网的搜索			精准到个人需求的移动互联网搜索	
发展阶段	搜索引擎 1.0 分类目录时代	搜索引擎 2.0 文本检索时代	搜索引擎 3.0 整合分析时代	搜索引擎 4.0 用户中心时代	搜索引擎 5.0 生活生态圈时代
主要特点	分类目录也是"网址导航"，通过人工的收集和整理，把属于各个门类的高质量网站进行罗列 减少了用户筛选网站的复杂度，方便用户直接进行访问	利用爬虫程序主动去抓取网站网页，这个时期采用的技术主要是文本分析加索引排序的方法 能够返回给用户相关程度较高的信息，提升搜索体验及效率	将搜索反馈的海量信息整合成一个门户网站式的界面 深入挖掘和利用网页中链接的隐含信息，通过对链接的分析得到重要网站，使搜索质量有了质的飞跃	搜索引擎中融入机器学习技术，从而具备自我学习改善的能力，改变搜索引擎查找和排名网站的方式更为个性化、智能化的搜索服务大大改善了用户体验	物联网时代，大量设备互联使信息生成方式更多样，搜索引擎结合物联网能够利用这些数据实现意图理解、情景感知 用户可以随时随地获得定制化、高精度、动态化的查询结果
核心	人工整理分类信息	信息采集自动化	搜索信息深加工	搜索服务以人为本	搜索行为融入生活

2）我国搜索引擎市场发展成熟度较高，整体市场规模放缓。经过多年发展，我国搜索引擎市场整体产品模式高度成熟，搜索行为是用户使用互联网的刚需，但搜索用户的增长和市场空间均已出现见顶迹象，整体市场规模也在放缓。目前商业搜索是国内搜索市场的主流模式。在高度成熟的市场背景下，综合搜索市场变化不大，主要创新体现在细分领域：如夸克搜索主打 AI 搜索工具、中国搜索专注新闻搜索、字节跳动专注于自身内容产品生态内部的搜索等。

3）我国搜索引擎市场商业模式早已成熟，新闻搜索模式独树一帜。搜索市场商业模式以搜索关键字为主，变现模式高度成熟，2019 年中国搜索推出新闻搜索的产品模式，或将影响未来市场模式发展。

搜索引擎包括商业搜索和非商业搜索两大类型。商业搜索的传统代表企业有百度、搜狗和 360 等，其搜索模式是以用户搜索关键字对网址、网页内容进行抓取、筛选、排列，主要以抓取网页内容为主，对 App 等内容抓取能力较弱；其主要是基于流量的广告进行变现，包括固定排名、竞价排名、网络实名以及搜索信息流广告等形式。商业搜索的新兴代表企业是字节跳动，其搜索模式是以自身内容产品生态内部为搜索范围进行抓取；其主要通过广告实现变现，以竞价排名的广告形式为主。

非商业搜索中新闻搜索的代表是中国搜索（简称"国搜"，www.chinaso.com），作为国家级互联网高新企业，具有强大的跨媒体、融媒体、新媒体传播载体，是权威的互联网百科、数据、资料库，丰富多彩的"互联网＋"创新应用平台。中国搜索是以新闻搜索为核心的综合性搜索引擎，搜索内容包括新闻、图片和视频搜索等；其新闻搜索范围覆盖网站、微博、微信、抖音、电子报刊等多平台，未来计划吸引各平台头部账号入驻；其变现模式是通过搜索应用服务、诚信认证服务、品牌推广服务、舆情监测服务、第三方电商服务，以及党政机关、企事业单位、社团组织和地方城市大数据、云计算、云存储等技术开发和运维保障服务等实现。

360AI 搜索是 360 集团推出的一款新一代 AI 搜索引擎、智能答案引擎，旨在为用户提供更智能、全面的搜索体验。该产品结合了 360 搜索与 360 智脑大模型，对用户提问进行精准语义分析，并通过追问获取更多有价值信息，将问题拆分为多组关键词后再进行搜索引擎检索，深度阅读网页内容，最终呈现逻辑清晰、更精准的搜索结果。其特点包括四个方面。第一，强大的语义理解能力。360AI 搜索利用先进的人工智能技术，能够深度分析用户提出的问题，并将其转化为更清晰、更具针对性的搜索语句，提供精准的搜索结果。第二，智能推荐功能。该产品还拥有智能推荐功能，根据用户的搜索习惯和兴趣推荐相关内容，提供个性化的搜索体验，让用户更快捷地找到所需信息。第三，实时热搜展示。360AI 搜索提供了实时的热搜展示功能，保持用户对时事的关注。第四，智能管理搜索历史。用户可以方便地查看和管理自己的搜索历史记录，帮助用户回顾之前的搜索内容或重新查找相关信息。

4）用户需求和搜索结果的矛盾严重制约我国搜索引擎市场的发展。制约我国搜索引擎市场发展的核心问题是用户对真实信息的获取需求与搜索平台结果之间的矛盾。在信息大爆炸时代，搜索结果真假难辨、质量参差不齐，搜索平台的人工智能＋算法优化始终希望解决用户真实意图的理解问题，但效果不容乐观。信息孤岛、信息茧房现象在年轻用户中尤为明显，解决这些问题是未来市场发展的重点。

 拓展训练

> 1．查找关于电子商务专业介绍方面的ppt格式的文档，并进行下载。
> 2．利用百度的图片搜索功能，尝试查询某张图片的原始出处。

✐ 实战训练

> 分别搜索以下内容（注意空格）：
> 1）网上开店准备工作。
> 2）网上开店　准备工作。
> 3）网上开店＋准备工作。
> 4）网上开店－准备工作。
> 5）网上开店|准备工作。
> 比较以上5种搜索内容的搜索结果的不同之处，试分析其原因。

思考与练习

一、单选题

1．搜索信息深加工主要体现为我国搜索引擎发展的（　　）。
   A．分类目录时代　　B．文本检索时代　　C．整合分析时代　　D．用户中心时代
   E．生活生态圈时代
2．搜索服务以人为本主要体现为我国搜索引擎发展的（　　）。
   A．分类目录时代　　B．文本检索时代　　C．整合分析时代　　D．用户中心时代
   E．生活生态圈时代
3．搜索行为融入生活主要体现为我国搜索引擎发展的（　　）。
   A．分类目录时代　　B．文本检索时代　　C．整合分析时代　　D．用户中心时代
   E．生活生态圈时代
4．夸克搜索主打（　　）。
   A．AI搜索工具　　B．新闻搜索　　C．视频搜索　　D．花漾搜索
5．中国搜索专注（　　）。
   A．AI搜索工具　　B．新闻搜索　　C．视频搜索　　D．花漾搜索
6．（　　）专注于自身内容产品生态内部的搜索。

A．中国搜索 　　　B．夸克搜索 　　　C．字节跳动 　　　D．网易有道

二、多选题

1．国内的中文搜索引擎主要有（　　　　）。
　　A．百度 　　　　　B．360搜索 　　　C．搜狗搜索 　　　D．网易有道
　　E．夸克搜索

2．国外的搜索引擎主要有（　　　　）。
　　A．谷歌 　　　　　B．必应 　　　　　C．雅虎 　　　　　D．夸克

3．百度图片搜索可以通过（　　　　）进行。
　　A．关键词 　　　　B．语音 　　　　　C．图片 　　　　　D．视频

4．百度识图支持的图片上传方式包括（　　　　）。
　　A．选择文件本地上传 　　　　　　　　B．拖拽上传
　　C．复制上传 　　　　　　　　　　　　D．粘贴图片网址

5．百度识图支持的图片格式有（　　　　）。
　　A．jpg 　　　　　　B．gif 　　　　　C．jpeg 　　　　　D．png
　　E．bmp

6．搜索引擎按其工作方式主要可分为（　　　　）。
　　A．全文搜索引擎 　　　　　　　　　　B．目录索引类搜索引擎
　　C．垂直搜索引擎 　　　　　　　　　　D．元搜索引擎

三、判断题

1．百度搜索是全球领先的中文搜索引擎。　　　　　　　　　　　　　　（　　）
2．百度提供网页、图片、视频、地图、新闻、翻译、音乐、百度学术、百度百聘等搜索服务。　　　　　　　　　　　　　　　　　　　　　　　　　　　　　（　　）
3．每个未被禁止搜索的网页，在百度上都会自动生成临时缓存页面，称为百度快照。
　　　　　　　　　　　　　　　　　　　　　　　　　　　　　　　　（　　）
4．相关搜索是其他和检索者有相似需求的用户的搜索方式，按搜索先后排序。
　　　　　　　　　　　　　　　　　　　　　　　　　　　　　　　　（　　）
5．百度竞价排名是一种按效果付费的网络推广方式。　　　　　　　　　（　　）
6．在使用百度检索信息的过程中，使用双引号或书名号可以实现精确匹配。（　　）
7．百度搜索提供拼音提示、错别字提示和搜索框提示等。　　　　　　　（　　）
8．百度识图的主要功能包括：相同图像搜索、全网人脸搜索、相似图像搜索和图片知识图谱等。　　　　　　　　　　　　　　　　　　　　　　　　　　　（　　）
9．搜索引擎包括商业搜索和非商业搜索两大类型。　　　　　　　　　　（　　）
10．中国搜索是以新闻搜索为核心的综合性搜索引擎。　　　　　　　　（　　）

四、简答题

简述搜索引擎的工作原理。

项目1 初识电子商务

任务6 商务网络工具的使用

任务情景

互联网改变了商务活动的同时，也改变了人们的学习和工作方式。随着移动互联网的快速兴起和应用，H5逐渐成为一种重要传播形式；居家办公模式使企业内部协同需求高涨，视频会议软件使用需求猛增；网盘解决了文件双向同步问题，能联网即可随时随地管理网盘里的文件了……接下来学习商务网络工具的使用。

任务分析

在移动互联网时代，H5应用在人们工作、学习和生活中随处可见。H5的应用类型涉及方方面面，包括展示类、全景/VR类、视频类、动画类、交互动画类、模拟类、合成类、数据应用类、游戏类、跨屏类和综合类等。从我国视频会议行业发展曲线图可以发现，视频会议经历短期需求暴增、非刚需流量退去，已达到远程办公概念普及的效果，发展前景广阔。网盘实现了文件跨终端随时随地查看、编辑、管理和分享等，助力高效学习和办公。

任务实施

1. H5制作工具——易企秀

H5为下一代互联网提供了全新的框架和平台，包括提供免插件的音视频、图像动画、本地存储以及更多酷炫而且重要的功能，并使这些应用标准化和开放化，从而使互联网轻松实现类似桌面的应用体验。H5最显著的优势在于跨平台性，开发者不需要依赖第三方浏览器插件即可创建高级图形、版式、动画以及过渡效果等，用户用较少的流量即可欣赏到酷炫的视听效果。常用的H5制作工具有易企秀、凡科微传单、MAKA、人人秀、意派和iH5等。下面，以易企秀为例介绍H5制作工具的使用。

易企秀是一个基于智能内容创意设计的数字化营销软件，通过人工智能、大数据、云计算、HTML5、SaaS等新技术，打造人人会用的创意设计软件，从创意设计入口出发，不断丰富产品矩阵，形成创意策划—设计制作—推广分发—数据分析—集客管理的轻营销闭环。

易企秀主要提供H5、海报、长页、表单、互动和视频等各式内容的在线制作，产品简单好用，让毫无技术和设计功底的用户，简单操作即可生成酷炫的翻页H5、海报图片、营销长页、问卷表单、互动抽奖小游戏和特效视频等各种形式的创意作品，同时也

53

支持 PC、App、小程序、WAP 多端使用，用户可以根据自己的需要自由选择使用端进行创意制作，并支持快速分享到社交媒体开展营销。易企秀可以满足企业活动邀约、品牌宣传、引流吸粉、数据收集、电商促销、人才招聘等多媒体多场景的营销需求。企业可以借助易企秀平台，打造创意内容供给链，通过社交分享裂变，盘活私域流量。截止到 2020 年 5 月，易企秀零成本通过社交口碑推广获得 5000 万用户，累计产出 2 亿个创意作品，触达 9 亿微信用户。

易企秀操作流程如图 1-22 所示。

图 1-22　易企秀操作流程

1）注册登录。打开易企秀（http://www.eqxiu.com），单击右上角的"注册"按钮，进入注册界面。易企秀提供微信扫码注册和其他注册方式，其他注册方式包括手机号注册、邮箱注册、QQ 注册、企业微信注册、微博注册和钉钉注册。使用微信扫码完成易企秀注册，进入易企秀模板页面，如图 1-23 所示。

图 1-23　易企秀模板

实训要点提示

易企秀提供的主要功能和服务包括：

① H5 场景制作。优化 H5 编辑器，降维编辑，升维展示，让用户零代码 3 分钟制作一个酷炫的 H5，一键发布，自助开展 H5 营销。

② 在线智能作图。多元多维场景，提供正版图片、字体等素材，字云、抠图、批量制作等高效小工具，只需简单拖拽即可完成宣传配图、电商促销、生活分享、新媒体营销和公众号运营等所需图片海报的制作。

③ 制作营销长页。一页到底的营销长页制作工具,一页展示、自由混排、多种分享,适用于营销单页、产品介绍、活动宣传、App 推广等营销场景。

④ 在线问卷表单。问卷收集、客户调查、在线投票、在线留言、考试测评、信息登记等 300 多个行业模板供挑选,极简操作,三步做一个问卷,且数据管理高效智能。

⑤ 互动抽奖小游戏。微活动抽奖、互动小游戏制作,选定模板,简单替换,即可快速生成活动页面,多种玩法,一键生成,适用于多种营销场景。

⑥ 视频智能创作。视频在线剪辑优化,多种特效可选,支持多平台同步播放,内置倒计时、特效字、背景特效、经典场景、卡通动画等各种高光特效,还支持字幕组。

2)创建场景。易企秀提供两种创建场景的方式,创建空白场景或在模板基础上创建场景。下面以在模板基础上创建场景为例,介绍企业电子宣传册 H5 的场景创建。在模板页面搜索栏输入关键词"企业宣传册",单击"搜索"按钮。在搜索结果页面中,类型选择"H5"、用途选择"宣传介绍"、价格区间选择"免费",筛选结果如图 1-24 所示。单击符合需求的模板,进入该模板详情页面后,单击"立即制作"按钮,完成场景创建。

图 1-24 场景搜索结果

3)编辑场景。完成场景创建即进入编辑场景页面,即易企秀 H5 编辑器页面,如图 1-25 所示。该页面主要由编辑区、模板栏、组件栏、工具栏、页面设置、图层管理、页面管理以及作品管理区构成。

电子商务基础

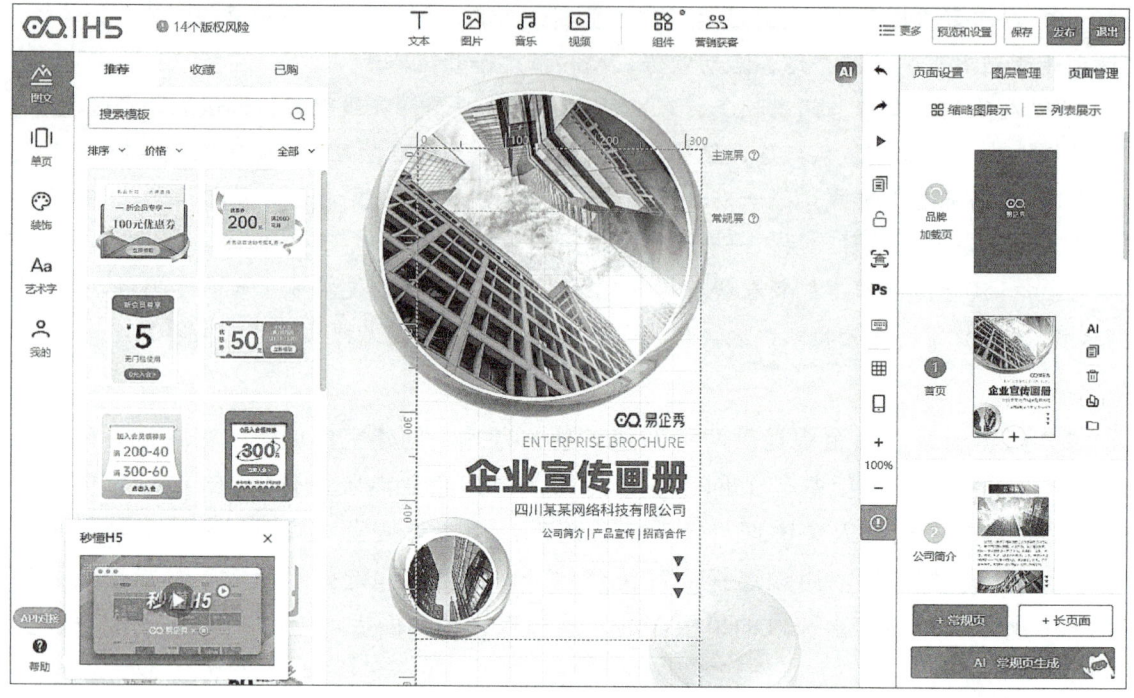

图 1-25 易企秀 H5 编辑器

文本组件：添加文本组件可以通过顶部的文本组件和左侧的艺术字两种方式进行。添加文本组件后，单击文本组件会弹出组件设置面板，在组件设置面板中可以设置文本样式。双击文本组件可以编辑修改文本内容，拖拽文本组件可以改变其位置，单击文本组件的同时移动鼠标可以将文本组件拖动至任意理想位置。单击文本组件，按下 <Delete> 键即可删除该文本组件，或在文本组件上单击右键，在弹出的面板中单击"删除"也可删除该文本组件。若同时创建了多个文本组件，单击选中其中一个文本组件后，按下 <Shift> 或 <Ctrl> 键的同时单击其余文本组件，此时可以在多选操作面板中对多个文本组件一同编辑样式。在多选操作面板的头部，可以设置多个文本组件的对齐方式，同时复制、粘贴、删除选中的多个文本组件。

图片组件：添加图片组件可以通过单击顶部的图片组件进行，此时会弹出图片库面板，如图 1-26 所示。单击选择"正版图片""我的图片""我的收藏"或"最近使用"，然后从中单击选取需要添加的图片，或者选择本地上传、手机上传，完成图片组件添加。单击图片组件会弹出图片组件设置面板，在组件设置面板中可以设置图片样式。图片组件的移动和删除方法同文本组件。

其他组件的添加和设置操作类似，此处不再赘述。请选择合适的模板为自己喜欢的公司设计电子企业宣传册 H5，综合使用易企秀提供的各类组件。

项目 1　初识电子商务

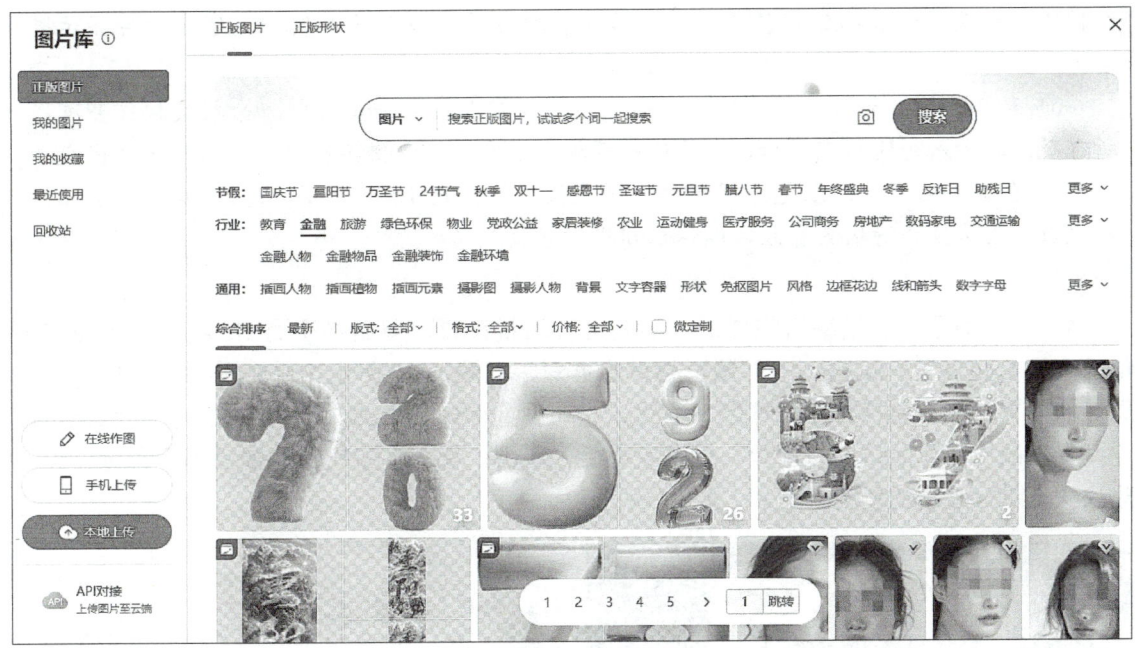

图 1-26　图片库面板

实训要点提示

易企秀主要组件操作注意事项：

① 图片组件、立体魔方组件。上传图片时：图片大小不得超过 10MB，仅支持 JPG、PNG 和 GIF 格式的图片，不要在作品中添加侵权图片。

② 音乐组件。背景音乐、页面音乐都是自动循环播放，页面音乐优先级高于背景音乐，同时存在时，只播放页面音乐。

③ 背景组件。背景位于图层最底层，覆盖全屏；背景会自动适配不同尺寸的机型，图片可能出现一定程度的拉伸。

④ 视频组件。上传视频大小不能超过 30MB；视频组件默认大小不是全屏显示，如想全屏播放，需拉伸至手机边框处。

⑤ 快闪组件。要想去除快闪效果，需要将当前页整页删除，且删除后无法恢复；在快闪组件的最后一幕可以加上跳转触发，使得快闪播放完成后自动进入下一页，效果更流畅。

⑥ 随机事件组件。不退出场景，再次进入随机事件所在页时，不会重新随机展示结果；刷新场景后再进入随机事件所在页时，会重新随机展示结果。

⑦ 单选组件、多选组件。最多支持添加 8 个选项，页面中需要添加提交按钮，选择选项后需要单击提交按钮提交选择结果。

⑧ 短信验证组件。短信条数不足时，将会导致短信验证码发送失败。购买的短信条数，应用于当前账号下所有的场景内。

⑨ 留言板组件。微信环境下，浏览者打开场景，微信授权允许登录后，留言会显示微信昵称和头像；非微信环境下，不会提示授权登录获取头像和昵称，留言后会显示匿名用户。

⑩ 表单组件。如果每个页面都有输入框，只需在最后一页添加一个提交按钮即可，所有页面的输入框填写完毕后，在最后一页单击提交，将会把所有填写的信息一并提交。

⑪ 自说字画组件。限免期间，每人每天最多可识别 10 个音频，每天 24 点刷新可识别次数；上传较为清晰的音频，以保证识别效果。

4）设置场景。场景编辑完成后，需要进行场景设置。单击易企秀 H5 编辑器页面右上角的"预览和设置"按钮，进入预览与设置页面，如图 1-27 所示。易企秀为场景提供了全局性的设置功能，包括封面、标题、描述、互动设置、分享样式、翻页方式、添加红包、自定义音乐图标和作品访问状态等，设置完成后，单击"保存"按钮。为提高用户浏览体验，建议认真进行完整的场景设置。

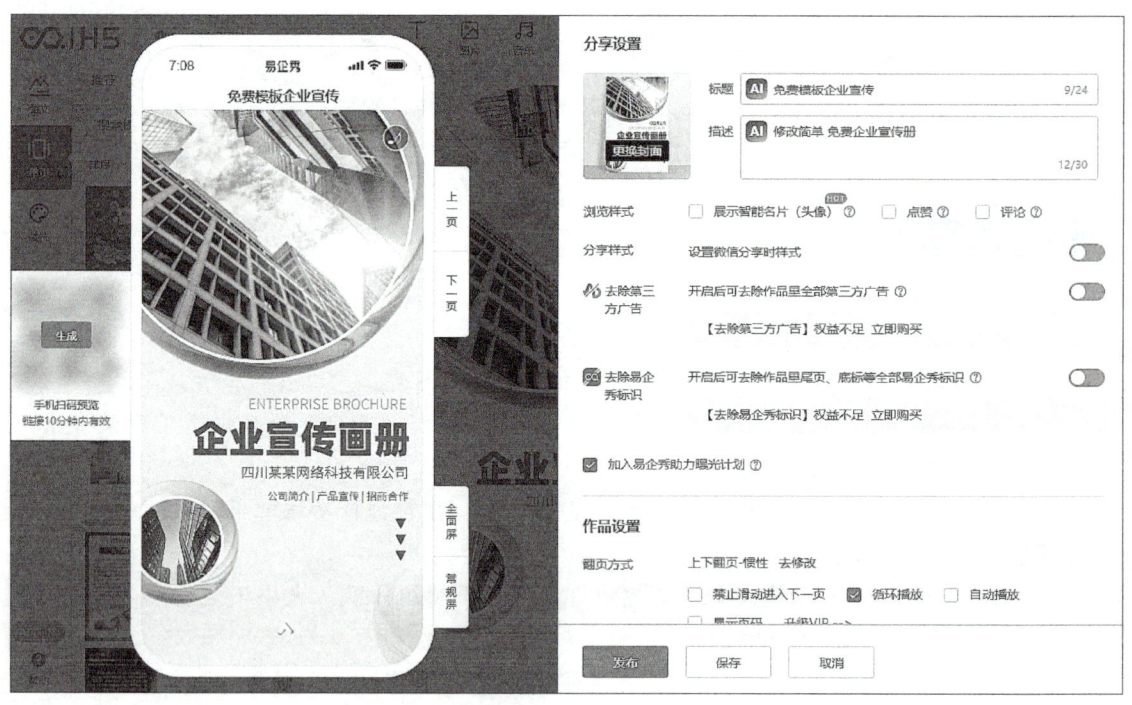

图 1-27　预览与设置

5）保存场景。保存场景是将作品目前所有的图文、动画和特效以及状态进行留存。如果不进行保存，之前的编辑和设计将在关闭页面之后丢失。如果当前场景存在修改，则页面右上角的"保存"按钮上显示红点，如图 1-28 所示，这时需要单击"保存"按钮完成场景保存。易企秀 H5 编辑器每隔一定时间将对正在编辑的作品进行自动保存。易企秀 H5 编辑器在页面管理的切换页面功能中单击非当前页进行切换，将对当前页的现有状态进行保存，当再次切换回来，之前的修改都将存在。

项目 1　初识电子商务

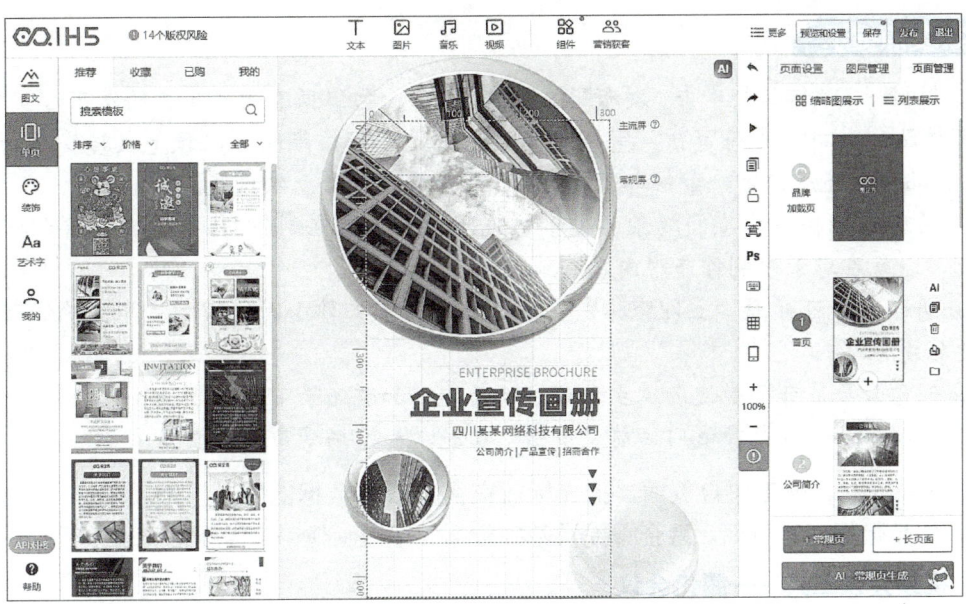

图 1-28　保存场景

实训要点提示

在预览和设置页面底部有"保存"按钮，单击该按钮可将之前在预览和设置中编辑的内容进行保存。如果没有保存、选择取消或者单击编辑器面板空白部分退出预览和设置面板，将会弹出保存提示。

6）发布场景。发布是将作品同步至线上。单击易企秀 H5 编辑器页面右上角的"发布"按钮，进入发布完成页面，如图 1-29 所示。可以进行的操作包括品牌设置、链接推广等。

图 1-29　发布场景

> **实训要点提示**
>
> ①做好了H5作品并单击"发布"按钮后,作品会按照所有用户单击的发布时间顺序,进入审核队列,排队等待审核,审核时间无法预计,审核期间可以预览或转发,如审核到H5作品内有违规内容,审核部门会关闭H5作品,导致无法预览。
> ②为避免传播分享期间场景不受审核关闭影响,请在制作H5作品前,详细阅读审核规则,避免在场景内制作违规内容导致审核不通过。
> ③普通账号可开通"立即审核"功能,会在4个工作小时内审核完毕,确保审核通过后再转发分享。
> ④创意云会员可免费使用"立即审核"功能,加速场景审核时效。
> ⑤营销云会员可免费使用"前置审核"功能,加速场景审核时效。

7)查看数据。在工作台页面,把光标放在需要查看数据的作品上面,单击"数据"按钮,进入作品数据查看页面。易企秀提供基础数据、行为画像、传播脉络和表单数据等内容。

2. 视频会议工具——腾讯会议

视频会议的应用场景十分丰富,包括政府、金融、教育、医疗、企业、海关等各方面,其中政府是目前国内视频会议市场的主要应用场景。纵向上,视频会议将不断下行,下沉到更低层级的机构和部门;横向上,其应用领域将不断拓展,与更多行业和业务相结合。常用的视频会议工具有腾讯会议、钉钉、华为WeLink、小鱼易连和Zoom等。下面以腾讯会议为例,介绍视频会议工具的使用。

腾讯会议提供便捷易用、高清流畅、安全可靠的云视频会议服务,随时随地高效开会。腾讯会议支持通过手机、计算机、小程序灵活入会,更独家支持微信一键入会。有音频智能降噪功能,让会议沟通更顺畅。强大的会议管控功能,保证了会议的有序进行。在线文档协作、实时屏幕共享、即时文字聊天等功能也让会议协作更高效。考虑到用户特殊场景的会议需求,腾讯会议还特别配备了虚拟背景、美颜强化视频效果。腾讯会议操作流程如图1-30所示。

图1-30 腾讯会议操作流程

1)下载安装。在搜索引擎中搜索"腾讯会议",并进行下载安装。

> **实训要点提示**
>
> 目前,腾讯会议已广泛应用于企业以及政务、金融、教育、医疗等行业,满足不同行业多种应用场景。
> ①数字金融场景:远程会议、在线投资咨询、云签约等,实现会议与业务线上融合,推动云端业务多元化。
> ②在线教育场景:高效云答辩、在线直播培训、远程教育论坛峰会等,共享优质教育资源。
> ③数字政府场景:云招商、云评审、云会谈、云专访、云捐赠等,为重要云会议提供技术及服务保障。

④ 远程医疗场景：远程会诊、云端示教、线上会议、远程探视、云端互动等，提升沟通协作效率。

腾讯会议的六大功能，打造多方互动协作空间。

① 共享屏幕。桌面和移动端均可共享，可共享声音、画面，配备多种工具辅助理解，批注内容可保存，支持互动批注。

② 电子白板。支持画笔、文本编辑、图形等多种工具，辅助演示；支持互动批注。

③ 会议文档。支持文档、表格、幻灯片、PDF等多种格式文档在线协作，单个文件最大可上传50MB，也可直接从腾讯文档中导入文件，充分满足互动编辑需求。

④ 会议弹幕。支持发送聊天和表情弹幕，展示更生动，会议反馈更及时。

⑤ 在线投票。企业版支持主持人发起会议投票，助力快速达成决策。

⑥ 会议红包。移动端支持收发会议红包，防止会议迟到、超时，有效活跃会议氛围，提升会议效率。

2）注册登录。在桌面上双击运行腾讯会议。腾讯会议支持手机号码注册登录，也支持企业微信、微信和单点登录。选择微信登录时，使用微信扫码完成登录，成功登录后，进入腾讯会议主界面，在该界面可以进行会议的发起与加入，同时显示个人信息及会议列表。

实训要点提示

① 加入会议：单击"加入会议"，输入会议号和名称，即可进入该会议。

② 快速会议：又称即时会议，可以立即发起一个会议。

③ 预定会议：指填写相关信息后预定一个未来的偏向正式的会议。

④ 历史会议：管理历史会议产生的相关内容。

⑤ 会议列表：会议列表展示待开始和即将开始的会议，包含已预定或收藏的会议和受邀参加的会议（仅展示预定会议，快速会议不会展示在会议列表中）。

⑥ 头像：单击头像打开个人资料页，可以修改会前设置项、更换昵称和头像等。

⑦ 个人会议号：个人会议号有助于快速连接到常用联系人。

⑧ 设置：进入会前设置页面，包括常规设置、视频、音频、录制、虚拟背景、账户信息、网络检测和代理设置。

3）加入会议。腾讯会议提供三种方式加入会议，包括链接入会、会议号入会和拨号入会。

链接入会：如果本地已安装腾讯会议，当收到的会议邀请信息为链接形式时，则可以单击邀请链接，验证身份后即可直接进入会议。如果该会议的会议类型为预定会议，则下方会显示"添加到我的会议"，单击即可将此会议添加到会议列表，防止后续入会时忘记会议号。

会议号入会：在腾讯会议主面板，单击"加入会议"，输入会议号以及希望在会议中显示的名字（默认使用个人资料页的昵称），并勾选相应的入会前设置项，单击"加入会议"即可成功入会。

拨号入会：拨打入会号码，根据语音提示输入会议号入会，当语音提示"已加入会议，当前××人在会议中"，则代表入会成功。

实训要点提示

腾讯会议移动端加入会议的方式包括4种：

① 通过会议ID入会。打开腾讯会议App，单击"加入会议"，输入会议号，并输入会议密码。设置开启/关闭摄像头和麦克风，再单击"加入会议"即可成功入会。

② 通过分享链接入会。如果本地已安装腾讯会议，如果收到的邀请信息为链接形式，则可以单击邀请链接，验证身份后即可直接进入会议。

③ 通过小程序扫码入会。单击邀请人分享的会议链接，进入页面后，单击"使用小程序入会"。使用手机识别小程序码，即可一键加入会议。

④ 通过手机一键拨号入会。通过邀请人发送的电话入会信息，使用手机一键拨号入会。按照页面提示拨打电话+输入会议号并按"#"可跳转入会。

4）邀请入会。会中或会议列表单击"邀请"，如图1-31所示。复制全部信息或复制会议号和链接，并通过微信、企业微信等即时聊天工具发送给被邀请人，被邀请人即可通过会议号、入会链接、电话拨入等方式加入会议。

图1-31 邀请入会

5）发起会议。腾讯会议提供两种方式发起会议，包括快速会议和预定会议。

快速会议：在腾讯会议主面板单击"快速会议"，即可开始一场快速会议，不需要填写其他信息。快速会议不会在会议列表中展示，当离开会议后，无法在会议列表找到这个会议，但可以在会议开始1小时内通过输入会议号加入会议的方式再次回到这个会议，当会议持续 1 小时后，若会议中无人，系统则会主动结束该会议。

预定会议：在腾讯会议主面板单击"预定会议"后，填写详细的会议内容，包括：会议主题、会议召开时间、会议密码与地点、被邀请成员信息（当前仅支持企业版）、上传会议文档和设置成员上传文档权限。同时可选择对成员加入会议时是否自动静音，是否开启屏幕共享水印，以及是否开启会议直播（通过网页将视频会议实时转播给获取链接的用户）进行设置。单击"预定"，此时会议预定成功，系统将自动拉起邮箱，提醒给被邀请人发送当前预定会议的邮件。当您的会议到达设定的"结束时间"后，系统不会强制结束会议，并且所有的预定会议都可以保留 30 天（以预定开始时间为起点），可以在 30 天内随时进入这个会议。

> **实训要点提示**
>
> 在预定会议时，除了上述的常规会议外，腾讯会议还支持特邀会议和周期性会议。
> ① 特邀会议是一种安全等级较高的会议，它具有以下特点：仅会议创建者可以发送邀请，无法被其他人转发；仅会议创建者邀请的好友或群成员可以加入该会议。需要注意的是，如果在预定或加入特邀会议前尚未绑定微信，则需要先在腾讯会议中完成微信的绑定。
> ② 周期性会议，即在设定好会议频率和会议次数（或是时间段）后，自动预约会议。例如：每周要开组内例会，直到年底。此时，可以预约一个周期性会议，频率设定为每周，结束于 12 月 31 日。

6）结束与离开会议。在预定会议中，作为主持人，单击"结束会议"时，弹出结束会议选项，提示"如果您不想结束会议，请在离开会议前指定新的主持人"，可以选择取消、结束会议或离开会议。离开会议是指离开该会议，系统会随机指定一名成员获取主持人身份。结束会议是指将会议中的其他成员全部移出，在 30 天内（以预定开始时间计时）可以随时回到该会议；若删除该会议，30 天内不再允许进入，可以在腾讯会议主界面"会议列表"处双击该会议，选择"删除会议"（当会议中有人时无法删除会议，必须先结束会议，将所有人移出）。

在预定会议中，作为成员，单击"结束会议"时，可选择取消或离开会议，在 30 天内（以主持人设置的预定开始时间计时）可以随时回到该会议（若会议被删除则无法再进入）。

在快速会议中，作为主持人，单击"结束会议"时，可以选择暂时离开或结束会议。当选择暂时离开时，可以通过会议号再次回到会议中，若会议时长超过 1 小时，会议无人时会自动结束该会议，则无法再次回到会议中。当选择结束会议时，则会直接结束会议。

在快速会议中，作为成员，单击"结束会议"时，可选择取消或离开会议。若会议没有结束，可以通过会议号再次回到该会议。

7）历史会议。在历史会议面板中，可以搜索会议、查看会议详情和删除会议。

3. 网络存储工具——百度网盘

网盘，又称网络 U 盘、网络硬盘，是由互联网公司推出的在线存储服务。服务器机房为用户划分一定的磁盘空间，为用户免费或收费提供文件的存储、访问、备份、共享等文件管理等功能。用户可以把网盘看成一个放在网络上的硬盘或 U 盘，不管是在家中、单位或其他任何地方，只要能连接到互联网，即可管理、编辑网盘里的文件，不需要随身携带，更不怕丢失。

常用的网盘有百度网盘、阿里云盘、华为云空间、腾讯微云和金山文档等。百度网盘（原百度云）是百度推出的一项云存储服务，已覆盖主流 PC 和手机操作系统，包含 Web 版、Windows 版、Mac 版、Android 版、iPhone 版和 Windows Phone 版。用户可以轻松将文件上传到网盘上，并可跨终端随时随地查看和分享。下面以百度网盘为例，介绍网络存储工具的使用。百度网盘操作流程如图 1-32 所示。

图 1-32　百度网盘操作流程

1）注册登录。打开百度网盘（http://pan.baidu.com），可注册百度账号登录、短信快捷登录、扫一扫登录。扫一扫登录支持微博、QQ 和微信扫码登录。登录后，进入百度网盘后台管理页面，如图 1-33 所示。

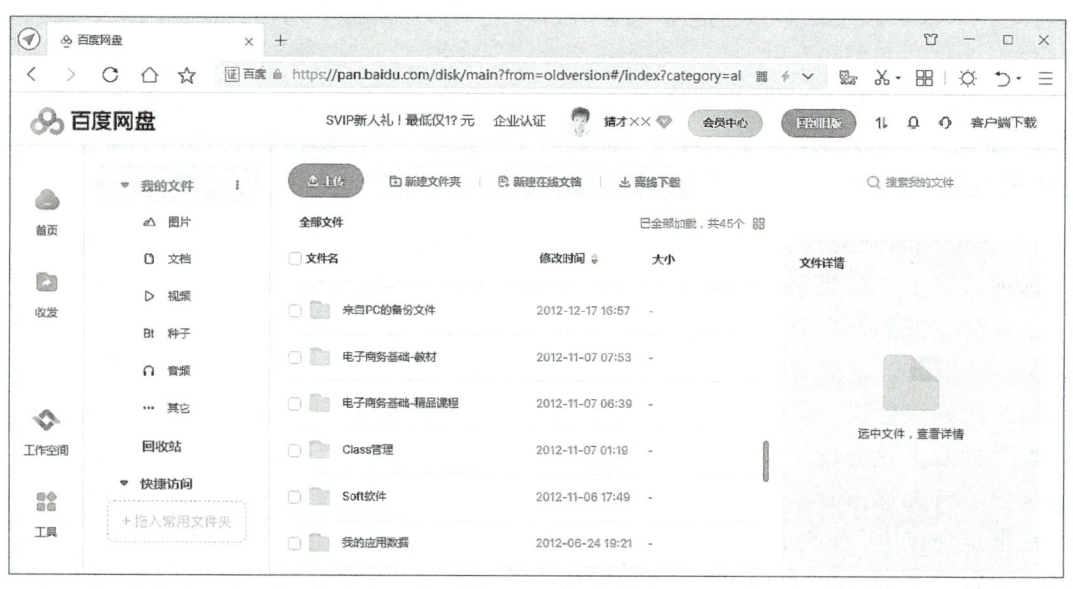

图 1-33　百度网盘后台

实训要点提示

百度网盘个人版是百度面向个人用户的网盘存储服务，满足用户工作生活各类需求，已上线的功能包括网盘、个人主页、群组功能、通信录、相册、人脸识别、文章、记事本、短信、手机找回。

① 网盘。提供多元化数据存储服务，支持最大 2TB 容量空间，用户可自由管理网盘存储文件。

② 个人主页。提供个性化分享功能，用户可通过关注功能获得好友分享动态，实现文件共享。

③ 群组功能。百度网盘推出多人群组功能，既能够单纯点对点，更可以一对多、多对多地直接对话。

④ 相册。用户可以通过云相册来便利地存储、浏览、分享、管理自己的照片，用照片记录和分享生活中的美好。

⑤ 人脸识别。百度网盘不仅能实现图片智能分类、自动去重等功能，还能以图搜图，在海量图片中精准定位目标。

⑥ 通信录备份。百度网盘手机 App 提供通信录同步、短信备份功能。iOS 用户可实现通信录同步；Android 用户可同步通信录，备份恢复手机短信。WP 暂不支持此功能。

⑦ 手机找回。这是百度网盘 Android 版独有功能。用户设置找回功能后，在手机遗失后，可通过百度网盘 Web 版在线锁定手机，避免信息泄露，同时可发出警报、追踪定位，提升手机找回的可能性。

⑧ 手机忘带。用户需要在 Android 手机上安装新版百度网盘 App，同时在 PC 端安装新版百度网盘 PC 版。当百度网盘 App 和百度网盘 PC 版中的"发现—手机忘带"功能同时处于开启状态时，手机上的通信信息能自动同步到百度网盘 PC 版。用户通过百度网盘 PC 版发起需求，即可查询近三天手机上的通话记录、短信。

⑨ 记事本。百度网盘网络笔记功能，可在线编辑文档，直接保存至百度网盘。支持文字、图片、语音三种类型记事。

2）查看功能。单击勾选某文件夹，页面右侧展示了该文件夹内容，如图 1-34 所示。在操作命令栏可以对该文件夹进行分享、共享、下载、删除、重命名、复制和移动等操作。单击勾选某文件，页面右侧为该文件详情的预览图，在操作命令栏可以对该文件夹进行分享、在线编辑、下载、删除、重命名、复制和移动等操作。

图 1-34　勾选文件夹

实训要点提示

百度网盘的特色功能包括：

① 超大空间。提供 2TB 永久免费容量，可供用户存储海量数据。

② 文件预览。支持常规格式的图片、音频、视频、文档文件的在线预览，不需要下载文件到本地即可轻松查看文件。

③ 视频播放。支持主流格式视频在线播放。用户可根据自己的需求和网络情况选择"流畅"和"原画"两种模式。百度网盘 Android 版、iOS 版同样支持视频播放功能，让用户随时随地观看视频。

④ 离线下载。Web 版支持离线下载功能。已支持 http/ftp/ 电驴协议 / 磁力链和 BT 种子离线下载。通过使用离线下载功能，只需提交下载地址和种子文件，即可通过百度网盘服务器下载文件至个人网盘。

⑤ 在线解压缩。Web 版支持压缩包在线解压 500MB 以内的压缩包，查看压缩包内文件。同时，可支持 50MB 以内的单文件保存至网盘或直接下载。

⑥ 快速上传（会员专属）。Web 版支持最大 4GB 单文件上传，充值超级会员后，使用 PC 版可上传最大 20GB 单文件。上传不限速，可进行批量操作，轻松便利。

⑦ 单次 / 单日下载加速服务。在百度网盘下载文件的用户，有加速下载的需要时，便可购买百度网盘单次 / 单日下载加速服务。

3）上传下载。在百度网盘后台管理页面，单击"上传"按钮，支持上传文件和上传文件夹；选择单个文件后，单击"下载"按钮，实现单个文件的下载；若下载文件夹，则需要安装百度网盘客户端。

实训要点提示

① 普通用户使用百度网盘 Web 端上传文件时，单文件最大支持 1GB 大小；使用网盘 PC 客户端上传文件时，单文件最大支持 4GB；如需上传大于 4GB 的文件，可充值百度网盘会员。其中：百度网盘会员使用网盘 PC 客户端进行大文件上传时，单文件最高达到 10GB；百度网盘超级会员使用网盘 PC 客户端进行大文件上传时，单文件最高达到 20GB。

② 秒传是将上传的文件与百度网盘服务器中的文件进行比对，若云端存在相同文件，则百度网盘将直接把文件保存到网盘，大大节省了上传时间。

4）分享功能。在百度网盘后台管理页面，勾选文件、文件夹后，单击"分享"按钮进入分享文件（夹）设置页面，如图 1-35 所示。百度网盘支持链接分享、二维码分享和发送给网盘好友。

设置链接有效期（可选 1 天、7 天和永久有效）后，单击"创建链接"按钮，如图 1-36 所示。单击"复制链接及提取码"按钮完成分享链接和提取码（4 位数字或者字母组合）的复制，即可分享给好友。单击"下载二维码"按钮获取分享二维码，微信扫码即可获取文件。二维码已含提取码，扫码后无须再次输入。

打开好友分享的文件链接，如图1-37所示，输入提取码后单击"提取文件"按钮，进入提取文件页面，选中文件后可保存到我的百度网盘，也可下载到本地。

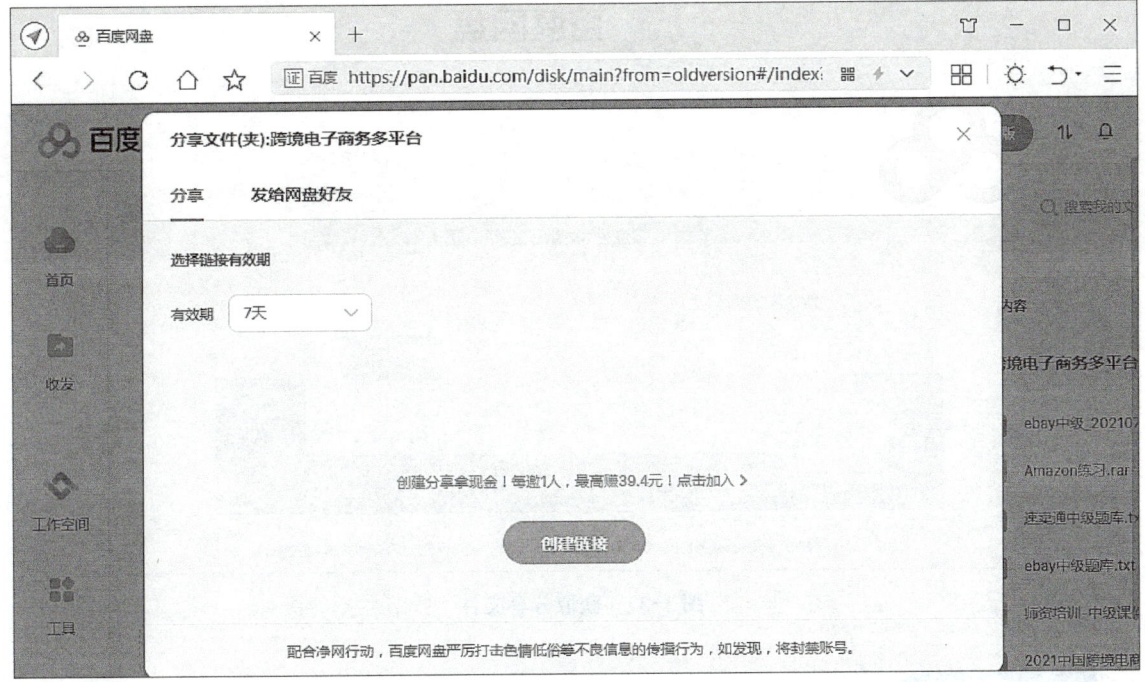

图1-35　分享文件（夹）1

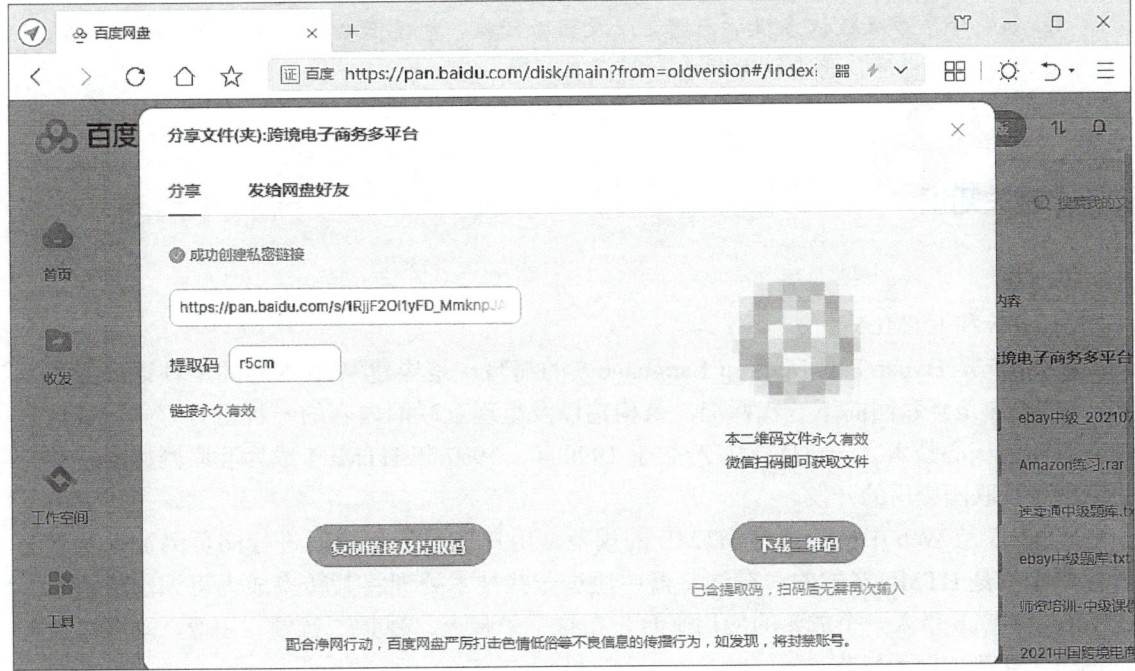

图1-36　分享文件（夹）2

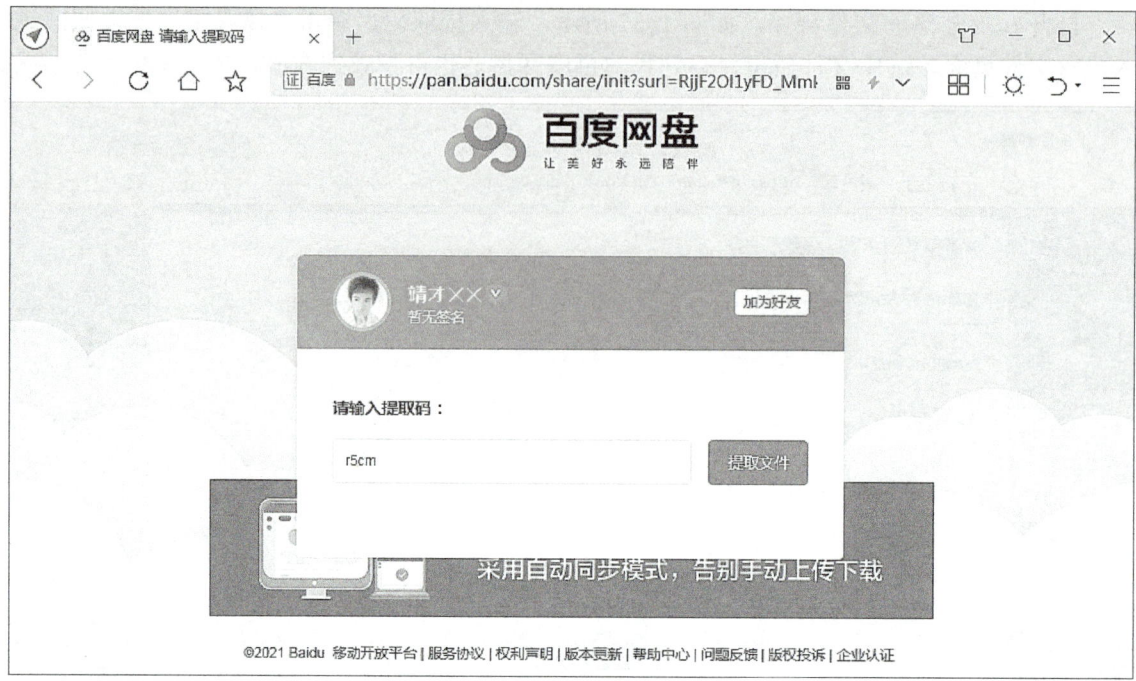

图 1-37　获取分享文件

实训要点提示

① 百度网盘严厉打击色情低俗等不良信息的传播行为，如发现，将封禁账号。

② 如果分享涉及版权方投诉内容，以及盗版侵权、色情低俗、反动涉恐、病毒广告、私服外挂等违规资源，将会被系统自动屏蔽。

相关知识

1. H5

（1）H5 和 HTML5

HTML5 是 Hyper Text Markup Language 5 的缩写，是构建 Web 内容的一种语言描述方式。HTML5 是互联网的下一代标准，是构建以及呈现互联网内容的一种语言方式，被认为是互联网的核心技术之一。HTML 产生于 1990 年，1997 年 HTML4 成为互联网标准，并广泛应用于互联网应用的开发。

HTML5 是 Web 中核心语言 HTML 的规范，用户使用任何手段进行网页浏览时看到的内容原本都是 HTML 格式的，在浏览器中通过一些技术处理将其转换成为可识别的信息。HTML5 将 Web 带入一个成熟的应用平台，在这个平台上，视频、音频、图像、动画以及与设备的交互都进行了规范。

人们日常中对 H5 的使用，实际上囊括了 HTML5 技术标准、技术组合、技术产品、技术平台等含义在内的一种复合意义指向，即 H5 是一种建立在 HTML5 技术规范之上的综合性的技术体系。H5 与 HTML5、WebApp、Minisite、Flash、PPT 的关系图有助于 H5 内涵的理解。H5 并不是 HTML5 的简称，而是一种国内本土化的叫法，在国外，更多地称之为互动广告、移动营销或数字营销等。H5 的最显著的特性在于跨平台性，用 H5 搭建的站点与应用可以兼容 PC 端与移动端、Windows 与 Linux、Android 与 iOS。它可以轻易地移植到各种不同的开放平台、应用平台上，打破各自为政的局面。这种强大的兼容性可以显著地降低开发与运营成本，可以让企业特别是创业者获得更多的发展机遇。H5 的主要缺点集中体现在性能上，同样的交互，用 H5 实现需要更多的系统资源，也可能会不够流畅。同时，应用还需要集成一个巨大的浏览器内核。

（2）H5 的应用类型

H5 的应用类型主要包括 11 类：

1）展示类。展示类 H5 是最常见的移动 H5 网页，因其交互形式简单（翻页）、制作快捷，所以应用非常广泛，如邀请函、多媒体新闻、相册、动态海报等。

2）全景 /VR 类。全景是指借助手机的重力感应，用户可以滑动手机屏幕或移动手机，查看上下左右 720°或 360°的画面。这种互动让用户可以看到的视角更大，更有身临其境的体验。这类 H5 很考验设计师的设计能力，需要绘制很多的图片素材，才能形成层次感。

3）视频类。视频类 H5 大多以全屏视频的形式存在，能够减少其他因素对用户的干扰，用户对 H5 的体验不会轻易被中断，而且用视频能够展现出一些 H5 实现不了的特效，结合音乐和音效使用户全身心沉浸。

4）动画类。动画类 H5 以全屏动画为主，大多通过讲述故事来吸引用户的注意力，整个动画几乎没有交互（类似动画类视频），或者只使用简单的交互（如单击按钮后继续播放），当故事进入尾声时一般会出现一屏广告画面。

5）交互动画类。交互动画类 H5 与动画类 H5 最大的区别就是，交互动画类 H5 增加了交互功能，动画的播放由用户进行控制。

6）模拟类。主要形式是对各种设备的模拟，如模拟来电、短信、微信聊天界面、微信朋友圈、手机界面、各类 App 等。

7）合成类。合成类 H5 一般以幽默、创意等形式居多，用户上传图片合成与其他人的合影，或者填写名字生成新闻头条、合成海报、合成证件等。

8）数据应用类。数据应用类 H5 是用于数据统计、收集或展示的 H5，其应用场景很丰富，包括抽奖、测试、投票等，创作上的空间很大，但也比较考验设计者的逻辑。

9）游戏类。游戏类 H5 按照用途可以分为两类：一类是纯游戏，如棋牌游戏等；另一类是营销类游戏，会在游戏的基础上增加排名设定，在游戏结束时显示导流页。

10）跨屏类。跨屏类 H5 的互动不仅包括用户与 H5 内容的互动，还包括用户与用户、商家与消费者的互动。它可以是双屏互动，也可以是线下活动互动利器，如大屏投票、评论上墙等。

11）综合类。一个优秀的 H5 作品往往综合了多种不同的技术，除了翻页以外，还有输入文字、擦除屏幕、滑动屏幕、重力感应、摇一摇等，玩法非常丰富。

（3）打造爆款 H5 的策略

在设计与制作 H5 时必须要换位思考，研究用户的心理，让他们自发地传播 H5。打造爆款 H5 的策略包括：

1）充电增值。一般来说，用户都有强烈的求知欲，他们关注的东西往往是自己需要的、对自己有用的，如一些实用干货、生活技巧等，当用户认可了其价值性，对自己产生了帮助，就愿意分享到其他有同样需求的群体中。

2）娱乐消遣。在网络推广中，有趣是很重要的一个吸引读者的因素，一些颠覆认知的内容、有趣的段子、出其不意的新鲜内容等总能备受用户的追捧。测试类 H5 是一种刷屏频率非常高的 H5 营销形式，主要以问答、评分、测试为表现形式，利用各种有趣的问题吸引用户参与问答，分享测试结果，从而产生裂变效应。

3）情感共鸣。故事是吸引人类的艺术形式之一，通过沉浸式的体验来勾起用户的回忆，引起情感共鸣。情感路线的 H5 容易让用户产生共鸣，这类 H5 一般会在节日期间推出，其主题也大都与节日有关，如母亲节、父亲节、七夕节等。当 H5 有了节日氛围的烘托时，其推广会变得更有意义，也更有效率。

4）利益驱使。在 H5 中增加一些利益因素，能够调动用户自主传播的积极性。例如，通过分享领取卡券、礼品等方式，让用户主动把 H5 活动页面转发给好友，以获取一定的奖品或优惠。在设置奖品时，一般来说，实用性强的大众礼品，如购物抵扣券、电影票等，其吸引力会大于细分领域的礼品，有时过于豪华的礼品反而会引起用户产生"哪有这么好的事情"的怀疑。

5）自我展示。互联网是一个社交型的平台，用户可以在这个平台上展示自我：可以玩 H5 游戏得到高分，继而成为一种炫耀的资本；也可以自主输出内容，如海报生成类 H5，邀请别人和自己一起创作传播内容，这类 H5 不需要专业技术，简便的操作给足了用户自由发挥的空间。

6）创意创新。构思新奇、富有想象力的 H5 能够吸引用户主动观看，也会使其乐于传播。任何一个领域的技术创新都会对用户产生很大的吸引力，H5 也不例外。

7）热门话题。社会热点事件是指在社会上引起广泛关注、讨论、引发强烈反响的事件。相对于商家造势所形成的关注度来说，社会热点事件拥有更高的社会价值和更广泛的关注度，且更易被人们接受。因此，在制作 H5 时要善于抓住并结合当下的热点事件，利用话题效应让 H5 在短时间内火爆起来。

8）内容精致。不论 H5 的形式如何变化，有价值的内容始终都要放在第一位。H5 的内容不仅要精致、优质，还要具备分享的价值，这样才能获得用户的关注，推动 H5 的传播。

9）多样交互。随着技术的发展，如今的 H5 拥有众多出彩的特性，让用户能够轻松实现绘图、擦除、摇一摇、重力感应、3D 视图等互动效果。

10）风格统一。在设计 H5 时，风格统一是一项基本原则。H5 中各种元素的色彩、文案风格等要和谐、自然，所有细节设计都要符合整体的设计风格，这样才能带来高品质的用户体验。

2. 我国视频会议行业发展

随着数字化与智能化的发展，视频会议作为行业的基础设施之一，能够有效提高工作协同效率，被医疗、教育、金融等行业纷纷采用，视频会议行业需求得到增长。近年来，视频会议行业不断涌入新企业，众多互联网巨头切入远程办公市场，行业竞争进一步加剧。视频会议在各领域应用场景拓宽，产业和用户供需两端不断升级，推动行业向专业化、规范化、标准化发展。

不同行业对于视频会议软件的性能要求有所区别，落到各行各业的细分场景上，定制化需求特征十分明显。政府机构因会议私密，对会议安全性关注度最高；教育业为保证授课和师生间沟通效果，看中功能互动性；医疗业由于医疗场景对准确性和精密度要求高，对视频清晰度要求高；其余行业客户较关注兼容性、安全性与稳定性。

随着网络带宽的提升、视频质量的改善、智能终端的普及以及云计算和人工智能等技术的发展，视频会议的产品功能趋向更加开放和外延发展。在基础功能上升级入会方式，开启多渠道便捷灵活的入会方式，同时开发增值与附加功能，帮助构建更加完善的视频协作生态，实现用户在不同视频会议场景中的多元化需求，提升沟通规模及效率。

3. 百度网盘 PC 客户端与百度网盘 PC 同步盘

百度网盘 PC 客户端主要是解决用户单向上传或下载文件的需求：用户可以根据自己的意愿上传、下载文件，操作界面更直观，适合大部分用户使用；可以高速、批量下载文件，有断点续传、秒传等功能，方便用户下载大文件、批量下载；有自动备份文件夹功能，可以关联 5 个文件夹，将文件放在关联文件夹后，文件自动上传到云端，永不丢失。

百度网盘 PC 同步盘主要解决文件双向同步问题，本地文件夹数据同步到云端，云端数据增加、删除后本地也会随之变化，适合需要在多设备共享数据的办公人群使用。在安装完百度网盘 PC 同步盘后，会在计算机中自动创建一个同步文件夹，同步盘会实时监测这个文件夹里的文件，一旦发现用户对这些文件进行了操作，会马上对网络硬盘中的文件也进行同样的操作，保持网络硬盘中的文件与本地文件是一致的。同样，如果对网络硬盘中的文件进行了操作，同步盘也会马上对计算机上同步文件夹中的文件进行同样的操作。简单说，在本地新建一个文件，网络硬盘会自动新建一个完全一样的文件；本地修改、删除，网络硬盘中会自动修改、删除。反之亦然，在网络硬盘中所做的文件操作，也会被同步盘自动同步到本地计算机上。

 拓展训练

1. 使用 H5 制作工具，为鸿星尔克设计制作新品宣传长页。
2. 使用 H5 制作工具，为"双 11"促销活动设计制作九宫格抽奖页面。

实战训练

使用 H5 制作工具，为"我最喜爱的老师"评选活动设计制作投票表单。

思考与练习

一、单选题

1. 易企秀的（　　），实现了一页展示、自由混排、多种分享，适用于营销单页、产品介绍、活动宣传、App推广等营销场景。
   A．H5场景　　　　B．智能作图　　　　C．营销长页　　　　D．问卷表单

2. （　　）是将作品目前所有的图文、动画和特效以及状态进行留存。
   A．发布场景　　　B．设置场景　　　　C．编辑场景　　　　D．保存场景

3. （　　）是目前国内视频会议市场的主要应用场景。
   A．政府　　　　　B．金融　　　　　　C．教育　　　　　　D．医疗
   E．海关

4. （　　）场景：远程会议、在线投资咨询、云签约等，实现会议与业务线上融合，推动云端业务多元化。
   A．数字金融　　　B．在线教育　　　　C．数字政府　　　　D．远程医疗

5. （　　）场景：高效云答辩、在线直播培训、远程教育论坛峰会等，共享优质教育资源。
   A．数字金融　　　B．在线教育　　　　C．数字政府　　　　D．远程医疗

6. （　　）场景：云招商、云评审、云会谈、云专访、云捐赠等，为重要云会议提供技术及服务保障。
   A．数字金融　　　B．在线教育　　　　C．数字政府　　　　D．远程医疗

7. （　　）场景：远程会诊、云端示教、线上会议、远程探视、云端互动等，提升沟通协作效率。
   A．数字金融　　　B．在线教育　　　　C．数字政府　　　　D．远程医疗

8. 在（　　）中，仅会议创建者可以发送邀请，无法被其他人转发；仅会议创建者邀请的好友或群成员可以加入该会议。
   A．快速会议　　　B．常规会议　　　　C．特邀会议　　　　D．周期性会议

9. （　　）即在设定好会议频率和会议次数（或是时间段）后，自动预约会议。
   A．快速会议　　　B．常规会议　　　　C．特邀会议　　　　D．周期性会议

10. （　　）不会在会议列表中展示，当离开会议后，无法在会议列表找到这个会议。
    A．快速会议　　　B．预定会议　　　　C．特邀会议　　　　D．周期性会议

二、多选题

1. 易企秀提供的主要功能和服务包括（　　）。
   A．H5场景制作　　B．在线智能作图　　C．制作营销长页　　D．在线问卷表单
   E．互动抽奖小游戏　F．视频智能创作

2. 易企秀图片组件、立体魔方组件支持上传的图片格式包括（　　　）。
   A．JPG　　　　　　B．PNG　　　　　　C．GIF　　　　　　D．PSD
3. 在易企秀 H5 场景发布页面可以进行（　　　）。
   A．分享设置　　　　B．生成海报　　　　C．生成长页　　　　D．互动设置
4. 在易企秀作品数据查看页面，提供（　　　）等数据。
   A．基础数据　　　　B．行为画像　　　　C．传播脉络　　　　D．表单数据
5. 视频会议的应用场景包括（　　　）等方面。
   A．政府　　　　　　B．金融　　　　　　C．教育　　　　　　D．医疗
   E．海关

三、简答题

简述打造爆款 H5 的策略。

项目 2

电子商务交易模式及其应用

知识目标
- 掌握 B2C、B2B、C2C 电子商务业务流程；掌握移动电子商务、直播电商和跨境电子商务的概念。

能力目标
- 能熟练掌握 B2C、B2B、C2C 等主要电子商务交易流程；初步掌握移动电子商务、直播电商、跨境电子商务应用，能在相关电子商务网站进行实战应用。

素质目标
- 培养学生对电子商务职业的热爱之情，自觉遵守电子商务法律规范，具有从事电子商务工作必须具备的合作意识、团队精神、诚信意识、网络安全意识等素质。

任务 1 B2C 电子商务

随着电子商务的发展和生活节奏的加快，网上购物因其方便、快捷、经济等特点已成为人们购物的首选方式。天猫、京东商城等著名电子商务网站为人们提供了服装、食品、书籍、数码 3C、家电、玩具、家居、箱包、体育用品及办公用品等成千上万种的商品以供选择，方便了互联网时代人们的工作与生活。

2021 年 7 月，河南发生水灾，国内众多企业纷纷捐款赞助，驰援河南。鸿星尔克（鸿星尔克实业有限公司）默默地捐助了 5000 万元物资，这个"穷"到连微博会员都不舍得开

的国产运动品牌，这个一年亏损 2.2 亿元的国货品牌，其善举让网友感到心疼。短短几天时间，鸿星尔克被网友刷上了热搜，纷纷涌入直播间、实体店消费，成就了鸿星尔克营销典范。本任务学习在京东商城购买商品的方法。

任务分析

网上购物首先要申请邮箱，开通网上银行在线支付，并在电子商务网站注册成为会员；然后，搜索商品，了解商品详情页相关信息，进行价格、质量、物流及售后服务等方面综合比较，做到货比三家、物有所值。

任务实施

1. 申请网易邮箱

打开浏览器，在地址栏输入 https://www.163.com，单击"注册免费邮箱"，填写邮箱地址，设置密码，填写手机号码，勾选"同意《服务条款》"，单击"立即注册"，系统提示邮箱注册成功信息。

2. 登录京东商城，注册会员

1）打开浏览器，在地址栏输入 https://www.jd.com，进入京东商城首页。

2）会员注册：单击"免费注册"，阅读《京东用户注册协议》，单击"同意"并继续，填写手机号码及验证码。

3）填写账号信息，如图 2-1 所示。

填写用户名：可以用中文、英文、数字等组合，一般为 4～20 个字符。

设置密码：建议使用字母、数字和符号两种及以上的组合，8～20 个字符。

利用申请的邮箱地址，获取邮箱验证码，单击"立即注册"，系统提示会员注册成功，接下来就可以在京东商城进行购物体验了。

3. B2C 购物流程

1）商品搜索。登录京东商城，在搜索框输入相关信息，如"鸿星尔克"，在搜索结果页面，用户可以查看搜索网店经营相关信息，如服装、鞋和配件等产品系列。为了精准找到自己喜欢的商品，也可以在"高级选项"中进行设置，高级选项包含适用性别、功能、适用人群、

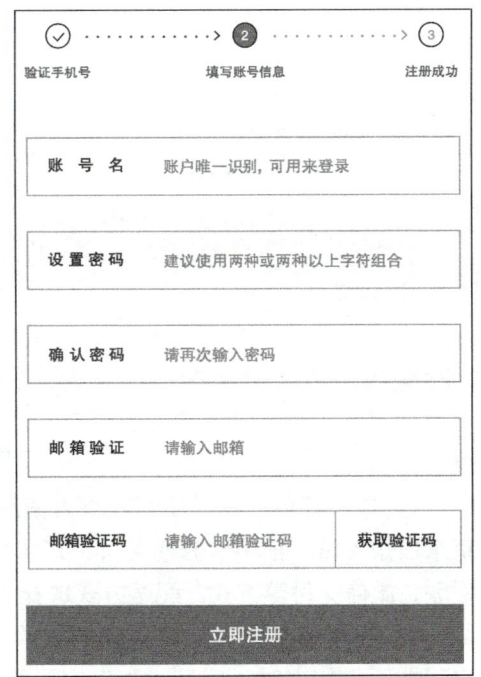

图 2-1 填写账号信息

适用季节、类别、年龄等，如图 2-2 所示。

图 2-2　商品搜索

2）查看商品详情。例如，购买夏季 T 恤，用户需要选择颜色、尺码，详细了解商品介绍、规格、售后保障及商品评价等信息，单击"加入购物车"并结算，如图 2-3 所示。

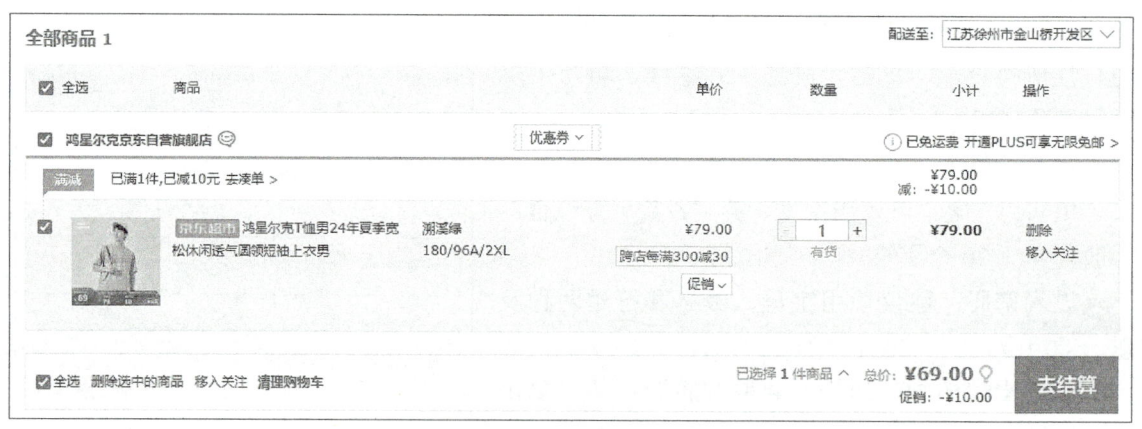

图 2-3　商品结算

3）核对订单信息。填写收货人信息，支付方式选择"在线支付"，京东支付方式分为：京东白条支付、信用卡分期支付、京东小金库等方式，如图 2-4 所示。此外，还可以选择中国银联、微信支付等方式。配送方式选择"快递运输"，单击"提交订单"，完成网上购物流程。

4）物流信息跟踪。在"我的订单"中，可以查看所购商品物流配送信息，当物流信息出现非正常状态时，应及时与卖家联系或与快递公司联系。

5）商品评价。确认收到订购商品并且检查无误后，对所购商品进行综合评价，主要从商品质量、物流服务、售后服务等方面进行评价。

图 2-4 支付信息

4. B2C 后台管理

1）在京东首页，找到"客户服务"，在弹出的下拉列表中单击"商家后台"，进入商家店铺后台页面（http://shop.jd.com）。

2）商家后台首页由顶部导航栏、左侧快捷菜单栏，以及中部的店铺提醒、店铺经营数据和店铺平台风向标等构成，如图 2-5 所示。商家后台功能包括店铺管理、商品管理、营销中心、订单管理、仓储管理、配送管理、售后客服、发票管理、结算管理、账号管理、体检中心等模块。

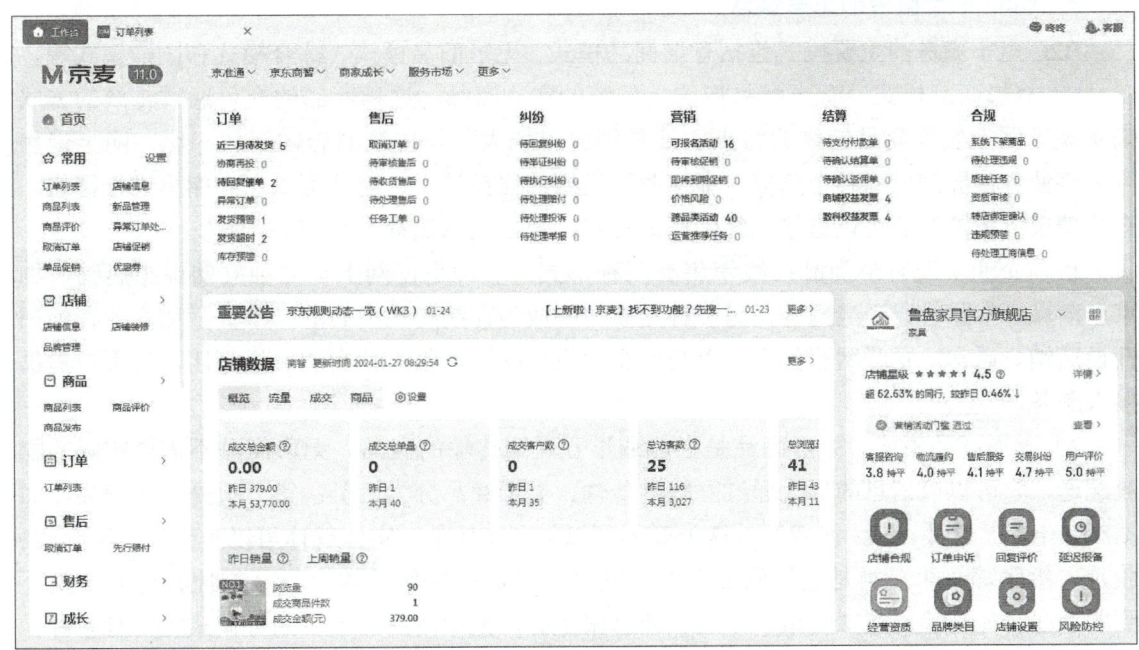

图 2-5 商家后台首页

 相关知识

1. B2C 电子商务的特点

B2C 电子商务以其完备的双向信息沟通、灵活的交易手段、快捷的物流配送、低成本高效益的运作方式等在各行各业展现了强大的生命力。B2C 电子商务的主要特点包括以下 9 个方面：

1）可以没有实物商铺，有利于企业降低销售成本。

2）用户数量巨大，所需要的身份认证、信息安全等方面的技术和管理办法成本低廉，易于大面积推广。

3）支付或转账金额较低（小额支付）。

4）网络上传输的信息可能涉及个人机密，例如账号和操作金额等。

5）重视客户服务，较大的企业常设有呼叫中心，有较完善的客户服务体系。

6）经常会出现"一次性客户"，即不注册、不连续使用，只希望在方便的时候使用一下 B2C 服务的客户。

7）网上商店所销售的商品五花八门，从大米、啤酒等生活日用品，到家电、计算机、汽车、住房，涵盖了人们生活的方方面面。

8）投放的广告大多是单品广告，只用一个页面即可将产品描述得淋漓尽致，切合消费者心理，且经常有线下推广资源的支持。

9）大多数 B2C 电子商务企业依托于成熟的第三方物流专业企业，物流配送效率高、速度快。

2. B2C 电子商务的主要模式

B2C 电子商务的主要模式包括有形商品模式、无形商品模式、综合模式和团购模式等。

1）有形商品模式。有形商品指的是传统的实物商品，这种商品的交付通过传统的方式来实现。网上实物商品销售的特点主要是销售市场大。与传统的店铺销售相比，网上销售可以将业务伸展到世界各个角落。虚拟商店需要的雇员较少，而且可以在仓库里进行销售。有些情况下虚拟商店可以直接从经销商处订货，省去商品储存的环节。

目前企业实现有形商品在线销售有两种形式：一种是在网上设立独立的虚拟店铺，如京东商城、唯品会、当当网等；另一种是参与并成为在线购物中心的一部分，如企业在天猫开设店铺。通常，互联网服务商可以帮助企业设计网页，创立独立的虚拟商店，为用户提供接入服务。

2）无形商品模式。无形商品是指能通过互联网传输的商品。无形商品不需要实际的物流配送，它可以以信息的形式通过互联网传输。无形商品分为两类：第一类是信息商品，如报纸、电影、软件、书、游戏等，这类商品可以加在实体上，实体载体可以是光盘、磁介质、胶片、纸张等；第二类是虚拟商品，这类商品不能加在任何载体上，是一种看得见却摸不到的商品，如邮箱、虚拟货币、域名、信息服务等。无形商品的电子商务模式主要有 4 种：网上订阅模式、付费浏览模式、广告支持模式与网上赠予模式。

3）综合模式。实际中，大多数企业的网上销售不仅采用一种电子商务模式，而且往往采用综合模式，即多种模式的组合来实施电子商务。

4）团购模式。团购就是团体购物，指相互认识或不认识的消费者联合起来，加大与商家谈判的能力，以求得最优价格的一种购物方式。根据薄利多销的原理，在团购中，商家可以给出低于零售价格的团购价格和单独购买得不到的优质服务。作为一种新兴的电子商务模式，团购有消费者自行组团、通过专业团购网站团购、商家组织团购等形式。团购提升了用户与商家议价的能力，使用户在极大程度上获得了商品让利，以引起消费者及业内厂商甚至资本市场的关注。

3. B2C 电子商务的主要类型

目前已建立或准备建立的 B2C 模式的电子商务的企业大致可分为：经营着离线商店的零售商、没有离线商店的虚拟零售企业和商品制造商。

1）经营着离线商店的零售商。这些企业有着实实在在的商店或商场，网上的零售只是作为企业开拓市场的一条渠道，它们并不依靠网上的零售生存，如上海书城、上海联华超市、北京西单商场等。

2）没有离线商店的虚拟零售企业。这类企业是 Internet 商务的产物，网上零售是它们唯一的销售方式，它们靠网上销售生存，如美国的亚马逊网上书店是世界销售量领先的书店。

3）商品制造商。商品的制造商采取网上直接销售的方式销售其产品，不仅给顾客带来了价格上的好处及商品客户化，而且减少了商品库存的积压。例如，海尔集团是我国家电制造业中的佼佼者。海尔通过建立自己的电子商务网站，一方面提升企业形象，另一方面通过网上销售，加大了自己产品的市场推销力度。

4. B2C 电子商务收益模式

B2C 电子商务的收益模式主要可以归纳为以下几种。

1）产品销售。产品销售是最直接的收益模式，企业通过在线销售产品获得收益。这种模式下，企业需要自行开拓采购供应商渠道，并构建完整的仓储和物流配送系统，以满足消费者购买产品后的物流配送服务。同时，企业可以通过打折优惠等方式吸引消费者，提高点击率和访问量，增加交易量。

2）服务费。一些 B2C 电子商务平台针对商家收取上架费、交易费、服务费等。平台式 B2C 电子商务网站，如天猫等，通过对商家提供平台服务并收取相关费用来赢利。

3）会员费。一些 B2C 电子商务网站实行会员制度，向会员提供一些特定的服务。消费者支付会员费后可以享受诸如优惠价格、优先发货、会员专享活动等增值服务。会员费的高低可以根据服务范围和方式的不同而有所差异。

4）广告收入。网络广告是 B2C 电子商务的重要收益模式之一。企业通过在网站上展示广告，吸引潜在顾客，并以此获得广告费用。这种方式适用于访问量较大的 B2C 电子商务网站。

5）定制服务。提供个性化服务，如根据消费者的特殊需求定制商品，或者为特定商家提供限量版商品。

每种收益模式都有其特定的适用场景和目标客户群体，而成功的B2C电子商务企业往往综合运用多种收益模式以达到最大化赢利的目的。在实际操作中，企业还需考虑成本控制、客户满意度、品牌建设等多方面因素，以实现可持续发展。

5. O2O 电子商务

O2O 是新型的网络营销模式，O2O 即 Online To Offline，线下销售与服务通过线上推广来揽客，消费者可以通过线上来筛选需求，在线预订、结算，甚至可以灵活地进行线上预订，线下交易、消费。O2O 模式是随着像美团网这样本地化电子商务的推广以及市场的需要逐步形成的。

O2O 让传统的商业流变成可以数字化的信息流、现金流，将线上和线下的障碍彻底打通。随着 O2O 模式的逐渐成熟和广泛应用，本地化电子商务必将成为电商服务争夺战的决胜之地。

当前电子商务的主流贸易形态是 B2C、C2C，B2C、C2C 是在线支付，购买的商品需要通过物流公司送到客户手中；O2O 模式的核心就是把线上的消费者带到现实的商店中去，在线支付购买、预订线下的商品和服务，再到线下去享受服务，最后到平台去评价商品和服务质量以达到和消费者互动的目的。

拓展训练

> 比较京东、淘宝等电子商务网站经营模式。

实战训练

1. 请任选一家银行如中国工商银行或交通银行、中国建设银行、中国银行，开通网上银行。
2. 请在 B2C 电子商务网站购买一件自己喜欢的商品，知晓 B2C 交易流程。

思考与练习

一、单选题

1. 政府通过互联网发布采购清单，企业在网上进行竞价投标，这种电子商务模式属于（　　）。
   A．B2B　　　　　B．B2C　　　　　C．B2G　　　　　D．C2C
2. 以下电子商务网站中，属于 B2C 模式的是（　　）。
   A．海关报税平台　　　　　　　　B．淘宝网
   C．阿里巴巴网站　　　　　　　　D．京东网上购物商城
3. 提供有偿视频点播服务的网站采用的电子商务模式是（　　）。
   A．B2B　　　　　B．B2C　　　　　C．C2C　　　　　D．B2G

4. 企业通过互联网向个人直接销售产品和提供服务的电子商务模式是（　　）。
   A．C2C　　　　　B．B2C　　　　　C．B2B　　　　　D．B2G
5. 电子商务以主动、互动、用户关怀等多角度与用户进行深层次沟通的发展阶段是（　　）。
   A．电子邮件阶段　　B．信息发布阶段　　C．电子商务阶段　　D．智慧阶段

二、多选题

1. 互联网时代电子商务的分类方式有（　　）。
   A．按参与互联网时代电子商务的主体分类
   B．按网上支撑平台分类
   C．按交易活动网上完成的程度分类
   D．按交易的地域范围分类
2. 实现电子商务后主要解决的问题有（　　）。
   A．对货物跟踪控制　　　　　B．客户关系的管理改善
   C．时效性增强　　　　　　　D．降低运作成本
3. B2C 电子商务企业的类型主要有（　　）。
   A．经营着离线商店的零售商　　B．没有离线商店的虚拟零售企业
   C．商品制造商　　　　　　　　D．原材料供应商
4. B2C 电子商务的赢利模式包括（　　）。
   A．收取广告费　　B．交易费　　C．软件使用费　　D．出租虚拟店铺
5. B2C 电子商务网站的收益模式主要有（　　）。
   A．扩大销售额　　B．会员制　　C．收取广告费　　D．收取服务费

三、判断题

1. 电子商务用户可以分为个人用户和企业用户。（　　）
2. 电子商务交易的即时性提高了交易的效率，但也隐藏了法律危机。（　　）
3. 电子商务的交易管理涉及企业与企业、企业与客户以及企业内部商务活动的全过程。（　　）
4. 完全电子商务是指完全通过电子商务方式实现和完成整个交易过程的交易。（　　）
5. 企业与政府之间的互联网电子商务涵盖了政府与企业间的各项事务。（　　）
6. 互联网时代电子商务没有店铺成本，没有专门销售人员，但有库存压力。（　　）
7. 电子商务不能有效促进现代物流活动和金融支付实现一元化管理。（　　）
8. 第三方电子商务模式的实质是免费为商家提供服务。（　　）
9. 网上订阅模式指的是企业通过网页向消费者提供网上直接订阅、直接信息浏览服务的 B2C 电子商务模式。（　　）
10. B2C 电子商务指的是企业针对个人开展的电子商务活动的总称。（　　）

任务2　C2C电子商务

互联网为个人经商提供了便利，日常生活中，可以将一些个人闲置的物品放到网上进行拍卖，淘宝网推出的"1元拍"活动，只要出价合适，就能以超低价格买到心仪的物品。接下来一起学习网上拍卖的方法。

任务情景

张宇有一款原价为3888元、使用了3年的4G手机。随着5G手机推出，他想把4G手机放到拍卖网站上拍卖，请你运用所学的电子商务技能，帮助他完成4G手机拍卖和5G手机的竞拍。

任务分析

目前，互联网上有淘宝网（闲鱼、一元拍）、京东拍卖、京东旗下的拍拍等拍卖网站。为完成此任务，首先，要在拍卖网站注册成为会员，先以买家身份寻找想竞拍的商品，参与竞拍，掌握拍卖流程；然后再以卖家身份发布拍卖商品信息，并实时查看竞价情况，完成拍卖流程。

任务实施

1. 买方竞拍流程

会员注册→搜索商品→支付报名保证金→竞价→付款→收货→评价。

（1）会员注册

登录淘宝网（www.taobao.com），单击"免费注册"，输入手机号码和验证码，完成会员注册。

（2）搜索商品

在搜索框输入"一元拍"或"拍卖"，找到自己喜欢的商品查看详情，如图2-6所示。

（3）支付报名保证金

选择自己喜爱的商品，在商品详情页单击"报名交保证金"按钮，如图2-7所示。系统提示"若竞拍不成功，保证金自动退回；若竞拍成功，请在72小时交易付款期内完成付款，付款成功后系统将释放保证金"。根据商品价格高低不同，保证金也不相同。竞拍前阅读阿里竞拍协议，勾选协议并单击"确定"按钮完成保证金支付。保证金支付成功后，将暂时锁定在您的支付宝账户。

保证金支付成功后，系统会自动设置相关提醒，提醒方式包括：手机、旺旺、手机淘宝客户端。也可以通过更改设置，修改手机号码，或者去掉一些不想收到消息的提醒方式。

项目 2　电子商务交易模式及其应用

图 2-6　商品详情

图 2-7　报名交保证金提示

（4）竞价

回到商品详情页，在出价之前，请仔细阅读商品的相关信息：起始价、加价幅度、保证金金额、佣金、运费、保留价、延时周期等。特别需要注意查看商品是否设置了买家佣金和运费，以及该商品是否有保留价（拍卖行的商品，基本上都设置有买家佣金和运费）。

83

确认出价金额，单击"出价"按钮进行竞价。竞价规则如下：

1）首次出价可以出起始价，也可以自主输入任意金额进行出价。

2）出价最高者领先，价低者竞价记录出局，出局者可以再次出价。

3）再次出价，可以只增加一个加价幅度出价，也可以自主输入任意金额进行出价。

4）当出价金额大于 5 个加价幅度时，为了避免误操作，系统会做出提示，以确认是否以该金额出价。

如果在竞价结束前 2 分钟内出价排在第一位，并且没有其他用户继续出价，则获得该商品。应在 72 小时内完成支付，否则系统自动关闭交易，保证金将赔付给商家。

（5）付款和收货

在"我的淘宝→我的拍卖→我的订单"，或者在"我的淘宝→已买到的宝贝"，找到拍下的商品，确认并完成支付。如果是"尾款线下支付"的商品，直接去线下门店支付尾款即可。"复检后再付款"表示用户可以在支付尾款并收到货品后到相关机构进行复检，检测无误后再确认收货。

支付完货款后，只需等待商家发货即可。在收到商品时一定要认真检查，无问题再确认收货。如果是车/房等需要线下交割，或者不支持邮寄的商品，后续流程以商品详情页的说明或者与商家沟通为准。

2. 京东拍卖

京东拍卖的竞拍流程：阅读公告→实地看样→交保证金→开始竞价→竞价成功→线下付款→拍卖成功。

1）在京东首页，找到"拍卖"，进入"京东拍卖"页面，如图 2-8 所示。

图 2-8　京东拍卖页面

2）浏览拍品，选择喜欢的拍品查看详情，如图 2-9 所示。单击"交保证金报名"按钮，确认实名认证信息并完成保证金缴纳。完成支付后，刷新拍品页面显示等待出价。

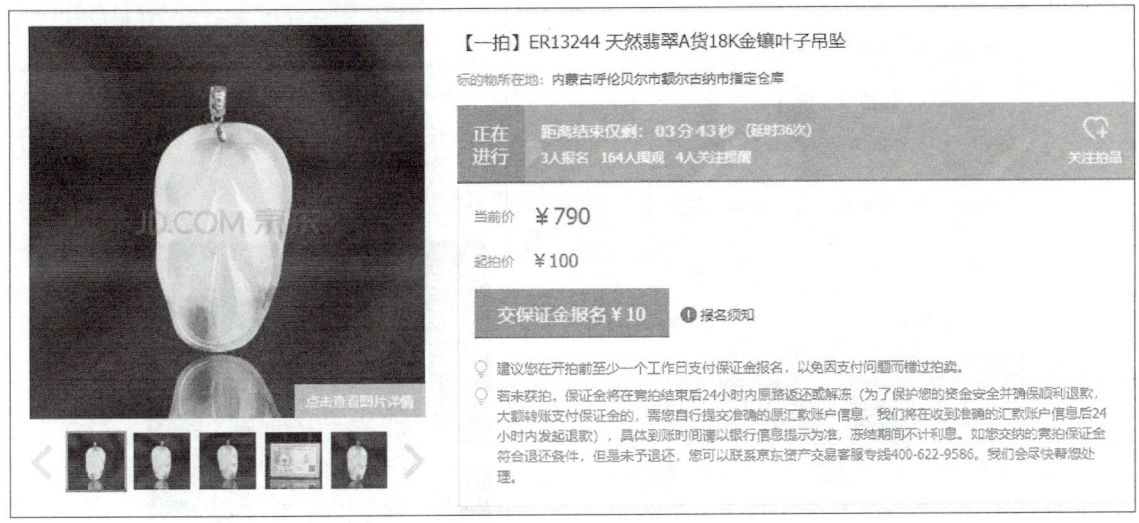

图 2-9　拍品详情

3）后续操作与淘宝拍卖类似，不再赘述。

3. 卖方拍卖流程

1）淘宝会员注册。与买方注册会员相同，如果作为买方已注册会员，作为卖方时可以与买方用同一会员账号。

2）开通支付宝账户并完成支付宝实名认证。

3）淘宝开店认证。在淘宝网新注册开店的个人卖家，在身份证信息提交的同时，必须上传本人手持身份证原件的大头照及本人上半身照，共两张照片。

认证及备案入口：卖家在登录状态下单击"卖家中心→客户服务→淘宝认证"。

在"我的支付宝"单击"马上申请支付宝数字证书"按钮，或在支付宝实名认证成功的页面单击"你已经通过身份证件的核实，可以立即申请支付宝数字证书，提高账户安全"。

4）开通店铺，发布宝贝。

5）进入"卖家中心"，实时查看拍卖商品。

4. 闲鱼发布商品

闲鱼是阿里巴巴旗下品牌。目前，网页版闲鱼已停止更新，需要在手机端下载安装闲鱼 App。打开闲鱼 App，用淘宝号登录，并需要实人认证，然后单击"卖闲置"，有一键转卖、省心卖、发闲置等功能，即可发布想要出手的二手商品，例如单击"一键转卖"，会把你以前在淘宝上购买过的商品全部展示出来，选择某一商品，系统会显示原价多少元购买的，现在还能卖多少钱，单击"一键转卖"，并进行"分类/品牌/款式/成色等"设置，单击发布即可，如图 2-10 和图 2-11 所示。

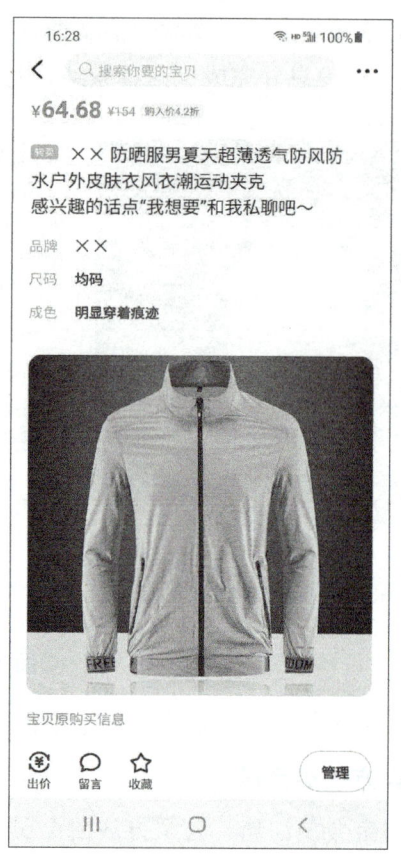

图 2-10　闲鱼 App 页面　　　　　　图 2-11　商品发布

相关知识

1. 我国 C2C 电子商务的发展过程

1）eBay 易趣取自"易趣"与"eBay"的结合。易趣于 1999 年 8 月成立，其含义为"交易的乐趣"。"eBay"取自全球最成功的电子商务网站 eBay Inc.。两个企业结合而成的名字蕴涵着我国与世界最领先的电子商务网站的强强联手与紧密合作。这个名字向用户传达了既中国又世界、既本土又全球的网上交易平台。

2002 年 3 月，易趣获得美国最大的电子商务公司 eBay 的 3000 万美元的注资，并同其结成战略合作伙伴关系。2003 年 6 月，易趣获得 eBay 追加的 1.5 亿美元投资，并成为 eBay 全球大家庭中的一员。2004 年 7 月，易趣网推出新品牌"eBay 易趣"。

2）淘宝网，顾名思义——没有淘不到的宝贝，没有卖不出的宝贝。淘宝网是国内领先的个人交易网上平台，由全球最佳 B2B 公司阿里巴巴公司创办，致力于成就全球最大的个人交易网站。自 2003 年 5 月 10 日成立以来，淘宝网基于诚信为本的准则，从零做起，在短短的半年时间内，迅速占领了国内个人交易市场的领先位置，创造了互联网企业的一个发展奇迹，真正成为有志于网上交易的个人的最佳网络创业平台。

3）2003年之前，在国内C2C市场上除了易趣，几乎没有什么其他的竞争对手。但是淘宝的出现却打破了这个格局。淘宝网成立之初，就面临着易趣的"绞杀"。当时eBay是全球首屈一指的个人、企业商品在线交易市场，而易趣在网上交易尤其是C2C领域一直统率着国内电子商务领域。eBay入主易趣实现强强联手，面对强敌，淘宝采取了迂回策略。

第一，免费策略。当时在线拍卖网站的收费主要包括交易服务费、登录费、推荐位费（橱窗展示位）。淘宝则是全部免费，相较其他网站，淘宝的免费策略对网络商户来说具有非常大的吸引力。

第二，打造完善的交易平台。淘宝成立之初，创始人就将阿里巴巴"客户第一"的价值观移植到淘宝。

第三，适时推出支付宝。当时，易趣、淘宝等只提供交易平台，对买卖双方缺乏必要的制约，假如在货款、商品等方面出现了问题，只能由交易双方承担。因此，卖方为了保护自身利益，普遍采用"款到发货"的方式，而从买家角度考虑，普遍希望采取"货到付款"的方式。2003年10月，淘宝抓住了支付风险这个人人回避的市场空白，试探性地发布了"支付宝"服务，这大大降低了交易双方的顾虑，由此淘宝的会员注册量和成交额也节节攀升。

2. C2C电子商务平台盈利模式

1）会员费。会员费也就是会员制服务收费，是指C2C网站为会员提供网上店铺出租、公司认证、产品信息推荐等多种服务组合而收取的费用。由于提供的是多种服务的有效组合，比较能适应会员的需求，因此这种模式的收费比较稳定。费用第一年交纳，第二年到期时需要客户续费，续费后再进行下一年的服务，不续费的会员将恢复为免费会员，不再享受多种服务。

2）交易提成。交易提成不论什么时候都是C2C网站的主要利润来源。因为C2C网站是一个交易平台，它为交易双方提供机会，就相当于现实生活中的交易所、大卖场，从交易中收取提成是其市场本性的体现。

3）广告费。企业将网站上有价值的位置用于放置各类型广告，根据网站流量和网站人群精度标定广告位价格，然后再通过各种形式向客户出售。如果C2C网站具有充足的访问量和用户黏度，广告业务会非常大。但是C2C网站出于对用户体验的考虑，均没有完全开放此业务，只有个别广告位不定期开放。

4）搜索排名竞价。C2C网站商品的丰富性决定了购买者搜索行为的频繁性，搜索的大量应用就决定了商品信息在搜索结果中排名的重要性，由此便引出了根据搜索关键字竞价的业务。用户可以为某关键字提出自己认为合适的价格，最终由出价最高者竞得，在有效时间内该用户的商品可获得竞得的排位。只有卖家认识到竞价为他们带来的潜在收益，才愿意花钱使用。

3. 淘宝网的三种拍卖类型

淘宝拍卖有增价拍、荷兰拍、降价拍三种拍卖类型。

1）增价拍：拍卖宝贝数量为1，拍卖价格从低到高自由竞价，拍卖结束时，出价最高者获得拍卖的商品。

2）荷兰拍：拍卖数量大于1，价高者优先获得宝贝，相同价格先出价者先得，最终商品成交价格是最低成功出价的金额。如果最后一位获胜者可获得的宝贝数量不足，则可以放弃购买（发布荷兰拍的商品卖家信用分数必须大于或等于11分）。

3）降价拍：拍卖宝贝的竞价由高到低依次递减，直到竞买人应价时成交的一种拍卖方式。如果宝贝数量为 1，则拍卖在第一个竞买人应价时成交且拍卖结束；如果宝贝数量大于 1，则拍卖在所有宝贝被竞买人应价完后，拍卖结束。

4. C2C 电子商务交易流程

以支付宝担保交易流程为例，介绍 C2C 电子商务交易流程，如图 2-12 所示。

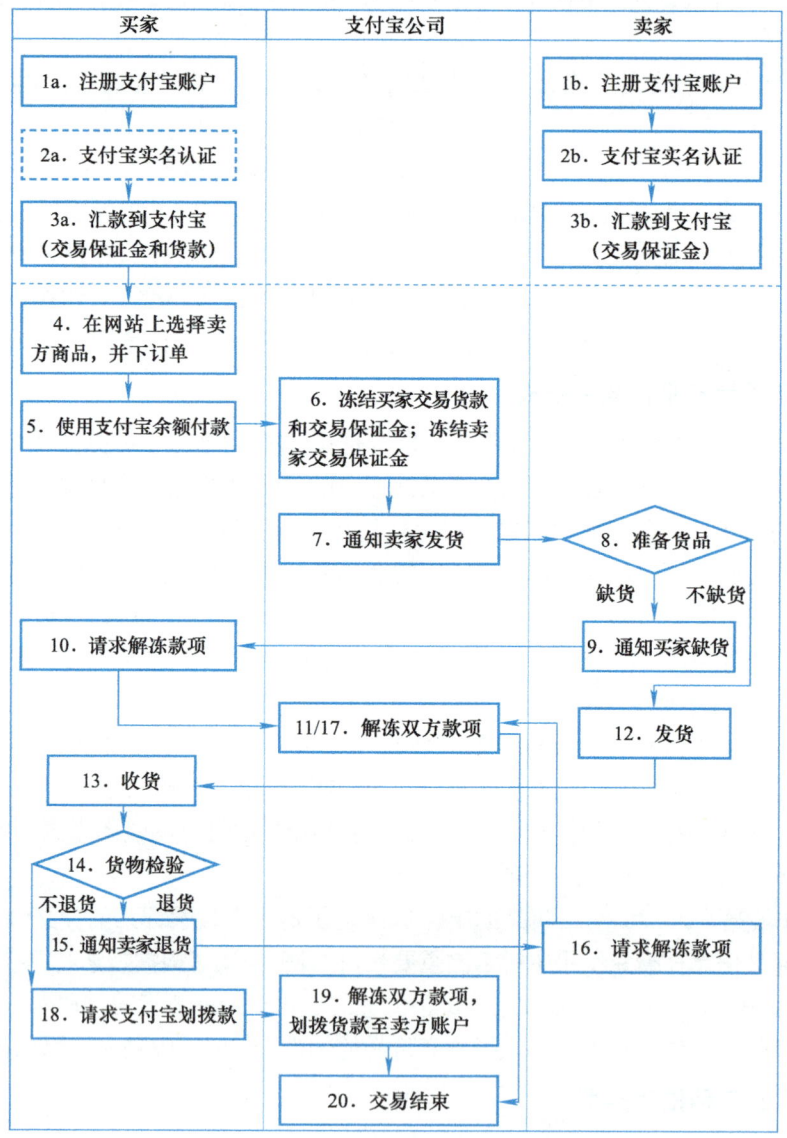

图 2-12　C2C 电子商务交易流程

 **拓展训练**

请在淘宝网、京东拍卖查阅司法拍卖流程。

实战训练

1. 请在咸鱼 App 拍卖一件个人闲置商品。
2. 请在京东拍卖竞拍一件自己喜欢的商品。

思考与练习

一、单选题

1. 以下不属于电子商务信息流的内容有（　　）。
   A．商品付款　　　　　　　　　　B．交易方支付能力
   C．商品信息　　　　　　　　　　D．商业贸易单证
2. 消费者通过在线选购、预订和结算，然后在线下消费，这种电商模式是（　　）。
   A．B2B　　　B．B2C　　　C．C2C　　　D．O2O
3. 电子商务中的"信息流"不包括（　　）。
   A．信息编辑　　B．信息搜寻　　C．信息发布　　D．信息反馈
4. 不需要线下物流配送就能完成完整电子商务交易流程的商品是（　　）。
   A．图书　　　B．服装　　　C．家电　　　D．游戏软件
5. 中国电子商务萌芽阶段的代表性企业是（　　）。
   A．淘宝　　　B．阿里巴巴　　C．京东　　　D．8848
6. 下列有关电子商务的说法中正确的是（　　）。
   A．电子商务就是网上购物
   B．电子商务就是商务电子化
   C．电子信息技术的发展促进了电子商务的发展
   D．电子商务中的商务活动仅指线上交易
7. 关于电子商务与传统商务的贸易磋商，下列说法中正确的是（　　）。
   A．传统商务中的贸易磋商过程主要是口头磋商
   B．电商环境下的贸易磋商文件不具有法律效应
   C．电子商务环境下难以保证贸易磋商信息传递的正确性和安全性
   D．传统贸易磋商中主要采取纸面贸易单证形式
8. 广义的电子商务又可称作（　　）。
   A．电子事务　　B．电子业务　　C．电子交易　　D．网络淘宝
9. C2C 电子商务网站 eBay 的收费模式不包括（　　）。
   A．商铺注册费　　　　　　　　　B．物品登录费
   C．物品交易提成费　　　　　　　D．免费
10. 甲公司帮助个人将产品出售给其他人，并对每一笔交易收取一笔佣金，这种电子商务模式是（　　）。
    A．B2B　　　B．C2C　　　C．B2C　　　D．B2G

二、多选题

1. 与传统商务相比，电子商务的特点主要表现在（　　　）。
   A．交易虚拟化　　　B．交易成本低　　　C．交易效率高　　　D．交易透明化
2. 电子商务的业务流程包括（　　　）。
   A．交易前准备　　　　　　　　　　　B．贸易磋商
   C．合同签订与执行　　　　　　　　　D．资金支付
3. 下列选项中，属于直接电子商务的有（　　　）。
   A．网上证券交易　　B．订阅电子报刊　　C．团购外卖点单　　D．在线话费充值
4. 下列属于互联网时代电子商务功能的是（　　　）。
   A．广告宣传　　　　B．咨询洽谈　　　　C．可以融资　　　　D．网上订购
5. 可以利用哪些网络技术发布公告？（　　　）
   A．新闻组　　　　　　　　　　　　　B．电视剧
   C．BBS电子公告板　　　　　　　　　D．电子邮件
6. 电子商务服务平台要有以下哪些功能？（　　　）
   A．认证中心接口　　B．内容管理　　　　C．搜索引擎　　　　D．政务智能工具
7. 在线货物销售，又称虚拟商店，它将原来有形的店铺设在了网上，使之"虚拟化"了，而所销售的仍然是有形的货物。所以（　　　）。
   A．只是交易方式的电子化　　　　　　B．其交易过程一般是在线订货、支付
   C．其交易过程一般是离线送货　　　　D．其交易支付方式一般是现金支付
8. 互联网时代电子商务的产生与发展得益于（　　　）。
   A．全球经济一体化的迅速发展
   B．传统商务活动已经停止
   C．信息处理技术及通信技术的迅速发展和成熟
   D．相应商业环境的完善
9. 下列不属于互联网时代电子商务特点的有（　　　）。
   A．全球化　　　　　B．高成本性　　　　C．数字化　　　　　D．低效性
10. C2C商务平台就是通过为买卖双方提供一个在线交易平台，使卖方可以主动提供商品上网拍卖，而买方可以自行选择商品进行竞价。其代表网站主要有（　　　）。
    A．eBay易趣　　　　B．淘宝网　　　　　C．亚马逊　　　　　D．阿里巴巴

三、判断题

1. 在电子商务模式下，交易前的商品信息发布、查询和匹配过程更快速高效。
   （　　　）
2. 消费者要在某个商户的网站上进行购物，一般需要注册为该网站的会员，填写相关信息，以便商户维护客户和后期送货。（　　　）
3. 网络交易服务公司一般采用会员制，按不同的服务范围收取会员费。（　　　）
4. 有形商品的订货、支付和部分售后服务可以在网上完成，但商品配送还需要依赖物流配送公司或专业的服务机构去完成。（　　　）

项目 2　电子商务交易模式及其应用

5. 商务活动是电子商务形式和手段，信息与网络技术是电子商务的内容与核心。
(　　)
6. 通过网上商店买卖的商品不能是数字化的。(　　)
7. 收费模式和费用水平是 C2C 平台吸引用户的重要因素。(　　)
8. C2C 最大特点就是普通用户可以利用专业网站提供的电子商务平台，以免费或很低的价格来销售自己的商品。(　　)
9. C2C 是电子商务的一种形式，采用企业对用户的模式，为买卖双方提供一个在线交易的平台。(　　)
10. 拍卖网站的盈利不包括来自拍卖成交后的佣金、保留价费用。(　　)

任务 3　B2B 电子商务

任务情景

广东中海南联能源有限公司成立于 2008 年，是集石化产品生产加工、工业原材料一级销售、仓储、运输、金融服务于一体的石化产品综合提供企业。其主营产品之一白油是经深度精制除去润滑油馏分中芳烃和硫化物等杂质而得到的一类石油产品。其无色、味，化学性质稳定，广泛应用于化工、日用品、食品、医药、纺织和农业等领域。随着食品工业、医药、化纤和轻纺工业的发展，人们对白油的品质要求越来越高，对白油的需求量也迅速增长。这一增长趋势吸引了众多企业和投资者的目光，他们开始加大投资力度，扩大生产规模以满足市场需求，并试图抢占市场份额。这也逐步导致白油行业产能过剩，行业投资热情降温，行业之间竞争更为激烈，市场价格新低点也毫无悬念地接踵而来。无客户、无效果、无效率、无成交，怎么办？

任务分析

采购企业和供应企业在 B2B 电子商务平台上通过发布采购信息、获取供应信息、商务洽谈、下单支付、物流配送等环节顺利完成了交易，这种在企业层面进行的电子商务交易即为 B2B 电子商务。

百度作为我国最大的搜索引擎，在互联网经济发展的进程中一直扮演着流量分发端口的角色，很多平台在发展初期都是从百度引流来完成自己的用户积累。百度爱采购作为百度旗下的 B2B 垂直搜索引擎，在本质上还是一个信息聚合平台，因为和百度无缝对接，所以百度爱采购自带流量。目前百度仍然是 90% 的人触达互联网的工具，百度的流量都是自然流量，自然流量是基于用户使用习惯和用户黏度的高精准度流量。百度爱采购掌握前沿科技，有效解决中小企业痛点，助力中小企业。

有客户：七亿月活搜索用户。十亿次每日处理用户需求，每次搜索都是一笔大生意。

有效果：精确触达。每日数千万用户通过搜索来采购，成单量大，转化方式多。

有效率：丰富的 To B 经验。百度搜索服务百万企业，全行业高价值生态伙伴众多。

有成交：海量用户。2019 年 10 万 + 会员入驻，爱采购平台商品曝光累计数亿次。

**任务实施**

百度爱采购是百度旗下的 B2B 垂直搜索引擎平台，2018 年 10 月 19 日上线，旨在帮助用户直达商品信息和优质商家，为买家提供了搜索商品、搜索厂家、全网询价、指定商家询价、查看报价等功能，全方位服务买家，同时为卖家提供了丰富的匹配询价单信息，帮助卖家快速达成交易。

商家可通过百度爱采购与百度搜索无缝对接，满足用户对于采购信息检索的诉求，获取精准买家，获得更多商机与采购订单。爱采购操作流程如图 2-13 所示。百度爱采购通过 AI 等手段帮助中小企业更好地解决采购批发渠道、货源问题。

图 2-13　爱采购操作流程

1. 注册登录爱采购

1）打开爱采购网站（https://b2b.baidu.com）首页，单击"快捷登录 / 注册"按钮，可以使用百度账号登录，没有百度账号可以完成账号注册后登录，也可以选择第三方登录（支持微博登录、微信登录和 QQ 登录）。

2）在快捷登录注册页面，单击"立即注册"链接，进入百度账号注册页面，如图 2-14 所示。按页面提示填写用户名、手机号、密码和验证码等内容，完成百度账号注册。

图 2-14　百度账号注册

项目 2　电子商务交易模式及其应用

3）登录爱采购，如图 2-15 所示。右侧的"快捷登录/注册"按钮区域，已显示会员账号信息。

图 2-15　登录爱采购

2. 采购商业务

百度爱采购十分关注采购买家的用户体验，在买家侧功能上运用搜索长期沉淀的优势满足买家对于采购的信息检索需求。买家可在百度爱采购平台内使用多样的搜索功能、询价功能、在线咨询和在线支付等功能达成交易。

1）多样的搜索功能。爱采购的搜索功能包括商品搜索、厂家搜索和类目搜索。

商品搜索：在图 2-15 中，买家在页面顶部的搜索框内输入商品关键词"白油"，单击"搜索"按钮进行商品/货源搜索，搜索结果以列表形式在搜索框下方展示，如图 2-16 所示。买家可通过选择品牌、比重、倾点等维度对商品进行进一步筛选。

厂家搜索：选择搜索框上方的"厂家"选项，在搜索框输入厂家关键词，即可进行厂家搜索；通过自定义选择地区筛选功能，可查询距离自己较近的厂家信息；通过认证卖家筛选功能，选择更可信赖的厂家。

类目搜索：图 2-15 左侧展示了全部商品分类，爱采购提供类目下检索商品，精准展示商品信息，方便采购买家高效选择。另外，搜索"商品+厂家"关键词，可一键触达平台真实性核验可信任的优质厂家，满足买家搜索厂家的需求，提升可信企业展现。

电子商务基础

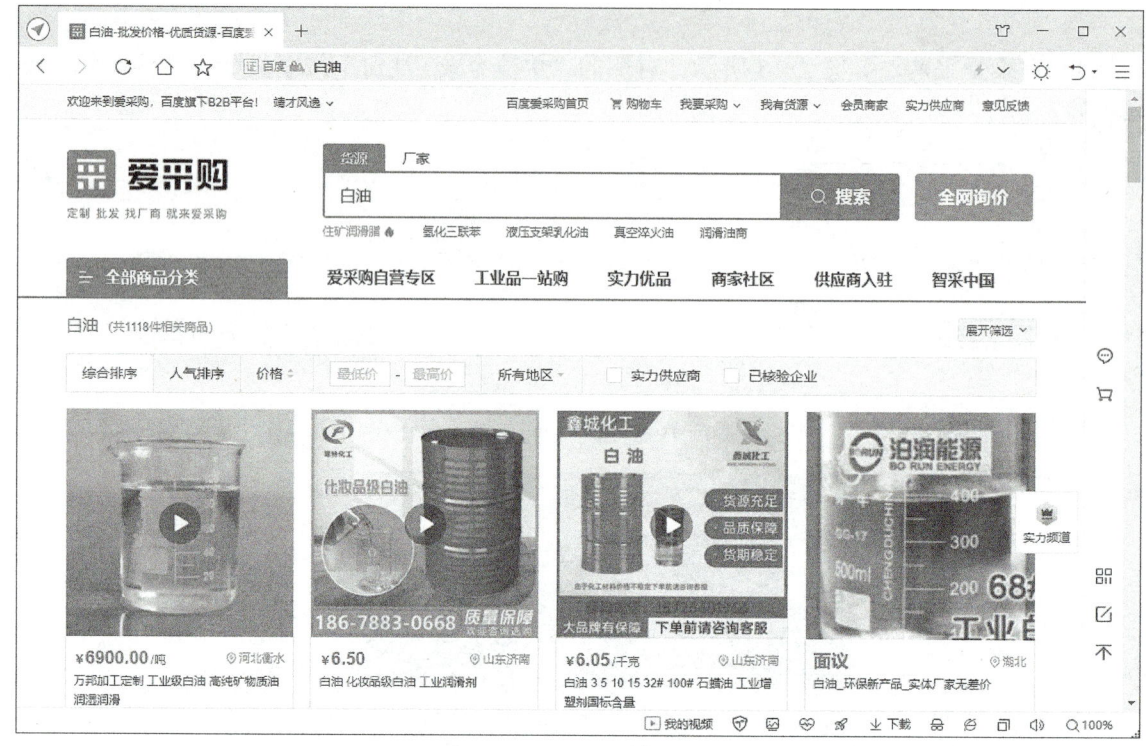

图 2-16 商品搜索

实训要点提示

通过以下几种方法，买家可以快速检索到合适的商品信息：

第一，使用商品名称，或增加搜索商品范围。例如：想找"胶条"，可以只用"胶条"搜索；如果需要更精准搜索，可以增加搜索词，如"防水胶条"等。

第二，搜索相关联的商品信息。例如：想找"包装用纸"，可以用"包装用纸""卡纸"等进行搜索。

第三，用厂家来搜索。例如：想找"面粉"，可以在厂家频道尝试用"面粉厂"搜索。

第四，使用筛选条件。在搜索结果页面上方，爱采购提供了多种筛选条件，包括"品牌""类型""城市"等，使用筛选条件，可以进一步提高搜索的精确度。

2）询价功能。爱采购平台支持买家进行全网询价和指定询价。

全网询价：根据买家采购需求，精准匹配全网商家询价，一次可同时对 10 个商品进行询价。买家如果想了解采购品的价格信息，可在页面顶部搜索框右侧，单击"全网询价"按钮，进入询价单填写页面，按页面提示完成询价单信息填写，如图 2-17 所示。单击"提交询价"按钮，系统提示"询价已提交"，单击"确定"按钮，进入询价单详情页面，如图 2-18 所示，显示询价单已"审核通过"。为撮合买卖双方达成交易，爱采购为买家智能匹配海量商家信息，买家在该页面中可以查看相关厂商的报价。

询价单发布一段时间后，会逐步接到商家电话、收到爱采购的提醒短信"【百度】您在爱采购提交的询价单 [白油（测试）]，已获得超过 3 个商家报价；如果您的采购需求已达成，请关闭询盘以避免被其他商家打扰 [https://b2b.baidu.com/××××]"。打开短信中的网址，进入询价详情页面，如图 2-19 所示。买家可以与系统提供的匹配供应商进行联系，沟通采购事宜；如果采购需求已达成，单击"结束采购"按钮，按页面提示选择结束采购的原因：已与爱采购匹配商家达成交易、已通过其他途径找到合适商家、已无对应商品采购需求，并单击"提交"按钮，单击"删除询价单"按钮，系统提示"询价单删除后无法再恢复，请慎重考虑"，单击"确定"按钮，完成询价单删除。

图 2-17 全网询价—询价单填写

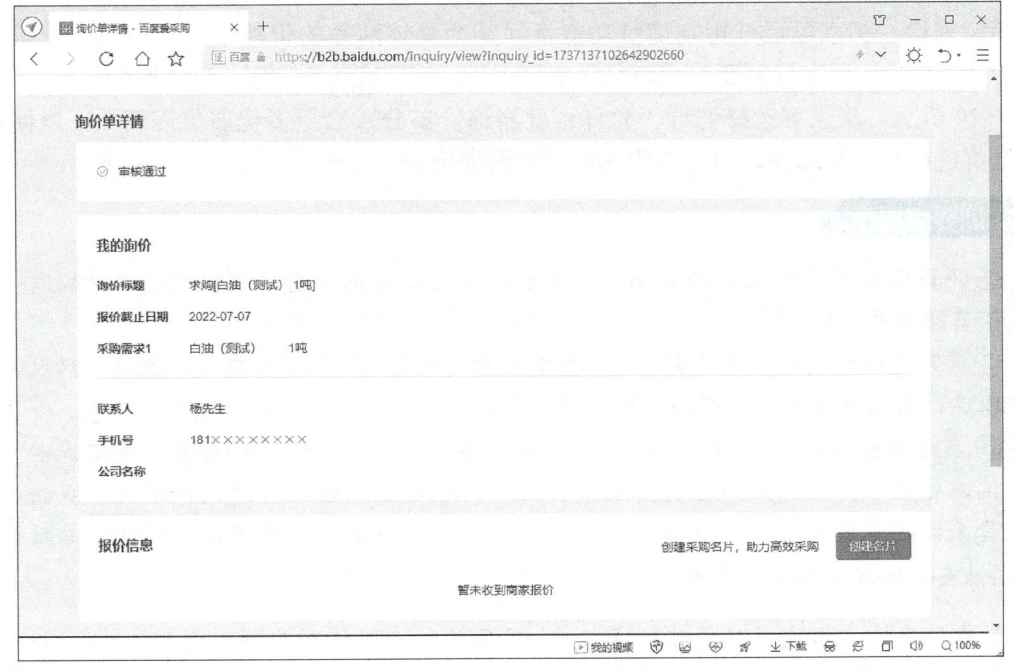

图 2-18 全网询价—询价单详情

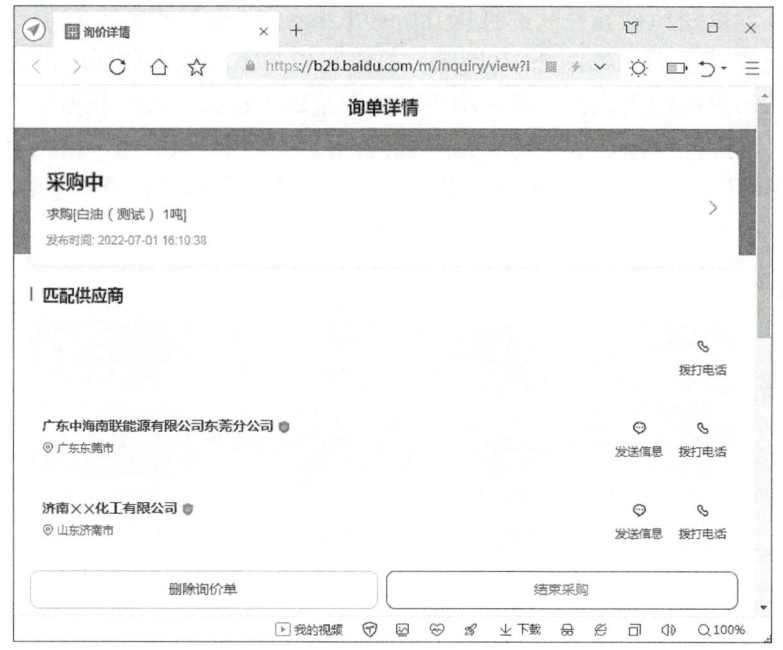

图 2-19　全网询价—询价详情

> **实训要点提示**
>
> ①百度爱采购询价单的状态包括 4 种：待审核、采购中、未通过和已过期。
> ②百度爱采购平台可在多处进行全网询价：单击搜索栏右侧"全网询价"按钮或者页面顶部菜单"我要采购"中的"全网询价"等，都可进入询价单填写页面。

指定询价：买家可通过指定询价功能询问某个具体商品的价格信息，能快速获得目标商品的卖家报价。买家只需要单击商品详情页上的"获取底价"按钮，进入询价单填写页面，如图 2-20 所示。买家可选择勾选"允许百度将询价单分发给更多优质供应商"，以便获得更多报价进行对比和选择。相关操作请参考全网询价。

> **实训要点提示**
>
> ① 不论是全网询价还是指定询价，卖家均可通过询价信息中预留的手机号码或邮箱与买家直接联系。
> ② 买家可以通过商品详情页面的"查看电话"按钮，获取卖家电话后直接电话联系，也可以通过商品详情页面的商品答疑模块查看其他买家的咨询问题和卖家的回复。
> ③ 在进行全网询价或指定询价后，买家可通过爱采购页面顶部菜单"我要采购"中的"询单管理"，或爱采购首页登录模块的"询单管理"进入我的询价单列表页面。还可在爱采购买家版移动端"我的"→"询单管理"中查看询价进度或关闭询价等操作，PC 端仅支持询价信息状态查看。

3）在线咨询。买家可以通过在线方式与卖家进行实时沟通交流，更高效地促成交易。单击商品详情页面的"在线咨询"按钮即可发起实时沟通，如图 2-21 所示。

项目2 电子商务交易模式及其应用

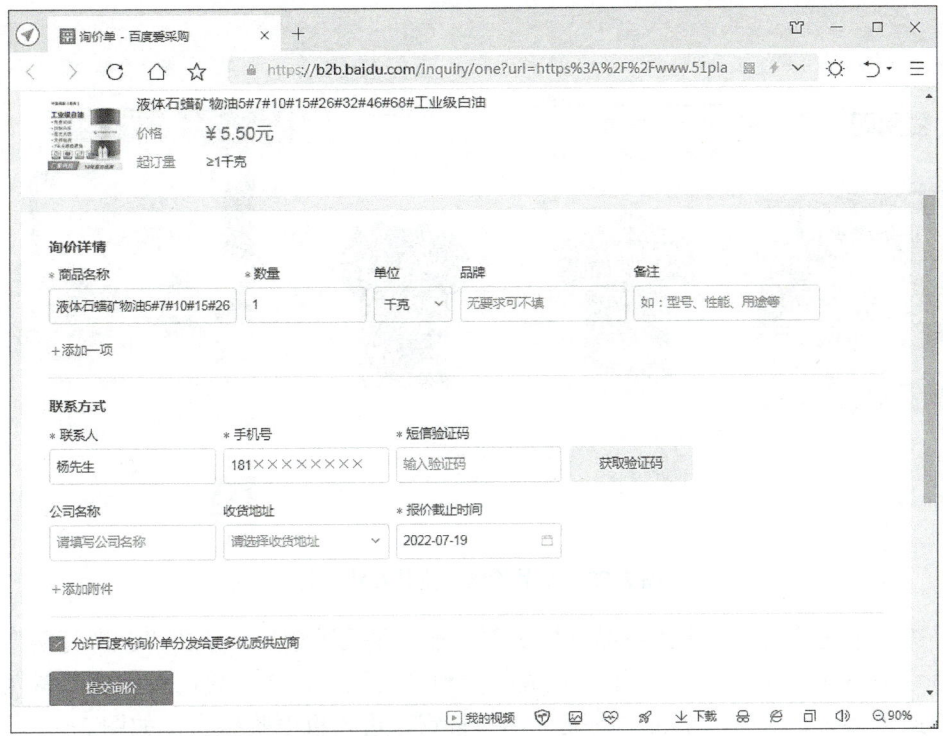

图 2-20 指定询价—询价单填写

图 2-21 在线咨询

4）在线支付。买家可以对支持立即订购的商品详情页面实现在线订购、在线支付，快速达成交易并享受对应买家保障服务。在商品检索结果页面，勾选"在线交易"，即可获得支持立即订购的商品列表，如图 2-22 所示。

图 2-22 商品检索—支持在线交易

选择需要采购的商品并进入商品详情页面,输入采购数量后,单击"立即订购"按钮,进入确认订单页面,如图 2-23 所示。完成收货地址设置,勾选"我已阅读并同意《百度爱采购用户服务协议》"后,单击"提交订单"按钮,进入百度收银台,如图 2-24 所示。选择支付方式,按提示完成订单支付。买家可通过爱采购页面顶部菜单"我要采购"中"我的订单",或爱采购首页登录模块"我的订单"进入订单中心,进行订单信息查看、物流信息查看、发票信息查看、订单管理等操作。

图 2-23 确认订单

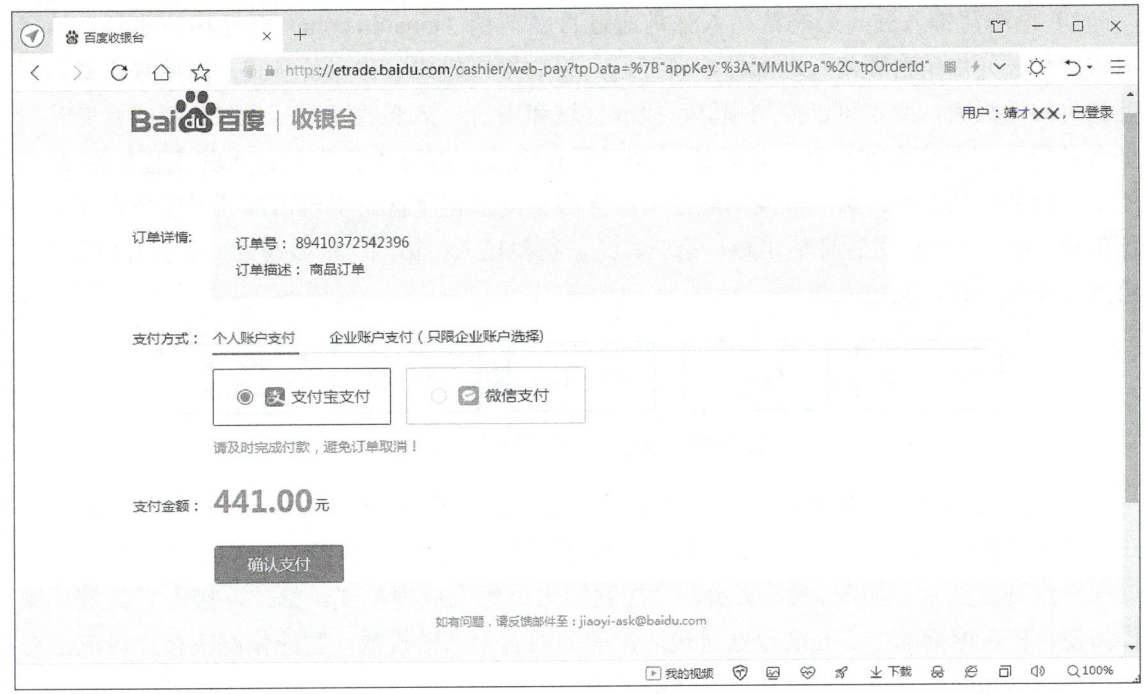

图 2-24 百度收银台

> **实训要点提示**
>
> 百度爱采购的订单状态分为6种：待付款、待发货、待收货、已收货、退款退货中、交易关闭。

3. 供应商业务

1）入驻模式。作为供应商，应该如何入驻百度爱采购呢？目前有两种入驻模式，第一种是采购营销入驻（竞价模式），第二种是会员入驻（固定年费）。供应商可根据企业实际运营需求，选择适合的入驻模式，也可同时进行两种模式合作。

采购营销入驻是基于商品属性进行智能流量触发的行业解决方案，需通过百度营销平台销售顾问提交合作申请，审核通过后，开通相应权限即可投放。

爱采购会员是百度爱采购的基础会员，商家在爱采购平台可以实现多场景曝光和多线索分发，借助多元化的营销方式获取更多订单机会，精准触达买卖双方进行撮合交易，打破商家获客困境。爱采购会员通过百度爱采购平台官方授权的第三方合作伙伴完成入驻，其拥有精准的行业营销能力、丰富的服务运营经验，可以降低会员运营门槛。也可通过百度营销平台销售顾问引入，获得专业化、个性化的服务。

2）入驻条件。爱采购入驻条件主要包括三个方面：第一个方面，企业必须持有工商行政管理部门颁发的营业执照，执照在有效期内；第二个方面，企业产品真实在营且符合国家的相关法律规定，在企业经营允许范围内；第三个方面，特殊行业或敏感行业是入驻不了的，具体可以咨询第三方服务商了解。

3）采购营销入驻。采购营销入驻是通过百度营销（e.baidu.com）开通相应账号，填写需求评估表并由销售顾问发送邮件申请开通。采购推广模式又称竞价模式，简单来讲就是百度竞价的低配版，商家可以控制预算、投放区域和出价。需要通过第三方服务商或百度营销平台销售顾问提交合作申请，审核通过并开通权限后，即可进行投放。入驻流程如图2-25所示，具体包括5步：第一，商家通过第三方服务商或百度营销平台销售顾问向平台提交合作申请；第二，平台进行评估审核；第三，商家物料接入；第四，审核通过，平台开放权限；第五，商品上线，完成入驻。

图2-25 爱采购采购营销入驻流程

采购营销入驻的权益体现在两个方面。第一，优先展现权。以采购营销方式接入的客户，在满足体验相关性的条件下，在搜索结果页位置拥有优先展现权。以"采购不锈钢"为关键词在百度进行搜索，如图2-26所示，为搜索结果页优先展现样式。第二，接入更高效，操作简便。在百度商品中心完成数据对接后，业务端实现高效投放，智能化解决客户对流量充分触达、商品充分竞价、管理简单高效的诉求。

图2-26 百度搜索优先展现

> **实训要点提示**
>
> ① 采购营销支持行业：B2B 垂直类行业，除招商加盟、商贸服务（这两类采用其他的产品售卖方案），所有偏向工业品、电子电工、机械设备、农林牧渔等 To B 采购类的行业均可参与。
>
> ② 商品物料接入。所有商品物料统一在百度商品中心（product.baidu.com）后台对接，要求严格按照零售电商-B2B 行业模板进行接入，并保证 10 个必填字段都必须填写（若有字段缺失情况，会直接导致模板拼接失败，商品无法展现）。
>
> ③ 什么词能触发商品展现：百度爱采购整体投放基于商品维度进行智能流量触发，没有竞价词作为中间变量，帮助触发商品相关精准流量的同时，囊括了更多长尾流量。
>
> ④ 目前，在百度爱采购卡片上，热搜品牌的展现是根据品牌知名度和网民搜索词热度来进行展现的，暂不支持付费购买。

4）会员入驻。会员入驻模式是指企业通过百度爱采购平台官方授权的第三方合作伙伴或者百度营销平台销售顾问引入到第三方服务商进行入驻，年费固定 6980 元/年。爱采购会员分为一年期（6980 元/店铺）、两年期（11980 元/店铺）、三年期（15800 元/店铺）会员服务，商家可根据实际需求选择合适的服务。会员入驻百度爱采购的权益主要体现在以下 4 个方面。第一，专属企业名片：百度认证，权威展现。第二，多场景曝光：打通百度产品矩阵，全方位多渠道曝光，包括搜索阿拉丁、搜索采购频道、百度信息流、百度贴吧和爱采购问答卡等。第三，多终端阵地：一次入驻，全网触达。第四，多线索分发：高精准度线索分发，留言询价一个不漏。

入驻流程如图 2-27 所示，具体包括 6 步：第一，商家与第三方服务商联系沟通；第二，双方确定合作方案，完成签约；第三，商家缴纳相关款项，并提供公司资质材料；第四，第三方服务商向平台提交相关材料进行资质审核；第五，资质审核通过，在平台提交商品信息；第六，企业完成入驻。

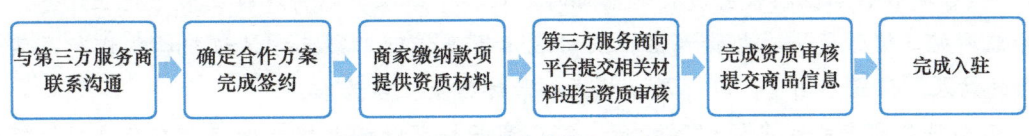

图 2-27　爱采购会员入驻流程

商家可通过爱采购页面顶部菜单"我有货源"中的"厂家入驻"进入会员介绍页面，单击顶部右侧"申请入驻"按钮，跳转到入驻信息填写模块，如图 2-28 所示。按提示完成入驻信息，入驻需付费，申请入驻后 3 个工作日内服务商将与商家联系。

电子商务基础

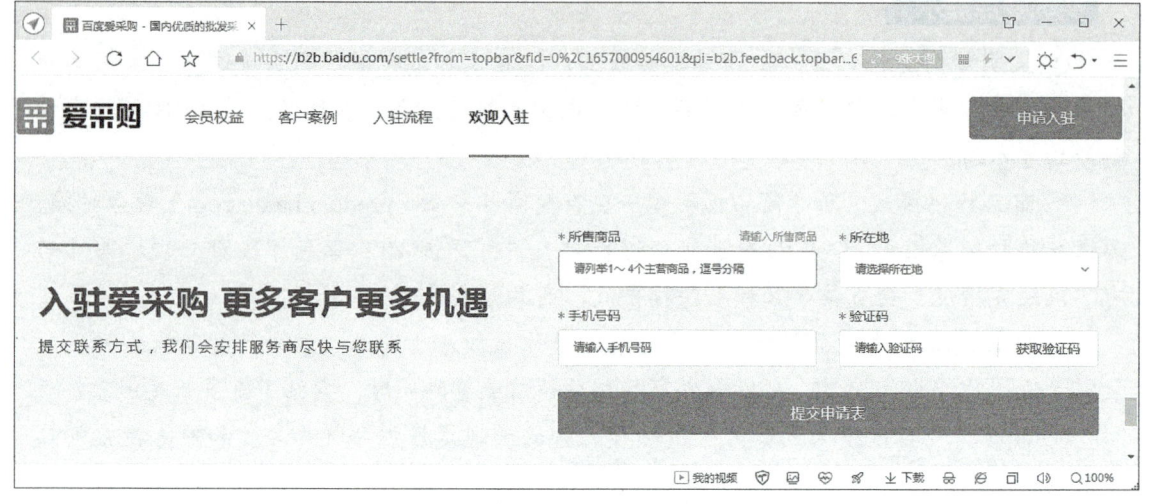

图 2-28　申请入驻

实训要点提示

①第三方服务商是百度爱采购平台授权认证的服务商，由服务商协助商家入驻成为爱采购会员并代运营，让店铺运营更加简单。可以通过服务商查询（https://b2b.baidu.com/partner）辨别爱采购平台授权认证的服务商。

②商品发布。与百度爱采购平台认证的第三方服务商签约完成后，由服务商按照百度爱采购商品质量规范帮助会员发布商品信息。会员也可以登录爱采购商家后台自行上传并管理商品信息，首次登录需同步服务商并等待历史商品信息同步。

③商品质量规范。百度爱采购平台在其他条件相同的情况下，商品质量越高，效果越好。商品质量主要和价格、图片、详情、参数、标题等维度有关。

④企业名片。企业名片是爱采购为会员打造的权益之一，效果如图 2-29 所示。买家在百度 PC 端和移动端搜索会员公司全称时，在搜索结果页以特殊样式展示企业信息，包括企业网站、经营范围、热销商品，同时展示百度借助"第三方认证机构"进行真实性核验的结果，位置不固定，具体展示样式以最终线上权益为准。

⑤与服务商完成服务协议签约后，服务商开始帮助会员提交数据，在商品数据符合商品质量规范的前提下，3～5个工作日内生效。会员可以登录爱采购"卖家版App"，在 App 首页"店铺管理"中查询会员有效期。

⑥商机广场集合爱采购优质询价信息，精准满足买家采购需求，助力会员提升推广效果，目前仅在卖家版App面向爱采购会员使用。

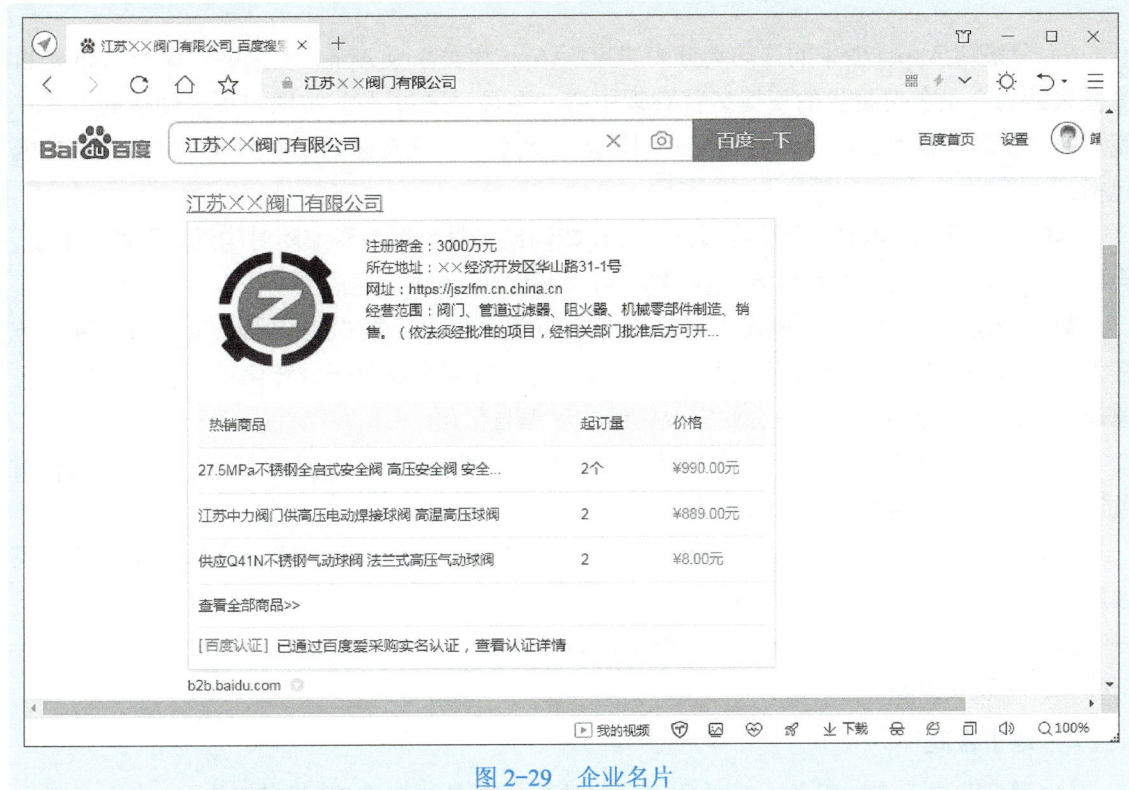

图 2-29　企业名片

5）实力供应商。高级会员为实力供应商，三种高级会员，包括实力工厂、实力档口、实力品牌店（包括旗舰店、专卖店、专营店），分别对应生产型企业、销售型企业和有国家颁发的注册商标证书的产品销售企业，需要根据企业的身份选择购买。

实力工厂。通过真实工厂认证，让买家快速了解企业实力。实力工厂主要针对生产型企业的百度爱采购会员，企业经营范围含有申请相应品类的生产或加工等字样，或能提供申请产品的生产资质证书，以及有对应的生产作业环境。

实力档口。汇聚海量商品，多品类覆盖丰富客群。实力档口主要针对销售型企业的百度爱采购会员，要求拥有正常经营的线下店铺，且爱采购会员有效期不少于 90 天。

实力品牌店。品牌商品采销阵地，提升品牌覆盖、盘活品牌商品买家，让销售更精准。品牌店铺主要针对有自有品牌资质的百度爱采购会员，企业需持有如下自有品牌或指定渠道品牌授权：自有品牌商家需提供品牌商标注册证，授权品牌商家需提供指定渠道品牌授权书。

购买实力供应商产品可以获得 4 重权益。第一，置信保障：深度认证、高端企业名片（专业认证服务，多场景展现，全面彰显企业实力）。第二，身份特权：权威身份、专属高端店铺、特有标识、实地筛选、专属频道（高端定制样式身份展示，吸引买家关注，让企业从竞争中脱颖而出）。第三，营销提效：优先展示、线索优先推荐（爆款商品强势曝光，多位置强推荐，帮助企业提升营销效率）；第四，专属服务：极速认证、专属活动、差异特权（差异化专属服务、专属课程、专属活动，营造企业专属卓越体验）。

6）爱采购 App。爱采购移动端分为买家版 App 和卖家版 App。爱采购卖家版 App 是百度爱采购为会员免费提供的便捷运营管理中心。会员可通过 App 实现与买家便捷的即时在线沟通，获取询盘线索，帮助企业提升店铺运营效率，促进企业的长期高效发展。主要功能包括：

IM（即时通信）消息。会员可通过即时在线沟通工具实现与买家随时沟通，不论在出差、会议还是旅行，任何时间都可方便快捷接单，回复买家需求，达成交易。

数据概况。单击"数据概况"可获取全方位数据日报，数据包括曝光量、点击量、访客人数、IM 咨询人数、表单询盘量、商品收录量，方便企业对平台转化效果了如指掌，快速调整产品推广方向，并协助企业完成店铺的管理与优化。

运营助手。运营助手帮助检测店铺待优化项目，会员通过完善店铺信息及使用 App 相关运营功能，提升店铺曝光率及店铺运营效率。

线索管理。移动端 App 是获取询价线索唯一途径，查看询价详情，第一时间与潜在买家取得沟通，完成报价，促成交易。

我的名片。单击即可分享名片到微信，方便快捷地进行商务社交，扩大人脉，增强店铺曝光，实现快速获客。

4. 电子合同

1）爱采购电子合同服务。爱采购电子签约在线服务依托百度区块链技术，为企业提供具有司法公信力和安全可靠的合同在线签署服务，帮助企业降本增效，提升签约效率。其主要服务包括合同签署、合同管理、区块链存证和合同在线验签等。

合同签署：在线签发、安全可靠、防篡改。在线签发可信时间戳及数字证书，确保签署身份真实、签署时间可信、签署后防篡改、抗抵赖；支持在线编辑模板和上传，满足多种签署需求。

合同管理：批量操作、高效办公、低成本。支持合同批量操作，合同检索、查看、归档及下载等多项功能，降低纸质合同管理的时间成本、人工成本以及存储成本，提升办公效率。

区块链存证：联通司法、一键维权、具有公信力。通过百度超级链可信存证将完成签署的合同上链，实时查验，联通公证处、司法鉴定中心、法院，使存证数据具备更强公信力，可一键快速维权，精准定位存证内容，快速校验。

合同在线验签：在线验证、提供证据、实时查验。在线验证合同有效性及是否被篡改，验证签名主体及签名时间。提供百度存证链证据查验，可实时在线查验百度区块链存证证书。

2）商家可通过爱采购页面顶部菜单"我要采购"中的"电子合同"进入电子合同概览页面，单击"合同管理"，系统弹出"确认协议"窗口，单击"同意协议"按钮，进入企业信息认证页面，如图 2-30 所示。按提示完成企业认证，即可使用电子合同功能。

图 2-30　企业认证

> **实训要点提示**
>
> 商家可直接通过百度爱采购商家后台的电子合同模块申领电子合同。

3）电子合同应用。电子合同是被法律认可的一种合同签订形式。经过可靠电子签名、可信授时的电子合同可以拥有和纸质合同一样的法律效力。

2020 年，百度超级链电子签约响应国家"无纸化""无接触"办公倡导，帮助电商行业、小微企业将线下签约搬到线上，省去面签、纸质合同流转等环节，为企业节省了纸质合同的打印和快递成本。百度区块链电子签约平台采用"区块链+可信时间戳+数字证书"相结合的方式，严格依照《中华人民共和国电子签名法》，在可靠电子签名基础上完成合同的签署，并通过百度超级链上链存证，为用户提供有效、可靠、低成本、易维权、有司法公信力的电子签约服务。

如图 2-31 所示，区块链电子签约被运用至 B2B 业务的采购、供货、供应链金融服务等场景中。在 B2B 电子商务平台，交易双方可能互不相识、远隔千里，传统的纸质合同签约方式流程多、耗时长，合同真实性和安全性问题时有发生，有法律效力的线上合同迫在眉睫。

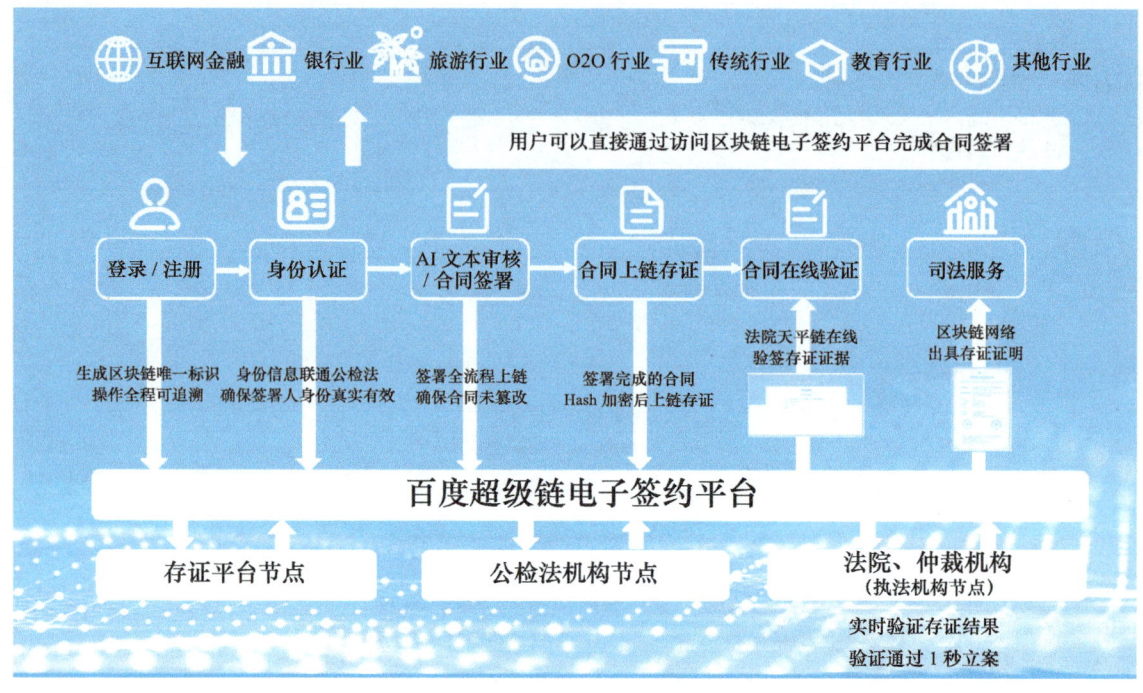

图 2-31　百度区块链电子签约平台

相关知识

1. B2B 电子商务的概念

B2B（也有的写成 BTB，是 Business-to-Business 的缩写）电子商务是电子商务按交易对象分类的一种模式。它指的是通过因特网、外联网、内联网或者私有网络，以电子化方式在企业间进行的交易。这种交易可能是在企业及其供应链成员间进行的，也可能是在企业和任何其他企业间进行的。这里的企业可以指代任何组织，包括私人的或者公共的，营利性的或者非营利性的。

我国 B2B 电子商务兴起于黄页信息展示，发展于撮合交易，目前处在大数据整合阶段（见图 2-32）。我国 B2B 电子商务 1.0 时代，主要聚焦于信息展示，将线下信息转移到互联网上，网站通过收取加盟费和信息推广服务费赢利；B2B 电子商务 2.0 时代，越来越多的企业开始切入交易，通过系统或人工撮合，进行供需信息匹配和在线交易，力图实现交易闭环；B2B 电子商务 3.0 时代，随着云计算、大数据的发展，B2B 电子商务将打通供应链，为采购双方提供包括仓储、金融信贷等在内的一系列服务。

2. B2B 电子商务的特点

1）交易金额大。B2B 电子商务是企业与其供应商、客户之间大宗货物的交易与买卖活动的电子商务模式，交易次数相对较少，但交易规模大，且一般为大额交易。B2C 和 C2C 以日用、休闲、娱乐等消费品为主，往往是单笔交易，购买金额小、频次高。

项目 2　电子商务交易模式及其应用

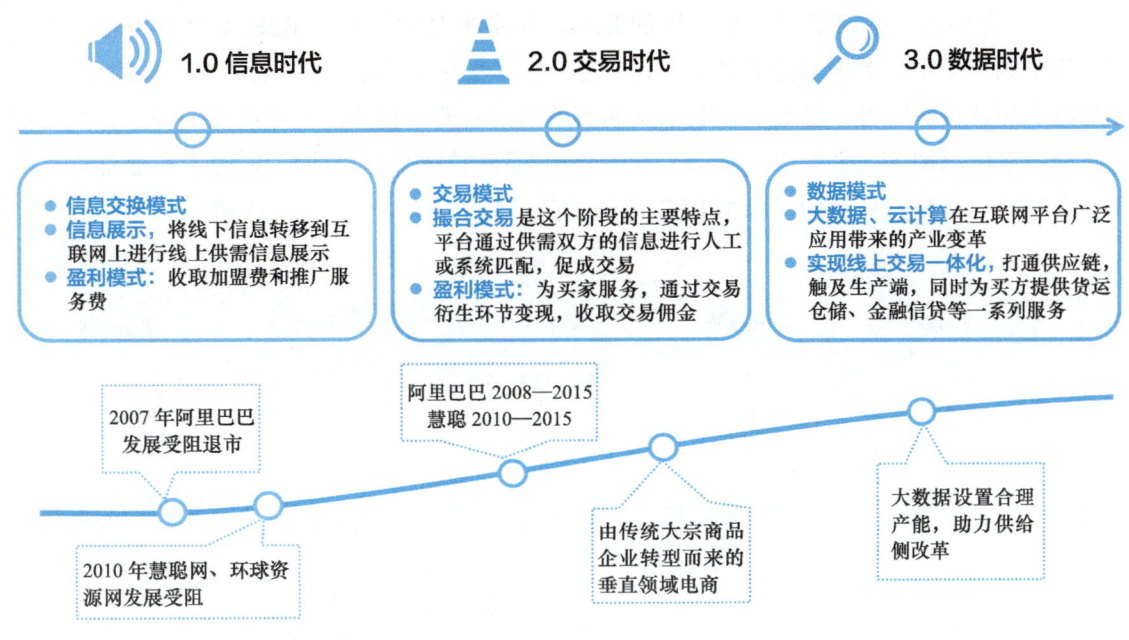

图 2-32　我国 B2B 电子商务发展阶段

2）交易操作规范。企业间的电子商务活动一般涉及的对象比较复杂，因此对合同格式的要求也比较规范和严格，注重法律的有效性。企业间电子商务的条件比较成熟，B2B 电子商务模式是未来电子商务发展的主流，具有很大的发展潜力。

3）交易过程复杂。B2B 电子商务活动是各类电子商务交易中最复杂的，一般需要多方的参与和认证。主要涉及企业间原材料、产品的交易以及相应的信息查询、交易谈判、合同签订、货款结算、单证交换、库存管理和物品运输等。如果是跨国交易，还要涉及海关、商检、国际运输、外汇结算等业务，企业间信息交互和沟通更加频繁。因此交易过程中，对合同及各种单证的格式要求比较严格，操作过程比较复杂，同时比较注重法律的有效性，因此对交易过程的控制也更加严格。

4）交易对象广泛。企业间交易的对象有很多不属于普通物品，可以是原材料，也可以是半成品或产成品，范围涉及石油化工、水电、运输、仓储、航空、国防、建筑等许多领域。

3. B2B 电子商务模式分类

B2B 电子商务模式主要包括垂直模式、综合模式、自建模式和关联模式等。

1）垂直模式。面向制造业或面向商业的垂直 B2B（Vertical B2B）。可以分为两个方向，即上游和下游。生产商或商业零售商可以与上游的供应商之间形成供货关系，例如华为等手机生产商与上游的芯片制造商即通过该方式进行合作。生产商与下游的经销商可以形成销货关系，如小米与其分销商之间进行的交易。该模式下的 B2B 网站属于企业自建网站或网上商城，主要用于产品推广和销售、客户服务等。垂直 B2B 典型平台如中国化工网、中国纺织网等。

2）综合模式。面向中间交易市场的 B2B，即水平 B2B。水平 B2B 平台可以将买方和卖方集中到一个市场上来进行信息交流、广告、拍卖竞标、交易、库存管理等，如阿里巴巴、慧聪网和环球资源网等。这类平台既不是拥有产品的企业，也不是经营商品的商家，其只提供平台。之所以用"水平"这一概念，主要是指这种网站的行业范围广，很多行业都可以在同一个网站上进行贸易活动。水平 B2B 电子商务一般业务流程如图 2-33 所示。

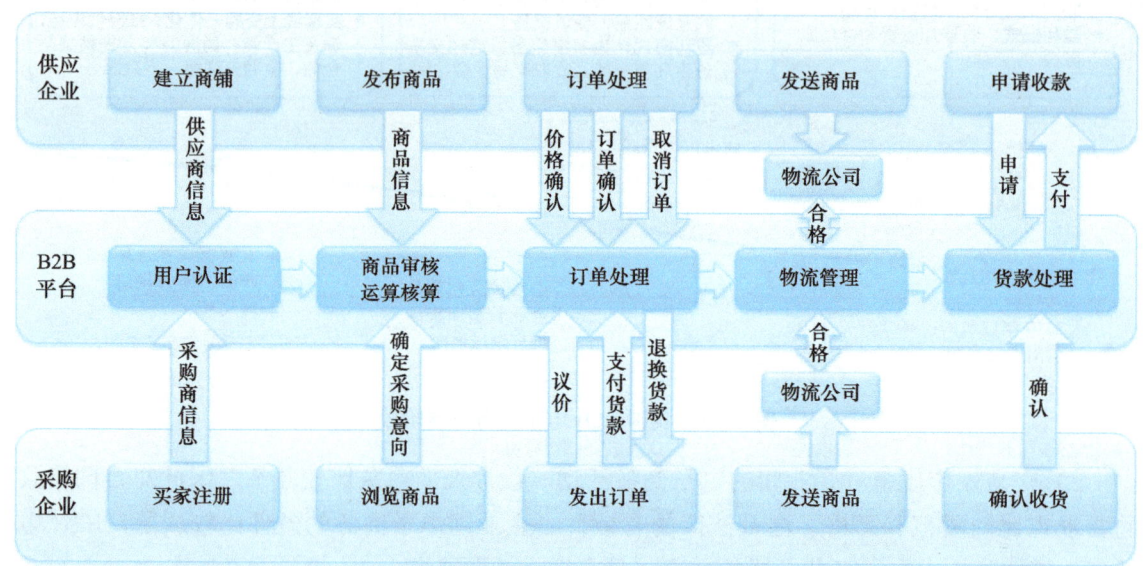

图 2-33　水平 B2B 电子商务一般业务流程

3）自建模式。行业龙头企业自建 B2B 模式，是基于自身的信息化建设程度，搭建以自身产品供应链为核心的行业化电子商务平台。其通过自身的电子商务平台，串联起行业整条产业链，供应链上下游企业通过该平台实现信息、沟通和交易等。但此类电子商务平台过于封闭，缺少产业链的深度整合。自建 B2B 模式典型平台如海尔、戴尔等。

4）关联模式。关联行业 B2B 模式是关联行业为提升电子商务交易平台信息的广泛性和准确性，整合综合 B2B 模式和垂直 B2B 模式而建立起来的跨行业电子商务平台。

4. 电子合同

电子合同，又称电子商务合同，是通过计算机网络系统订立的、以数据电文的方式生成、存储或传递的合同，是双方或多方当事人之间通过电子信息网络以电子的形式达成的设立、变更、终止财产性民事权利义务关系的协议。数据电文是指以电子、光学、磁或者类似手段生成、发送、接收或储存的信息。

通过上述定义可以看出电子合同是以电子的方式订立的合同，其主要是指在网络条件下当事人为了实现一定的目的，通过数据电文、电子邮件等形式签订的明确双方权利义务关系的一种电子协议。电子合同具有主体的虚拟化、订立过程的无纸化、履行的无纸化和履行的超时空化等特点。

电子合同与传统合同的区别主要体现在以下 6 个方面：

1）合同订立的环境不同。传统合同发生在现实世界里，交易双方可以面对面地协商。电子合同发生在虚拟空间，交易双方一般互不见面，在电子交易中，双方的身份认定依靠密码的辨认或认证机构的认证。

2）合同订立的各环节发生了变化。合约与承诺的发出和收到的时间较传统合同复杂，合同成立和生效的构成条件也有所不同。

3）合同的形式发生变化。电子合同所载信息是数据电文，不存在原件与复印件的区分，无法用传统的方式进行签名和盖章。电子合同需要使用电子签名技术。

4）合同的当事人的权利和义务有所不同。在电子合同中，既存在由合同内容所决定的实体权利义务关系，又存在由特殊合同形式产生的权利义务关系，如电子签名法律关系。

5）电子合同的履行和支付较传统合同复杂。

6）电子合同形式上的变化对合同密切相关的法律产生了重大影响。

5. 百度爱采购

百度爱采购实现引流拓客和渠道创新，四大权益为入驻企业带来全新运营理念，助力企业转型变革。专属企业名片，是商家通过服务商进行入驻后，百度爱采购给予商家的一项企业重点信息展示模块。通过直接搜索企业名称就能看见企业名片，用户通过企业名片，可以快速了解企业所在地址、企业官网地址、企业经营范围以及热销商品，不仅增强了用户对企业的信任感，也更利于企业树立品牌，提高知名度。多终端阵地与多场景曝光，用户通过搜索商品关键词或者商家名字等都能触达商家。多线索分发是针对最终交易环节，买家通过填写询价单和商家进行询盘沟通，这些询价单会全部汇集到百度爱采购的数据库里，由百度智能 AI 大数据进行高精准度的匹配，撮合买卖双方达成交易。

百度爱采购背靠百度的搜索技术，服务海量用户，并利用 AI 技术，极速处理信息，匹配需求线索，触达买卖双方。平台可一站直达全网商品信息，触达海量优质商家，加速商品曝光，快速促成交易，降低成本，提升盈利。百度爱采购为平台入驻会员提供四大核心权益，平台会员通过核心权益可与买家更便捷地沟通，促进交易达成。百度爱采购助力企业发展革新，为整个 B 端行业带来全新的营销理念与经营模式，真正为企业转型发展赋能增效，为众多中小企业的转型与发展提供了更加便捷高效的解决方案，使中小企业转型发展有了新的方向与规划。

拓展训练

请在阿里巴巴网站注册会员，掌握"我的阿里"相关功能。

实战训练

学校举办运动会，要求各班统一着装，请你登录百度爱采购提交采购 50 套运动服的全网询价，然后选择某一供应商进行在线洽谈、磋商，并拟定一份采购 50 件运动服的合同。

思考与练习

一、单选题

1. 全网询价：根据买家采购需求，精准匹配全网商家询价，一次可同时对（　　）个商品进行询价。
   A．8　　　　　　　B．10　　　　　　　C．20　　　　　　　D．100

2. 爱采购入驻条件主要包括（　　）。
   A．企业必须持有工商行政管理部门颁发的营业执照，执照在有效期内
   B．企业产品真实在营且符合国家的相关法律规定，在企业经营允许范围内
   C．特殊行业或敏感行业是入驻不了的，具体可以咨询第三方服务商了解
   D．上述三项都对

3. 电子商务是以信息网络为技术手段，以商品交换为中心的商务活动，B2B 是指（　　）。
   A．商家对商家　　　B．商家对顾客　　　C．外汇投资　　　D．个人对个人

二、多选题

1. B2B 电子商务的特点体现在（　　）。
   A．交易金额大　　B．交易操作规范　　C．交易过程复杂　　D．交易对象广泛

2. B2B 电子商务模式主要包括（　　）。
   A．垂直模式　　　B．综合模式　　　C．自建模式　　　D．关联模式

三、判断题

1. B2C 电子商务是企业与其供应商、客户之间大宗货物的交易与买卖活动的电子商务模式，交易次数相对较少，但交易规模大，且一般为大额交易。（　　）
2. 阿里巴巴属于垂直 B2B 电子商务平台。（　　）

四、简答题

1. 简述爱采购采购营销入驻流程。
2. 简述爱采购会员入驻流程。
3. 简述电子合同的概念及特点。
4. 简述电子合同与传统合同的区别。

任务 4　移动电子商务

张宇是一名职业学校电子商务专业的学生，对新兴的移动电子商务领域充满好奇。一天，

他发现家附近新开了一家咖啡店,店主正尝试通过微信小程序和抖音直播来推广自家产品,但效果不佳。张宇主动提出帮助店主优化线上运营策略,利用自己在课堂上学到的知识,包括如何设计吸引人的移动应用界面、实现便捷的支付流程,以及运用社交媒体进行精准营销等。他的目标是提高该咖啡店的线上曝光率,吸引更多顾客,并最终增加销售额。

任务分析

移动电子商务将互联网、移动通信技术、短距离通信技术及其他信息处理技术完美结合起来,使人们可以在任何时间、任何地点进行各种商贸活动,实现随时随地、线上线下的购物与交易、在线电子支付,以及各种交易活动、商务活动、金融活动和相关的综合服务活动等。通过这个实践项目,张宇不仅能够将理论知识应用于实际问题解决中,还能深入理解移动电子商务的实际操作方法和重要性。

任务实施

1. 移动购物

我国主要的移动购物平台包括淘宝、天猫、京东、拼多多、美团、唯品会、得物等。下面以手机淘宝为例进行介绍。

手机淘宝的主要功能区分为五个区域,即首页、视频、消息、购物车和我的淘宝。

(1)认识手机淘宝首页

手机淘宝首页,功能聚合是亮点。手机淘宝首页分为推荐和关注 2 个部分。推荐页面宫格式导航提供了天猫 U 先、今日爆款、奢品折扣、淘宝直播、天猫国际、聚划算、有好货、淘菜菜、淘鲜达、天猫超市、飞猪旅行、阿里拍卖、闲鱼、饿了么、淘票票等百余个不同类型购物精选频道的入口,让手机淘宝成为一个大型的聚合软件。聚合不同的功能模块能够让手机淘宝满足不同消费水准以及不同消费习惯的用户的需求。首页的固定栏目展示完毕,接下来是"猜你喜欢"版块,通过升级推荐算法,借助强运营的力量,把"消费行为"这个单一的判断维度,丰富、拓展成一个个消费场景。这些涵盖了人生阶段、消费需求、兴趣偏好等因素的一个个消费场景进行的推荐会更精准、更人性化,效率也更高,这将是淘宝真正实现"以人为中心"的算法技术的最重要一步。手机淘宝首页关注页面是专门为商家准备的自运营阵地,只对品牌和商家开放,产品上新、优惠活动等信息,均可以在该页面展示。

(2)体验多样搜索功能

手机淘宝的搜索功能提供了多样的商品搜索方式,包括文字搜索、图片搜索、语音搜索和 AR 淘。AR 是一种增强现实技术,将虚拟物品和现实环境相结合。AR 淘是手机淘宝提供的创新技术,通过这项技术,消费者可以把手机淘宝中浏览的商品投到自己要使用的现实环境中。图 2-34 为用 AR 淘试表的效果图,单击图中左下角箭头,即可进入 AR 场景选择页面,包括试妆、试鞋、试表和试眼镜,如图 2-35 所示。

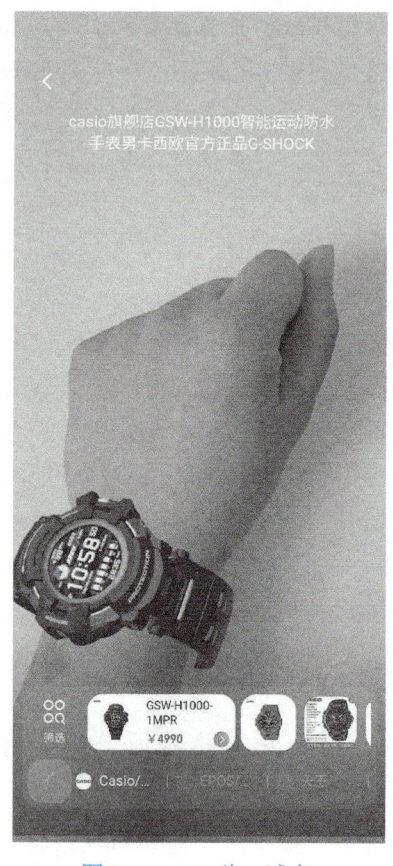
图 2-34 AR 淘 - 试表

图 2-35 AR 淘

> **实训要点提示**

手机淘宝的拍照功能中集成了三种不同的功能,即 AR 识别、拍照识别、智能识别。三者相互配合将摄像头的潜力发挥得比较彻底,在一定的程度上增加手机淘宝的可玩性,并让购物更加方便快捷。

① AR 识别:通过识别特定的商标可以参加活动。这种方式一方面可以增加手机淘宝的可玩性,另一方面可以向合作方输入用户。

② 拍照识别:可以进行商品识别。当拍摄所需商品的图片之后,通过图像比对技术即可得到相应的商品,该功能既能简化操作步骤,又能让用户得到与其原来商品相同或相似的商品。此外,如果用户对某件商品感兴趣,但是又不知道它的名字,也可以通过该功能来进行搜索查询。

③ 智能识别:智能识别可以识别物品也可以识别二维码,且识别是即时进行的,不需要拍照之后再进行识别。

(3) 购物车

1) 查看购物车。在购物车页面,可以选择相应的商品进行结算,如图 2-36 所示。单击页面顶部的"降价",对购物车中商品设置降价提醒后,如果该商品降价则会发出提醒并出现在该页面；单击页面顶部的"常购"，近期多次购买的宝贝会出现在这里；单击页面顶部的"更多"，可以对购物车中商品进行分享、搜索和管理。

2）管理购物车。单击购物车页面顶部的"更多"，在下拉菜单中选择"管理"进入购物车管理页面，可以对购物车中商品进行移入收藏夹、清理、删除和清空失效宝贝等操作。

3）购物车抄作业。单击购物车页面顶部的"购物车抄作业"即可进入购物车抄作业活动页面，根据页面提示即有机会参与本活动，如图2-37所示。

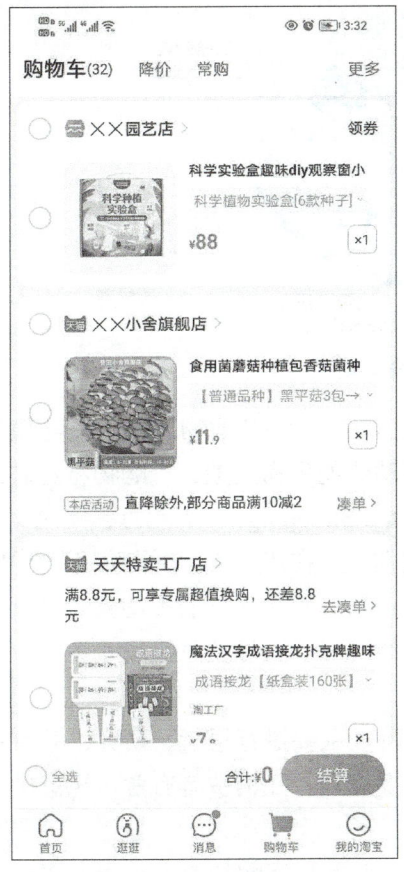

图2-36 购物车

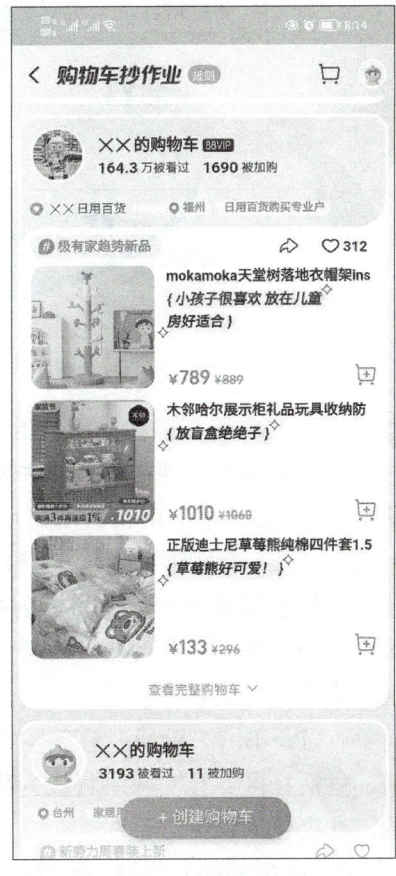

图2-37 购物车抄作业

> **实训要点提示**
>
> 购物车抄作业活动详细介绍如下。
>
> ①用户参与条件。须为淘宝注册用户，且用户的淘宝会员账号所绑定的支付宝账号须通过实名认证，并开启余额支付功能，否则无法参与活动。
>
> ②用户参与方式。活动期间，符合参与条件的用户登录手机，通过购物车页面上的"购物车抄作业"活动入口或通过最新版手机淘宝进入购物车页面采取"摇一摇"方式均可进入活动页面，根据页面提示即有机会参与活动。注：淘宝或天猫在支付宝等渠道发布的小程序无法参与本活动。

③购物车抄作业功能说明。为丰富用户体验，淘宝隆重推出分享购物车新功能，支持用户将自己的商品选择、购买信息向他人分享/公开。分享购物车功能主要针对的人群为普通消费者，暂不支持淘宝商家账号参与。

（4）移动购物生命周期（见图2-38）

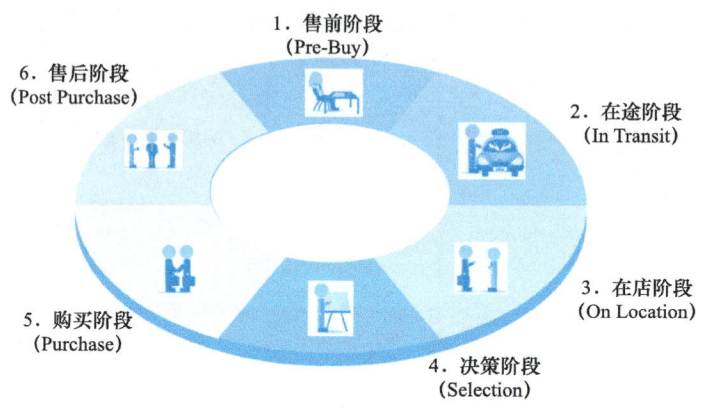

图2-38　移动购物生命周期

移动未来研究中心在《移动购物的生命周期》中提出："PC购物时代的漏斗模型在移动购物时代是不适应的，现在需要你去构建全新的移动购物生命周期。"购物将打破线性过程，形成复杂的场景迭代，消费者不再是"去购物"（Go Shopping），而是总在购物（Always are Shopping）。在6个移动购物阶段（售前阶段、在途阶段、在店阶段、决策阶段、购买阶段、售后阶段）都应施加针对个人消费者的拉动营销（Pull），而非传统的推动营销（Push），其本质区别在于消费者所处的空间位置、时间段、情绪喜好、人际关系等场景参考。基于此理论，阿里研究院做出以下推导：

1）售前（Pre-Buy）阶段：移动购物用户在这个阶段主要进行思考、研究。垂直服务、电商导购、生活社区、社交网络将成为售前影响的重要途径，在消费者有意、无意中产生传播与影响，社会化商机无处不在。

2）在途（In Transit）阶段：这个阶段存在于消费者去商店购物或者外出办事时。O2O服务、交通服务、地图导航等应用（软件触点）及Wi-Fi网络入口、iBeacon通信（硬件触点）将根据用户手机位置智能推送客户最感兴趣的商品服务提示，增加O2O应用打开频率，场景化需求无处不在。

3）在店（On Location）阶段：这个阶段发生在实体店内。基于O2O大数据的用户画像、移动CRM、体验式服务将增加老用户黏性、"新"用户（网上买家）成交概率，形成线下线上无缝对接的一体化用户体验，服务转化无处不在。

4）决策（Selection）阶段：当消费者实际接触他们考虑购买的商品时，这个阶段就到了。根据用户大数据、库存大数据、市场大数据针对每一位用户形成"千人千面"的促销策略、价格因子，从消费者最喜欢的因素、行为习惯打动他们，提升转化率与成交额，服务个性化无处不在。

5）购买（Purchase）阶段：这个阶段给营销人员提供了最后一个影响购物者的机会。将个性化促销融入购买流程，采用移动方式完成自助支付（手机支付、手环支付、生物支付等），线上自动积分返券，后台物流联动发货，实现"空手购物"，支付交付无处不在。

6）售后（Post Purchase）阶段：这个阶段发生在实际购买商品后。手机等智能终端除收到实时订单外，还能收到自己购物时试穿的照片、体验视频，一键转发到微信朋友圈、微博等社交网络，最简单地产生二次传播、服务需求，服务口碑无处不在。

在移动购物生命周期中，移动购物用户在实际购物过程中的6个阶段都非常有活力。用户在这个周期的每个阶段都会使用各种各样的移动终端。营销人员在每个阶段都有机会来决定或者影响消费者行为。营销人员所选择的时间点、所处位置和与移动购物用户互动时的心智模式都能够影响实际购买行为。随着智能手机普及率的提高，更多人开始尝试移动购物，而这6个阶段中的每一个都会持续扩展。

传统营销、电子商务都是典型的漏斗效应，流量、转化率成为关键成功因素，而在移动电商中，场景洞察深度、个性化需求触发率、服务迭代率将成为新的指导因素，即在消费者没有明确购买意识之前，根据情景触发激活需求，并通过每一个环节增加个性化服务深度、同类朋友触达广度，形成智慧营销的良性循环与口碑分享，如图2-39所示。

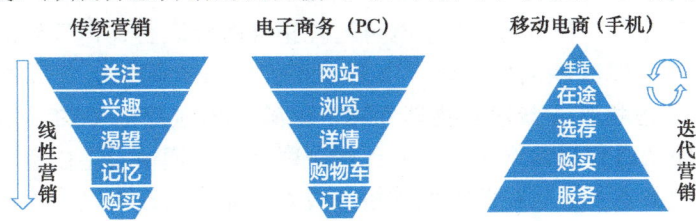

图2-39 "漏斗模型"vs"金字塔模型"

2. 在线旅行预订

截至2024年12月，我国在线旅行预订用户规模达5.48亿人，较2023年12月增加3935万人，占网民整体的49.5%。

近年来，我国旅行预订市场持续升温，相关企业业绩实现显著增长。企业积极把握发展新机遇，进一步提升核心竞争力，助推行业高质量发展。一是企业丰富产品和服务供给，持续增强用户黏性。例如，同程旅行将酒店、机票、火车票、景点门票等业务接入微信搜一搜，打通公众号、小程序、搜一搜、视频号等多场景服务，带动用户规模持续增长。二是企业深耕旅游产业链，数字化赋能乡村旅游提质升级。如飞猪旅行联合阿里公益推出的"益起寻美数字攻略"，通过整合县域的特色农业、文化、旅游资源，打造一站式文旅服务平台，助力乡村旅游转型升级。三是企业推进海外布局，进一步提升国际化发展能力。例如，携程集团已与全球200余个国家、60余万家酒店建立合作网络，海外布局和国际化发展能力持续增强。

3. 移动支付

截至2024年12月，我国网络支付用户规模达10.29亿人，较2023年12月增长7505万人，占网民整体的92.8%，移动支付普及率稳居全球第一。2024年，银行共处理电子支付业务3016.68亿笔，金额3426.99万亿元。其中，移动支付业务2109.80亿笔，金额563.70万亿元；非银行支付机构处理网络支付业务1.34万亿笔，金额331.68万亿元。

近年来，我国网络支付行业稳中有进，用户规模持续扩大，支付方式更加丰富，助力国民经济高效运转。一是用户规模创历史新高。随着顶层设计更加完善、服务供给不断丰富，我国网络支付用户规模持续扩大，交易金额显著增长，助力国家支付体系高质量发展。二是支付方式进一步拓展。作为网络支付的新方式，数字人民币使用率不断提升，试点工作持续深化。数字人民币试点范围不断扩大，应用场景从个人消费业务拓展到普惠贷款等对公业务，以及税收、助农等政务服务业务中，为服务实体经济提供有力支撑。

移动支付与便民服务场景深度融合。移动支付正在试点接入医保系统，实现挂号、缴费等流程实时汇算清缴，借助手机完成医保统筹基金报销、个人账户、个人自付费用一键结算。如江西、四川、湖北、云南等省加大医保信息系统改造力度，推动医保移动支付业务上线。

4. 无线医疗

1）无线医疗对医院的价值。无线医联网推进医疗业务信息化，促进医疗资源共享，提升医疗工作效率和诊断水平。无线医疗使医护人员可以随时随地获取医疗信息，实现移动查房、移动护理、远程查房和机器人医疗服务等，减少了医务人员路途奔波，提高了医务人员工作的效率。无线医疗提升院间信息互通和业务协同水平，上级中心医院拥有医疗专家资源和完善的医疗设施，借助无线医联网可远程指导医疗联合体内下级医院的医疗业务，提升医疗诊断水平。无线医联网由运营商部署和维护，节省医院运营成本。以往医院都需要购买大量的通信设备和服务器建立物理专网，保障院内医疗业务的通信安全可靠，还需要投入专门的运营团队进行日常维护。引入无线医联网后，通信设备由运营商提供和部署，并负责运维，极大地节省了医院在此方面的投入成本。无线医联网助力医疗融合创新，开展智慧医疗新业务。无线医联网具备平滑演进能力，将与云计算、大数据、数字影像和人工智能等技术相结合渗透到医疗业务各个环节，助力医疗朝无线化和智能化发展。

2）无线医疗对患者的价值。无线医联网医疗效率提升，缓解患者看病难的问题。全球面临医疗人力资源不足的问题，医疗资源不足导致看病难社会问题突出，我国就医候诊等待时间长，平均候诊时间约为 30 分钟；美国预约就医等待时间长，预约初级保健医生的等待时间平均为 2.5 周。无线医联网通过资源高度共享，提高医疗工作效率，减少患者就医等待时间，从而普遍缓解患者看病难的问题。无线医联网促进医疗资源的流动，协助推进偏远地区的精准扶贫。全球医疗资源分布相对不均，我国占医院数量 66% 的一级及以下医院只承担了不足 20% 的门诊量和 13% 的住院量；美国平均每 370 个人中有 1 名执业医师，但美国约有 1/4 的地区每 3500 个人才配备 1 名执业医师。无线医联网支持远程医疗和急救互联等业务所需的通信能力，打破了医生和患者的空间限制，使偏远地区的患者得以远程获取优质医疗资源，尤其是帮助因病致贫、因病返贫的患者提高健康医疗水平，节省就医成本，从而实现医疗扶贫。

5. 移动电子商务平台

（1）阿里系

阿里系移动电子商务平台包括天猫、淘宝、苏宁易购、淘特、点淘、速卖通、支付宝、高德地图、饿了么、闲鱼、淘票票、飞猪旅行、口碑、盒马生鲜、大麦、聚划算、菜鸟裹裹、网商银行、新浪微博、神州专车、阿里云、淘鲜达、考拉等。

（2）腾讯系

腾讯系移动电子商务平台包括微信、京东、拼多多、腾讯地图、美团、微众银行、大众点评、唯品会、小红书、蘑菇街等。

其他移动电子商务平台包括顺丰优选、国美、本来生活、亚马逊、微店、有赞等。

相关知识

1. 认识移动电子商务

（1）移动电子商务的概念

移动电子商务（Mobile E-Commerce）是由电子商务（E-Commerce）的概念衍生出来的，是指通过手机、传呼机、掌上计算机、笔记本计算机等移动通信设备从事的商务活动。它将互联网、移动通信技术、短距离通信技术及其他信息处理技术完美结合，使人们可以在任何时间、任何地点进行各种商贸活动，实现随时随地、线上线下的购物与交易、在线电子支付，以及各种交易活动、商务活动、金融活动和相关的综合服务活动等。从技术角度来看，移动商务不仅是技术的创新，也是一种企业管理模式的创新；从商务角度来看，移动商务是商业模式的创新；从用户的角度来看，移动商务就是给消费者更多更方便的商业活动。

（2）移动电子商务的总体框架

移动电子商务的总体框架从下到上主要包括：终端层、网络服务层、移动电子商务应用服务层。其中移动电子商务应用服务层包括：业务基础功能层、业务功能扩展层、移动电子商务业务管理层，如图2-40所示。

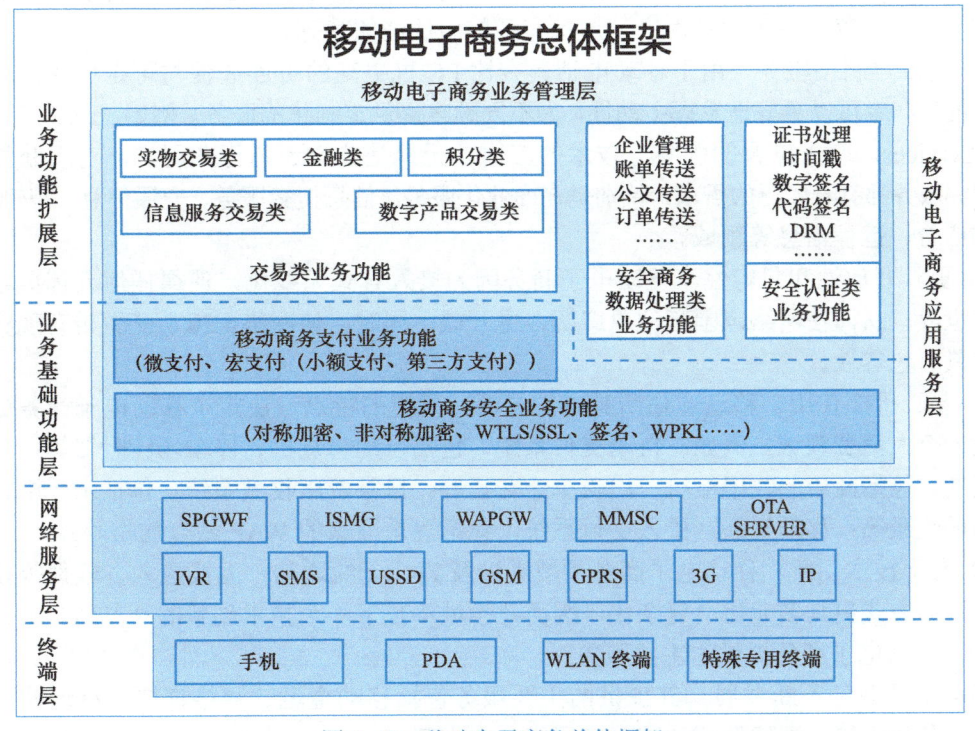

图2-40　移动电子商务总体框架

终端层为无线用户提供的是最终业务交互页面，主要包括软件和硬件两部分内容，用于保证终端的安全使用，支持移动电子商务的各类应用。

网络服务层提供了技术支持，是为了实现终端与移动电子商务应用平台之间的通信、交易等交互行为而构建的业务功能。

移动电子商务应用服务层主要功能是向最终消费用户提供移动电子商务业务服务。

（3）移动电子商务的特点

与传统的电子商务活动相比，移动电子商务具有如下几个特点：

1）不受时空限制。移动电子商务是电子商务从有线通信到无线通信、从固定地点的商务形式到随时随地的商务形式的延伸，其最大的优势是"自由"和"个性化"，即移动用户可随时随地地获取所需的服务、应用、信息和娱乐。用户可以在自己方便的时候，使用智能手机或平板计算机查找、选择及购买商品或其他服务。

2）潜在用户规模大。截至 2024 年 12 月，我国手机网民规模达 11.05 亿人，较 2023 年 12 月增长 1403 万人，网民使用手机上网的比例为 99.7%。使用台式计算机、笔记本计算机、平板计算机和电视上网的比例分别为 36.2%、32.0%、30.8% 和 25.1%；使用个人可穿戴设备、智能家居设备和智能网联汽车上网的比例分别为 23.8%、22.6% 和 10.7%。其中，使用智能网联汽车上网的网民规模达 1.19 亿人。从数据可以看出，移动电话的普及程度远远超过了计算机，这成就了移动电子商务庞大的用户基础。移动端作为商家直播和消费者观看的重要渠道，直播电商市场的高速发展带动了移动电商市场交易规模的扩大。

3）解决用户身份确认。对传统的电子商务而言，用户的消费信用问题一直是影响其发展的一大瓶颈，而移动电子商务在这方面显然拥有一定的优势。这是因为手机号码具有唯一性，自从 2015 年工信部出台"史上最严"手机卡实名制推行后，手机用户身份的确认将越来越容易。对于移动电子商务而言，这就有了信用认证的基础。

4）提供定制化服务。由于移动电话具有比 PC 机更高的可连通性与可定位性，因此移动商务的生产者可以更好地发挥主动性，为不同顾客提供定制化的服务。例如，LBS（Location Based Services，基于位置的服务）技术的应用，无论是公众还是行业用户，对于获得位置及其相关服务都有着广泛的需求，特别是在商业化服务、信息搜索服务、交通信息、车辆向导、互联网广告、运程信息等领域。

5）更具开放性和包容性。移动电子商务因为接入方式无线化，使得任何人都更容易进入网络世界，从而使网络范围延伸更广阔、更开放，同时，使网络虚拟功能更带有现实性，因而更具有包容性。

6）易于推广使用。移动通信所具有的灵活、便捷的特点，决定了移动电子商务更适合大众化的个人消费领域。例如：自动支付系统，包括自动售货机、停车场计时器等；半自动支付系统，包括商店的收银柜机、出租车计费器等；日常费用收缴系统，包括水、电、煤气等费用的收缴等；移动互联网接入支付系统，包括登录商家的 WAP 站点购物等。

7）易于技术创新。移动电子商务领域因涉及 IT、无线通信、无线接入、软件等技术，且商务活动方式更具多元化、复杂化，因而此领域将是下一个技术创新的高产地。

（4）移动电子商务提供的主要服务

移动电子商务不断发展，其提供的主要服务包括移动金融、网络订票、移动购物、在线娱乐、移动营销、无线医疗和移动应用服务提供商等。

1）移动金融。移动金融包含的内容较多，常见的移动金融应用有中国银行、支付宝、微信、同花顺和大智慧等，用户能随时随地在网上安全地进行个人财务管理和网络交易。

2）网络订票。通过互联网预订火车票、汽车票、机票、电影票、景点门票等，已经被大众所接受和喜爱。移动电子商务使用户能在票价优惠、服务变更等情况发生时快速得到通知，以便用户及时调整计划和行程等。

3）移动购物。在移动电子商务环境中，用户通过手机等移动设备进行网上购物，传统购物也可通过移动电子商务得到改进。

4）在线娱乐。移动电子商务使在线娱乐服务变得更加简单便捷。用户不仅可以随时随地从其移动设备上收听音乐，还可以订购、下载或支付特定的曲目，并且可以在网上与朋友们玩交互式游戏，还可以游戏付费。

5）移动营销。电子商务业务向移动终端的转移带动了营销的移动化，通过移动营销企业可以更快速、更便利地传递信息并与消费者互动。移动营销能够帮助企业更快抢占移动互联网市场，促进线上线下消费市场的整合。移动营销具有目标群体明确、信息传递及时和互动性强等特点，是目前非常流行的营销方式，如微博营销、微信营销、二维码营销等。

6）无线医疗（Wireless Medical）。无线医疗是指以计算机、可穿戴、物联网、无线通信和云计算等技术为依托，充分利用有限的医疗人力和设备资源，并发挥大医院的医疗技术优势，在疾病诊断、监护和治疗等方面提供信息化、移动化和远程化医疗服务。通过使用无线医疗系统，可以实现不同医疗机构之间的信息共享，加快疾病诊断速度和治疗方案的出台速度；方便远程监控病患，确保医疗机构及时了解患者的情况。

7）移动应用服务提供商（Mobile Application Service Provider，MASP）。在需要经常派遣工程师或工人到现场作业的行业中，MASP通过结合定位服务技术、短信息服务、WAP技术，以及Call Center技术，为用户提供及时的服务，提高用户的工作效率。

2. 移动电子商务的应用及分类

移动电子商务的终端性和终端多样性，允许客户访问移动网络覆盖范围内任何地方服务的无线系统，而人群中广泛使用的移动终端设备为移动电子商务应用的快速发展打下了坚实的基础。

（1）移动电子商务的应用市场

移动电子商务的应用市场主要分为个人应用和企业应用。个人应用是指以个人为单位接入互联网获取所需的各种服务，例如移动支付、移动娱乐、移动定位服务、即时通信和移动金融等。企业应用是指信息数据服务、营销服务和广告服务等与企业管理相关的方面，例如移动信息服务、移动营销、移动广告、无线店铺运营与管理、移动客户关系管理和移动办公等。

（2）移动电子商务的应用层次

移动电子商务的应用层次主要根据商务层次进行划分，包括核心交易层、包装服务层和交易支持层。每层的关系与大致内容如图2-41所示。

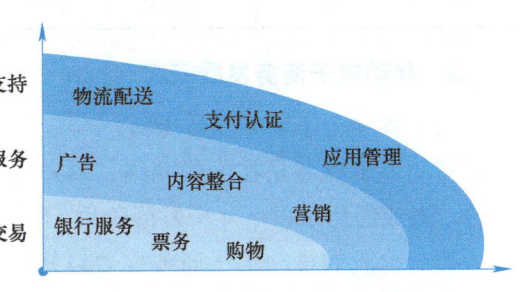

图2-41 移动电子商务的应用层次

核心交易层是商家向终端客户提供的核心服务，即狭义的移动电子商务，如移动购物、银行交易、玩交互性的收费手游等。

包装服务层是提供商业活动的环境，即辅助核心交易的服务，包括广告、营销、内容整合和搜索服务等。

交易支持层是交易活动所必需的业务流程，即提供保证交易活动正常进行的服务，如安全认证、网络支付和物流配送等。

（3）移动电子商务的分类

随着移动电子商务的不断发展和普及，其业务种类层出不穷。下面通过按一般分类、从运营者视角分类、从用户视角分类来介绍移动电子商务的分类，见表2-1。

表2-1 移动电子商务的分类

分类标准	一级分类	二级分类
按一般分类		信息服务类
		娱乐服务类
		交易服务类
		行业应用服务类
从运营者视角分类	交易类业务	实物商品交易类
		数字商品交易类
		信息服务类
		金融服务类
		积分类
	安全认证类业务	证书处理类
		证书服务类
		数字版权保护类
		安全商务数据处理类
从用户视角分类	按交易主体分类	个人应用类
		企业应用类
		政府应用类
	按交易机制分类	社交应用类
		情景应用类
		交易撮合类

3. 移动电子商务发展概况

（1）移动电子商务发展历程

移动电子商务是在无线网络、移动通信和计算机应用等技术的不断创新发展下逐渐兴起的，大致经历了以下4个发展阶段。

第一阶段的移动电子商务主要以短信为基础，这种技术的实时性较差，无法立即回复用户的查询请求。

第二阶段的移动电子商务主要基于 WAP（Wireless Application Protocol，无线应用协议）技术，WAP 可以使移动终端通过浏览器的方式访问 WAP 网页，以实现信息的查询。

第三阶段的移动电子商务采用了基于 SOA（Service-Oriented Architecture，面向服务的构架）的 Web Service、智能移动终端和移动 VPN（Virtual Private Network，虚拟专用网络）技术相结合的第三代移动访问和处理技术，使得安全性和交互能力有了极大的提高。

第四阶段的移动电子商务是目前移动电子商务的发展阶段，利用完善的技术对旧的商业行为进行精准化、个性化推送。

（2）移动电子商务发展趋势

1）高新技术助力移动电商发展。在移动电商领域，大数据、云计算、物联网、移动通信等带来的新一轮信息技术革命，使移动电子商务不断创新应用模式。基于移动互联网、网络社区、LBS 的新兴模式不断涌现，例如：物联网帮助供应链结构转型，并利用实时数据和智能算法优化物流网络；人工智能基于数据做精准营销、自动问答，节省人工成本；VR、AR 设备带来移动电商购物体验新变革等。同时，随着互联网计算处理技术的逐渐成熟，大数据开始应用到各行各业。移动电商流量红利渐失，大数据将成为新的利益推动点，精准匹配供求信息、个性化推荐、用户偏好预测、优化页面，提升运营效率。

2）"会员制"引领行业未来。移动电商行业采用会员制在为用户提供较多优惠条件之余，更能有效地刺激消费，通过长期的目标运营，日积月累地锁定一批优质用户会员制。会员制的设立很好地保证了会员群体是整体均质和忠诚度高的优质人群，能提升中产阶级消费者的信任，同时容易口碑传播，保证企业的可持续发展。

3）消费升级是必然，品质把控成关键。随着移动电子商务的快速发展，人民生活水平提高，用户愈加注重商品品质和质量，用户不再盲目追求低价促销，消费升级是必然趋势，价格驱动购买的时代已经过去，品牌、品质逐渐成为消费者最关切的因素之一。如何把控平台商品的品质将成为移动电商的关注重点。

4）从搜索到推荐，用户对精准内容要求越来越高。在移动电子商务时代，用户的消费路径和习惯发生了重大变革，消费需求场景化，移动购物模式多样。内容化（消费路径和习惯发生较大变革，优质内容成为最强大的流量生产器）、粉丝化（意见领袖的引导作用越来越大）和场景化（根据消费者当下的场景需求提供对应的产品或服务）成为吸引流量的新方式。各大移动电商网站纷纷布局内容营销。

5）全渠道、线上线下融合发展。移动电子商务时代，消费者的需求和网购发展环境均有较大改变，用户希望可以随时随地精准购买到所需的商品和服务；另一方面由于商品供大于求，单一渠道发展的增量空间有限，线上和线下均在布局全渠道发展。线下消费体验和线上购物便利的双向需求将带来线上和线下购物期望值的融合，未来线上线下融合是新零售时代的重要发展趋势。

6）移动社交和自媒体快速发展，电商走向去中心化新模式。与传统电子商务企业通过一个平台聚集所有商家和流量的中心化模式不同，去中心化的电子商务模式是以微博、微信等移动社交平台为依托，通过自媒体的粉丝经济模式的分享传播来获取用户，消费者的购买需求会在人们碎片化的社交场景中被随时激发。

拓展训练

体验淘宝和拼多多移动电子商务平台，并对二者进行比较。

实战训练

恒美助力飞利浦解锁电商营销新玩法，品效合一助增长

1. 合作背景

飞利浦剃须刀作为长期具有高市场占有率的品牌，在公司发展过程中遇到三大痛点。第一，产品复购难。剃须刀是耐销产品，更换周期长，复购率低。第二，同业竞争激烈。竞争品牌逐步增加媒体投放预算，深耕新兴媒体平台，以新颖的媒体形式、创新的产品力，极速扩张各自品牌在市场的声量，挑战着飞利浦的领先优势。第三，流量成本提升。电商站内竞争日益激烈，导致站内资源有限，剃须刀行业拉新成本不断提升。因此，飞利浦在本次合作中，希望恒美提供解决方案，达到帮助品牌进一步扩大市场份额、稳固品牌市场地位的营销目标。

2. 恒美的解决方案

（1）平台战略

恒美与京东合作共建全域营销工具——京易投，借助京东平台的全域营销能力，在微信和抖音等社交媒体平台对消费者进行协同触达。通过 CID 等渠道能力，挖掘种草效率和销售变现之间的相关性，实现品效协同。

京易投工具优势体现在：京东人群＋媒体人群，多维度精准定向，品牌自有数据交并差，高效使用自主管理；跨平台整合，站内外联动，品效协同，政策组合提升；数坊赋能，品牌消费者资产管理。

（2）数据应用——人群定向触达

运用数据产品，区分新老客人群，制定更具针对性的投放策略。获得新客后，进行数据沉淀与打标签，实现后续的精细化运营，引导老客复购。

老客户：利用京东 DMP 和京东数坊，圈选出电商平台的老客标签，利用店铺的交互人群和京东靶群人群实现品牌老客的精准触达。

新客户：通过 DMP 分析飞利浦 MG 购买人群画像，来扩大拉新人群的圈包。

品效合一：通过 DMP 及数坊圈包投放至站外触达用户，将目标人群引入站内落地提高 ROI。

（3）内容创意

通过社交平台面向女性消费者进行种草。在父亲节节点，分别在抖音和微信朋友圈

中通过优惠券利益点和明星 IP 进行引流，最终使消费者落地到京东平台的飞利浦旗舰店进行成交。借用社交媒体平台大曝光的优势和电商平台强交易、强物流的优势，实现全域营销一体化，助力品牌创收。

恒美通过短视频和图文的形式，将父亲节限定礼盒概念布局抖音和微信这两大生态。

抖音生态：通过 KOC 口播，将父亲节送礼王炸——飞利浦蜂巢 7 系限定礼盒信息及产品功能触达给用户，利用抖音生态进行内容"种草"，提升飞利浦剃须刀在用户中的喜好度，同时引流至电商平台，实现品效合一的目的。

微信生态：通过明星 IP 引导用户从社交平台进入京东平台，利用父亲节限定礼盒作为载体，打造社交电商闭环。

恒美首次运用抽屉脚本逻辑优化素材，通过内容组合×人群策略，激活媒体端优质内容与流量。同时借由京抖和京腾计划，实现站内外广告联动，以达成高效拉新/促进销售两大目标。在营销漏斗的不同阶段，通过控制变量的方式进行 A/B Test，测试出各环节点击率和转化率最好的素材后，有针对性地进行规模化投放，为品牌带来最大化收益。

3．合作效果

此次活动最终为品牌主带来了全方位、多环节的数据提升与优化，达成品牌主进一步扩大市场份额、稳固品牌市场地位的营销目标。

结合上述案例资料，思考下列问题。

（1）本案例属于移动电子商务平台提供的哪种服务？

（2）本案例体现了移动电子商务平台的哪些特点？

思考与练习

1．简述移动电子商务的概念。
2．简述移动电子商务的特点。
3．简述移动电子商务提供的主要服务。

任务5　直播电商

"我手上的这款柿饼很软，不但适合老人和孩子吃，它的寓意也好，象征着事事如意。手机屏幕前的同事、朋友们，如果你们想要奉献爱心的话，这是一个最好的时机。"屋外

天寒地冻，直播间内却热火朝天。中央广播电视总台农业农村频道《农业气象》主持人、来自中国天气的张建华作为主播，和7位嘉宾一同开展了一次主题为"社区的力量"的"双十二"直播活动。当天，共计有33款扶贫产品亮相直播间，它们均来自《全国扶贫产品名录》或是经扶贫系统认定的扶贫产品。据统计，当天的"双十二"专场成绩喜人——累计观看30万人次，全场点赞量达100万，总下单量6326单，总销售金额近40万元。

"每场直播，最终销量或许并不多，但至少有超过百万人观看，这实际上也是一个对扶贫产品推广促进的过程。"易居乐农直播板块负责人田旭东表示，做直播带货，其实不光需要一个主播和一部手机，背后是需要整个电商团队的。"因此，我们和国家气象局旗下的融媒体中心——中国天气合作，从去年立冬开始，联合打造了'二十四节气'的直播活动，计划是每个节气都会有一场直播，来销售一些时令产品。通过中国天气的专业讲解，销售仅是一方面，更多的是科普，还有对消费扶贫的宣传。"

任务分析

随着传统流量红利的逐渐消失，以直播为表现形式的内容营销全面爆发，直播与电商实现完美融合，产生了直播电商这一商业模式。2020年可视为电商助农直播元年，地方政府、电商平台、社会各界积极开展助农扶贫直播，助推手机成为"新农具"，直播变成"新农活"。作为新兴农产品销售方式，助农直播在推销农副产品、帮助群众脱贫致富的同时，解决了消费者对低价优质产品的需求，主播和平台对稳定流量及口碑的需求，以及政府和农民对脱贫致富的需求，既为贫困地区带来了购买力，还增加了就业机会，实现了多方共赢的局面。助农直播已成为我国未来电商直播行业一股向上的力量。

任务实施

抖音电商的崛起，是一个抖音购物行为在抖音用户群体中不断渗透的过程，推动着抖音电商的GMV呈指数式增长。抖音从"内容平台"向"内容＋电商平台"转变，品牌抖店成了必选项，一方面是为了把握红利期，另一方面是和竞品抢占市场。与传统电商相比，抖音内容电商的经营模式有着不同的"用户—内容—商品—服务"链路，要充分挖掘抖音平台的价值，就需要匹配抖音内容电商业务逻辑的经营模式。这种新经营模式的核心基础是：好内容＋好商品＋好服务。所谓"好内容"即经营好抖音号，通过短视频＋直播，积累粉丝、建立粉丝认知、沉淀粉丝价值；"好商品"即经营好抖店，让品质、价格俱优的商品，通过好内容和目标用户进行连接；"好服务"即做好履约和售后服务，用户下单远远不是结束，平台和商家一起为消费者提供良好的整体购物体验，并持续沉淀用户对商家的认知积累和复购。

1. 开通抖音直播权限

抖音直播有两种形式：抖音内容直播和抖音带货直播，两种直播形式开通的标准不同。

《网络直播营销管理办法（试行）》规定：直播营销人员或者直播间运营者为自然人的，应当年满十六周岁；十六周岁以上的未成年人申请成为直播营销人员或者直播间运营者的，应当经监护人同意。

1）开通抖音内容直播。满足年龄条件，完成实名认证即可直播。打开抖音App，单击底部"+"按钮，从"K歌""分段拍""快拍""模板"和"开直播"中选择"开直播"，从"视频""语音""手游"和"电脑"中选择"视频"，如图2-42所示。单击"开始视频直播"按钮，如未完成实名认证，则进入实名认证页面，如图2-43所示。按页面提示完成实名认证，即可开通内容直播功能。

图2-42　开直播

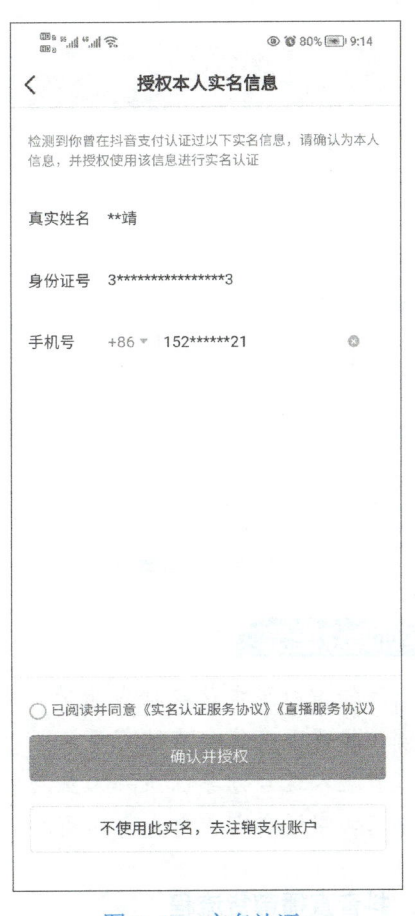

图2-43　实名认证

2）开通抖音带货直播。抖音带货直播不仅需要开通内容直播功能，还需开通直播带货权限。带货权限申请要求包括四个：完成实名认证、缴纳作者保证金500元、个人主页视频数（公开且审核通过）≥10条和账号粉丝量（有效粉丝数）≥1000。打开抖音App，选择"我"，选择右上角的"三道杠"，执行→"创作者服务中心"→"全部分类"→"商品橱窗"命令，如图2-44所示。选择"成为带货达人"，如图2-45所示，完成带货权限申请和开通收款账户后，即可完整获得商品橱窗、短视频、直播间添加商品等权限，并可提取佣金收入。

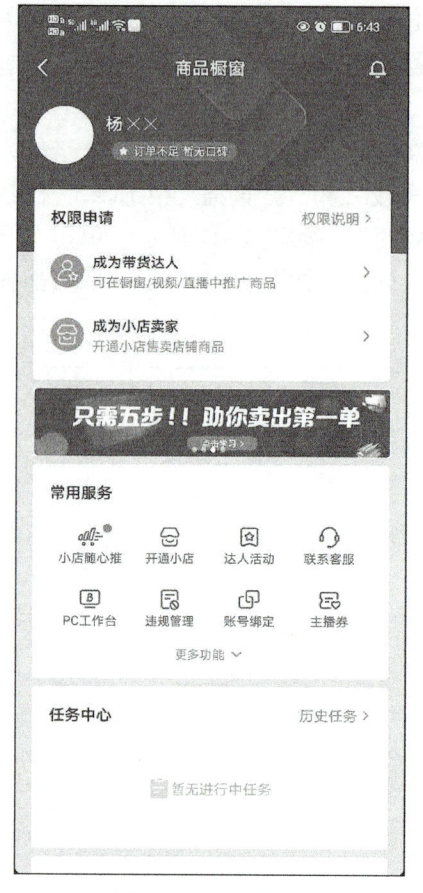

图 2-44　商品橱窗

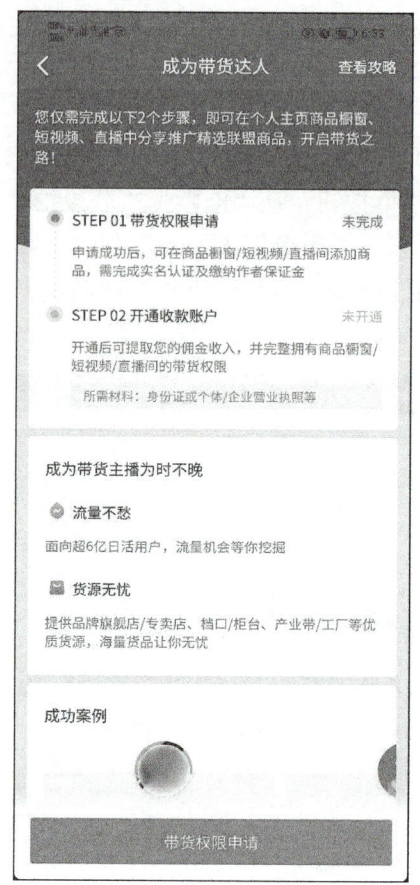

图 2-45　成为带货达人

实训要点提示

商品橱窗权限申请包括成为带货达人（可在橱窗/视频/直播中推广商品）和成为小店卖家（开通小店售卖店铺商品）。

带货达人适合分享以商品为主的抖音作者。

小店卖家适合需要售卖自由商品，同时存在分享商品需求的抖音作者。

2. 抖音直播带货流程

直播带货的步骤，拆分细化后，其实就是围绕"人、货、场"。这是直播带货的三个核心要点。首先，前提在"场"。直播带货的前提是场，即直播间的背景布置与准备。直播间要为消费者营造舒适的消费环境和超前的使用场景。其次，核心为"货"。货，即产品和供应链。直播带货表面上拼的是流量，本质上拼的还是产品供应链。直播间的优质产品和稳定的供应链，是强势的竞争力。最后，转化看"人"。即直播间里的人和人设，有主播、副播和场控以及整个直播团队。直播带货的转化在人，主播需要具备强大的控场与承接能力，副播和场控根据主播的流程协助主播把控进度，直播团队必须有统一的节奏。

抖音直播带货流程包括账号运营、营销运营、场景与预告、直播执行和互动与复盘共

5个环节，5个环节可细分为15个步骤。所有的步骤都是从0到1，从最开始的账号运营到承上启下的脚本设计，再到最后结束一场直播去做复盘。具体流程如图2-46所示。

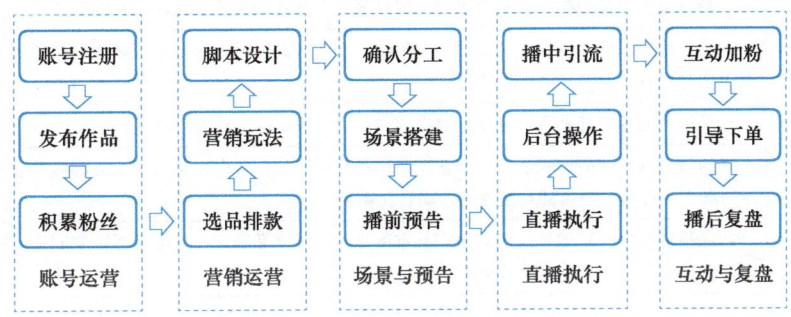

图2-46 抖音直播带货流程图

3. 抖音直播的组织架构

抖音带货直播的组织架构根据开展抖音直播的时间长短可分为初始结构、发展结构和成熟结构，详见表2-2。

表2-2 抖音直播的组织架构

	初始结构	发展结构	成熟结构
定义	刚接触抖音直播3个月内的商家，具备基础的直播能力	抖音直播3个月以上，有稳定的团队，有基础的有效粉丝，具备一定的转粉能力和销售能力	抖音直播6个月以上，有完备的团队，拥有较好的粉丝沉淀和直播间流量，具备稳定的销售转化能力
特征	新手阶段，团队结构简单，团队中一人可身兼多职	处于发展中的商家直播。有更多直播诉求，团队结构逐步完善	成熟的商家直播，对后端的店铺产品更新频次、供应链路、产品质量、物料效率更关注，对前端的短视频内容、直播间流量与转化更加专业
结构	项目负责人 - 直播团队 - 店铺团队	项目负责人 - 直播团队 - 店铺团队 - 视频团队	项目负责人 - 直播团队 - 店铺团队 - 视频团队
直播团队	主播、副播、运营	主播、副播、运营、中控	主播、副播、运营、中控、场控
店铺团队	美工、客服、仓储	选品、美工、客服、仓储	选品、美工、售前、售后、仓储、订单
视频团队	—	策划、拍摄、剪辑	策划、拍摄、剪辑

4. 抖音直播的各岗位描述

分别从直播团队、店铺团队和视频团队角度进行抖音直播的各岗位介绍。

表2-3 抖音直播的岗位描述

团队	岗位	岗位描述
直播团队	主播	一场直播的主导者，亦是直播间的核心。应具备选品逻辑、销售转化逻辑、数据分析逻辑等思维；对产品足够了解，对直播节奏把控到位
	副播	一场直播的辅助者，配合主播完成直播。应具备与主播相应的思维逻辑，情商高；能和主播产生完美配合，必要时成为备用主播
	场控	一场直播的推进者，配合主播完成直播。应具备直播节奏感，对直播整体进度了然于胸；能够顺利地推进直播节奏，完成前场配合和后场调度

(续)

团队	岗位	岗位描述
直播团队	中控	一场直播的价格把控者，配合主播完成直播。应具备数字敏感度，把控和调整直播价格与库存释放
	运营	一场直播的流量、内容、活动、用户的维护者。应具备流量来源、直播内容、营销活动策划、用户答疑的应对能力，跟进各项进度的落实
	助理	一场直播的基础辅助者，帮助主播完成直播，做好基础工作的辅助
店铺团队	选品	店铺与直播产品的选择者。应具备产品趋势分析能力，对产品价格、卖点、质量敏感，能有效分析产品的潜力，直接影响店铺与直播的产品转化率
	美工	产品视觉效果的制造者。应具备产品审美能力，对产品卖点、使用场景、空间构图敏感，能制作出对客户具有视觉冲击力的产品效果图
	客服	店铺的维护者，客户的疑问解决者。应具备强大的心态，能够应对客户的疑问并给予解决方案
	仓储	货品的管理者，对货品入库、出库负责。应具备产品管理能力，及时有效地盘点库存与订单物流发货
视频团队	策划	短视频内容的策划者。应具备创作能力，内容、产品、人物、事件、文案能高度关联，对短视频的内容质量负责
	拍摄	短视频视觉的呈现者。应具备摄影能力，空间、时间、光影、场景、环境、风格能够灵活运用，对短视频视觉负责
	剪辑	短视频成片的调整者。应具备调整能力，连贯性、节奏感、观赏性能够合理发展，对短视频的最终呈现效果负责

 相关知识

1. 直播电商概述

（1）直播电商的概念

直播电商，归根结底是电商。定义直播电商，首先要从电子商务的概念开始。《中华人民共和国电子商务法》第二条规定，"本法所称电子商务，是指通过互联网等信息网络销售商品或者提供服务的经营活动"，但"金融类产品和服务，利用信息网络提供新闻信息、音视频节目、出版以及文化产品等内容方面的服务，不适用本法"。直播显然不属于电子商务，但通过直播带货与提供服务即属于电子商务，这是直播电商的范畴。

2020年11月9日，浙江省网商协会发布《直播电子商务管理规范》，将直播电子商务（Live-streaming E-commerce，也可简称为"直播电商"）定义为"利用即时视频、音频通信技术同步对商品或者服务进行介绍、展示、说明、推销，并与消费者进行沟通互动，以达成交易为目的的商业活动"。这一定义明确了直播电商的几个关键要素：一是直播电商的载体，即各类即时视频、音频通信系统，主要是提供直播技术服务的网络交易、内容、社交等平台；二是直播电商的形式，即介绍、展示、说明、推销，并与消费者进行沟通互动；三是直播电商的性质，即以达成交易为目的的商业活动。简单来说，直播电商是通过互联网等信息网络以直播形式销售商品或者提供服务的经营活动。

（2）直播电商的特征

直播电商借助直播媒介开展电子商务活动，具有实时性、真实性、直观性、强交互性、强IP性、精准性和去中心化七大特征。

1）实时性。借助于电商直播平台,主播能够实时地与用户分享自己的生活日常,将自身所处的环境、场合、氛围等信息一并传递给用户。这类动态化的内容,对信息的包容度更强,更适合进行信息的传递。用户也可以通过评论的方式对主播发布的相关信息进行实时交流互动。

2）真实性。一方面,直播的实时传播使得作为内容传播者的主播难以"调试"自己,主播的举动都被实时传输到观看直播的用户面前,大大降低了网络的虚拟感,让用户获得更加真实的体验感。另一方面,在观看直播的过程中,用户可以就商品的相关问题与主播进行实时互动,主动向主播咨询和获取商品的有效信息。

3）直观性。区别于传统电商平台上的文字和图片,在直播过程中,主播能够对商品进行全方位的展示,将商品的设计细节更加直观地呈现给用户,还可以对商品的使用方法和技巧进行示范,让用户在了解商品的同时也可以掌握一些商品的使用技能。

4）强交互性。在直播过程中,用户与用户之间、用户与主播通过弹幕实时互动,弹幕架起了用户与主播、用户与用户之间沟通的桥梁,满足了用户的陪伴需求和社交需求。用户不懂的问题可以在线上直接向主播提问,主播及时给予解答,轻松获得用户的信赖感。同时,还有更多的互动活动如抽奖、抢大额优惠券、发红包等都可以在直播间中进行,这些活动都可以增强用户在直播间中的活跃度和参与感。

5）强IP性。IP是专利权的通称,具体说来,便是主播具备较强的IP特性,在用户心里都有一个独特的标签,也是一种感情的寄予。不论是商业服务领导者、明星、带货主播,还是网络红人,都具备较强的IP特性。

6）精准性。面对互联网上的海量信息,用户难以识别信息的有用性,而直播电商能够针对用户进行精准的传播,传播的内容对用户来说是有用的精准信息。进入到直播间的用户,本身就是对产品感兴趣的目标用户,这种行为是用户主动选择的结果,用户是凭借个人喜好的选择,因此具有高度的精准性。用户接触直播电商带有购物的目的,此时主播就能通过互动精准把握用户的需求。同时主播通过对用户疑问的解答和多次商品展示,提升用户对于商品的认知,提供对用户有用的精准信息,极易完成商品的销售。

7）去中心化。直播电商一方面具有数量更多、类型更为丰富多元的主播,另一方面主播除了电商平台的公众平台还有自己的私域流量,整体来说,直播电商相对于之前的电子商务更为去中心化,也为更多的主播提供了更多的机会和可能性。

(3) 直播电商与传统电商比较

直播电商以内容为介质,内容营销赋能商品,内容创作者能够帮助商品实现溢价。直播电商归根到底仍是以电商为核心,而直播则是商家探索拉新转化、流量变现的新路径之一。直播电商依旧离不开"人、货、场"三要素的结合,不同的是,直播电商对人与场进行创新,融入主播、MCN机构等参与者,在"商品详情页"的基础上丰富营销场景,推动三要素更为紧密结合。与传统电商相比,直播电商对"人、货、场"的优化,驱动用户购物体验升级,在营销效果与用户转化层面优势明显。传统电商模式与直播电商模式的比较见表2-4。

表 2-4　传统电商模式与直播电商模式的比较

对比内容	传统电商模式	直播电商模式
商业逻辑	人找货，以用户主动搜索商品为主	货找人，以主播向用户推荐商品为主
核心	商品	主播、商品
消费路径	用户→商品	用户→主播→商品
转化率	较低	较高
商品供应链环节	商品流通环节较多，供应链较长，流通成本较高，进而导致商品价格高	有效缩短供应链的中间环节，降低商品的流通成本，商品的性价比高；有较强的议价能力，能为用户提供优惠力度较大的商品
商品展现形式	展现方式单一，展现效果与实物易存在误差或差距	多维立体、360°全方位展示，主播真实评测，商品材质可感，各种场景配合
商品价格	价格优势不明显；价格较为稳定，日常折扣小	价格具有一定优势；日常通过秒杀、礼赠、降价等手段吸引用户
用户消费需求和心理	以刚性需求为主，用户通常是"为需求买单"和"为品牌买单"	在直播场景下，用户的潜在需求可能会被激发出来，因此刚性需求和潜在需求并存。在直播过程中，用户可能会因为喜欢、信任主播，进而产生购买行为，此时用户的消费心理是"为喜爱买单""为信任买单"
影响用户决策的因素	商品的价格、款式、质量、品牌、产地等因素	除了商品因素外，还包括直播间的场景和氛围、主播的营销话术等因素
用户时间成本	具有固定性，缓慢品牌积累	具有实时性，快速口碑推荐
用户消费体验感和反馈	自主选择，个人主观判断；客服连接，缺少情感联系	在直播间获得参与感、互动感和娱乐感等；主播与用户互动连接，建立情感联系
商品展现形式	依靠图文和视频等形式展示商品，无法全方位、准确展示商品	凭借实时视频全方位、直观地将商品展示给用户，并通过主播的讲解，让用户更详细地了解商品的属性
社交属性	商品信息单向呈现，社交属性弱，且用户通常只能通过商品评论、客服两个渠道交流商品信息	主播和用户双向互动，社交属性强。主播全方位地讲解商品，用户实时提出问题，主播可当场一对多解答；用户与用户之间也可以进行在线交流，信息反馈及时
交易花费的时间成本	时间成本较高。因商家和用户的信息不对称，用户在购买前需花费较多时间搜集、比较商品信息	主播专业的选品能力和商品讲解能力能够帮助用户降低购物决策的时间成本

（4）直播电商的发展历程

我国的直播电商起始于 2016 年，从最初以内容建设与流量变现为目的起步尝试，产业链至今逐步完整化、多元化。直播电商的发展历程大致可以分为五个时期：萌芽期、探索期、成长期、爆发期和持续发展期。

1）萌芽期：2016 年。

2016 年由技术驱动进入移动直播时代，虎牙、斗鱼等平台以秀场直播和游戏直播为主。此时，电商行业投资者看到了直播电商发展前景并纷纷加入直播大军，直播电商行业生态开始建立，直播电商产业链开始建立。蘑菇街、淘宝、京东等电商平台先后开始试水"电商+直播"模式。这一年，直播电商处于萌芽阶段，多个平台进入直播市场，"直播+电商"模式基本成型。

2）探索期：2017年。

2017年，直播电商行业在探索中发展，各个平台不断尝试探索"直播+电商"的新商业模式。艾瑞咨询《2020年中国直播电商生态研究报告》显示，2017年我国直播电商的市场交易规模达到了209.3亿元。这一年，淘宝直播、京东直播等传统电商平台着手孵化直播网红体系；直播电商产业链更加完善，主播身份多元化，从明星网红向素人拓宽转移；直播带货品类逐渐多元化；行业角色分化，MCN机构开始出现。

3）成长期：2018年。

2018年，直播电商行业经过两年的探索发展已经相对成熟，这一年淘宝"双11"正式引爆直播带货概念，平台开始推出直播电商发展战略。抖音、快手等短视频平台开始涉及电商；各大平台转型并推出"内容补贴"战略，扶持内容创作。此阶段直播电商逐步向精细化运营发展，为直播电商服务的MCN机构也得到了快速增长。

4）爆发期：2019年。

2019年，直播电商行业进入爆发期发展阶段，交易额陡增，头部流量平台和交易平台持续向直播倾斜资源，直播带货几乎成为各大平台的标配。艾瑞咨询《2020年中国直播电商生态研究报告》显示，2019年直播电商整体成交额达4512.9亿元，同比增长200.4%。直播带货GMV暴增，淘宝直播领跑市场；各个平台加码红人培养和流量扶持力度；直播平台纷纷引入明星主播等辐射增量人群；拼多多、网易考拉、唯品会、苏宁易购、小红书、微博等平台也相继上线直播功能，MCN机构不断深化和探索商业变现模式。

5）持续发展期：2020年至今。

直播电商破圈加速，价值凸显。艾瑞咨询《2023年中国直播电商行业研究报告》显示：2023年直播电商市场规模达4.9万亿元，同比增速为35.2%，相较于行业发展早期行业增速出现一定下滑，但依旧在释放增长信号。艾瑞预计，2024—2026年我国直播电商市场规模的年复合增长率（CAGR）为18.0%，行业未来将呈现平稳增长趋势并步入精细化发展阶段。随着我国网民规模进一步扩大，消费者对直播互动性、社交性、娱乐性特点的认知加深，以及直播带货给观众提供了更优惠的价格、更直观的介绍、更高度的信任，用户群体对网络直播和直播电商接受度正逐步提高，用户日均观看直播的时长持续增加，直播电商用户在整体网民中的占比增加明显，越来越多的人认可在直播间购物的消费方式。

2. 直播电商产业链

（1）直播电商产业图谱

直播电商生态链逐渐丰富，我国直播电商产业图谱如图2-47所示。

随着直播电商行业生态圈的逐步完善，更多提供细分服务和擅长不同品类的服务商加入到行业建设和竞争中。根据业务侧重的不同，服务商可分为招商服务商、代运营服务商、培训服务商、供应链服务商、MCN机构、产业带服务商等；根据场景不同，可以分为档口直播服务商、村播服务商等。目前除了达人播与店播机构，其他各类服务商的界限还是比较模糊的，一方面多数服务商提供综合性解决方案，例如MCN机构在平台拿到牌照可以同时作为招商服务商与培训服务商开展业务，另一方面服务商未来会有不同的侧重，并且在垂直赛道更有可能出现头部玩家。

电子商务基础

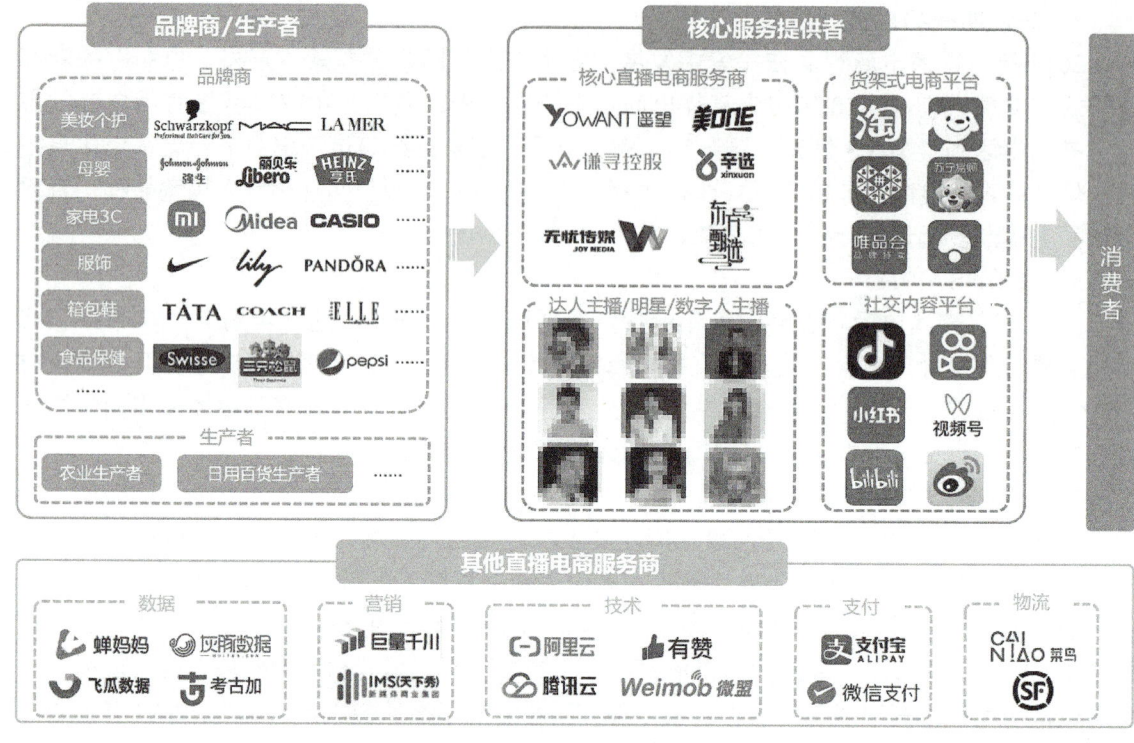

图 2-47 我国直播电商产业图谱

快手在 2021 年电商服务商大会中，首次提出了服务商能力"五力模型"概念，即流量营销能力、主播孵化能力、服务履约能力、供应链能力和直播运营能力，如图 2-48 所示。"五力模型"之下，是更专业的主播服务、更优质的履约和体验、更好的流量经营以及更极致的选品能力、更强大的供应链资源。在行业不断升级和规范的大背景之下，服务商将面临更加严格的准入标准以及平台入驻流程和审查考核标准。在激烈的竞争中，服务商需要不断提升自身经营能力的专业化。

图 2-48 服务商能力"五力模型"

（2）直播电商产业链解析

直播电商产业链由供应端、平台端和需求端构成。上游供应端主要为商品供应方，主要包括品牌商、工厂、原产地、线下门店、经销商和零售商等；中游平台端主要包括直播服务商（电商型 MCN）、渠道平台（电商平台、内容平台、社交平台、B2B 平台等）以及主播（网红达人、明星艺人、企业家及其他身份主播）；下游需求端主要为消费者。

1）上游供应端。在政策的支持下，直播电商行业上游参与企业类型不断扩大，产品种类不断增加，广义来说已经覆盖了全部行业。尤其是在 2020 年，电商直播成为各级政府提振经济、拉动消费的新增长点。在建立以国内大循环为主体、国内国际双循环相互促进的新发展格局的背景下，电商直播对于激发消费潜力的作用得到良好体现，成为建设内需大循环的重要力量。

2）中游平台端。2016年，国内接连出现了300多家网络直播平台，直播用户数量也快速增长。经过多年发展，越来越多的电商平台、视频直播平台、MCN机构、品牌厂商参与到直播电商行业，直播电商产业链基本成型，行业进入持续发展期。

在直播电商产业链中，平台渠道方主要负责搭建直播渠道，并制定相关规则，维护直播秩序。按照主营业务属性划分，可分为电商平台（如淘宝网、京东、拼多多等）、内容平台（如抖音、快手、B站等）、社交平台（如微信、微博等）、B2B平台和其他平台。直播电商平台是直播电商产业链的核心，对接品牌商入驻平台，MCN机构和主播通过平台进行直播内容的生产和输出，主播通过平台向消费者推荐商品，消费者通过平台观看直播、关注主播、进行消费。

在直播电商产业链中，MCN机构兼具主播经纪、内容生产、活动运营、供应链运营等多重角色。专业的MCN机构涵盖的工作包括网红的筛选和孵化、内容的开发、内容平台技术性支持、持续性的创意输出、用户的管理、平台资源对接、活动运营、商业变现等繁杂的工作。在直播电商产业链中，MCN机构在确定品牌商及自身需求后，对已有资源进行分配，并将任务发放至签约主播，之后再通过自身流量渠道进行推广，从品牌商提供的服务费、平台提供的销售分成以及消费者的相关消费中获得收入。MCN机构为品牌商匹配符合其需求的主播并提供渠道资源支持，为主播选题、组织内容生产、拍摄、剪辑等阶段提供专业、高效的支持，为直播电商平台提供丰富的优质内容以构建更完善的内容生态。

主播连接着供应端和需求端。在供应端，主播为供应链方输出直播内容，帮助其吸引流量，销售商品；在需求端，主播通过直播输出内容，向用户分享商品。在直播电商产业链中，主播基于直播平台面向消费者进行直播，在直播过程中推荐、销售商品，可以通过MCN机构对接品牌商或直接对接品牌商获得服务费和平台的销售分成。主播按身份不同可分为网红达人主播、明星艺人主播、企业家主播和其他身份主播；主播按照隶属关系不同，可分为个人主播、网络直播平台或MCN机构签约主播、商家主播；按主播等级分类，以淘宝直播为例，主播分为三个大的级别——TOP主播、腰部主播、新进主播，主播分级涉及的维度包括直播场次、直播时长、平台活动完成率、粉丝留存率等。还有把我国现阶段直播电商行业的主播分为达人主播、名人主播、虚拟主播和商家自播四类的。

3）下游需求端。下游需求端主要为消费者。从用户性别比例上看，我国直播电商下单用户以女性群体为主，女性下单用户占比达53.8%，男性下单用户占比达46.2%；从年龄结构上看，中青年群体为我国直播电商产品的主要消费群体；从城市分布上看，我国主要直播电商平台有超4成用户来自于三线及以下城市，行业下沉特征明显。

无论是高线城市用户还是下沉市场用户，货与价是直播购物的主要驱动因素。网购用户中存在大量价格敏感型消费群体，减少溢价、物美价廉是其普遍诉求，由此为直播电商带来增量市场。发现好货与高性价比是消费者直播购物的首要原因，高性价比与发现好货是下沉用户直播购物的首要原因，具体如图2-49所示。

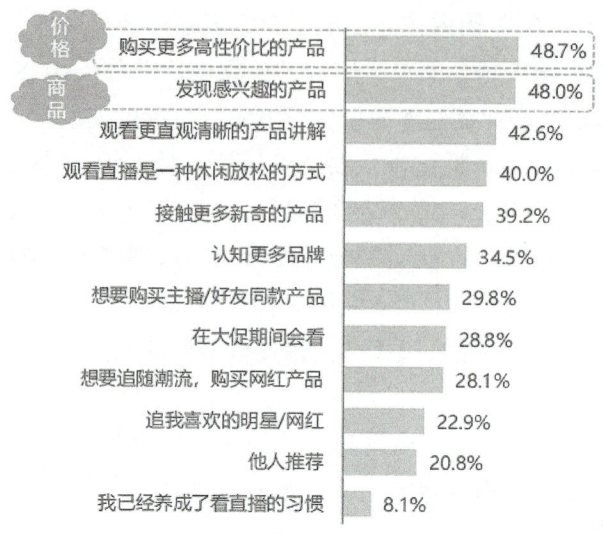

图 2-49　我国下沉市场消费者观看直播购物的原因

3. 直播电商的模式及收益分配模式

（1）直播电商的模式

"直播＋电商"的模式，不仅提升了互联网中消费者的黏性，而且提高了电商的商品销售转化率，为传统电商创造了一次更大的赢利机会，很多商家也在赶着这个直播的流量红利去做直播电商。在做直播电商之前，首先要了解直播电商的三种模式。

1）电商直播模式。电商直播模式，即直接在电商平台中镶嵌直播功能。这种模式利用电商平台本身的巨大流量带动直播流量，待直播平台拥有充足的稳定的流量之后，再利用直播流量反哺电商平台，从而打造流量的闭环。淘宝、京东和拼多多等均是直接在平台中内嵌直播功能，把直播作为电商平台的重要组成部分。

采用这种模式的电商，多数偏向于利用互联网名人、明星等推广一些性价比高、价格能够被大多数消费者接受的"大众消费品"，快速达到促销目的，甚至还有可能打造为爆款的商品。这种会在短时间达到"促销效果"的"直播＋电商"模式，可以被大多数喜欢网购的年轻人所接受，并且能让这些年轻人在观看直播的时候潜意识地接受商品，并产生购买的想法。但该模式下，用户更换平台的成本非常低，主播去哪儿，用户就跟到哪儿。

2）短视频直播模式。短视频直播模式主要在短视频平台中出现，依托平台自身电商功能，或借助商品链接与第三方电商平台建立联系。例如早期的抖音和快手，通过其短视频的平台去做直播的孵化，用户观看短视频的时候可以直接观看直播，单击视频中展示的商品购买，这可能会影响粉丝对直播的体验，甚至造成平台的流量损失。目前，快手直播间的电商交易将在快手平台实现完全闭环，而在短视频内容上，快手还为京东联盟保留了外链的出口。

3）直播电商模式。以直播为主打的内容电商主要集中在美妆和跨境电商两个领域，通过直播的方式来现场展示商品，解决用户的疑问，直接促成交易。这种方式使流量的变现渠道变得更加广泛，强化了直播营销可执行的内容。

（2）直播电商的收益分配模式

直播电商的收益分配模式主要有两种，即纯佣金模式和"佣金+坑位费"模式。

1）纯佣金模式。纯佣金模式是指企业/品牌商根据直播商品的最终销售额，按照事先约定好的分成比例向主播支付佣金。在直播行业中，主播的级别不同，直播的商品不同，佣金比例也会有所不同。

2）"佣金+坑位费"模式。"佣金+坑位费"模式是指企业/品牌商不仅要向主播支付固定的坑位费，还需要根据商品的最终销售额按照约定好的分成比例向主播支付相应的佣金。坑位费即商品在直播间的上架费用，由主播影响力、带货品类、上架时间等要素决定。一般来说，商品出现的顺序越靠前，坑位费越高。此外，通常头部主播的坑位费较高，这是因为头部主播的人气较高，曝光量较高，在一定程度上能够保证商品的出单量，即使用户没有在主播的直播间里购买某企业/品牌商的商品，但主播的高人气、高曝光量，也能为企业/品牌商打响知名度，提升该企业或品牌的影响力。此外，部分坑位费与ROI（投资回报率）直接挂钩，只有ROI达到一定门槛后，主播才有机会获得坑位费。

4. 直播电商平台

1）淘宝直播。淘宝直播是我国直播电商消费专业平台，定位于"消费类直播"，为直播带货达人提供海量货品选择，为千万商家提供新电商消费模式，提供集多行业、多平台、智能化、安全性为一体的直播解决方案。2021年淘宝直播升级为点淘App，点淘App采取了"短视频+直播"的双核模式，两者双管齐下连接起用户与服务。从业者们可以通过短视频进行内容种草、粉丝蓄水、公域破圈、人设塑造，再到直播生态中达成粉丝召回、即时互动、刺激购买。

淘宝直播从2016年至今，经历了探索期、极速发展期、爆发期，如今已经进入稳定成熟期，在此阶段，淘宝直播拥有全行业较高的消费者洞察能力，商家可以根据自身的需求选择最适合自身的主播，精准实现物找人。"专业化"成为淘宝直播在行业领域保持领跑者地位的"利器"。

淘宝官方是如何分配流量池里的流量的呢？主要以标签、层级攀登和活动排名三个原则来进行。第一，标签。其实是给自己的直播间定位，通过千人千面系统来匹配标签对应流量人群。在标签之下，进行标签流量的争夺。热门标签流量多，但是竞争激烈，而冷门标签正好相反。第二，层级攀登。层级越高，权益也就越多，被官方、粉丝注意到的机会越大，流量一般都是往高层级的主播或店铺上倾斜。第三，活动排名。官方活动、官方任务完成得越优秀，排名越靠前，证明自己的实力不会浪费官方给予的流量，能得到相应的投入产出，在流量分配中得到优待也就顺理成章了。淘宝举办大大小小的活动，各种主题的直播与月终排位赛，都是一次洗牌的过程。流量竞争过程中，合理运用直播标签攀升直播等级以及把握活动机会提升活动排名。

流量向有优秀内容建设的直播间流动，直播要回归内容。流量倾斜的判断点，是以内容建设为核心的。做好内容建设，是提升流量的中心点。做好直播内容，需要从以下五个方面努力。第一，内容可见度，即内容所能覆盖的广度，被覆盖的人群越广，能被看到的概率越大，主要考查直播的运营能力。第二，内容吸引度，即以在单位时间内，粉丝能否在直播间进行停留、购买，以及互动动作（评论、点赞、分享等）作为考量，多取决于直播氛围、产品选择和主播引导，考查的是产品及主播吸引力。第三，内容引导力，即与内容吸引度息息相关，从留住粉丝到引导其进店并主动了解商品的能力，这部分可依靠主播的话术建设来提升，主要考查话术体系构建和主播控场、吸引力。第四，内容获客力，即代表内容与消费者购买行为产生引导转化的能力，也就是了解产品后进行了购买行为，从前期的种草到拔草成功，通过内容获得购买商品的精准消费群体。第五，内容转粉力，即通过持续性的内容输出，将只是短暂停留的游客变成有目的、停留时间长的"铁杆"粉丝。

2）京东直播。京东直播是京东推出的"消费类直播"直播平台，定位于"专业＋电商"。京东直播主推电商泛娱乐营销模式，通过生态建设、基建赋能、内容品质化，引领电商直播赛道升级，以轻松有趣的风格，用专业内容辅助用户做消费决策，让观众在专业主播的推荐下可以"边看边买"到自己真正需要的正品好货。京东直播致力于建立完善健康的机构达人生态，开放全域流量，打破直播流量困局，大小主播平等对待，为直播行业树立了新风尚。

京东看重长期效益，重视直播的品质，把直播看作品牌营销场，而不仅仅是带货工具。打造"内容品质化＋运营专业化"的直播常态，在内容方面做到"专业性＋大众性＋趣味性"相统一，追求最终的"品＋效＋销"合一，在运营方面做到"播前预热＋播中引爆＋播后发酵"，通过全链路的场景运营每场直播。沿着规模化、生态化、品质化的方向，京东直播将在电商直播这波浪潮中走上一条"少有人走的路"。

京东直播按内容分类，可以分为商家直播、PUGC（Professional User Generated Content，"专业用户生产内容"或"专家生产内容"）直播和PGC（Professional Generated Content，专业生产内容）直播。商家直播，即京东直播开放给所有商家，在注册达人平台后默认开通直播权限。PUGC直播，即京东直播与机构主播进行合作，个人主播可登录达人平台或京任务后台发布直播。PGC直播，即京东直播与直播机构进行栏目制合作，京东平台中的《什么值得买》《亲爱的铲屎官》《超级大放价》等栏目均属于PGC直播。

3）抖音电商。抖音电商是国内知名的短视频内容分享平台——抖音旗下购物渠道，专注于为达人、机构服务商、商家提供多元化电商服务，专注于成为用户发现并获得优价好物的选择平台。抖音以"内容"为主要的流量分发逻辑，作为区别于搜索和社交的信息推荐模型，将内容和用户进行匹配，通过系统进行精准推荐是其推荐算法的核心。

抖音作为内容平台，注重为用户打造沉浸式体验，会依据用户偏好和浏览习惯将内容和用户进行匹配，对优质内容的扶持力度较大。抖音直播具有互动性强、粉丝黏性高、营销数据可视化、内容原创等优势，吸引了不少自媒体和企业。众多抖音创作者通过短视频／直播等丰富的内容形式，给用户提供更个性化、更生动、更效率的消费体验。同时，抖音电商积极引入优质合作伙伴，为商家变现提供多元的选择。为达人提供方便有效的带货工具，连接海量用户和优质货品；平台运营支持＋专属产品功能帮助机构服务商管理达人和商家；为商家提供电商服务平台，帮助商家一站式效率处理售前售后问题。抖音直播电商生态如图2-50所示。

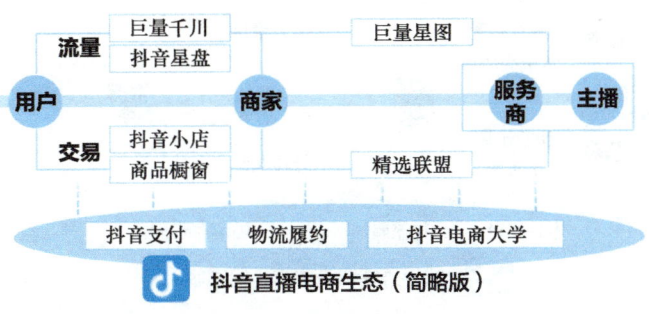

图 2-50　抖音直播电商生态（简略版）

抖音电商有三大特点。第一，兴趣电商，新增量激发。实现个性化推荐精准匹配，激发潜在用户兴趣；促成发现式消费，为商家带来新的生意增量。第二，全链经营，一站式服务。为商家提供全链路经营服务，助力商家长效经营；生意阵地，有效沉淀用户价值，实现品销合一。第三，优价好物，多场景转化。短视频、直播双擎内容形式，搭载商家自播、达人矩阵、营销活动、头部大 V 四大经营赛道。

抖音的重算法轻粉丝的流量逻辑来自于今日头条的成功，作为区别于搜索和社交的信息推荐模型，将内容和用户进行匹配，通过系统进行精准推荐是这个算法的核心，所以有人又将这个逻辑称为内容导向的计划经济。抖音和头条推荐算法背后有一个简单的函数公式：

$$y=F(X_i, X_u, X_c)$$

其中，y 代表推荐结果，F 是推荐算法函数，X_i、X_u、X_c 分别代表内容、用户、环境的变量。这个函数包括三个维度的变量，即内容、用户、环境。第一个维度：内容。每种内容都有很多标签，什么类别、属于什么领域、播放量、评论数、转发数等，需要考虑怎样提取内容特征来推荐。第二个维度：用户特征，包括兴趣、职业、年龄、性别等。第三个维度：环境特征，如用户在哪里，什么场合等。

与淘宝直播的卖场模式不同，抖音建立起"兴趣电商+交易电商"的模式，赋予自身平台特色，提升电商直播的竞争力，充分发挥自身平台潜力。从购买力与转化角度来看，抖音的流量质量非常高，在用户活跃量以及视频病毒传播方式的闭环生态环境中，抖音一步一步地为内容电商创造了完美的温室条件，并以此为商家们开启全新的电商渠道。

4）快手电商。快手电商是快手科技旗下直播电商平台，是超过 1 亿人边看边买的消费直播平台，专注于满足消费者需求和消费体验以及为商家用户提供多元化电商专业服务。通过直播+短视频多渠道带货变现，推出以 KOL 为中心的带货模式，以直观的方式刺激观众的消费欲望，以沉浸式体验带给消费者不一样的购物感受。KOL 带货因为快手红人较具影响力，能够自带流量，而且真人短视频、直播更容易帮助用户做决策，以此降低获客成本。快手小店是快手推出的电商服务工具，旨在为平台提供好的交易服务，让快手上的每一位商家都能幸福出货，让快手每一位"老铁"都能幸福收货。快手直播电商生态如图 2-51 所示。

快手电商有三大特点：第一，海量流量。一亿活跃电商用户，通过直播+短视频多渠道带货变现。第二，短视频+直播。沉淀高黏性私域流量，粉丝数量、黏性高速增长，复购转化率高。第三，精准流量。高转化打造爆品，高效定位人群，精准推荐直播间。

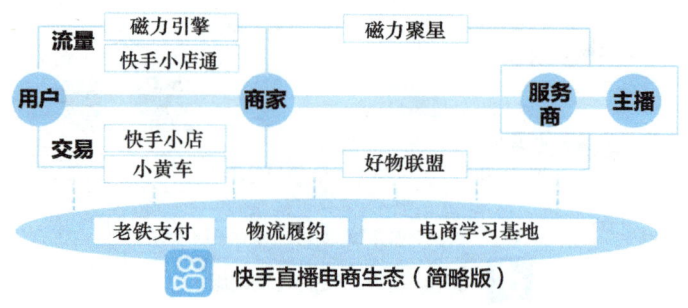

图 2-51　快手直播电商生态（简略版）

　　快手的流量逻辑是基于"社交+兴趣"进行内容推荐，采用去中心化的"市场经济"。平台以瀑布流式双栏展现为主，发布内容粉丝到达率为 30%～40%。快手优先基于用户社交关注和兴趣来调控流量分发，主打"关注页"推荐内容。快手的弱运营管控直接"链接"内容创作者与粉丝，加深双方黏性，沉淀私域流量，诞生了信任度较高的"老铁关系"。与抖音相比，快手更注重下沉市场，流量均匀分发，很受三四线城市用户的喜爱。

　　5）多多直播。多多直播由拼多多于 2020 年推出，是拼多多开放给有带货能力或潜力的合作方的营销工具，以提升合作方用户黏性和流量转化效率。拼多多 2018 年于美国纳斯达克上市，为国内新电商开创者，通过"社交+电商"的模式，以"拼着买，才便宜"的社交拼团为核心，以"好货不贵"为运营理念，为消费者提供补贴折扣品牌商品、原产地农产品、工厂产品和新品牌商品等。

　　拼多多具有较强的社交属性，商品信息依靠用户之间的相互分享获得"病毒式"传播；多多直播更像一种营销工具和服务形式，其核心任务在于帮助商家运营自己的私域流量。其流量主要来自拼多多 App 首页、直播广场、店铺主页、商品详情页等，更注重对商家私域流量的开发，其次是微信群等。多多直播的主要直播模式包括商家自播、走播和助农直播，直播商品以低价白牌商品为主，家居生活类用品较多，其次为服饰、食品类商品，以及农产品等。

　　6）小红书。小红书创办于 2013 年，以"Inspire Lives 分享和发现世界的精彩"为使命，用户可以通过短视频、图文等形式记录生活点滴，分享生活方式，并基于兴趣形成互动。2019 年 12 月，小红书正式启动直播功能，采用"直播+笔记"的新直播方式，以"种草"带货内容为主，把用户导流到平台店铺。小红书社区目前内容覆盖时尚、个护、彩妆、美食、旅行、娱乐、读书、健身、母婴等各个生活方式领域，每天产生超过 70 亿次的笔记曝光，其中超过 95% 为 UGC 内容。小红书福利社是小红书旗下自营平台，消费者可以一键购买来自全世界的优质美妆、时尚、家电、零食商品等。

　　小红书企业号部门围绕"企业号"这一核心产品，整合公司从社区营销一直到交易闭环的资源，更好地连接消费者和品牌，帮助品牌在小红书完成一站式闭环营销，提供全链条服务。小红书电商直播呈现强劲的消费升级趋势。在保持高客单价的基础上，商品品类向全行业化快速发展。服饰、美食、母婴等品类商品的直播间上架率均超过 5%。

　　直播电商平台还包括蘑菇街、苏宁易购、洋码头海淘、得物、唯品会、考拉海淘和微赞直播等。

5. 直播电商行业发展趋势

（1）直播监管环境趋严，行业将进入良性发展阶段

针对直播带货行业的各项政策接连出台，对人们关注的刷单、主播欺骗和误导消费者、售卖假冒伪劣产品、发布虚假广告等问题，都提出了具体的监管措施，提升直播带货的门槛。随着直播电商行业监管政策越来越严格，直播行业相应的模糊空间将会减少，规范性将会增强，直播电商行业将在健康的氛围下实现更快的发展，将进入良性发展阶段。

（2）国产品牌在直播电商中的表现将持续提升

近年来，国产品牌直播电商销售表现较为亮眼。国产品牌的运动鞋服、大家电、数码产品等越来越受到消费者的青睐。同时，在直播浪潮下，国产品牌商家参与直播电商的热度日益高涨。在国潮文化大流行以及青年消费者对国产品牌接受度不断提高的趋势下，国产品牌在直播电商中的表现还将持续提升。

（3）跨境直播有望成为直播电商新趋势

国内外知名社交、电商、短视频平台纷纷开启跨境直播电商行业，吸引众多电商参与，由此，通过跨境直播实现海内外双向出货。TikTok 拥有超过 10 亿的全球月活用户，其电商销售覆盖地区广泛集中在亚洲、欧洲、北美洲、南美洲及澳洲等地区，预计 TikTok 将成为主流跨境直播电商平台。

（4）直播电商头部带货主播重新洗牌

在经历了热火朝天的全民直播电商带货热潮之后，行业粗放式发展所蕴含的不良问题日渐显现，针对直播电商行业的监管正在不断加强。某带货达人被封号，在一定程度上打破了直播电商行业长期以来的头部主播垄断格局，一些既有头部主播也纷纷开始自我整改与调试。中小主播和品牌获得了更多的发展机会，未来新带货主播在 MCN 机构、直播运营机构和新型直播平台等的加持下可能会迅速崛起走红，进入头部席位。

拓展训练

进行主流直播电商平台对比分析，见表 2-5。

表 2-5 主流直播电商平台对比分析

平台	创立时间	平台属性	流量来源	KOL 属性	商品属性	带货模式
淘宝直播						
京东直播						
抖音电商						
快手电商						
多多直播						
小红书						

实战训练

假如你要在抖音直播带货，主营零食，在直播开始之前，如何为直播间引流？

思考与练习

一、单选题

1. （　　）指抖音直播6个月以上,有完备的团队,拥有较好的粉丝沉淀和直播间流量,具备稳定的销售转化能力。
　　A．初始结构　　　　B．发展结构　　　　C．稳定结构　　　　D．成熟结构

2. 团队结构简单,团队中一人可身兼多职的是（　　）。
　　A．初始结构　　　　B．发展结构　　　　C．稳定结构　　　　D．成熟结构

3. （　　）是一场直播的推进者,配合主播完成直播。
　　A．副播　　　　　　B．场控　　　　　　C．中控　　　　　　D．运营

4. （　　）是一场直播的价格把控者,配合主播完成直播。
　　A．副播　　　　　　B．场控　　　　　　C．中控　　　　　　D．运营

5. （　　）是一场直播的流量、内容、活动、用户的维护者。
　　A．副播　　　　　　B．场控　　　　　　C．中控　　　　　　D．运营

6. 进入到直播间的用户,本身就是对产品感兴趣的目标用户,这种行为是用户主动选择的结果,用户是凭借个人喜好的选择,因此具有高度的（　　）。
　　A．实时性　　　　　B．真实性　　　　　C．强交互性　　　　D．精准性

二、多选题

1. 抖音带货权限申请要求包括（　　）。
　　A．完成实名认证
　　B．缴纳作者保证金500元
　　C．个人主页视频数（公开且审核通过）≥10条
　　D．账号粉丝量（有效粉丝数）≥1000

2. 抖音直播带货流程包括（　　）。
　　A．账号运营　　　　B．营销运营　　　　C．场景与预告　　　D．直播执行
　　E．互动与复盘

3. 抖音带货直播的组织架构根据开展抖音直播的时间长短可分为（　　）。
　　A．初始结构　　　　B．发展结构　　　　C．稳定结构　　　　D．成熟结构

4. 在直播电商场景下,用户的消费心理包括（　　）。
　　A．为需求买单　　　B．为品牌买单　　　C．为喜爱买单　　　D．为信任买单

5. 主播按身份不同可分为（　　）。
　　A．网红达人主播　　B．明星艺人主播　　C．企业家主播　　　D．其他身份主播

三、判断题

1. 抖音直播有两种形式:抖音内容直播和抖音带货直播。两种直播形式开通的标准相同。　　　　　　　　　　　　　　　　　　　　　　　　　　　　　　（　　）

2. 《网络直播营销管理办法(试行)》规定：直播营销人员或者直播间运营者为自然人的，应当年满十六周岁；十六周岁以上的未成年人申请成为直播营销人员或者直播间运营者的，应当经监护人同意。（　　）
3. 抖音带货直播不仅需要开通内容直播功能，还需开通直播带货权限。（　　）
4. 直播带货的核心在"人"。（　　）
5. 在传统电商场景下，以刚性需求为主，用户通常是"为需求买单"和"为品牌买单"。（　　）

四、简答题

1. 简述直播电子商务的概念。
2. 简述直播电商的特征。
3. 简述直播电商的模式。

任务6　跨境电子商务

任务情景

跨境电子商务凭借其线上交易、非接触式交货、交易链条短等优势逆势上扬，成为稳外贸的重要力量。2024年我国的跨境电商进出口增长了10.8%，占整个进出口的比重提升到了6%，更多优质的产品可以直达海外的消费者。

任务分析

跨境电子商务是对外贸易的新业态，"互联网+外贸"催生跨境电商，跨境电商缩短了外贸的交易链条，以小额交易、低成本、低风险、敏捷灵活的特点迎合了全球经济发展的趋势。多批、小批的对外贸易订单需求将取代传统的对外贸易大宗交易，为促进跨境电子商务发展注入动力。我国跨境电子商务经历了信息服务阶段、在线交易阶段，正式进入全产业链服务阶段。这一时期，大型跨境电子商务开始整合供应链，同时跨境电子商务供应链各环节趋向融合。精细化运营成为主流，新零售、直播营销等创新模式持续渗透。下面一起领略跨境电子商务的魅力。

任务实施

跨境电子商务与传统电商（或传统贸易）的交易流程基本相似，都需要经历交易前的准备、交易磋商及合同的签订与履行三个环节。但跨境电子商务的交易始于跨境电子商务交易平台，同样也终于跨境电子商务交易平台，其交易主体来自不同关境，通过电子商务的手段将传统贸易中的展示、磋商、成交和结算环节电子化，并通过跨境物流送达商品。因此，跨境电子商务商业模式下的国际市场调研需考虑的因素比境内电子商务更为复杂，调研的渠道及手段和传统贸易也有所不同。同时，跨境电子商务涉及的交易安全问题更为复杂。下面以速卖通为例，介绍跨境电子商务的基本流程。

1. 入驻全球速卖通（见图2-52）

图2-52　速卖通入驻流程

（1）注册认证

打开全球速卖通（https://sell.aliexpress.com/），在页面右上角的语言选项中选择"中文"后，单击"注册"按钮进入注册页面，如图2-53所示。输入公司注册地所在国家（注册后国家不可更改）、电子邮箱、登录密码、手机号码，并勾选协议，单击"下一步"，完成手机验证和邮箱验证。注册完成后，进行企业支付宝授权认证或自行填报入驻信息并通过企业法人授权认证。

图2-53　注册速卖通账号

（2）选择销售计划

进入速卖通店铺后台，执行"账号及认证"→"我的权益"→"选择销售计划"命令。两种销售方式的主要区别在于年费结算和功能使用权限：企业店铺，可选择"标准销售计划"或"基础销售计划"；个体工商户店铺，首次仅可申请"基础销售计划"，满足一定条件后，可从"基础销售计划"升级"标准销售计划"。两种销售计划的详细比较见表2-6。

表2-6　标准销售计划和基础销售计划比较表

	标准销售计划（Standard）	基础销售计划（Basic）
店铺的注册主体	企业	个体工商户/企业均可
开店数量	不管个体工商户或企业主体，同注册主体下最多可开6个店铺，每个店铺仅可选择一种销售计划	

(续)

	标准销售计划（Standard）	基础销售计划（Basic）
年费	按经营大类收取，两种销售计划收费标准相同	
商标资质	√	同标准销售计划
产品清单审核	√	同标准销售计划
类目服务指标考核	√	同标准销售计划
年费结算奖励	中途退出：按自然月，返还未使用年费 经营到年底：返还未使用年费，使用的年费根据年底销售额完成情况进行奖励；销售额要求参考速卖通各类目技术服务费年费及考核一览表	退出经营：全额返还
销售计划是否可转换	一个自然年内不可切换至"基础销售计划"	当"基础销售计划"不能满足经营需求时，且： 1. 经营满6个月或以上 2. 满足一定条件，可申请"标准销售计划"（无须更换注册主体）
功能区别	可发布在线商品数≤3000	1. 可发布在线商品数≤300 2. 部分类目暂不开放基础销售计划，开放类目参考速卖通"基础销售计划"可申请类目一览表 3. 当月支付金额≥3000美元时，无搜索曝光机会，但店铺内商品展示不受影响；下个自然月初，搜索曝光恢复

实训要点提示

① 无论哪种销售计划，若因违规违约关闭账号，年费将不予返还。

② 无论哪种销售计划，店铺均可正常报名参与平台各营销活动，不受支付金额限制。

③ 注册主体为个体工商户的卖家店铺，仅可申请"基础销售计划"，当"基础销售计划"不能满足经营需求时，满足一定条件可申请并转换为"标准销售计划"。

④ 基础销售计划升级标准销售计划的标准。满足以下条件，可通过链接提交，平台核实后，将在5个工作日后进行升级：第一，店铺账号套餐权益为"基础销售计划"（套餐权益可通过账号及认证→我的权益→套餐权益查看）；第二，最近30天的"支付金额"≥2000美元（可通过数据纵横→成交分析→成交概况查看）；第三，当前服务等级非为不及格（可通过店铺→卖家服务分→当月服务等级查看）。

（3）类目准入

1）选择店铺类型。速卖通店铺类型主要包括官方店、专卖店、专营店和其他。官方店是指商家以自有品牌或由权利人独占性授权（仅商标为R）入驻速卖通开设的店铺。专卖店是指商家以自由品牌（商标为R或TM状态），或者持他人品牌授权文件在速卖通开设的店铺。专营店是指经营1个及以上他人或自有品牌（商标为R或TM状态）商品的店铺。

2）选择主营类目。每个账号选取一个经营范围经营，如图2-54所示。个别类目需提供类目资质，审核通过方可经营。假发、电子元器件暂不接受主动申请。

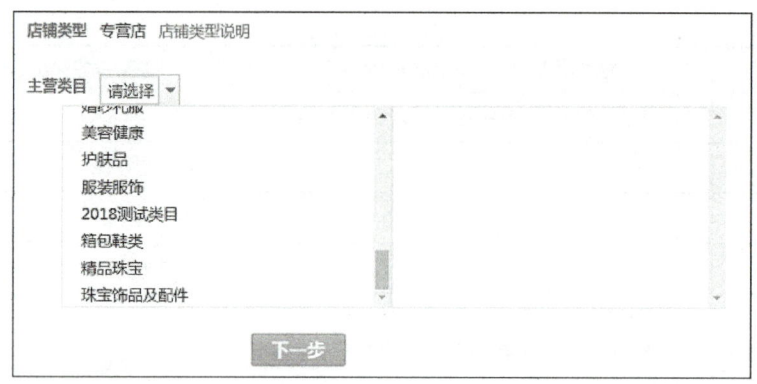

图 2-54 选择主营类目

3）输入经营商标。输入商标后勾选类目，若商标输入未显示，需要先进行"商标添加"再进行商标资质申请；若不经营商标，可直接勾选 NONE 品牌，跳过这个步骤。

（4）提交资料等待审核

个别行业需要同时提交类目资料，绝大部分行业只需要提供商标资质申请材料即可。商标资质，根据品牌差异略有不同，四选一：商标注册证、全链路授权书、全链路发票、进货发货。预计 10 个工作日审核完成。若审核未通过，可登录速卖通店铺后台，单击右上角"联系客服"，或根据审核未通过原因，重新提交审核。

（5）缴费

完成审核后，卖家根据所选的经营类目缴纳对应的年费。技术服务费年费标准参见速卖通当年度各类目技术服务费年费一览表。

（6）开店经营

付费完成后，进入速卖通卖家后台，设置店铺名称和二级域名。若申请的是官方店，需要同步设置品牌官方直达及品牌故事内容。入驻基本完成，接下来进行商品发布、店铺装修等操作，开始经营跨境店铺。

2. 跨境电子商务进出口交易流程（见图 2-55）

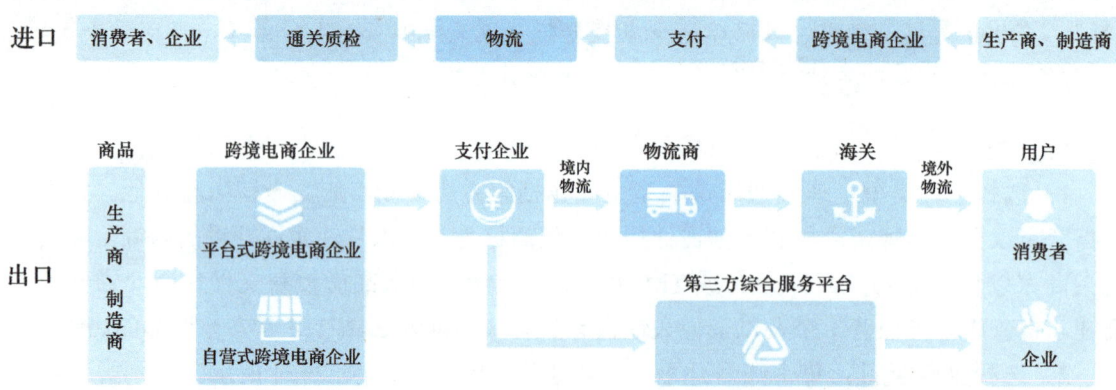

图 2-55 跨境电子商务进出口交易流程

（1）跨境电子商务进口交易流程

跨境电商企业通过事前备案，将企业信息、商品信息进行备案。当境内消费者成功支付订单后，跨境电商企业将订单信息发送至服务平台进行申报；支付企业将订单支付信息发送至服务平台进行申报；跨境物流企业在成功预订舱单信息后，将对应的跨境贸易相关的舱单信息（含运单信息）发送至服务平台进行申报。服务平台集齐三单信息后，自动生成清单供有报关报检资质的企业进行申报。清单经海关、检验检疫审核后，若无异常，则放行进入终端配送环节。

（2）跨境电子商务出口交易流程

在跨境电商出口业务中，国内生产商或制造商在跨境电子商务平台上展示商品，外国客户（买家）选购商品并支付后，由跨境电商运营商（卖家）将商品交付物流公司递送。商品经过出口清关检验和进口清关检验后送达客户。一些跨境电商运营商与第三方综合服务平台合作委托后者办理物流、商检等环节。

3. 跨境电商零售进口商品通关流程

近年来，越来越多的消费者通过跨境电子商务平台购买进口商品。那么进口商品如何通过跨境电商渠道通关，相关的注意事项又有哪些呢？

跨境电商零售进口商品整体通关流程较为便捷快速。消费者在跨境电子商务平台购买进口商品后，一般会经过三个环节：第一，企业向海关传输"三单"信息（包括电子订单、电子运单以及电子支付信息）并向海关提交《中华人民共和国海关跨境电子商务零售进出口商品申报清单》（简称《申报清单》）；第二，海关实施监管后放行；第三，企业将海关放行的商品进行装运配送，消费者收到包裹完成签收。主要通关流程如图 2-56 所示。

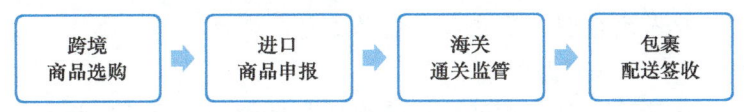

图 2-56　主要通关流程

（1）进口商品申报

消费者在完成商品选购后，进口商品申报前，跨境电子商务平台企业或跨境电子商务企业境内代理人、支付企业、物流企业分别通过国际贸易"单一窗口"或跨境电子商务通关服务平台向海关传输相关的电子订单、电子运单，以及电子支付信息。进口商品申报时，跨境电子商务企业境内代理人或其委托的报关企业根据"三单"信息向海关提交《申报清单》（依据：《关于跨境电子商务零售进出口商品有关监管事宜的公告》（海关总署 2018 年第 194 号公告）第 6 条、第 8 条）。

（2）海关通关监管

海关依托信息化系统实现"三单"信息与《申报清单》的自动比对。一般情况下，规范、完成的《申报清单》经海关快速审核后放行，实现"秒级通关"。对于部分通过风险模型判定存在风险的，经海关单证审核及商品查验无误后方可放行。

（3）包裹配送签收

经海关监管放行的进口商品，企业在通关口岸可以进行打包装车配送，进口商品的主要通关流程结束。消费者收到进口商品后，完成签收。

> **实训要点提示**

通关环节还需关注的事项如下。

①关注进口商品范围。通过跨境电商渠道申报进口的商品,需要满足符合《跨境电子商务零售进口商品清单》范围,清单范围以外的商品无法通过跨境电商渠道进口(依据:《关于调整跨境电子商务零售进口商品清单的公告》(财政部等八部门2022年第7号)。

②关注税款担保额度。跨境电商零售进口商品采用"凭保放行"的模式进行监管。如果企业销量短时间内迅速增长,可能会出现企业担保额度不足,造成无法正常向海关提交《申报清单》的情况。跨境电子商务平台企业、物流企业或申报企业可提前评估担保额度情况,及时向海关提交足额有效的税款担保(依据:《关于跨境电子商务零售进出口商品有关监管事宜的公告》(海关总署2018年第194号公告)第16条)。

③关注商品退货时效。跨境电商零售进口商品发生退货的,退货企业应在《申报清单》放行之日起30日内向海关申请,并在《申报清单》放行之日起45日内将退货商品运抵原海关监管作业场所、原海关特殊监管区域或保税物流中心(B型)。物流压力较大时,有办理商品退货需求的企业,需合理安排相关事项的申请及物流配送时间(依据:《关于跨境电子商务零售进口商品退货有关监管事宜的公告》(海关总署2020年第45号公告)第3条)。

④关注进口限值要求。跨境电子商务零售进口商品单次交易限值为人民币5000元,年度交易限值为人民币26000元。完税价格超过5000元单次交易限值但低于26000元年度交易限值,且订单下仅一件商品时,可以自跨境电商零售渠道进口,按照货物税率全额征收关税和进口环节增值税、消费税,交易额计入年度交易总额;年度交易总额超过年度交易限值的,应按一般贸易管理。

对于不符合上述跨境电商零售进口限值管理要求的进口商品,将无法通过跨境电商渠道办理通关手续,尤其是超限值的直购进口商品运抵海关监管场所后需做退运处理,增加企业物流成本。为减少上述情况发生,企业可在销售商品前,提醒消费者提前查看年度交易限值使用情况(依据:《关于完善跨境电子商务零售进口税收政策的通知》(财关税2018年第49号))。

⑤关注促销商品报备。进口商品促销前,跨境电子商务企业应将商品种类、数量、价格、促销时间等向业务所在地海关现场监管部门进行报备,便于海关及时掌握企业促销情况,有效实施监管。

相关知识

1. 跨境电子商务概述

(1)跨境电子商务的概念

跨境电子商务是指分属不同关境的交易主体,通过电子商务平台达成交易、进行电子支付结算,并通过跨境电商物流及异地仓储送达商品,从而完成交易的一种国际商业活动。

狭义的跨境电商基本等同于跨境零售，是指分属于不同关境的交易主体，借助计算机网络达成交易、进行支付结算，并采用快件、小包等方式通过跨境物流将商品送达消费者手中的交易过程。广义的跨境电商基本等同于外贸电商，是指分属于不同关境的交易主体，通过电子商务的手段将传统进出口贸易中的展示、洽谈和成交等环节电子化，并通过跨境物流送达商品、完成交易的一种国际商业活动。

（2）跨境电子商务的特点

跨境电子商务具备全球性、成本低、匿名性、无形性、即时性、无纸性、快速演进七大特点。同时，跨境电子商务不仅冲破了国家间的障碍，使国际贸易走向无国界贸易，同时它也正在引起世界经济贸易的巨大变革。

1）全球性。互联网是一个没有边界的媒介体，具有全球性和非中心化等特征。由于经济全球化的发展趋势，商家依附于网络进行跨境销售，使得跨境销售也具有全球性和非中心化等特征。

2）成本低。传统跨境贸易进出口环节多、时间长、成本高，而跨境电商直面最终消费者，大大降低了企业走出国门的成本和消费者的购买成本。

3）匿名性。跨境电子商务的全球性和非中心化，很难识别买家身份和具体的地理位置。在线交易的买家大多不会显示自己具体的位置和身份，但是并不影响交易的进行，网络匿名也允许买家这样做。

4）无形性。网络的发展，使得数字化产品及服务传输盛行，而数字化传输则是通过不同类型的媒介，如数据、图像和声音在全球网络环境中集中传输，这些媒介在网络中主要以数据代码的形式存在，因而是无形的。

5）即时性。网络上传输信息，传输的速度与信息地理位置、距离无关。传统交易模式主要通过信函、传真、电报等方式，在信息发送与接收之间存在很长一段不确定性的时间差。在电子商务中，其信息交流则较为便捷，发送信息与接收信息几乎同步，就如面对面交流一样。

6）无纸性。电子商务主要采用无纸化的方式进行操作，这是以电子商务形式进行贸易的主要特点。在电子交易过程中，电子计算机会记录一系列的纸面交易数据，因为电子信息以比特的形式存在和发送，所以整个信息的发送和接收过程可实现无纸化交易。

7）快速演进。跨境电商是一个新的模式，现阶段尚处于其发展阶段，其网络设施和相应协议软件的发展具有很大的不确定性。但是政策制定者需考虑电子商务是在网络上交易，就像新生儿一样，势必会以前所未有的速度和无法预知的方式进行不断的演进。

（3）跨境电子商务的分类

跨境电子商务从交易主体上，主要分为B2B跨境电子商务、B2C跨境电子商务和C2C跨境电子商务，从进出口方向分为出口跨境电子商务和进口跨境电子商务，按服务类型分为信息服务平台和在线交易平台，按平台运营方可分为第三方开放平台、在线交易平台和外贸电商代运营服务商模式。下面重点介绍按交易主体的三种分类。

1）B2B跨境电子商务，从广义层面来看，是指互联网化的企业对企业跨境贸易活动，也即"互联网+传统国际贸易"；从狭义层面来看，是指基于电子商务信息平台或交易平台的企业对企业跨境贸易活动。B2B跨境电子商务平台主要有"交易佣金+服务费"和"会员制+推广服务"两种经营模式。"交易佣金+服务费"模式采取免费注册，免费商品信息展示，只收取交易佣金的方式。"会员制＋推广服务"模式主要为商家提供贸易平台和资讯收发等信息服务，通过收取会员费和服务费的方式进行运营。该模式下，企业运用电子商务以广告和信息发布为主，成交和通关流程基本在线下完成，本质上仍属传统贸易，已纳入海关一般贸易统计。

2）B2C 跨境电子商务是指分属不同关境的企业直接面向个人消费者在线销售商品和服务，通过电商平台达成交易、进行支付结算，并通过跨境物流送达商品、完成交易的一种国际商业活动。速卖通、天猫国际、网易考拉、兰亭集势等都属于此类平台。B2C 跨境电子商务平台主要有"保税进口＋海外直邮""自营"和"自营＋招商"三种经营模式。"保税进口＋海外直邮"模式的典型平台主要有亚马逊、天猫和 1 号店等。"自营"模式中，跨境电子商务企业直接参与采购、物流、仓储等境外商品买卖流程，对物流监控和支付都有自己的一套体系，如聚美优品等。"自营＋招商"模式发挥了企业的最大内在优势，并通过招商的方式来弥补自身的不足，如苏宁国际等。该模式下，我国企业直接面对国外消费者，以销售个人消费品为主，物流方面主要采用航空小包、邮寄、快递等方式，其报关主体是邮政或快递公司大多未纳入海关登记。

3）C2C 跨境电子商务是指分属不同关境的个人卖方对个人买方在线销售商品和服务，个人卖方通过第三方电商平台发布商品和服务售卖信息等，个人买方进行筛选，最终通过电商平台达成交易、进行支付结算，并通过跨境物流送达商品、完成交易的一种国际商业活动。个人卖家入驻淘宝全球购、洋码头海淘、海蜜等平台开店等均属该模式，商品以长尾非标品为主。

（4）跨境电子商务发展历程

随着全球互联网技术发展，以电子商务为依托的跨境电子商务时刻影响着传统进出口贸易。我国跨境电子商务的发展主要分为三个阶段。

1）信息服务阶段（1999—2003 年）。在跨境电子商务起步初期，其主要商业模式是网上展示、线下交易的外贸信息服务模式。第三方平台的主要功能是为企业信息以及产品提供网络展示平台，并不在网络上涉及任何交易环节。盈利模式主要是通过向进行信息展示的企业收取会员费（如年服务费等）。在该阶段发展过程中，虽然通过互联网解决了中国贸易信息面向世界买家的难题，但是依然无法完成在线交易，对于外贸电商产业链的整合仅完成信息流整合环节。该阶段的典型代表平台包括中国制造网、中国化工网、阿里巴巴国际站和环球资源网等。

2）在线交易阶段（2004—2012 年）。2004 年开始，我国跨境电子商务平台开始摆脱纯信息黄页的展示方式，实现线下交易、支付、物流等流程电子化，逐步转型为在线交易平台。相较信息服务阶段，该阶段更能体现电子商务的本质，借助于电子商务平台，通过服务、资源整合有效打通上下游供应链，包括 B2B 平台模式和 B2C 平台模式。该阶段的跨境电子商务以 B2B 平台模式为主流模式，通过直接对接中小企业商户实现产业链的进一步缩短，提升商品销售利润空间。第三方平台实现了营收的多元化，同时实现后向收费模式，将"会员收费"改以收取"交易佣金"为主，即按成交效果来收取百分点佣金。同时还通过平台上营销推广，提供支付服务、物流服务等获得增值收益。阿里速卖通等面向海外个人消费者的中国跨境出口电商蓬勃发展，洋码头、小红书等早期跨境进口电商开始展现。

3）全产业链服务阶段（2013年至今）。2013年成为跨境电子商务重要转型年，跨境电子商务全产业链都出现了商业模式的变化，有效构成跨境电子商务的各个部分及环节，包括进出口电商、物流、支付、运营、政策、金融、人才以及园区等，而全产业链服务就是对这些环节进行整合后加以全程把控的服务。监管制度的创新和消费升级，跨境电商全产业链都出现了快速的发展。这一时期跨境电子商务具有大型工厂上线、B类买家成规模、中大额订单比例提升、大型服务商加入、移动用户量爆发、平台承载能力更强、全产业链服务在线化等重要特征。该阶段的主要卖家群体正处于从传统外贸业务向跨境电子商务业务艰难转型期，生产模式由大生产线向柔性制造转变，对代运营和产业链配套服务需求较高；另一方面，主要平台模式也由C2C、B2C向B2B、M2B模式转变，批发商买家的中大额交易成为平台主要订单。该阶段诞生了大批跨境电子商务进口企业和平台，包括天猫国际、网易考拉和聚美优品等。

跨境电子商务作为推动经济一体化、贸易全球化的技术基础，具有非常重要的战略意义。跨境电子商务不仅冲破了国家间的障碍，使国际贸易走向无国界贸易，同时它也正在引起世界经济贸易的巨大变革。对企业来说，跨境电子商务构建的开放、多维、立体的多边经贸合作模式，极大地拓宽了进入国际市场的路径，大大促进了多边资源的优化配置与企业间的互利共赢；对于消费者来说，跨境电子商务使他们可以非常容易地获取其他国家的商品信息并买到物美价廉的商品。

2. 跨境电子商务平台

典型的跨境电子商务平台有全球速卖通（AliExpress）、亚马逊（Amazon）、Wish、易贝（eBay）、虾皮（Shopee）、来赞达（Lazada）、敦煌网（DHgate）等。

（1）全球速卖通（AliExpress）

全球速卖通（AliExpress）简称速卖通，创建于2009年，是阿里巴巴旗下的面向国际市场打造的跨境电商平台，被广大卖家称为"国际版淘宝"，目前已经开通了18个语种的站点，覆盖全球200多个国家和地区。速卖通面向海外买家客户，通过支付宝国际账户进行担保交易，并使用国际物流渠道运输发货，经过多年的发展，速卖通已成为全球领先的外贸在线交易平台、全球第三大英文在线购物平台。

俄罗斯、美国、西班牙、巴西、法国等国是速卖通的重点市场，是交易量排名前五位的国家，占据了速卖通60%～70%的交易量。速卖通的买家以个人消费者为主，约占平台买家总数的80%，还有20%为海外批发商和零售商，所以速卖通的定位是外贸零售网站。

卖家在速卖通平台上注册、发布商品都是免费的，订单成交后速卖通平台会按销售额的5%收取佣金，卖家通过国际支付宝提现的时候需要支付一笔手续费，卖家每操作提现一次，收取15美元的手续费。15美元收入分给速卖通和新加坡花旗银行。

（2）亚马逊（Amazon）

亚马逊（Amazon）成立于1994年，是网络上最早开始经营电子商务的公司之一。2015年，亚马逊全球开店业务进入我国，旨在借助亚马逊全球资源，帮助我国卖家抓住跨境电商新机遇，发展出口业务，拓展全球市场，打造国际品牌。亚马逊的优势包括国际货源丰富、买家遍布全球、物流全链条的系统性和规模化等。亚马逊平台能够为卖家提供包括物流、推广、商业顾问等在内的一系列服务。

（3）Wish

Wish 于 2011 年成立于美国旧金山，是一家专注于移动购物的跨境 B2C 电商平台，目前已成为北美最大的移动电商平台和全球第六大电商平台。与其他电商平台不同的是，Wish 平台上的消费者更倾向于无目的地浏览而不是搜索关键字。平台根据用户喜好，通过精确的算法推荐技术，将商品信息推送给感兴趣的用户。Wish 主张以亲民的价格给消费者提供优质的产品。新手卖家选择 Wish 平台，主要是因为 Wish 的后台操作、上传产品、广告投放、运费设置和文案要求等没有亚马逊严格。Wish 上的商品具有种类丰富、使用更换频率高、具有话题性的特点。从 2018 年 2 月起，卖家需要缴纳 10000 美元作为保证金。Wish 对每笔交易收取 15% 的佣金。Wish 支持的网络支付方式有支付宝、PayPal（贝宝）、PingPong（乒乓）、联动优势支付（UMPay）、Payoneer（派安盈）及易联支付（Payeco）等。

（4）易贝（eBay）

易贝（eBay）成立于 1995 年，中文名又称电子湾、亿贝，是一个可让全球民众上网买卖物品的线上拍卖及购物网站。易贝以 B2C 垂直销售模式为主，主要针对个人客户或小型企业，类似淘宝 C 店。在 eBay 平台上，美国、英国、澳大利亚是我国卖家的主要市场。

卖家在 eBay 上开店铺、刊登物品进行销售并不是免费的，而是需要支付一定的手续费。eBay 平台的手续费主要包括平台月租费、刊登费、成交费、特色功能费、PayPal 收款手续费、店铺费等。

eBay 平台的优势包括有专业客服、开店门槛低、多种定价方式和排名相对公平等。eBay 平台的劣势包括后台不易操作、付款方式单一、对卖家要求严格、收款项目较多、审核周期长、产品数量限制等。

（5）虾皮（Shopee）

虾皮（Shopee）自 2015 年在新加坡成立以来，业务范围辐射新加坡、马来西亚、菲律宾、泰国、越南、巴西等 10 余个市场，是东南亚发展最快的电商平台，是国货出海东南亚的首选平台。在入驻费用方面，第一是新卖家免佣期。虾皮向首次入驻平台的新卖家提供 3 个月的免佣期，新卖家各站点免佣时间以卖家在相应平台开设店铺的日期开始计算。第二是交易手续费。虾皮于 2019 年 1 月 1 日开始对卖家收取 2% 的交易手续费，该费用实际为需要支付给交易清算服务商的手续费，此前该部分费用一直由虾皮承担。

（6）来赞达（Lazada）

来赞达（Lazada）成立于 2012 年，致力通过商业和科技促进印度尼西亚、马来西亚、菲律宾、新加坡、泰国和越南六地市场发展。Lazada 拥有全面覆盖东南亚的物流网络和领先的支付体系，目前已拥有超过 8000 万的年度活跃消费者，是东南亚知名的且增长迅猛的电子商务平台，保持着连续多个季度订单增长翻倍的记录。Lazada 自 2016 年起成为阿里巴巴集团东南亚旗舰电商平台，获阿里巴巴集团前沿科技的支持，已成为国货出海东南亚电商市场的首选电商平台。

（7）敦煌网（DHgate）

敦煌网（DHgate）是领先的 B2B 跨境电子商务交易平台。敦煌是我国古代丝绸之路上的辉煌驿站，是我国丰富商品走出国门的盛大之城。敦煌网以此命名，致力于帮助国内中小企业通过跨境电商平台走向全球市场，为其开辟一条全新的国际贸易通道，让在线交易变得更加简单、安全、高效。自成立以来，敦煌网已经建立起了在品牌优势、技术优势、运营优势、用户优势四大维度上的竞争优势。在交易佣金模式方面，敦煌网采取佣金制。敦煌网为买卖双方提供了一个交易平台，为卖家提供免费注册、免费上传商品、免费展示等服务，买卖双方可以在该平台上完成交易，交易成功后，平台向买家收取一定比例的佣金。在服务费模式，敦煌网为用户提供物流、金融、代运营、行情分析预测、营销推广工具等增值服务，并从中收取相应的服务费。

3. 跨境电子商务物流

跨境电子商务在运作过程中涉及信息流、商流、资金流和物流，信息流、商流和资金流均可通过计算机和网络通信设备在虚拟环境下实现，但物流环节是不能在虚拟环境下实现的。跨境电子商务物流是伴随跨境电子商务的发展而产生的。随着跨境电子商务的发展，跨境电子商务物流迅速成长。跨境电子商务的发展是物流、信息流和资金流的协调发展，跨境电子商务物流作为其中重要的一个环节，是决定跨境电子商务行业发展的关键性因素。

（1）跨境电子商务物流的概念

跨境电子商务物流指位于不同国家或地区的交易主体通过电子商务平台达成交易并进行支付清算后，通过跨境电子商务物流送达商品进而完成交易的一种商务活动。也就是说，跨境电子商务物流是采用现代物流技术，利用国际化的物流网络，选择最佳的方式与路径，以最低的费用和最小的风险，对货物（商品）进行物理性移动的一项国际商品或交流活动，从而完成国际商品交易的最终目的，最终实现卖方交付单证、货物和收取货款，买方接收单证、支付货款和收取货物。

跨境电子商务物流与传统物流的不同之处在于交易的主体分属于不同关境，商品要跨越不同的关境才能够从生产者或供应商到达消费者手中。

（2）我国跨境电子商务物流的主要模式

在跨境电子商务迅猛发展的同时，物流成本过高、运输周期长、退换货困难、易受政治文化影响和汇率风险等已成为在发展跨境电子商务进程中亟待解决的问题。不同于国内物流，跨境物流距离远、时间长、成本高，不仅如此，中间还涉及目的地清关（办理出关手续）等相关问题。面对各式各样的物流方案、物流服务商，选择适合的跨境物流模式至关重要。目前我国跨境电商物流模式主要有以下六种。

1）邮政包裹模式。邮政具有覆盖全球的特点，是常使用的一种跨境物流运输方式。邮政物流包括中国邮政小包、中国邮政大包、EMS、国际e邮宝、新加坡小包、瑞士邮政小包等。其中，邮政小包、国际e邮宝及EMS最为常用。相对而言，邮政包裹价格低，但速度较慢。当前我国出口跨境电商超过70%的包裹都是通过邮政系统进行投递的，中国邮政占一半的业务量。

2）商业快递模式。商业快递模式可以分为国内快递模式和国际快递模式两种。

国内快递模式主要是指全球邮政特快专递（EMS）、顺丰和"四通一达"等国内快递企业的跨境物流业务。不过在跨境物流方面，"四通一达"起步都较晚，眼下主要还是顺丰和EMS的国际化业务较为完善。顺丰现在已经开通与美国、澳大利亚以及韩国、日本、新加坡、马来西亚、泰国、越南等国家间的快递业务。在亚洲范围内，通常2～3天即可完成快件的送达。EMS是目前国内最发达的国际快递服务商，因为依托于邮政系统，EMS可以在全球 60 多个国家和地区间实现快递传送，时间上亚洲区域内 2～3 天，欧美国家 5～7 天，并且费用相较于四大国际快递要低不少。

国际快递模式主要是指借助四大国际商业快递巨头，即敦豪航空货运公司（DHL）、TNT 快递、美国联邦快递（FedEx）和联合包裹速递服务公司（UPS）的国际快递业务邮寄商品。这四大国际快递拥有自建的全球网络，加上强大的 IT 系统支持以及遍布全球的本地化服务，可以为跨境网购用户提供最为良好的物流体验。国际商业快递的主要特点是：保证时效性，服务较好，丢包率低，但仿牌、含电池、特殊类产品基本上都不能递送。此外，有一个最大的缺点就是这些国际快递的费用相对来说较高，对于国内从事出口跨境电商的企业来说，除非客户有很强的时间要求，一般不采用国际快递。

3）专线物流模式。专线物流模式也就是集中配送模式。专线物流一般通过航空包舱的方式运输到国外，再通过合作公司在目的地进行派送，具有送货时间基本固定、运输速度较快和运输费用较低等特点。其费用相对于商业快递要低，而时间上又明显快于邮政包裹。

目前市面上最普通的专线物流产品是美国专线、欧洲专线、澳洲专线和俄罗斯专线等，也有不少物流公司推出了中东专线、南美专线和南非专线等。整体来说，专线物流能够将货物集中大批发往某一特定国家或地区，能够通过规模效应降低成本，但专线物流具有一定地域限制。常见的专线物流有中环运旗下的"俄邮宝"和"澳邮宝"、俄速通、燕文专线、Aramex 专线等。

4）海外仓储模式。海外仓储模式是指跨境电商卖家先将货物提前准备到目的国的物流仓库，客户在卖家电商网站或第三方店铺下单后，直接从海外仓发货给客户。确切地说，海外仓储应包括三个部分：首次运输、仓储管理和本地分销。当消费者通过网上下单购买所需物品时，商家可以第一时间做出快速响应，通过网络及时通知海外仓库进行货物的分拣、包装，并且从该国仓库运送到其他国家或地区，能够大大减少物流的运输时间，保证货物安全、及时和快速地到达消费者手中。这样明显可以提高物流时效，给客户带来更优质的物流体验。

海外仓储模式是当前备受热议的一种模式，其优势在于成本更低、配送更快，但是对于企业来说，筹备海外仓需要考虑的因素很多，尤其是对于货物的供需预估，能否清晰地根据市场需求判断存储货物的数量将决定仓储货物进出的顺畅与否，不至于形成压货，这就要求跨境电商企业在供应链管理、库存管控以及动销管理上要有很高的能力。

5）供应链服务模式。国内学者申成霖认为，物流服务供应链是以集成物流服务供应商为核心企业的新型供应链，它的作用是为物流需求方提供全方位的物流服务。集成物流服务供应商最明显的特征是通过业务转包的形式选择合适的功能型物流企业来为物流需求方服务。这一类型的代表为 UPS 供应链业务公司 UPS SCS（UPS Supply Chain Solution），其由 UPS 快递、UPS 资本公司（UPSC）、UPS 物流集团、UPS 货运服务公司、UPS 邮件业务创新公司与 UPS 咨询公司共同组成，是 UPS 快递百余年业务与全球经济共同发展的必然产物。其核心业务由单纯的包裹运输扩展至全球供应链管理服务，为高科技、汽车、工业生产、保健、零售及消费产品等领域提供物流、快递、金融、供应链咨询为核心的全方位第四方物流管理，并成为全球供应链管理的最佳实践之一。UPS SCS 的出现预示着 UPS 从单纯的货物运输公司向集物流、资金流、信息流于一体的供应链企业巨头转变。

6）COD 物流模式。COD（to Cash on Delivery）物流模式，即代收货款服务模式或货到付款模式，货物送达时由物流公司代收费，也就是常说的一手交钱一手交货。这种模式在东南亚电商市场比较常见，对买家而言，有很大的安全性。但是从卖家的角度上看，签收率和各种退货退款问题，都是比较大的挑战。

跨境电子商务物流的模式还包括边境仓、自由贸易试验区、保税区、保税港区物流和集货物流等。

4. 跨境电子商务支付

跨境支付最早是伴随着国际贸易结算而产生的。跨境支付（Cross-Border Payment）是指两个或者两个以上国家或者地区之间因国际贸易、国际投资及其他方面所发生的国际债权债务，借助一定的结算工具和支付系统实现资金跨国和跨地区转移的行为。跨境支付是跨境电子商务经营活动的主要环节，除了受汇率、税费、政策、基础设施等制约外，还涉及不同货币之间能否通用、能否实现通汇通兑、不同货币间的汇率波动等问题。随着跨境消费需求的不断提升和相关政策的不断完善，跨境支付迎来快速发展，可供用户选择的支付方式更多了。

按跨境电子商务的资金流向来看，跨境电子商务支付方式主要分为跨境支付购汇方式和跨境收入结汇方式。目前，跨境支付购汇方式包括第三方购汇支付、境外电商接受人民币支付、通过国内银行购汇汇出等。跨境收入结汇方式包括第三方收款结汇、通过国内银行收款以结汇或个人名义拆分结汇流入等。常见的跨境电子商务支付方式有以下几种。

（1）国际信用卡

国际信用卡支付相当于国际信用卡收款，一般用于国际贸易中的 1000 美元以下的小额收款，比较适合于网店零售。目前，国际信用卡收款是通过第三方信用卡支付公司提供的支付通道来完成收款的。跨境电商网站可通过与 Visa、MasterCard 等国际信用卡组织合作，或直接与海外银行合作，开通接收海外银行信用卡支付的端口，适用于从事跨境电商零售的平台和独立 B2C。

（2）贝宝（Paypal）

PayPal 是美国 eBay 公司旗下的在线支付公司。PayPal 在 200 多个国家和地区支持超过 100 种货币，即时支付，即时到账，适用于跨境电商零售行业，小额交易使用 PayPal 更合适。PayPal 账户分三种类型：个人账户、高级账户和企业账户。用户可根据实际情况进行注册，个人账户可以升级为高级账户进而升级为企业账户，反之企业账户也可以降为高级账户或者个人账户。

（3）国际支付宝（Escrow）

国际支付宝（Escrow）由阿里巴巴与支付宝联合开发，是旨在保护国际在线交易中买卖双方的交易安全所设的一种第三方支付担保服务，全称为 Escrow Service。国际支付宝的服务模式与国内支付宝类似，交易过程中先由买家将货款打到第三方担保平台的国际支付宝账户，然后第三方担保平台通知卖家发货，买家收到商品后确认，货款放于卖家，至此完成一笔网络交易。

（4）西联汇款（Western Union）

西联汇款是国际汇款公司（Western Union）的简称，是世界上领先的特快汇款公司，迄今已有 170 余年的历史，它拥有全球最大最先进的电子汇兑金融网络，代理网点遍布全球近 200 个国家和地区。西联汇款的业务分为现金即时汇款和直接到账汇款两类。现金即时汇款有三种方式：西联网点、网上银行（目前支持光大银行和农业银行）和银联在线。

不同的国家和地区的客户支付习惯不同，支付方式的选择也不同，常见的其他跨境电子商务支付方式有电汇、MoneyGram（速汇金）、Payoneer（派安盈）、World First（万里汇）、WebMoney（简称 WM）、QIWI Wallet、Cashpay、Moneybookers 和 ClickandBuy 等，总体来看目前信用卡和 PayPal 使用最为广泛，其他支付方式可以当作收款的辅助手段，尤其是 WebMoney、QIWI Wallet 和 CashU 对于俄罗斯、中东、北非等国家和地区的贸易有不可或缺的作用。

拓展训练

对比分析全球速卖通、亚马逊、易贝、Wish 等平台的主要特点，撰写分析报告。如果你计划开设一个跨境电商网店，你会在哪个平台开设？为什么？

实战训练

随着经济与互联网的快速发展，为实现不同国家间的商贸合作，跨境电子商务应运而生，且构建了开放、立体的多边经贸合作模式。近年来，越来越多的跨境电商企业、平台也陆续出现，兰亭集势就是其中之一。兰亭集势（LightInTheBox），简称兰亭，成立于 2007 年，注册资金 300 万美元，总部设在上海。兰亭集势是以技术驱动、大数据为贯穿点，整合供应链生态圈服务的在线 B2C（Business-to-Customer）跨境电商公司。兰亭集势的客户来自 200 多个国家和地区，注册客户数千万人，累计发货目的地国家和地区多达 200 个，遍布北美洲、亚洲、欧洲、非洲和南美洲。兰亭集势的基本商业模型为：使用 Google 推广，使用 PayPal 支付，使用 UPS 和 DHL 发货。

1) 分析兰亭集势的特点和优势。

2) 结合目前跨境电子商务的发展现状和趋势，以及兰亭自身发展规划，预测兰亭集势未来的发展方向。

思考与练习

一、单选题

1. 跨境电商零售进口商品发生退货的，退货企业应在《申报清单》放行之日起（　　）日内向海关申请。

　　A．45　　　　　　B．60　　　　　　C．20　　　　　　D．30

2. 跨境电子商务零售进口商品单次交易限值为人民币（　　）元，年度交易限值为人民币 26000 元。

　　A．3000　　　　　B．4000　　　　　C．5000　　　　　D．6000

3. （　　）是东南亚发展最快的电商平台，是国货出海东南亚首选平台。

　　A．AliExpress　　B．Amazon　　　C．Shopee　　　　D．Lazada

4．COD 物流模式，即（　　）。
   A．邮政包裹模式　　B．专线物流模式　　C．海外仓储模式　　D．货到付款模式

二、多选题

1．跨境电商缩短了外贸的交易链条，以（　　）的特点迎合了全球经济发展的趋势。
   A．小额交易　　B．低成本　　C．低风险　　D．敏捷灵活
2．我国跨境电子商务经历了（　　）。
   A．信息服务阶段　　　　　　B．在线交易阶段
   C．全产业链服务阶段　　　　D．整合供应链阶段
3．跨境电子商务与传统电商（或传统贸易）的交易流程基本相似，都需要经历（　　）环节。
   A．交易前的准备　　　　　　B．交易磋商
   C．物流配送　　　　　　　　D．合同的签订与履行
4．速卖通店铺类型主要包括（　　）。
   A．官方店　　B．专卖店　　C．专营店　　D．其他
5．跨境电子商务从交易主体上，主要分为（　　）。
   A．B2B 跨境电商　　B．B2C 跨境电商　　C．C2C 跨境电商　　D．M2C 跨境电商

三、判断题

1．跨境电子商务商业模式下的国际市场调研需考虑的因素比境内电子商务更为复杂，调研的渠道及手段和传统贸易也有所不同。（　　）
2．跨境电子商务涉及的交易安全问题更为复杂。（　　）
3．全球速卖通支持个人身份开店。（　　）
4．速卖通销售计划包括基础销售计划和标准销售计划。（　　）
5．在速卖通中，无论哪种销售计划，若因违规违约关闭账号，年费将不予返还。（　　）
6．在速卖通中，无论哪种销售计划，店铺均可正常报名参与平台各营销活动，但受支付金额限制。（　　）
7．官方店是指商家以自有品牌或由权利人独占性授权（仅商标为 R 标）入驻速卖通开设的店铺。（　　）
8．从进出口方向分为出口跨境电子商务和进口跨境电子商务。（　　）
9．跨境电子商务物流与传统物流的不同之处在于交易的主体分属于不同关境，商品要跨越不同的关境才能够从生产者或供应商到达消费者手中。（　　）
10．跨境收入结汇方式包括第三方购汇支付、境外电商接受人民币支付、通过国内银行购汇汇出等。（　　）

四、简答题

1．简述跨境电子商务的概念和跨境电子商务的特点。
2．我国跨境电子商务发展分为哪几个阶段？
3．简述我国跨境电子商务物流的主要模式。
4．常见的跨境电子商务支付方式有哪些？

项目 3

体验网络营销

学习目标

知识目标

- 了解网络营销的产生与发展；
- 掌握网络营销的含义、基本职能和特点；
- 熟悉网络营销策略、4P 营销策略、4C 营销策略和 4R 营销策略的内涵；
- 熟悉网络营销的基本方法；
- 知晓常见的网络广告平台及其特点；
- 了解网络广告的含义、要素和形式；
- 熟悉网络广告的特点。

能力目标

- 能掌握开展网络营销的基本策略；
- 能将网络营销的基本方法应用于实际业务；
- 能进行网络广告的发布。

素质目标

- 培养网络营销策略和方法的使用技能、从事电子商务工作必须具备的合作意识和团队精神。

任务1 网络营销概述

任务情景

云南白药结合大数据与明星效应进行品牌营销时,首先通过大数据分析锁定目标消费群体,精准定位市场需求。接着,挑选与品牌形象契合的明星代言人,利用明星的庞大粉丝基础和影响力,扩大品牌曝光度。同时,通过大数据监控代言效果,实时调整营销策略,优化资源配置。此外,还借助社交媒体平台,开展互动活动,如明星直播、粉丝见面会等,增强用户参与感和品牌黏性。最终,实现品牌知名度与销售业绩的双提升。这种模式不仅有效触达目标受众,还通过明星的个人魅力,为品牌赋予更多情感价值,加深消费者对品牌的认知和好感。

任务分析

以大数据为催化剂,阿里助力云南白药公益行动和电商大促完美融合,并深度对接阿里生态,进行了一次"生态级"的品牌大促,把节点大促场景,拓展到了全新的广度。首先,基于阿里大数据,通过对全淘用户搜索、浏览、购买、分享行为的深度挖掘,以明星带热度和黏度,阿里妈妈与云南白药一起探索并优化了"大数据+明星"赋能新店开业的全新营销形态,为行业树立了全新的标杆。其次,通过淘内数据与优酷数据深度打通,在优酷抓捕了《春风十里不如你》的所有观影人群,并通过 ID 比对,对他们进行了淘内重触达,在大数据营销上迈出了关键一步。最后,在大数据层面,配合公益主题,阿里妈妈首次应用大数据智能算法,基于用户淘内搜索和购买行为,为云南白药定制了公益人群包,助力品牌在活动期间,最大化覆盖了淘内的品牌和公益高意向人群。

任务实施

通过搜狗和携程《回家——让幸福更进一步》的大数据营销案例,感受网络营销的内容和效果。

1. 案例背景

每年春节前后,国内的人口大迁徙都会引爆诸多出行服务市场,各大商家围绕春运票务也展开了贴身肉搏的营销大战,如何快速锁定目标群体,提高销售转化率,成为每个品牌广告主最迫切的营销诉求。

携程旅行网是我国领先的在线旅行服务公司,向超过 9000 万会员提供酒店预订、酒店点评及特价酒店查询、机票预订、飞机票查询、时刻表、票价查询、航班查询、度假预订、商旅管理等服务,为用户的出行提供全方位旅行服务。

大型在线旅游企业占据在线旅游市场 79% 的市场份额,随着旅行社、酒店、航空公司网上直销业务的发展,以及创新型网站的崛起,行业的竞争环境越发激烈,并且行业的同质化现象严重,使得竞争对手在产品方面的优势并不明显。携程作为行业巨头,专注的是挖掘更多的服务亮点来与其他竞争对手形成明显的差异化,所以在"春运"中,携程用低廉的价格抢占市场份额,让更多的用户选择携程。

2. 人群分析

营销目标人群分析:本次活动目标人群定位在春运期间回家需要订票的用户。

根据交通运输部发布的数据显示,2025年春运期间,铁路旅客发送量达到了5.13亿人次,同比增长6.1%。随着互联网技术的进一步发展,网络购票已成为主流方式,通过网络购票的比例持续增长。此外,随着铁路12306系统的不断优化和升级,网络购票体验得到了显著提升,进一步推动了网络购票的普及。

通过搜狗大数据分析发现,春运迁徙人群有在本地通过输入、搜索、浏览异地信息的特征,所以可精准锁定5亿~6亿异地迁徙人群。

3. 项目目标

商业目标:通过搜狗大数据帮助携程获得更多曝光和点击量,转化新用户,收获认同感,提升携程品牌知名度和市场占有率。

消费者行为目标:帮助目标群体更快地买到回家的幸福车票。

消费者认知/态度目标:通过回家抢票的信息渗透,让用户对携程的认知提升。

通过回家活动帮助携程带来曝光6亿次,对目标人群实现人均两次的"目标洗礼",点击量超过100万次。

4. 策略创意

以快为主的策略,帮助网民更快获得回家的票。在碎片化时代,一个高表现的媒体品牌必须具备化零为整的能力,能够将千千万万个分散的营销时刻和品牌沟通时刻连接成一条无缝的传播热链,从而获得最深度的影响力和可观的营销价值。

帮助携程为有抢票需求的用户定制全时段营销策略。利用搜狗大数据分析,本次活动通过"引"(针对网民输入行为)、"曝"(针对网民搜索行为)、"点"(针对网民使用行为)三大传播工具,且这三大工具均在市场上占有领导地位,真正能实现网民在网络场景下的全覆盖,如图3-1所示。

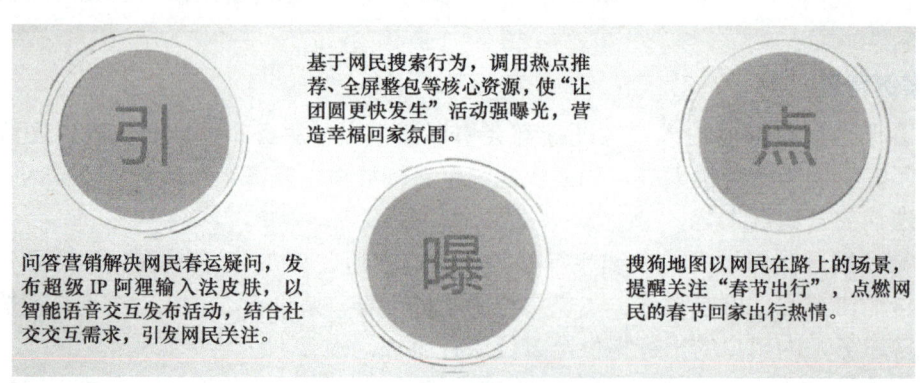

图3-1 引曝点三大传播工具

引：问答营销解决网民春运疑问，发布超级 IP 阿狸输入法皮肤，以智能语音交互发布活动，结合社交交互需求，引发网民关注。

曝：基于网民搜索行为，调用热点推荐、全屏整包等核心资源，使"让团圆更快发生"活动强曝光，营造幸福回家氛围。

点：搜狗地图以网民在路上的场景，提醒关注"春节出行"，点燃网民的春节回家出行热情。

5. 创意实施

覆盖全产品线，从输入、浏览、搜索影响消费行为。搜狗为携程量身定制了一套完整传播方案，从三类工具体系中挑出拳头产品：搜索开放平台、输入法皮肤、搜狗地图。

第一，搜索——问答营销解决网民关注困惑：针对春运期间的热门问题进行问答营销，加强品牌与网民的互动，引导春运回家氛围的营造。

第二，输入法皮肤——社交交互促发需求：开屏提醒、回家提醒、实时抢票。专属输入法皮肤——搭车超级 IP 阿狸，发布阿狸春运抢票皮肤，社交交互促发需求，并一键直达携程抢票页面。

第三，语音输入彩蛋——通过语音输入春运关键词，帮助网民推送携程抢票信息。"舌尖上的抢票仪式"——人工智能触发互动，发布活动，引网民关注，趣味抢票蔚然成风。

第四，搜狗地图——点亮春节回家路。以开机大图为引爆点，时刻提醒用户使用携程春运抢票。

6. 项目效果

活动总曝光 16 亿次，点击总量（到携程）500 万次。超出预期完成目标，实际效果超过预期的 4 倍。

活动资源总曝光量：16 亿次。

点击总量（到携程）：500 万次。

日均点击量（到携程）：超 7 万次。

本地生活（页面定制）：PV8.5 亿，点击近 280 万次。

搜索资源：PV 超 750 万，点击超 30 万次。

地图资源：PV 超 4000 万（含开屏），点击超 5 万次。

新词弹窗海量曝光，提升桌面人群覆盖维度，Tips banner 极致曝光超过 6.2 亿次。

在搜狗巨大的流量支撑下，原生广告覆盖不足的问题也得到了解决。在无界的互联网世界，任何一个细分需求都能被轻松汇聚成不可小觑的市场力量。

相关知识

1. 网络营销的含义

网络营销（Internet Marketing）是以国际互联网为基础，利用数字化的信息和网络媒体的交互性来辅助营销目标实现的一种新型的市场营销方式。

网络营销是一种新型的直销营销模式。但网络营销不只是网上销售，也是企业现有营销体系的有力补充,其实质是利用互联网对产品的售前、售中、售后各环节进行即时、双向的信息沟通和跟踪服务,贯穿于企业经营的全过程。因此,凡是借助于互联网进行,利用现代信息工具,通过更好地满足客户需求(包括精神的和物质的)来实现企业市场营销目标的营销活动,都可称为网络营销。

2. 网络营销的产生和发展

满足消费者的需求,无论在何时何地,都是一个企业的经营核心。随着互联网的用途由学术研究向商业应用的逐步转变,世界各地企业纷纷上网为消费者提供各种类型的信息服务,并把抢占这一科技制高点视为获取未来竞争优势的重要途径。

20世纪90年代初,Internet的迅猛发展在全球范围内掀起了互联网应用热潮,世界进入了以信息网络为支撑的信息社会。网络技术的发展和应用改变了人们工作、学习和生活的环境,企业也开始利用互联网提供信息服务和拓展业务范围,并且按照互联网的特点积极改变自身的经营理念、经营组织、经营方式和经营方法。在此环境下,网络营销宣告诞生。

网络营销适应了全球网络技术发展与信息网络社会变革,是企业应对新世纪机遇与挑战的现代营销策略,网络营销的产生和发展是科学技术发展、消费者价值观和商业竞争等多种因素综合作用的结果。

1)网络营销产生的科技基础。网络营销是建立在高技术作为支撑的互联网的基础上的。20世纪90年代初,飞速发展的国际互联网使网络技术应用呈指数增长,在全球范围内掀起了"应用互联网热",网络技术的应用改变了信息的分配和接收方式,改变了人们的生活、工作、学习、合作和交流的方式和环境。企业也利用网络新技术的快速便车,促进自身的飞速发展。世界各大企业纷纷上网,提供信息服务和拓展业务范围,积极改进企业内部结构和发展新的营销管理方法。互联网的发展和应用是网络营销产生的科技基础。

2)网络营销产生的观念基础。当今企业正面临前所未有的激烈竞争,消费者主导的营销时代已经来临。在买方市场上,消费者将面对更为纷繁复杂的商品和品牌选择,这一变化使当代消费者心理与以往相比呈现出一种新的特点和趋势。

第一,个性消费的回归。在短缺经济或近乎垄断的市场中,消费者可以挑选的产品少,个性被压抑。但当市场经济发展到今天,多数产品无论在数量还是品种上都已极为丰富,消费者能够以个人心理愿望为基础挑选和购买商品或服务。更进一步,他们不仅能做出选择,而且还渴望选择。他们的需求更多了,需求的变化也更多了。逐渐地,消费者开始制定自己的准则,他们不惧怕向商家提出挑战,这在过去是不可想象的。从理论上看,没有一个消费者的心理是完全一样的,每一个消费者都是一个细分市场。心理上的认同感已成为消费者做出购买品牌和产品决策的先决条件,个性化消费正在也必将再度成为消费的主流。

第二,消费主动性增强。在社会分工日益细分化和专业化的趋势下,消费者对购买的风险感随选择的增多而上升,而且对单向的"填鸭式"营销沟通感到厌倦和不信任。在许多日常生活用品的购买中,尤其在一些大件耐用消费品的购买上,消费者会主动通过各种可能的途径获取与商品有关的信息并进行分析比较。这些分析也许不够充分和准确,但消费者却可从中获得心理上的平衡,以减轻风险感或减少购后产生后悔感的可能,增加对产品的信任和争取心理上的满足感。消费主动性的增强来源于现代社会不确定性的增加和人类追求心理稳定和平衡的欲望。

第三，对购买方便性的需求与购物乐趣的追求并存。一部分工作压力较大、紧张度高的消费者会以购物的方便性为目标，追求时间和劳动成本的尽量节省，特别是对于需求和品牌选择都相对稳定的日常消费者，这点尤为突出。然而另一些消费者则恰好相反，由于劳动生产率的提高，人们可供支配的时间增加，一些自由职业者或家庭主妇希望通过购物来消遣时间，寻找生活乐趣，保持与社会的联系，减少心理孤独感。因此他们愿意多花时间和体力进行购物，而前提必须是购物能为他们带来乐趣，能满足心理需求。这两种相反的心理将会在今后较长时间内并存和发展。

第四，价格仍然是影响消费心理的重要因素。虽然营销工作者倾向于以各种差别化来减弱消费者对价格的敏感度，避免恶性削价竞争，但价格始终对消费者心理有重要影响。即使在当前发达的营销技术面前，价格的作用仍旧不可忽视。只要价格降幅超过消费者的心理界限，消费者也难免会怦然心动地改变既定的购物原则。

消费者迫切需要新的快速方便的购物方式的服务，以最大限度地满足自身需求。消费者价值观的这种变革，呼唤着网络营销的产生，而网络营销也在一定程度上满足了消费者的这种需求。

3）网络营销产生的现实基础。随着市场竞争的日益激烈化，企业为了取得竞争优势，使出浑身解数吸引顾客，传统营销方法已经很难帮助企业在竞争中出奇制胜了。市场竞争已不再依靠表层的营销手段的竞争，必须在更深层次上的经营组织形式上开展竞争。企业经营者迫切地去寻找变革，以尽可能降低商品在从生产到销售的整个供应链上所占用的成本和费用比例，缩短运作周期。

网络营销的产生给企业的经营者带来了福音，可谓一举多得。开展网络营销，可以节约昂贵的店面租金，减少库存商品资金占用，使经营规模不受场地限制，便于采集客户信息等，以上种种都使得企业经营的成本和费用降低、运作周期变短，从根本上增强了企业的竞争优势。

3. 网络营销的基本职能

网络营销可以在8个方面发挥作用：网络品牌、网站推广、信息发布、销售促进、网上销售、顾客服务、顾客关系、网上调研。这8种作用也就是网络营销的8大职能，网络营销策略的制订和各种网络营销手段的实施也以发挥这些职能为出发点。

1）网络品牌。网络营销的重要任务之一是在互联网上建立并推广企业的品牌，让企业的品牌和形象被大众熟知，以及让企业的网下品牌在网上得以延伸和拓展。

2）网站推广。网站推广是网络营销最基本的职能之一，是网络营销的基础工作。企业通过制作的网站，可以让更多人访问，提供服务和促进销售等。

3）信息发布。网络营销的基本思想就是通过各种互联网手段，将企业营销信息以高效的手段向目标用户、合作伙伴、公众等群体传递，因此信息发布就成为网络营销的基本内容之一。互联网为企业发布信息创造了优越的条件，不仅可以将信息发布在企业网站上，还可以利用各种网络营销工具和网络服务商的信息发布渠道向更大的范围传播信息。

4）销售促进。各种网络营销方法都直接或间接具有促进销售的效果，但促进销售并不限于促进网上销售，网络营销在很多情况下对于促进线下销售十分有价值。

5）网上销售。网上销售是企业销售渠道在网上的延伸，一个具备网上交易功能的企业网站本身就是一个网上交易场所，网上销售渠道建设也不限于网站本身，还包括建立在综合电子商务平台上的网上商店，以及与其他电子商务网站不同形式的合作等。

6）顾客服务。互联网提供了方便的在线顾客服务方式和手段，从形式最简单的 FAQ，到微信、QQ 等各种即时信息服务，顾客服务质量对于网络营销效果具有重要影响。

7）顾客关系。良好的顾客关系是网络营销取得成效的必要条件，通过网站的交互性、顾客参与等方式，在开展顾客服务的同时，也增进了顾客关系。

8）网上调研。网上调研不仅为制定网络营销策略提供支持，也是整个市场研究活动的辅助手段之一，而且网上调研具有低成本、高效率的特点。合理利用网上市场调研手段对于市场营销策略具有重要价值。

4. 网络营销的特点

与传统的推广方式相比，网络营销具有得天独厚的特点和优势，是实施现代营销策略的重要组成部分。网络营销的主要特点如下。

1）跨时空：借助网络能够超越时间约束和空间限制，企业拥有了更多时间和更大的空间进行营销，可全年 365 天、每天 24 小时随时随地提供全球性营销服务。这是传统媒体和营销无法实现的。

2）富媒体：通过互联网可以传递各种多媒体信息，例如文字、声音、图像、视频等，这能够充分发挥营销人员的创造性和能动性。

3）交互性：借助网络展示商品信息、图像、视频等资料，并提供商品信息的查询和搜索功能，实现了供需互动与双向沟通，也可以进行产品测试与消费者满意度调查等。

4）个性化：网络上的促销是有针对性的、消费者主导的、非强迫性的、循序渐进式的，而且实现了一对一的营销，还是一种低成本与人性化的促销，很容易和消费者建立长期良好的关系。

5）成长性：截至 2024 年 12 月，我国网民规模达 11.08 亿，较 2023 年 12 月增长 1608 万人，互联网普及率达 78.6%。我国网民使用手机上网的比例达 99.7%，手机仍是上网的最主要设备。这些网络用户多为年轻、中产阶级、高教育水准，购买力强且具有很强的市场影响力，所以是一个极具开发潜力的市场。

6）整合性：网络营销集商品信息至收款、售后服务等流程为一个有机整体，所以也是一种全程的营销渠道。以统一的传播资讯向消费者传达信息，避免不同传播渠道中不一致性产生的消极影响。

7）超前性：网络兼备了渠道、促销、电子交易、互动顾客服务以及市场信息分析与提供等多种功能，是一种功能强大的营销工具。其所具备的一对一营销功能，正是符合定制营销与直复营销的趋势。

8）高效性：计算机能够储存大量的信息供消费者查询，可传送的信息数量与精确度大大超过了其他媒体，能及时顺应市场需求并更新产品或调整价格，所以可以及时有效地了解并满足顾客的需求。

9）经济性：借助网络进行信息传递和交换，取代传统的实物交换，既可以减少印刷与同步邮递成本，无需店面和租金，降低了水电与人力资源成本，还能够减少因多次迂回交换带来的损耗。

10）技术性：网络营销是建立在以高技术作为支撑的互联网络的基础上的，企业开展网络营销必须有一定的技术投入和技术支持，要改变传统的组织形态，提升信息管理部分的功能，引进懂营销与计算机技术的复合型人才，在未来能具备市场竞争优势。

拓展训练

使用搜索引擎，了解网络营销岗位职位分级和不同职位的任职要求、岗位职责、工作条件等。

实战训练

请利用搜索引擎，查找小米手机"饥饿营销"案例，并进行分析。

思考与练习

一、判断题

1. 在无界的互联网世界，细分需求可以忽略。（   ）
2. 网络营销就是网上销售。（   ）
3. 网络营销是一种新型的直销营销模式。（   ）

二、单选题

1. 网络营销产生的现实基础是（   ）。
   A．科学技术发展　　B．消费者价值观　　C．营销理论发展　　D．商业竞争
2. （   ）无论在何时何地，都是一个企业的经营核心。
   A．满足消费者的需求　　　　　　B．产品设计与生产
   C．宣传与推广　　　　　　　　　D．销售渠道管理
3. 网络营销集商品信息至收款、售后服务等流程为一个有机整体，所以也是一种全程的营销渠道。这体现了网络营销的（   ）。
   A．超前性　　　B．成长性　　　C．整合性　　　D．高效性
4. 计算机能够储存大量的信息供消费者查询，可传送的信息数量与精确度大大超过了其他媒体，能及时顺应市场需求并更新产品或调整价格，所以可以及时有效地了解并满足顾客的需求。这体现了网络营销的（   ）。
   A．超前性　　　B．成长性　　　C．整合性　　　D．高效性

三、多选题

1. 网络营销产生的观念基础包括（   ）。
   A．个性消费的回归

B．消费主动性增强
C．对购买方便性的需求与购物乐趣的追求并存
D．价格仍然是影响消费心理的重要因素

2．网络营销可以在以下方面发挥作用：网络品牌、网站推广、网上销售、顾客服务和（　　）。

A．信息发布　　　B．销售促进　　　C．顾客关系　　　D．网上调研

3．网络营销的产生和发展是（　　）等多种因素综合作用的结果。

A．科学技术发展　　B．消费者价值观　　C．营销理论发展　　D．商业竞争

四、简答题

1．网络营销的含义。
2．网络营销的基本职能。
3．网络营销的特点。

任务 2　网络营销策略与方法

 任务情景

在 2020 年东京奥运会，安踏成为我国体育代表团领奖装备赞助商，并成为举重、游泳、摔跤、拳击、体操等传统优势项目比赛装备的提供商。奥运健儿在高光时刻身着安踏"冠军龙服"登上领奖台，无疑使安踏得到了最多的曝光，也因此形成了强势输出，成为奥运赛场曝光量最高的品牌。

此外，安踏利用微博等社交媒体，发起"爱运动中国有安踏""安踏东京奥运装备发布"等热门话题，并邀请 2020 年东京奥运会首金获得者杨倩成为品牌挚友，由此借助奥运明星的影响力，引发大量关注，成为奥运期间吸睛最多的品牌。数据显示，安踏品牌日均声量较奥运前提升 4.66 倍。

 任务分析

安踏品牌日均声量的提升，除了基于本身产品的硬实力外，离不开安踏在社交平台持续与网友互动、将网友对奥运的关注热情引导至品牌身上。安踏在微博上的内容营销契合了"共情、价值、热度、有趣"四大关键要素，具备很强的"自传播"属性，很自然地实现了裂变扩散、破圈引爆的效果。下面一起领略网络营销的策略与方法吧！

 任务实施

通过《2024 瑞幸咖啡年终总结》，感受网络营销的策略与方法。

该案例为瑞幸咖啡 2024 全年工作总结，全面展示了瑞幸在营销推广、产品创新、品牌合作等方面的成果与策略，同时也分析了当前营销策略存在的不足。

一、营销成果显著

（一）"N+1"次热搜

热搜话题众多，不是在热搜榜上，就是在去热搜榜的路上。全年多次登上热搜，如"柠檬茶步入轻咖时代""瑞幸联名大话西游"等，相关话题阅读量、讨论量、互动量可观，部分话题登上热搜榜前列且在榜时长较长。

（二）36 次品牌联名

2024 年已进行 36 次品牌联名，跨界联名必出爆款，涉及多个领域和热门 IP，不同月份推出不同主题联名活动，如与茅台、泡泡玛特、三体等合作。瑞幸通过持续的联名活动吸引新客户构建自己的流量池；频繁地与不同的 IP 进行联名合作，以增强品牌的影响力；选择与在社交平台上具有话题性的品牌合作，以此提升自身的曝光率；与有文化价值的品牌合作，塑造品牌的创新力和高端化形象；用产品创新实现差异化突围；勇于打破常规，不断探索联名新玩法，每一次联名都堪称流量收割机。

（三）30 次产品上新

2024 年已上新 30 次，上新频率遥遥领先，逐步打造出招牌产品。推出多种特色产品，如 1 月的龙年酱香巧克力、2 月的褚橙拿铁、3 月的小白梨拿铁、4 月的满萃燕麦拿铁、5 月的柠 C 美式等，涵盖不同口味和系列，满足消费者多样化需求。

（四）31 次明星合作

明星合作广泛，2024 年已与 30 位明星展开 31 次合作，合作形式多样，包括春晚、电影、电视剧、综艺宣传及担任代言人等，借助明星效应提升品牌知名度和产品销量。

二、创新营销策略

（一）开启新场景与原创赛道

推出"轻咖柠檬茶"等产品，开启上午咖啡下午茶场景，融入年轻人生活；首推"四个 0"（0 植脂末、0 阿斯巴甜、0 反式脂肪酸、0 氢化植物油）健康标准，健康口感双全，引领健康生活方式，年轻人理想之选。

（二）推出特色周边与 DIY 教程

2024 年已设计 94 款杯套，发布 25 次 DIY 教程，增加品牌互动性和趣味性；推出多款限定周边，如联名泡泡贴、钥匙扣、手机支架等，吸引消费者收集购买。

三、营销成功因素

（一）跨界联名

巧妙运用不同经典 IP 的影响力与流量，推出联名限定产品，触达多圈层受众，有效提升品牌认知度，为品牌注入独特记忆点。

（二）庆生营销

通过连续3年为爆款单品庆生，推出限定新品方式，深化用户认知与情感认同，并合作强势IP拓宽受众，同时以品带类让"椰子"成为瑞幸标志符号，也将"4月生椰月"打造成瑞幸的独有营销IP。

（三）玩梗营销

在紧跟热点、快速迭代代言人基础上，瑞幸玩出新高度，合作对象高讨论度兼"梗王"，放大代言人流量势能撬动二次传播，强化瑞幸"会玩"的品牌形象。

（四）互动营销

与用户积极互动，抽奖调动积极性，增强用户与品牌之间的情感链接，提升品牌曝光度。

（五）应援营销

化身代言人粉丝，将短期流量效应转为长期陪伴关系。在代言人特殊时刻送祝福，传递品牌温情与态度。

四、营销策略不足

一是活动备货不足，联名饮品及杯套包装售罄情况时有发生，影响消费者体验和满意度。二是产品回归周期长，部分受欢迎产品回归周期长，影响消费者情绪。三是产品选择过多，高频联名上新使消费者面临选择困难，难以全部品尝与收集。

相关知识

1. 营销策略

（1）网络营销策略

营销策略是企业以顾客需要为出发点，根据经验获得顾客需求量以及购买力的信息、商业界的期望值，有计划地组织各项经营活动，通过相互协调一致的各种策略，为顾客提供满意的商品和服务而实现企业目标的过程。网络营销策略是企业根据自身所在市场中所处地位不同而采取的一些网络营销组合。

（2）4P营销策略

20世纪60年代是市场营销学的兴旺发达时期。1960年美国市场营销专家麦卡锡教授在人们营销实践的基础上，提出了著名的4P营销策略组合理论，即产品（Product）、定价（Price）、渠道（Place）、促销（Promotion）。"4Ps"是营销策略组合通俗经典的简称，奠定了营销策略组合在市场营销理论中的重要地位，它为企业实现营销目标提供了最优手段，即最佳综合性营销活动，也称整体市场营销。

1）产品策略（Product Strategy），主要是指企业以向目标市场提供各种适合消费者需求的有形和无形产品的方式来实现其营销目标。其中包括对和产品有关的品种、规格、式样、质量、包装、特色、商标、品牌以及各种措施等可控因素的组合和运用。产品策略一般包括产品选择策略、销售服务策略和信息服务策略。

2）定价策略（Pricing Strategy），主要是指企业按照市场规律制定价格和变动价格等方式来实现其营销目标。由于信息的开放性，消费者很容易掌握同行业各个竞争者的价格，价格是否合理将直接影响产品或服务的销路，它是竞争的主要手段，关系到企业营销目标的实现。

影响定价的主要因素有成本因素、供求关系和竞争因素等。在企业市场营销实践中，除上面3个主要因素外，营销组合的其他因素，如产品、分销渠道、促销手段、消费者心理因素、企业本身的规模、财务状况和国家政策等，都会对企业的营销价格产生不同程度的影响。另外，由于竞争者的冲击，网络营销的价格策略应适时调整，根据营销目的不同，可分阶段制定价格，如在自身品牌推广阶段可以以低价吸引消费者，在考虑成本的基础上，通过减少利润来占有市场；品牌优势发挥出来并形成一定销售规模时，可以通过规模生产降低成本来提高企业利润。

3）渠道策略（Placing Strategy），主要是指企业以科学合理地选择分销渠道和组织商品实体流通的方式来实现其营销目标。其中包括与分销有关的渠道覆盖面、商品流转环节、中间商、网点设置以及储存运输等可控因素的组合和运用。渠道策略主要涉及分销渠道及其结构、分销渠道策略的选择与管理、批发商与零售商及实体分配等内容。

4）促销策略（Promoting Strategy），主要是指企业利用各种信息传播手段刺激消费者的购买欲望，通过促进产品销售的方式来实现其营销目标。企业将合适的产品，在适当的地点以适当的价格出售的信息传递到目标市场，一般是通过两种方式：一是人员推销，即推销员向顾客面对面地进行推销；另一种是非人员推销，即通过大众传播媒介在同一时间向大量消费者传递信息，主要包括广告、公共关系和营销推广等多种方式。一个好的促销策略，往往能起到多方面作用，如提供信息情况，及时引导采购；激发购买欲望，扩大产品需求；突出产品特点，建立产品形象；维持市场份额，巩固市场地位等。

（3）4C营销策略

4C营销策略是由美国营销专家劳特朋教授在1990年提出的，与传统营销的4P相对应的4C营销策略理论。它以消费者需求为导向，重新设定了市场营销组合的四个基本要素：消费者（Consumer）、成本（Cost）、便利（Convenience）和沟通（Communication）。它强调企业首先应该把追求顾客满意放在第一位，其次是努力降低顾客的购买成本，然后要充分注意到顾客购买过程中的便利性，而不是从企业的角度来决定销售渠道策略，最后还应以消费者为中心实施有效的营销沟通。

1）满足消费者的需求（Consumer's Need）。企业应站在顾客的立场上，将"以顾客为中心"作为一条红线，贯穿于市场营销活动的整个过程。帮助顾客组织挑选商品货源；按照顾客的需要及购买行为的要求，组织商品销售；研究顾客的购买行为，更好地满足顾客的需要；更注重对顾客提供优质的服务。同时，企业提供的不仅仅是产品和服务，更重要的是由此产生的客户价值。

2）消费者所愿意支付的成本（Cost）。首先了解消费者满足需要与欲求愿意付出多少钱（成本），而不是先给产品定价。这里的成本不只是企业的生产成本，还包括顾客的购买成本等。顾客在购买某一商品时，这中间的顾客购买成本不仅包括其货币支出，还要耗费一定的时间、精力和体力，以及承担一定的购买风险，这些构成了顾客总成本。

由于顾客在购买商品时，总希望把有关成本降到最低限度，以使自己得到最大限度的满足。所以，企业必须考虑顾客为满足需求而愿意支付的"顾客总成本"。努力降低顾客购买的总成本，如降低商品进价成本和市场营销费用从而降低商品价格，以减少顾客的货币成本；努力提高工作效率，尽可能减少顾客的时间支出，节约顾客的购买时间；通过多种渠道向顾客提供详尽的信息，为顾客提供良好的售后服务，减少顾客精神和体力的耗费。

3）消费者的便利性（Convenience）。即为顾客提供最大的购物和使用便利。4C营销策略理论强调企业在制订分销策略时，要更多地考虑顾客的方便，而不是企业自己方便。要通过好的售前、售中和售后服务来让顾客在购物的同时，也享受到了便利。便利是客户价值不可或缺的一部分。

4）与消费者沟通（Communication）。以消费者为中心实施营销沟通是十分重要的，通过互动、沟通等方式，建立基于共同利益的新型企业/顾客关系。这不再是企业单向的促销和劝导顾客，而是把顾客和企业双方的利益无形地整合在一起。

（4）4R营销策略

4R营销策略理论是以关系营销为核心，注重企业和客户关系的长期互动，重在建立顾客忠诚的一种理论。它既从厂商的利益出发又兼顾消费者的需求，是一个更为实际、有效的营销制胜术。4R营销策略理论的四要素包括关联（Relevancy/Relevance）、反应（Reaction）、关系（Relationship/Relation）和报酬（Reward/Retribution）。

1）关联（Relevancy/Relevance），即认为企业与顾客是一个命运共同体。建立并发展与顾客之间的长期关系是企业经营的核心理念和最重要的内容。

2）反应（Reaction），在相互影响的市场中，对经营者来说最难实现的问题不在于如何控制、制定和实施计划，而在于如何站在顾客的角度及时地倾听和从推测性商业模式转移成为高度回应需求的商业模式。

3）关系（Relationship/Relation），在企业与客户的关系发生了本质性变化的市场环境中，抢占市场的关键已转变为与顾客建立长期而稳固的关系。与此相适应产生了5个转向：从一次性交易转向强调建立长期友好合作关系，从着眼于短期利益转向重视长期利益，从顾客被动适应企业单一销售转向顾客主动参与到生产过程中来，从相互的利益冲突转向共同的和谐发展，从管理营销组合转向管理企业与顾客的互动关系。

4）报酬（Reward/Retribution），任何交易与合作关系的巩固和发展，都是经济利益问题。因此，一定的合理回报既是正确处理营销活动中各种矛盾的出发点，也是营销的落脚点。

2. 网络营销基本方法

（1）搜索引擎营销

搜索引擎营销（Search Engine Marketing，SEM）是指企业或个人根据目标用户使用搜索引擎的可能方式，将营销信息尽可能传递给目标用户。用户搜索时使用的关键词可以反映用户对该关键词所代表的产品或物体的关注，关键词所反映的用户关注使搜索引擎得以被应用于网络营销。

搜索引擎营销主要有三种基本形式：搜索引擎登录和排名、搜索引擎优化（SEO）、关键词广告。其中搜索引擎优化是通过对网站结构、高质量的网站主题内容、丰富而有价值的相关性外部链接进行优化而使网站为用户及搜索引擎更加友好，以获得在搜索引擎上的优势排名为网站引入流量。另外，一些更高级的搜索引擎服务形式是在这些基本形式的基础上发展演变而成的，对这些基本形式的理解和研究是应用搜索引擎营销方法的基础。

（2）电子邮件营销

电子邮件营销（E-mail Direct Marketing，EDM）是指在用户事先许可的前提下，通过电子邮件的方式向目标用户传递价值信息的一种网络营销手段。E-mail营销有三个基本因素：用户许可、电子邮件传递信息、信息对用户有价值。这三个因素缺少一个，都不能称之为有效的E-mail营销。电子邮件营销是利用电子邮件与受众客户进行商业交流的一种直销方式，同时也广泛应用于网络营销领域。电子邮件营销往往需要利用邮件列表。

电子邮件营销是网络营销手法中最古老的一种，可以说电子邮件营销比绝大部分网站推广和网络营销手法都要老。

（3）IM营销

IM营销又叫即时通信营销（Instant Messaging，IM），是企业通过即时工具IM帮助企业推广产品和品牌，以实现目标客户挖掘和转化的网络营销方式。其营销的优势主要体现在互动性强、营销效率高和传播范围大。

常用的主要有以下两种情况：一是网络在线交流，中小企业建立网店或者企业网站时一般会有即时通信在线，这样潜在的客户如果对产品或者服务感兴趣自然会主动和在线的商家联系；另一种是广告，中小企业可以通过IM营销通信工具，发布一些产品信息、促销信息，或者可以通过图片发布一些网友喜闻乐见的表情，同时加上企业要宣传的标志。

（4）自媒体营销

自媒体营销是指个人或企业利用社交媒体、微博、视频分享平台等网络渠道，通过创建和发布内容来吸引并保持目标受众的关注，进而达到品牌推广、产品销售或其他营销目的的一种策略。这种营销方式强调的是内容的创造性和与用户的互动性，它依赖于内容的价值和吸引力来建立用户关系，并最终转化为商业价值。

（5）病毒营销

病毒营销（Viral Marketing，又称病毒式营销、病毒性营销、基因营销或核爆式营销），是利用公众的积极性和人际网络，让营销信息像病毒一样传播和扩散，营销信息被快速复制传向数以万计、数以百万计的观众，它能够像病毒一样深入人脑，快速复制，迅速传播，将信息短时间内传向更多的受众。病毒营销是一种常见的网络营销方法，常用于网站推广、品牌推广等。也就是说，病毒营销是通过提供有价值的产品或服务，"让大家告诉大家"，通过别人为你宣传，实现"营销杠杆"的作用。病毒式营销已经成为网络营销最为独特的手段，被越来越多的商家和网站成功利用。病毒式营销也可以算作口碑营销的一种，它利用群体之间的传播，从而让人们建立起对服务和产品的了解，达到宣传的目的。由于这种传播是用户之间自发进行的，因此是一种费用相对较低的网络营销手段。病毒式营销不等于传播病毒。

（6）社群营销

社群营销是在网络社区营销及社会化媒体营销基础上发展起来的用户连接及交流更为紧密的网络营销方式。网络社群营销的方式，主要通过连接、沟通等方式实现用户价值，营销方式人性化，不仅受用户欢迎，还可能成为继续传播者。建立和运营网络社群的条件包括：人力和资金、内容和服务、时间和耐心、产品及营销模式等。其运营模式和流程，与一般的 SNS 营销并无原则性差别，但对沟通和服务方面有更高的要求，而不是简单地通过社交网络实现"内容营销"。

（7）视频营销

视频营销是指主要基于视频网站为核心的网络平台，以内容为核心、创意为导向，利用精细策划的视频内容实现产品营销与品牌传播的目的；是"视频"和"互联网"的结合，具备二者的优点；具有电视短片的优点，如感染力强、形式内容多样、创意新颖等，又有互联网营销的优势，如互动性强、主动传播性强、传播速度快、成本低廉等；既有由专业团队制作的精美"微电影"，又有中小企业的独立制作、小型外包甚至众包。视频包含电视广告、网络视频、宣传片、微电影等各种方式。视频营销归根到底是营销活动，因此成功的视频营销不仅仅要有高水准的视频制作，更要发掘营销内容的亮点。

（8）直播营销

直播营销是指在现场随着事件的发生、发展进程同时制作和播出节目的营销方式。该营销活动以直播平台为载体，达到企业获得品牌的提升或是销量的增长的目的。直播营销是一种营销形式上的重要创新，也是非常能体现出互联网视频特色的板块。对于广告主而言，直播营销有着极大的优势：第一，某种意义上，在当下的语境中直播营销就是一场事件营销；第二，能体现出用户群的精准性；第三，能够实现与用户的实时互动；第四，深入沟通，情感共鸣。

（9）软文营销

软文营销又称新闻营销，是通过门户网站、地方或行业网站，包括一些新闻发布、深度报道、案例分析等，传达一些具有议论性、新闻性和宣传性的文章的一种新的营销方式，以及时、全面、有用和经济的方式向公众广泛传达企业、品牌、人物、产品、服务和活动等相关信息。

（10）第三方电子商务平台营销

第三方电子商务平台是指提供电子商务服务的网络平台，其为多个买方和多个卖方提供信息和交易等服务。目前全球比较知名的第三方电子商务平台包括阿里巴巴、亚马逊、环球资源等。其特性及功能包括：保持中立场以得到信任，集成买方需求信息和卖方供应信息，撮合买卖双方，支持交易以便利市场操作。

（11）网络整合营销

网络整合营销是在一段时间内，营销机构以消费者为核心重组企业和市场行为。综合协调使用以互联网渠道为主的各种传播方式，以统一的目标和形象，传播连续、一致的企业或产品信息，实现与消费者的双向沟通，迅速树立品牌形象，建立产品与消费者的长期密切关系，更有效地达到品牌传播和产品行销的目的。

网络整合营销是基于信息网络（主要是互联网）之上，其主要有三个方面的含义：第一，传播资讯的统一性，即企业用一个声音说话，消费者无论从哪种媒体所获得的信息都是统一的、一致的；第二，互动性，即公司与消费者之间展开富有意义的交流，能够迅速、准确、个性化地获得信息和反馈信息；第三，目标营销，即企业的一切营销活动都应围绕企业目标来进行，实现全程营销。

（12）数据库营销

数据库营销（Database Marketing）是企业通过收集和积累会员（用户或消费者）信息，

经过分析筛选后有针对性地使用电子邮件、短信、电话、信件等方式进行客户深度挖掘与关系维护的营销方式。数据库营销的核心是数据挖掘。

数据库营销具有以下几方面的优势：准确找到目标群体、降低投入成本、增强用户忠诚度、隐蔽营销更安全、提高营销效率等。

（13）大数据营销

大数据营销是指通过互联网采集大量的行为数据，首先帮助广告主找出目标受众，以此对广告投放的内容、时间、形式等进行预判与调配，并最终完成广告投放的营销过程。大数据营销是基于多平台的大量数据，在依托大数据技术的基础上，应用于互联网广告行业的营销方式。大数据营销的核心在于让网络广告在合适的时间，通过合适的载体，以合适的方式，投给合适的人。

大数据营销衍生于互联网行业，又作用于互联网行业。依托多平台的大数据采集，以及大数据技术的分析与预测能力，能够使广告更加精准有效，给品牌企业带来更高的投资回报率。

网络营销的方法很多，除了以上方法外，还包括社区营销、电子地图营销、电子杂志营销、游戏植入营销、RSS 营销和网络会员制营销等。

拓展训练

目前我国国产汽车市场竞争激烈，但是由于国产品牌的起步较慢，发展不足，以及国外先进汽车企业的先入为主，使得国产品牌在汽车市场的竞争处于劣势。但是我国国产品牌在国内的中低端汽车市场有巨大消费市场，且在未来汽车发展中，环保减排是大趋势。

挑战：如何把握国产汽车节能减排的发展大趋势，积极扩大企业生产规模，提升自主研发能力，积极发展人才战略，重视汽车质量和服务，建立消费者对长安汽车品牌的信赖，抢占未来汽车消费市场份额？

目标：以程序化购买形式，优化投放效果，减少流量浪费，向长安第二代逸动用户及潜在用户精准推送广告营销信息，扩大长安第二代逸动曝光流量，促进第二代逸动销量转化。

通过大数据管理平台的消费者洞察工具，对潜客进行用户细分，分析不同潜客群体的媒介习惯、兴趣标签，进行针对性的投放策略；投放过程中，对用户数据进行沉淀，分析已转化用户的行为特点，对投放策略进行实时优化调整。

根据产品设定潜客人群标签→在自有平台以程序化方式进行投放执行→对每一次曝光背后的用户进行识别（识别依据：设定的潜客人群标签）→对符合人群标签用户展示广告以及展示的创意内容。

以长安第二代逸动上市、长安第二代逸动+睿骋CC双子星五重礼促销政策以及长安第二代逸动高能版上市为传播节点，借助上市及促销热度，在各大媒体迅速传播长安第二代逸动"高能"标签。

这是传统车企与互联网企业跨界营销的新尝试，项目投放期间，为长安第二逸动积累潜在顾客 2700 万＋人次，获得累计曝光 2.6 亿次，大幅提高长安第二代逸动车型及品牌声量，有 450 万＋用户点击查看长安汽车传播内容，有效传播第二代逸动"高能"标签，CPM 与 CPC 相较同期投放成本分别降低了 30%、15%。

　　分组讨论：在本案例中，长安汽车主要采用了哪种网络营销方法？该方法的优势和劣势体现在哪些方面？

实战训练

请利用所学网络营销策略与方法，成功推销一件商品。

思考与练习

一、单选题

1. IM 营销又叫（　　）。
   A．即时通信营销　　　　　　　　B．电子邮件营销
   C．网络广告营销　　　　　　　　D．自媒体营销
2. （　　）强调企业首先应该把追求顾客满意放在第一位，其次是努力降低顾客的购买成本。
   A．4P 营销理论　　　　　　　　B．4C 营销理论
   C．4I 营销理论　　　　　　　　D．4R 营销理论
3. 影响网络营销的基本因素有四个，即定价策略、分销策略、促销策略和（　　）。
   A．营销策略　　B．产品策略　　C．拉式策略　　D．推式策略

二、多选题

1. 4P 营销策略组合理论，即（　　）。
   A．产品　　　　B．定价　　　　C．渠道　　　　D．广告
   E．促销
2. 4R 营销理论的四要素包括（　　）。
   A．关联　　　　B．反应　　　　C．关系　　　　D．重复
   E．报酬
3. 4C 营销理论以消费者需求为导向，重新设定了市场营销组合的四个基本要素（　　）。
   A．消费者　　　B．成本　　　　C．商业　　　　D．便利
   E．沟通
4. 搜索引擎营销的基本形式包括（　　）。
   A．搜索引擎登录和排名　　　　　B．SEO
   C．关键词广告　　　　　　　　　D．SEM

5. 自媒体营销包括（   ）等。
   A．博客营销　　　B．微博营销　　　C．微信营销　　　D．头条营销
   E．论坛营销

三、判断题

1．病毒式营销也可以算作口碑营销的一种，它利用群体之间的传播，从而让人们建立起对服务和产品的了解，达到宣传的目的。（   ）

2．病毒式营销不等于传播病毒。（   ）

四、简答题

1．简述4P营销策略。
2．简述4C营销理论。
3．网络营销的基本方法有哪些？
4．简述直播营销的优势。

任务3　网络广告

任务情景

与过去大广告、大媒体、大渠道的营销方法不同，如今圈层人群、社区平台、精准种草成为品牌快速成长的关键，全场景整合营销成了越来越多品牌的选择。与亲宝宝合作的伯特小蜜蜂、小皮、奶酪博士等诸多母婴生活品牌便采用了全场景精准营销模式：一方面通过线下专场定制活动由专家针对用户痛点输出专业内容，社区KOL现场体验产品为品牌使用场景赋能，另一方面通过线上直播及社群运营等方式加强与消费者的情感连接，进一步强化大众的品牌感知，打通全链路传播，实现精准目标消费群体深度"种草"。

任务分析

面对线上线下渠道日渐多元化、消费者需求不断升级以及零售场景不断拓展等行业趋势，解决单一营销问题难以满足广告主的核心诉求，如何打通营销全链路，实现全场景覆盖成为行业竞争的关键，传统的单维视角下的流量思维也在向多维立体的精细化运营思维逐渐转变。品牌希望通过平台更加广泛地触达用户，就需要平台充分整合广告资源，尽可能覆盖用户的更多场景。在不同的营销场景下，向不同的目标客群，输出不同的广告内容，实现营销全场景覆盖，充分增强营销链路上各触点之间的联动性，以达成精准化投放的效果，成为各类型营销平台发展的主要方向。全场景整合营销如图3-2所示。

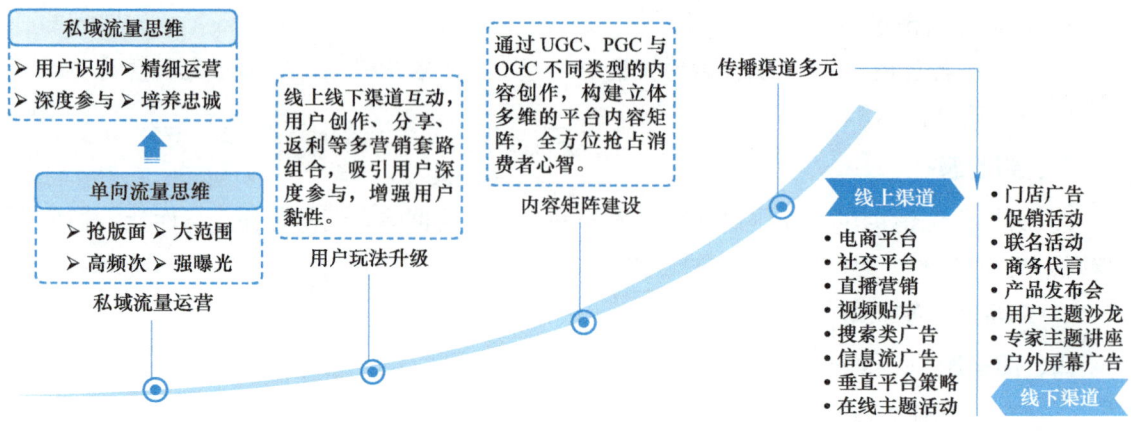

图 3-2　全场景整合营销

任务实施

1. 认识网络广告平台

对于广告主来说，推广第一步就是要找到与自身产品特性匹配的媒介平台，营销方向正确，营销效果才会可观。当选择投放平台时，人们可能最先想到的是腾讯广告、百度营销、新浪微博、小红书、巨量引擎等这些主流移动广告平台。相较于这些主流平台而言，知乎、哔哩哔哩、快看漫画、虎牙、掌阅、喜马拉雅等这些小而美的中腰部媒介其实在很多情况下也很具有投放价值。

1）腾讯广告，是囊括微信、QQ、腾讯联盟、应用宝、手机 QQ 浏览器等营销资源的广告投放平台。腾讯社交广告包括微信广告、QQ 客户端广告、QQ 空间广告、QQ 浏览器广告、腾讯联盟广告和应用宝广告 6 种，为广告主提供一站式社交信息流广告投放服务。特点是体量大、黏性大、用户活跃度高，多用于信息流广告的投放。

2）百度营销，是拥有百度大数据精准定位技术支撑，信息可以准确触达高潜用户，囊括百度 App、百度地图、百度贴吧、好看视频、百青藤、线下屏幕等营销资源的广告投放平台。百度营销广告主要包含搜索推广、信息流推广、品牌推广等类型广告，为企业推荐合适的产品，投放快速曝光，抢占获客流量新风口。百度营销借助智能搜索和智能推荐，优势体现在：第一，全系列多场景用户超级流量，每天超 60 亿次搜索请求，超过 1 亿用户浏览百度信息流、800 亿次定位服务请求，覆盖用户线上线下生活全场景；第二，把广告展现给精准用户，借助百度搜索和资讯流推荐，超过 200 万种特征识别每一位用户真实需求及兴趣爱好；第三，通过 AI 技术智能投放，百度大脑精准洞察用户行为爱好，实现广告的一站式投放，打造营销闭环；第四，灵活调整广告费用，系统会根据预算和营销目标，以低成本实现更好的广告效果。

3）新浪扶翼，是依托于新浪双平台多终端海量资源，通过对新浪网、新浪微博、移动客户端的数据进行多维度挖掘，为广告主提供精准定向和创意优化双维度服务的自助竞价广告平台。新浪扶翼覆盖范围大，可覆盖 32 个频道，近 600 个资源位；可通过用户历史浏览行为精准定向，识别需求明确用户＋潜在用户；平台支持按效果付费，可做到预算可控。其中，微博最大的特性就是热点，将推广产品和热点进行结合可以有效提升转化率。通过打造话题、事件，以转发、评论、点赞等互动行为持续发酵，可以在短时间内让用户主动传播，实现营销内容大范围传播。微博不仅有着亿级优质用户资源，还可根据用户属性和社交关系将品牌／产品信息精准地投放给目标人群。微博平台用户量大，且女性群体较多，建议投放如教育、食品、婚纱摄影、美妆护肤品、游戏 App、娱乐、网服下载等广告。

4）巨量引擎。巨量引擎是抖音集团旗下的官方营销服务品牌，整合了今日头条、抖音、西瓜视频、懂车帝、FaceU 激萌、住小帮、幸福里、图虫和番茄小说等营销资源的广告投放平台。依托于抖音集团创新的用户产品生态所给予的规模化注意力数据，巨量引擎以领先的智能技术不断激发人们的内容创造力，并将创造力转化为企业的生意驱动力，为企业客户创造更高的商业价值，成为企业的有力引擎，驱动生意的有效增长。巨量引擎流量巨大，多元覆盖用户生活场景，特别是有效占据用户的碎片化时间。平台除了基于海量用户画像准确锁定目标人群，还提供智能工具，辅助"从创意制作到效果优化"广告的一站式投放。

5）阿里汇川。阿里汇川广告平台是阿里巴巴移动事业群推出的效果广告系统。汇川拥有海量的媒体流量，广告主可通过汇川在 UC 浏览器、PP 助手等平台投放广告，进行产品推广。阿里汇川共有以下三大优势。第一，优质媒体流量。阿里汇川聚合 UC 浏览器、UC 信息流、PP 助手等优质自有流量。第二，精准广告匹配。聚合神马移动搜索、阿里用户行为大数据，为每一次展现精准匹配广告，高效利用广告资源。第三，广告样式丰富。支持信息流原生广告、应用市场原生广告、视频广告、横幅图片、图文半幅等，客户可自主选择。

6）知乎。知乎是中文互联网知识平台。知乎的用户群体主要是年轻人，他们对知识和信息的需求非常强烈，这也为知乎的商业化提供了广阔的空间。早在 2021 年，知乎用户调查报告显示，知乎本科及以上用户占比已高达 80.1%。知乎的用户主力人群是具有良好教育背景的都市白领及大学生，以及中高收入及小康用户，互联网从业者居多。高学历、高消费、高收入是知乎用户的三大特点。知乎上既有行业大咖、KOL，也有大量充满好奇心和求知欲的大众人群，他们在知乎上创造了大量的优质内容。与用户建立深度沟通、内容形成长期影响和广泛传播，这三大特点是知乎的部分核心竞争力，其用户素质较高，消费能力较强，也是不容忽视的竞争力之一。从目前已知的数据来看，知乎比较适合电商、游戏、教育培训、网络服务、金融、旅游、房地产家居等行业的广告投放。

7）哔哩哔哩。哔哩哔哩的英文名称为 Bilibili，现为我国年轻世代高度聚集的文化社区和视频平台，被网友们亲切地称为"B 站"。B 站围绕用户、创作者和内容，构建了一个源源不断产生优质内容的生态系统，已经涵盖 7000 多个兴趣圈层的多元文化社区。2024 年，B 站日均活跃用户为 1.03 亿，月均活跃用户为 3.4 亿，日均使用时长超 95 分钟。作为我国最大的年轻人社区，B 站用户平均年龄保持在 24 岁左右，其中"Z+世代"用户覆盖率达到 65%，超过一半用户生活在二线及以上城市，男女比例接近 1:1。伴随着日均活跃用户稳定在 1 亿量级，B 站已经成为我国主流视频内容平台。哔哩哔哩竞价广告可由客户自主投放，自主管理，按照广告效果付费。灵活的计算和管理方式使客户可以自主把控广告投放节奏，更有效地提升投资回报率。结合 B 站的用户属性和在投客户行业，比较适合游戏、教育、社交、写真摄影、电商、美妆护肤等行业的广告投放。

8）小红书。小红书是我国超具规模的生活方式分享社区，是年轻人的生活方式平台和消费决策入口，通过机器学习对海量信息和人进行精准、高效匹配。小红书以"Inspire Lives 分享和发现世界的精彩"为使命，用户可以通过短视频、图文等形式记录生活点滴，分享生活方式，并基于兴趣形成互动。有价值的内容营销，可以带火不少产品，与网红合作，或者养号种草都是不错的推广途径，因为人群精准，小红书的广告转化率普遍较高。考虑到小红书 80% 的用户为女性，比较适合教育、母婴用品、美妆护肤、日化品、零食等产品做广告投放。

9）喜马拉雅。喜马拉雅是我国领先的音频分享平台，拥有丰富的音频内容生态，包括最头部的 PGC 专业内容、PUGC 及 UGC 内容，涵盖泛知识领域的金融、文化、历史类专辑，泛娱乐领域的小说和娱乐类专辑，适合少儿的教育内容，适合中老年的经典内容。内容上既有音频播客的形式，也有音频直播的形式。在 2023 年，喜马拉雅平均月活跃用户数量达到了 3.026 亿人次。这个数字中包含了 1.33 亿的移动端用户和 1.696 亿通过物联网及其他第三方平台的用户。这些用户在移动端上共投入了 17873 亿分钟来收听喜马拉雅的音频内容，占据了我国在线音频市场总时长的 60.5%。在市场份额方面，喜马拉雅占据了 25% 的份额。人群分布主要包括白领人群、母婴人群、有车人群、高消费人群等。目前适合投放广告的行业包括教育（少儿、成人教育）、游戏（传奇、模拟经营）、网服娱乐、医疗美容、商务服务等。

2. 网络广告投放

58 同城作为我国领先的生活服务平台，业务覆盖招聘、房产、汽车、二手物品、本地生活服务及金融等各个领域。在用户服务层面，58 同城不仅是一个信息交互的平台，更是一站式的生活服务平台，同时也逐步为商家建立全方位的市场营销解决方案。在本地分类信息和生活服务领域，58 同城已经建立了全面与本地商家直接接触的服务网络。

（1）会员注册

打开 58 同城官网，单击页面顶部菜单栏的"注册"链接进入注册页面，输入手机号、验证码、用户名、密码、确认密码等信息，并勾选"已阅读并同意《58 同城使用协议》&《隐私政策》"，单击"确定"，完成会员注册。

（2）会员登录

在 58 同城首页，单击页面顶部菜单栏"登录"链接进入用户登录页面。58 同城支持账号密码登录、手机动态码登录、58 同城 App 扫码登录和第三方登录（支持 QQ 登录、微信登录和微博登录）。

（3）信息发布

单击 58 同城首页搜索栏右侧的"免费发布信息"按钮，进入免费发布信息页面，如图 3-3 所示。一级类别包括房产、招聘信息、二手物品、发布简历、二手车、家政服务、宠物、商务服务、汽车服务、教育培训、票务/卡券、旅游酒店、婚庆摄影、装修建材、餐饮/娱乐/丽人、农林牧副渔、招商加盟、求租求购求服务、批发采购、本地服务朋友圈推广和回收。任务情境中的亲宝宝属于母婴类，在选择类别时选择"批发采购"→"母婴玩具"，进入填写信息页面，如图 3-4 所示。

图 3-3 免费发布信息

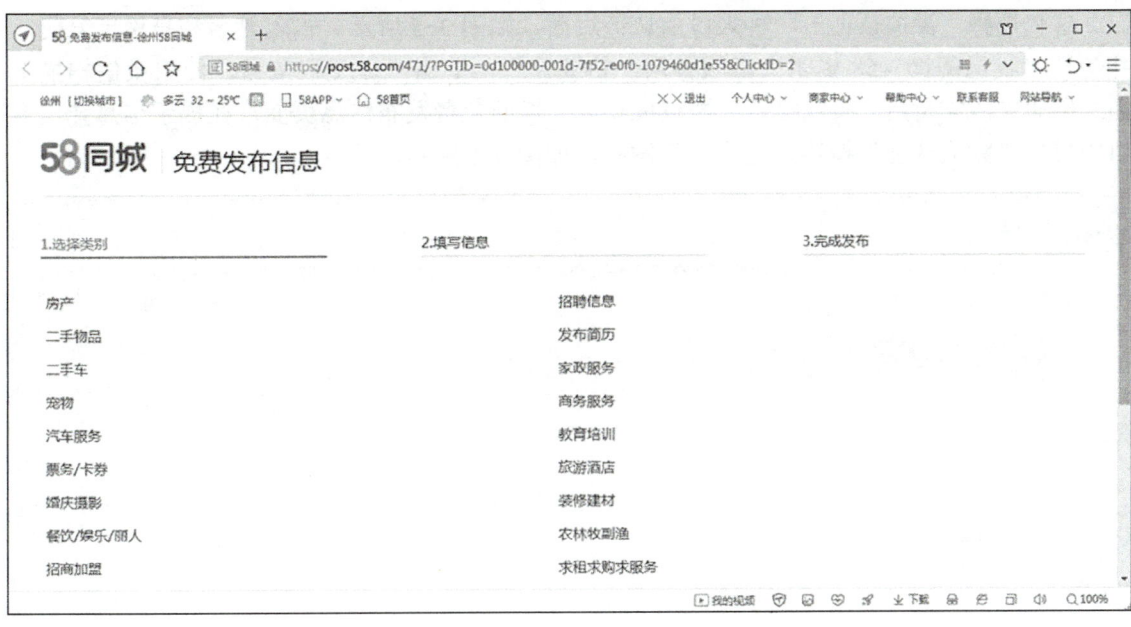

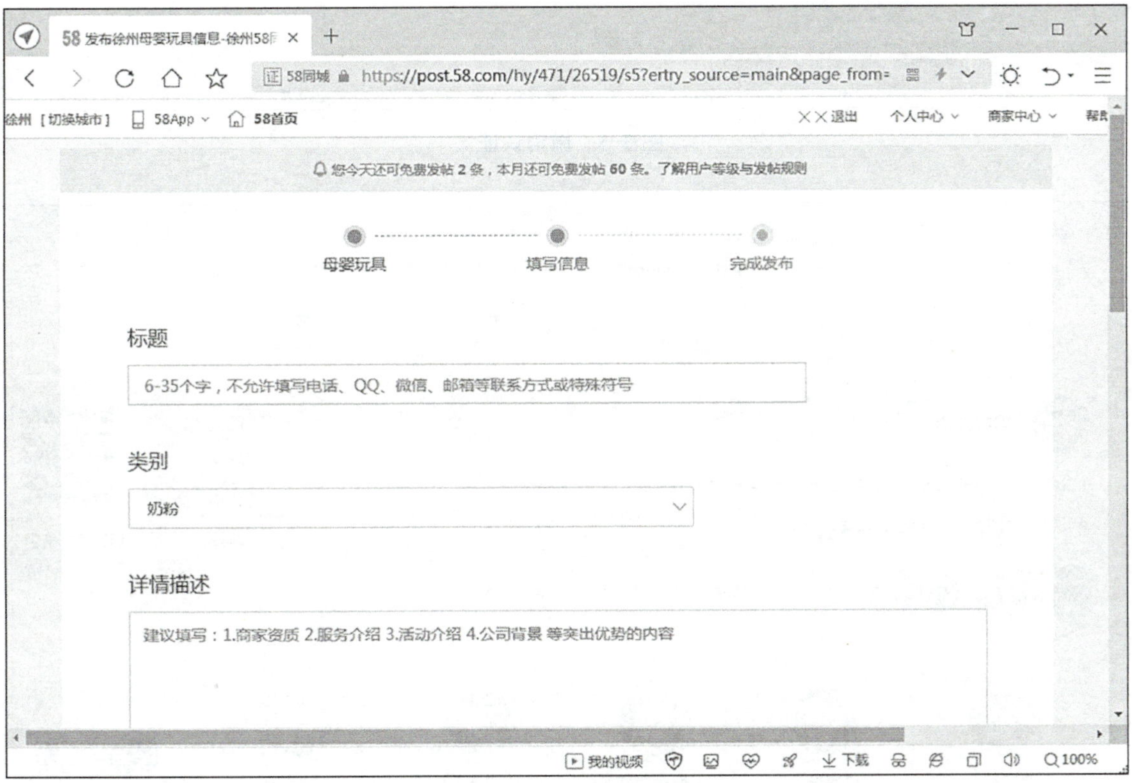

图 3-4 填写信息

在填写信息页面，输入需要发布信息的标题，选择类别，输入详情描述，上传图片，选择服务区域，新增店铺地址和新增联系人信息，然后单击"发布"按钮，弹出发布认证窗口。这里选择"微信认证",进入微信认证页面,如图 3-5 所示。输入姓名和身份证号码,并勾选"我已阅读《58集团认证服务用户协议》",单击"提交"按钮,使用微信扫描页面二维码完成支付后,页面提示"授权成功"。返回免费发布信息页面,在提示信息弹出窗口中单击"完成认证"按钮,完成信息发布,如图 3-6 所示。

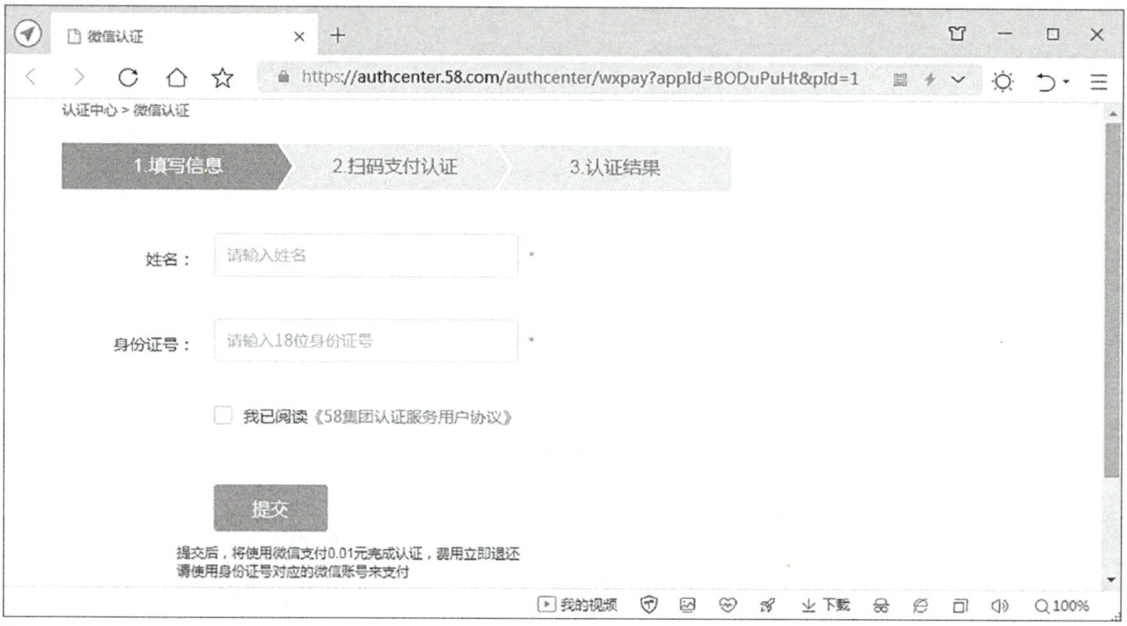

图 3-5　微信认证

图 3-6　发布成功

项目3 体验网络营销

实训要点提示

1）在输入详情描述时，建议完整填写以下内容：商家资质、服务介绍、活动介绍、公司背景等。

2）微信认证提交后，将使用微信支付 0.01 元完成认证，费用立即退还，请使用身份证号对应的微信账号来支付。

3）在信息发布成功页面单击"查看信息"，或通过 58 同城页面顶部菜单栏"商家中心"→"我的发布"，可以查看已发布的信息。

 相关知识

数字化浪潮之下，网络广告产业的生产和传播方式也在加速变革，营销数字化升级的趋势愈加明显。错综复杂的竞争环境也深刻地影响着企业营销模式的转变，如何创新地应用数字化技术，更加精准高效地投放广告切入消费者的痛点，实现营销价值的最大化，成为各大网络广告平台最为关键的问题。

根据《2024 中国互联网广告数据报告》，2024 年，我国互联网广告市场规模预计为 6509 亿元人民币，较上年增长 13.55%。稳健的增长态势，说明我国互联网广告市场韧性十足。近年来，我国互联网广告市场呈现如下主要特点和趋势：

1）大模型爆发元年，AI 登上互联网广告的舞台。我国互联网广告行业呈现出多元化、创新化和智能化的特点，尤其在人工智能（AI）技术的应用方面。当前，随着新技术的发展，特别是 AI 技术日益成熟，互联网广告行业正在经历一场技术驱动的变革，AI 技术已深入互联网广告的各个环节。AI 技术的应用不仅提升了广告的精准性和效率，还推动了广告内容创意和个性化发展，预示着行业将迎来新一轮技术升级和业务模式创新。人工智能的发展还推动了互联网广告相关行业产业链的重新塑造。

2）小程序游戏和微短剧兴起，成为互联网新增长点。小程序游戏和微短剧的兴起不仅伴随着大量的广告投放需求，也是流量获取的重要渠道。近年来，国内小程序游戏市场收入稳步增长，这得益于小程序游戏的多样化变现模式，包括内购付费、广告变现和混合变现。2023 年全年市场预计将有近 4000 部短剧上线，市场规模预计达到 300 亿元。小程序短剧市场的收益模式主要依赖于用户付费和广告变现。小程序游戏和短剧作为新兴的互联网广告媒介，不仅在广告投放方面展现出巨大潜力，而且成为重要的流量入口。它们的兴起改变了传统广告行业格局，为广告投放者提供了新的机会和挑战。

3）字节跳动强势增长，互联网版图正在重塑。我国互联网巨头竞争格局略有调整，拥有抖音、今日头条等热门应用的字节跳动超越阿里与腾讯，成为广告营收第一大公司。字节跳动全年广告收入实现了 23.76% 的增长率。同时，字节跳动也是近 8 年来第二个广告收入规模达 1000 亿元以上的公司。从广告业务收入规模的增速来看，快手、美团均实现了 20% 左右的增长，而拼多多更是全年增速超 50%，较 2020 年已完成翻倍，并大有进入 200 亿元俱乐部，赶超京东和美团的趋势。

4）互联网营销管理政策相继出台，进一步规范与促进行业健康发展。随着互联网广告市场的快速发展与变革，国家市场监督管理总局于 2023 年 2 月 25 日发布《互联网广告管理办法》，并于 2023 年 5 月 1 日实施，旨在对互联网广告行业的规范和监管提出更加明确和细化的要求。2023 年 4 月 11 日，国家互联网信息办公室发布《关于〈生成式人工智能服务管理办法（征求意见稿）〉公开征求意见的通知》，这也是国家首次针对当下爆火的生成式 AI 产业发布规范性政策。2024 年 1 月 1 日起《未成年人网络保护条例》正式实施。特别值得注意的是，该条例明确规定网络产品和服务提供者不得通过自动化决策方式向未成年人进行商业营销。该条例的这一规定主要体现了对未成年人数据安全和隐私的保护，以及防止未成年人因自动化推荐系统而受到不当商业影响的决心。

1. 网络广告的含义

网络广告是指广告主以付费的方式在网络上进行的信息传播活动，具体说就是以网络为载体，使用文字、图像、动画、声音等多媒体信息表示，由广告主自行或委托他人设计、制作并在网上发布，旨在推广产品以及服务的有偿信息传播活动。

与传统的四大传播媒体（报纸、杂志、电视、广播）广告及户外广告相比，网络广告具有得天独厚的优势，是成功实施现代营销媒体战略的重要组成部分。互联网是一个全新的广告媒体，速度快、效果理想，以致广告界甚至认为互联网将超越路牌，成为传统四大传播媒体之后的第五大传播媒体。

2. 网络广告的要素

（1）广告主

广告主即广告的传播者，网络广告的广告主就是通过网络发布自己的广告内容的企业、机构或个人。广告的商业性决定了绝大多数广告主是企业，它们通过广告推销自己的产品和服务。

（2）广告信息

广告信息就是广告所要传达的内容，也就是如何设计制作有效的广告信息，以尽可能达到预定的效果。网络广告的信息是通过网上发布的，其内容形式有计算机文字、计算机图形图像、计算机动画以及数字声音。网络广告信息的特点主要就是更新快、容量大和可附带易于检索的超级链接功能。

广告信息是广告要素的主体，对于受众，他们直接接触的就是广告信息。科学地制定广告信息要建立在广告调研的基础上，广告信息的具体内容则根据广告策划的方针制定。网络广告的内容要根据具体的广告目的，通过网上调查、分析，确定广告策略而制定，做到有吸引力、有说服力、有针对性。当然，广告信息也必须是真实的、健康向上的、合法的，网络广告也不例外。

（3）广告媒介

广告媒介是指传递广告信息的载体。网络广告的媒介就是国际互联网。具体来说，网页就是网络广告的载体。

（4）广告受众

广告受众即广告所针对的目标对象，也可以解释为广告信息的受众。商业广告的对象就是目标消费者，网络广告的受众就是广大网民。因此，必须去研究目标市场（区域）的网民构成特征、消费行为等，做到有的放矢。

（5）广告效果

广告效果指一次特定时期内的广告所取得的结果，以及与预先目标的距离。广告的最终效果直接体现广告的成功与否。衡量一个广告的效果并不是仅仅看广告的到达率或广告前后的销售量增幅，因为广告的目标是多层次的——有的时候还要看广告是否增加了企业和产品（品牌）的知名度、可信任度；是否更新了顾客的观念，增进了沟通和理解；能否产生远期的效果等。

3. 网络广告的特点

相对于传统广告形式，网络广告呈现出一些自身的特点，熟悉这些特点是把握网络广告营销策略实质的基础。

（1）交互性强

交互性是网络本身的最大特点，网络不同于传统媒体信息的单向传播，而是信息的双向互动传播。用户可以获取他们认为有用的信息，厂商也可以随时得到消费者的反馈信息。从行销传播的角度观察，网络上的互动式广告有两个基本特质：一是适应个人需求而发布信息，二是广告受众自由选择信息。它不同于在传统媒介上出现的广告，互动式广告允许不同的受众选择不同的广告信息，以此满足个人对信息的需求。

（2）传播范围广泛

网络广告的传递不受时空的限制，它通过国际互联网把广告信息全天不间断地传播到世界各地，在人类生活的地球上虚拟一个全新的网上交流互动平台。只要具备浏览互联网的条件，任何人在任何时间、任何地点都可以随时随地阅读网络广告信息。这是传统媒介所无法比拟的。

（3）针对性强

网络广告的受众是年轻、具有活力、受教育程度高、购买力较强的群体，网络广告可以让广告主直接面对目标消费群体中可能产生购买行为的潜在消费者。

（4）可测评性

传统媒介发布广告，很难精确统计广告信息目标受众的数量，而在互联网上，可以通过权威公正的访问统计系统，精确统计出每条广告信息的接触量，更可以了解目标受众接触广告信息的时间和地区分布，从而为广告主科学地评估广告效果奠定坚实的基础。

（5）广告发布灵活，成本低

网络广告是一种实时、灵活、低成本的广告形式。广告在传统媒介上刊播后很难更改，而且将支付非常多的费用。在互联网上，广告开播后，可以方便地根据市场的变化、营销策略的调整及时变更广告内容，使广告活动及时有效地服务于营销策略。

（6）表现形式多，实效性强

网络广告的载体基本上是多媒体、超文本格式文件，受众对感兴趣的商品可以了解更为详细的资料，使消费者能够亲身体验商品与服务，以图文声像的形式传递多感官信息，使目标受众如亲临其境般地感受商品与服务，并通过互联网进行订购、下单和结算，极大地增强了网络广告的实效性。

4. 网络广告的形式

网络广告采用先进的多媒体技术，拥有灵活多样的广告投放形式。目前，网络广告的主要形式有以下几种。

(1) 横幅广告

横幅广告（Banner Ad）是网络广告最早采用的形式，也是目前最常见的形式。横幅广告又称旗帜广告、网幅广告，它是横跨于网页上的矩形公告牌，当用户单击这些横幅的时候，通常可以链接到广告主的网页，如图 3-7 所示。

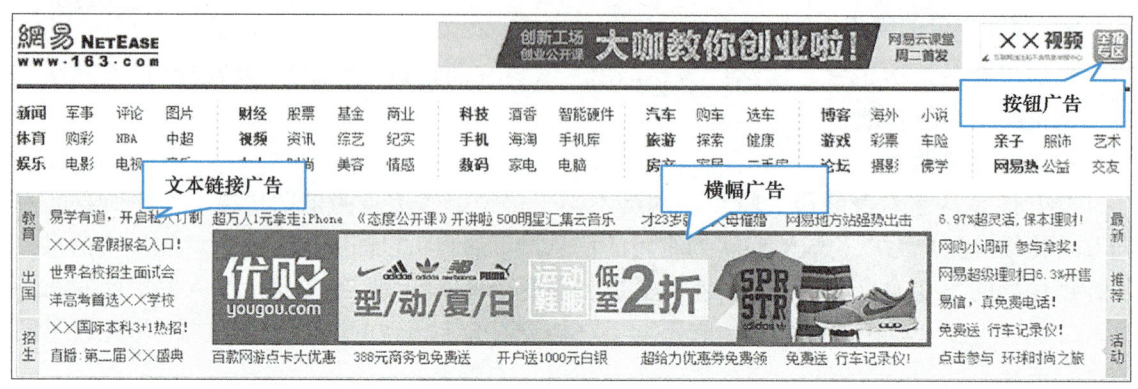

图 3-7　网络广告示例

从表现形式上，横幅广告可以分成三种类型：静态横幅、动画横幅、互动式横幅。横幅广告一般是使用 gif 格式的图像文件，可以使用静态图形，也可用 swf 动画图像。除普通 gif 格式外，Rich Media Banner（丰富媒体 Banner）能赋予横幅更强的表现力和交互内容，但一般需要用户使用的浏览器有插件支持。

(2) 文本链接广告

文本链接（Text Link）广告是以文字链接的广告，如图 3-7 所示。即在热门站点的 Web 页上放置可以直接访问的其他站点的链接，通过热门站点的访问，吸引一部分流量点击链接的站点。文本链接广告是一种对浏览者干扰最少，但却最有效果的网络广告形式。

该类广告的优点是对用户阅读网站造成的影响较小，能到达软性宣传的目的，但是此广告是通过文字来传达信息的，在做的时候就会有一定的挑战性，越是短小的广告越难做，因为从一句话里传达的信息是有限的，要发挥这句话的作用就必须要有好的创意。文本链接广告的费用一般也比较低，适用于广告投入少又想得到很好的效果的广告主。

(3) 按钮广告

按钮广告（Button Advertising）即图标广告，这是网络广告最早的和常见的形式，通常是一个链接着公司的主页或站点的公司标志，并注明类似于"Click me"的字样，希望网络浏览者主动来点击，如图 3-7 所示。

按钮广告是从 Banner 演变过来的一种形式，是表现为图标的广告，通常广告主用其来宣传商标或品牌等特定标志。按钮广告是一种与标题广告类似，但是面积比较小，而且有不同的大小与版面位置可以选择，最早是做浏览器的网景通信公司用来提供使用者下载软件之用，后来这样的规格就成为一种标准。按钮广告能提供简单明确的资讯，而且其面积大小与版面位置的安排都较具有弹性，可以放在相关的产品内容旁边，是广告主建立知名度的一种相当经济的选择。

(4) 电子邮件广告

电子邮件广告（E-mail Advertising）是指通过互联网将广告发到用户电子邮箱的网络广

告形式，针对性强、传播面广、信息量大，其形式类似于直邮广告，如图 3-8 所示。

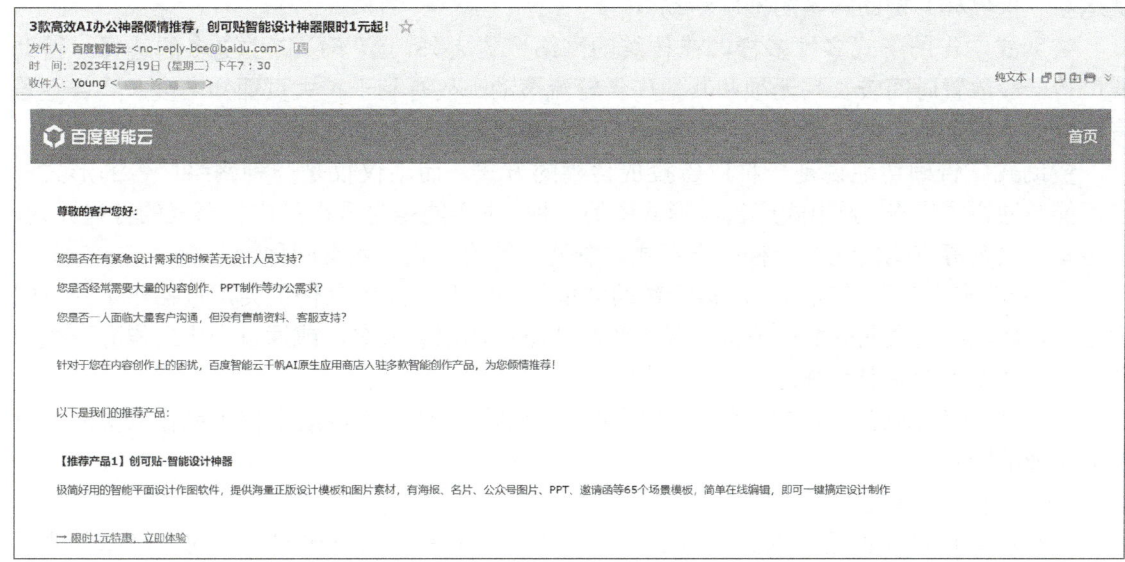

图 3-8　电子邮件广告

电子邮件广告可以直接发送，但有时也通过搭载发送的形式：比如通过用户订阅的电子刊物、新闻邮件和免费软件以及软件升级等其他资料一起附带发送；也有的网站使用注册会员制，收集忠实读者（网上浏览者）群，将客户广告连同网站提供的每日更新的信息一起，准确送到该网站注册会员的电子信箱中。这种形式的邮件广告容易被接受，具有直接的宣传效应。譬如当你向网易网站申请一个免费信箱成功时，在你的信箱里，除了一封确认信外，还有一封，就是网易自己的电子邮件广告。

随着电子邮件使用的越来越普及，电子邮件广告现在已成为使用最广的网络广告形式，许多厂商采用这种直接而方便的广告形式。但值得注意的是，那些未经同意发送的垃圾广告邮件很容易引起用户的反感。广告主要在真正了解客户需求的基础上适时适量地发送邮件广告，否则只会浪费广告费。

电子邮件广告具有针对性强、费用低廉的特点，且广告内容不受限制。其针对性强的特点，可以让企业针对具体某一用户或某一特定用户群发送特定的广告，为其他网上广告方式所不及。电子邮件是网民最经常使用的因特网工具。30% 左右的网民每天上网浏览信息，但却有超过 70% 的网民每天使用电子邮件。对企业管理人员尤其如此。

电子邮件广告一般采用文本格式或 html 格式。通常采用的是文本格式，就是把一段广告性的文字放置在新闻邮件或经许可的 E-mail 中间，也可以设置一个 URL，链接到广告主公司主页或提供产品或服务的特定页面。html 格式的电子邮件广告可以插入图片，和网页上的网幅广告没有什么区别，但是因为许多电子邮件的系统是不兼容的，html 格式的电子邮件广告并不是每个人都能完整地看到的，因此把邮件广告做得越简单越好，文本格式的电子邮件广告兼容性最好。

（5）赞助式广告

赞助式广告（Sponsorships）是网络广告形式的一种。赞助有三种形式：内容赞助、节目赞助、节日赞助。广告主可对自己感兴趣的网站内容或节目进行赞助，或在特别时期（如奥运会、世界杯）赞助网站的推广活动。

赞助式广告的形式多种多样，在传统的网络广告之外，给予广告主更多的选择。赞助式广告一般放置时间较长且无须和其他广告轮流滚动，故有利于扩大页面知名度。广告主若有明确的品牌宣传目标，赞助式广告将是一种低廉而颇有成效的选择。

赞助式广告确切地说是一种广告投放传播的方式，而不仅仅是一种网络广告的形式。它可能是通栏式广告、弹出式广告等形式中的一种，也可能是包含很多广告形式的打包计划，甚至是以冠名等方式出现的一种广告形式。赞助广告的形式一般有两种：

1）企业出资赞助某项活动，接受赞助的单位为赞助者提供宣传机会，包括一定的时间和空间，如以出资企业的名称或其产品名称为所举办的活动冠名，或通过一定的媒介形式向公众宣布赞助者的企业名称。

2）企业把印制有企业名称的产品提供给受助单位，使其在活动中使用或作为奖品，以扩大企业的影响。

（6）与内容相结合的广告

这种广告也可以说是赞助式广告的一种，从表面上看它们更像网页上的内容而并非广告。在传统的印刷媒体上，这类广告都会有明显的标志，指出这是广告，而在网页上通常没有清楚的界限。这种广告以网页内容的形式出现，所以它们的点击率往往会比普通的广告高。

广告主在做这种广告的时候需要非常小心，如果让浏览者有上当受骗的感觉，就会对品牌造成负面的影响。与内容相结合的广告最引人争议之处在于商业利益与媒体内容混淆不清。国外常见的浏览整合广告，将广告主的网站链接或者图像整合在网站首页的功能表中，虽然可降低受众对广告的抗拒，却可能引发他们对网站产生排斥与不信任。如果广告主为了广告的诉求而提供偏颇的信息，受众通常也难以分辨其中的真假，这对网络媒体的资讯内容也可能造成冲突。

（7）插播式广告

插播式广告（Interstitial）是在一个网站的两个网页出现的空间中插入的网页广告，就像电视节目中出现在两集影片中间的广告一样。在看网络视频的时候，一般要先看一段广告，换下一集的时候也会有广告插播进来。广告有不同的出现方式，有的出现在浏览器主窗口，有的新开一个小窗口，有的可以创建多个广告，也有一些是尺寸比较小的、可以快速下载内容的广告。无论采用哪种显示形式，插播式广告的效果往往比一般的 Banner 效果要好。

与 Banner 广告一样，插播式广告同样会产生一定的副作用，除了延长了页面下载时间之外，用户还不得不关闭这些新开的窗口，如果每打开一个网页都要出现一个广告窗口的话，显然会招致用户的极度反感。因此也出现了一些针对消除各类弹出广告的软件。鉴于一些用户对各类插播式广告的抵触情绪，在选择广告显示方式和时机时应该给予特别的注意。

（8）分类广告

网络分类广告是充分利用计算机网络的优势，对大规模的生活实用信息，按主题进行科学分类，并提供快速检索的一种广告形式，如图3-9所示。网络分类广告是一种全新的网络广告服务形式，主要满足企事业单位和个人商户在互联网上发布各类产品和服务广告的需求，并为广大网民提供实用、丰富、真实的消费和商务信息资源。与传统媒体分类广告相比，网络分类广告容量大，表现形式多样化、立体化，可查询、收藏信息。在形式上，分类广告一般是指版面位置相对固定、规格较小的非工商广告，多数情况下"扎堆"出现，并按行业划分开，以便于浏览者查找。

图 3-9　分类广告

分类广告是一种按需广告。这是分类广告同其他形式广告的根本区别。传统的广告是强迫型广告，采取一种干扰的方式，并不一定处在浏览者期待或者寻找的范围内。

分类广告独立成版，信息容量大，分类明晰，检索方便，分类广告浏览者会带着需求主动寻求自己需要的分类广告项。浏览者在消费分类广告信息时，按照"类别标题→项目标题→小项标题→单条大分类广告的标题"层次搜索信息，标题能告诉有明确消费目标的浏览者在哪里可以得到他们需要的产品或服务，并且浏览者只关注和本身内在需求一致的信息，并把符合需求的信息放大或尖锐化。这种使用是一种有目标导向的行为，选择的主动权在分类广告浏览者手中。

分类广告具有如下特点：信息的广泛性、功能的服务性、价格的经济性、经营的稳定性、市场的引导性以及阅读的主动性等。

（9）关键字广告

所谓关键字广告，就是每则广告都会提供一些关键字，当使用搜索引擎搜索到这些关键字的时候，相应的广告就会显示在某些相关网站的页面上，这样的优点是可以以快捷、灵活、迅速的方式给客户大量的相关信息，并有"广告"字样标注。

关键字广告具有多项优势，特别适合经济实力有限的中小企业。具体优势如下：

1）搜索排名好。企业通过在非搜索引擎网站（主要是综合或专业型的门户网站）购买与企业、产品及服务相关的公司关键字、公共关键字链接，或指定位置放置语句广告链接，这些链接指向企业的网站或相关网页，利用综合或专业门户网站本身的"网页排名"优势，实现提升企业网站在搜索结果中的排名位置这一目的。

2）针对性强。当网民使用了企业购买的关键字时，企业相关信息会出现在搜索结果页面的显著位置，使用这些关键字的浏览者往往是对这些信息感兴趣的人，因此关键字广告具有很强的针对性和目的性。

3）效果明确。以"网页排名"作为其基本搜索规则的新一代搜索引擎，号称其搜索结果只以纯技术规则作为排名依据，没有"人为"干扰因素的影响，搜索结果的排名是网民选择的结果。这比通过机构来评定广告效果更有说服力。公司相关信息能够排在搜索结果的前列，意味着有更高的点击率，而这本身又是一种吸引力，吸引更多的网民做出趋同选择，从而有助于提升企业在网络社会中的形象。

4）成本较低。例如，公司名或其他关键字，只有在网页中出现时，才能链接到企业网站或网页上，或者像竞价广告那样是按点击次数计费的，并且企业可以根据实际情况自由定价。因此，关键字广告的成本较低，并容易控制。

（10）主页型广告

主页型广告是通过整个网页广告的设计传达广告内容。企业的网页广告一般做在自己的主页上，在其他网站媒体上通过购买带链接的广告形式可让客户点击到达。主页型广告可以详细地介绍企业的相关信息，如发展规划、主要产品与技术、产品订单、售后服务、战略联盟、年度经营报告、主要经营业绩、联系办法等，从而让用户全面地了解企业及企业的产品和服务。

一般大型企业都建有自己的网站，自行独立运作。也有的企业向网络服务公司租用设备，建设托管网站，代理运作。即使是最小的企业，也可以通过直接租用其他网站的资源，开辟自己的主页。

（11）富媒体广告

富媒体（Rich Media）并不是一种具体的互联网媒体形式，而是指具有动画、声音、视频和交互性信息的传播方法，包含下列常见的形式之一或者几种的组合：流媒体、声音、Flash以及Java、JavaScript、DHTML等程序设计语言。人们普遍把以此技术设计的广告叫作富媒体广告。富媒体广告常见的形式有视频类广告、扩展类广告、浮层类广告等。富媒体广告的表现形式多样、内容丰富、冲击力强，但是通常费用比较高。

拓展训练

在百姓网发布一条分类广告，内容自定义，并比较58同城和百姓网的异同。

实战训练

1. 打开网易，找出各种网络广告，对该种网络广告进行优缺点分析。
2. 请尝试在网上寻找以下网络广告的形式：
1）视频植入广告。
2）软文广告。
3）游戏植入广告。

思考与练习

一、单选题

1. （   ）成为传统四大传播媒体之后的第五大传播媒体。
   A．报纸   B．杂志   C．电视   D．广播
   E．网络广告

2. （   ）是中文互联网最大的知识平台。
   A．知乎   B．哔哩哔哩   C．小红书   D．虎牙
   E．喜马拉雅

3. （   ）现为我国年轻世代高度聚集的文化社区和视频平台。
   A．知乎   B．哔哩哔哩   C．小红书   D．虎牙
   E．喜马拉雅

4. （   ）是我国超具规模的生活方式分享社区，是年轻人的生活方式平台和消费决策入口。
   A．知乎   B．哔哩哔哩   C．小红书   D．虎牙
   E．喜马拉雅

5. （   ）是抖音集团旗下的官方营销服务品牌。
   A．腾讯广告   B．百度营销   C．新浪微博   D．巨量引擎

二、多选题

1. 网络广告的要素包括（   ）。
   A．广告灵活性   B．广告主   C．广告受众   D．广告媒介

2. 网络广告特点包括（   ）。
   A．交互性强   B．传播范围广泛 C．针对性强   D．表现形式多

三、判断题

1. 巨量引擎流量巨大，多元覆盖用户生活场景，特别是有效占据用户的碎片化时间。（   ）

2. 高学历、高消费、高收入是知乎用户的三大特点。（   ）

四、简答题

1. 简述网络广告的含义。
2. 简述网络广告的要素。
3. 简述网络广告的特点。

项目 4

感知物理管理

学习目标

> 🌀 **知识目标**
> - 了解物流的含义、特点、发展、分类及功能等；
> - 掌握物流与电子商务的关系；
> - 掌握电子商务物流配送的含义、分类；
> - 掌握智慧物流的概念等相关知识；
> - 掌握网店交易物流配送的选择等相关知识；
> - 了解第三方物流等相关知识。
>
> 🌀 **能力目标**
> - 能够利用物流相关理论知识正确分析和解决物流业务中存在的基本问题；
> - 能够对网店交易中的物流配送方式进行恰当的选择；
> - 利用所学习的配送知识解决实际物流工作中出现的问题。
>
> 🌀 **素质目标**
> - 培养职业岗位意识、吃苦耐劳意识和职业安全服务意识。

任务 1 认识物流

任务情景

从超市的货架上随手取下一瓶洗发水，你能想到这瓶洗发水要经过多少路途才能到达你的手里吗？

生产洗发水的工厂需要如何组织原材料进厂、生产线上的物料移动，又如何将它发送到销售商手里？

从它走下流水线那一刻起，到被你拿到手中为止，中间究竟被多少辆卡车运转到多少个配送中心？经历多少道批发商以及多少人的手才被送上货柜？

任务分析

快捷的、现代化的物流给人们的生活带来了极大的便利性。通过浏览国内外著名物流网站和对相关知识的学习，首先对物流建立一个感性的初步认识，明确物流的含义、功能、现状和发展趋势、物流与电子商务的关系。通过分组讨论，总结出物流的特点和优势。

任务实施

1. 中国邮政速递物流（http://www.ems.com.cn）

中国邮政速递物流股份有限公司（简称中国邮政速递物流）是经国务院批准，中国邮政集团于2010年6月联合各省邮政公司共同发起设立的国有股份制公司，是我国经营历史最悠久、规模最大、网络覆盖范围最广、业务品种最丰富的快递物流综合服务提供商。

中国邮政速递物流在国内31个省（自治区、直辖市）设立全资子公司，并拥有邮政货运航空公司、中邮物流有限责任公司等子公司。

中国邮政速递物流主要经营国内速递、国际速递、合同物流等业务，国内、国际速递服务涵盖卓越、标准和经济不同时限水平和代收货款等增值服务，合同物流涵盖仓储、运输等供应链全过程，拥有享誉全球的"EMS"特快专递品牌和国内知名的"CNPL"物流品牌。

中国邮政速递物流坚持"珍惜每一刻，用心每一步"的服务理念，为社会各界客户提供方便快捷、安全可靠的门到门速递物流服务，致力于成为持续引领我国市场、综合服务能力最强、最具全球竞争力和国际化发展空间的大型现代快递物流企业。

2. 顺丰速运（www.sf-express.com）

顺丰速运是我国快递物流综合服务企业，由王卫于1993年3月26日在广东顺德创立，总部位于广东深圳。

顺丰采用直营的经营模式，由总部对各分支机构实施统一经营、统一管理，保障了网络整体运营质量。2017年2月24日，顺丰在深交所上市，曾在《2020胡润品牌榜》以1000亿元品牌价值排名第19位。2022年3月30日，顺丰控股发布2021年年度报告。顺丰控股报告期内实现归母净利润42.7亿元，同比下滑41.7%；实现营业收入2072亿元，同比增长34.5%。

与此同时，顺丰积极拓展国际件服务，目前已开通美国、日本、韩国、新加坡、马来西亚、泰国、越南、澳大利亚、蒙古等国家的快递服务。自有庞大的服务网络，具有服务标准统一、服务质量稳定、安全性能高等显著优点，能最大程度地保障客户利益。

顺丰持续加强基础建设，积极研发和引进具有高科技含量的信息技术与设备，不断提升作业自动化水平，不断优化网络建设，实现了对快件产品流转全过程、全环节的信息监控、跟踪、查询及资源调度工作，确保了服务质量的稳步提升。

3. UPS 中国（www.ups.com/cn）

UPS（United Parcel Service，美国联合包裹）最初作为一家信使公司于 1907 年在美国成立，现已成长为一家年营业额达到数百亿美元的全球性公司，致力于以支持全球商业发展为目标。如今的 UPS，或者称为联合包裹服务公司，是一家全球性的公司，其商标是世界上最知名、最值得景仰的商标之一。作为世界上最大的快递承运商与包裹递送公司，同时也是专业的运输、物流、资本与电子商务服务的领导性的提供者，每天都在世界上 200 多个国家和地区管理着物流、资金流与信息流。通过结合货物流、信息流和资金流，UPS 不断开发供应链管理、物流和电子商务的新领域，如今 UPS 已发展为拥有 700 多亿美元资产的大公司。

4. 申通快递（www.sto.cn）

申通快递品牌初创于 1993 年，公司致力于民族品牌的建设和发展，不断完善终端网络、中转运输网络和信息网络三网一体的立体运行体系，立足传统快递业务，全面进入电子商务物流领域，以专业的服务和严格的质量管理来推动我国物流和快递行业的发展，成为对国民经济和人们生活最具影响力的民营快递企业之一。

申通营销模式主要体现在"三个统一"上。品牌形象统一：全网络采用统一的申通商标等形象。服务规范统一：加盟网点采用统一的客户服务规范，保证客户服务的快件快速、安全、准确、周到。信息管理统一：各网点采用计算机系统，所有的管理信息在此系统中完成数据扫描、上传和查询。总部作为系统的管理与维护者，对信息进行统一管理。2020 年，申通快递启动全新"过年不打烊"服务。

公司耗资近亿元开发"申通 E3 快递软件系统平台"，包括快递业务系统、数据采集系统、无线 GPRS 数据采集传输系统、称重计费系统、航空业务管理系统、车辆运营管理系统、客服投诉受理系统、客服呼叫中心系统、电子商务（淘宝业务）接单系统等。历年来，公司的服务质量逐步提升，公司的品牌和形象统一建设也在稳步推进，成为国内快递网络最完整、规模最大的民营快递体系之一。

随着我国快递市场的发展，申通快递在提供传统快递服务的同时，也在积极开拓新兴业务，为国内大型 C2C、B2C 企业提供物流配送、第三方物流和仓储、代收货款、贵重物品通道等服务，在国内建立了庞大的信息采集、市场开发、物流配送、快件收派等业务机构，同时，也积极拓展国际件服务。申通快递已经成为国内快递网络最完整、规模最大的民营快递企业。

5. 京东快递（www.jdl.com）

京东快递是京东集团旗下自营快递品牌，2017 年 4 月正式成立京东物流集团。京东快递的优势体现在以下几个方面：以"技术驱动，全球高效流通和可持续发展"为使命，致力于成为全球最值得信赖的供应链基础设施服务商，有丰富的物流配送经验；综合全面的物流服务，如仓配服务、快递快运服务、大件服务、冷链服务、跨境服务等；性能强大、安全、稳定的物流科技产品。

自建物流体系能够让京东为用户提供正品保证，并且合理匹配用户的收货时间——考虑到不少用户的工作时间，京东可以做到每天三个时间段送货上门，这是第三方物流难以实现的。京东拥有我国电商行业最大的仓储设施。京东专业的配送队伍能够为消费者提供一系列专业服务，如211限时达、次日达、夜间配和三小时极速达、GIS包裹实时追踪、售后100分、快速退换货以及家电上门安装等服务，保障用户享受到卓越、全面的物流配送和完整的"端对端"购物体验。

6. 中国物通网（www.chinawutong.com）

中国物通网是北京物通时空网络科技开发有限公司旗下的物流行业门户网站，是我国目前最大、最专业的物流行业网站，网站以现代企业多元化物品流通需求为中心，以各类物流运输企业的网络信息化普及为出发点，系统整合了物流公司、运输车辆、国际海运空运、快递、搬家、配货信息部与广大发货企业，全面解决了现代企业物品流通的所有物流需求。网站采用了发布"接发货网点"生成"物流线路"的最先进设计理念，把物流企业的"接发货网点"搬上网络，实现了物流网点线路的网络化、信息化；本着服务于整个物流行业的宗旨，网站首创互联网、手机网、下载软件、配货手机、配货平板计算机、北斗+GPS双模车装机、北斗+GPS双模车联网平台，实现七网同步传播的多平台立体式云信息数据交互系统。网站让发货企业找物流企业或运输车辆更方便、更快捷，让物流企业找车辆找货源更轻松、更省钱，形成了物流行业的"信息流"，让物流供需双方可轻松地找到对方，缓解了我国"物流信息不对称"的历史瓶颈问题。

中国物通网自上线以来不仅得到了国内广大用户的认可与信赖，同时还被众多物流专家誉为"中国最大、最专业物流行业网站""中国物流信息航母"，是我国物流行业信息化的倡导者与领航者。

相关知识

1. 物流起源

如果从物体的流动来理解，物流是一种古老又平常的现象。自从人类社会有了商品交换，就有了物流活动（如运输、仓储、装卸搬运等），而将物流作为一门科学，却仅有几十年的历史。接下来看两个关于物流起源的典故。

1）中国西汉时期，张骞出使西域，开辟了从西安经甘肃、新疆，到中亚、西亚，并连接地中海各国的陆上通道，这就是举世闻名的古"丝绸之路"。

2）相传杨贵妃喜欢吃荔枝，但荔枝产于南方，多在两广、福建、四川、台湾等地，而唐朝的都城却在长安，离最近的荔枝产地尚有千里之遥。加上鲜荔枝难以保存，"一离本枝，一日而变色，二日而变香，三日而变味，四五日外色香味尽去矣"。唐玄宗为了杨贵妃，用快马日夜不停地运送，常常味道不变就已达京师。晚唐诗人杜牧有一首绝句，题目叫《过华清宫》，中间有名句专门写此事："一骑红尘妃子笑，无人知是荔枝来。"

物流概念的提出可以追溯到20世纪初。1901年，格罗威尔在美国政府的《工业委员会关于农场产品配送的报告》中，第一次论述了对农产品配送成本产生影响的各种因素，人们开始认识物流。1918年，英国联合利华公司的利费哈姆勋爵成立了"即时送货股份有限公司"。公司的宗旨是，在全国范围内把商品及时送到批发商、零售商以及用户的手中。1921年，美国经济学家阿奇·萧在《市场流通中的若干问题》一书中提出"物流是与创造需求不同的一个问题"，销售过程的物流指的是时间和空间的转移，并提到"物资经过时间或空间的转移会产生附加价值"。此时的物流指的是销售过程中的物流，是为了配合销售而进行的相关运输与仓储活动。

1935年，美国销售协会对当时还称为实体配送的物流进行了定义："实体配送是指包含于销售之中的物质资料和服务在从生产地点到消费地点流动的过程中所伴随的种种经济活动。"这个概念是有关物流的最早定义。

第二次世界大战后，西方经济的发展进入大量生产与销售时期，后勤管理的理念和方法开始被引入工业部门和商业部门，被人们称为"工业后勤"和"商业后勤"，实体配送的概念也逐渐被物流取代。

在20世纪50年代到70年代，由于人们研究的对象主要是与商品销售有关的物流活动，即实物流通过程中的商品实体运动，因此对于物流通常采用的是"Physical Distribution"（PD）一词，直译为"物资分配""实物分布过程"。1963年，美国物流管理协会对物流的定义是："为计划、执行和控制原材料、在制品库存及制成品从起源地到消费地的有效率的流动而进行的两种或多种活动的集成。这些活动包括客户服务、需求预测、交通、库存控制、物料搬运、订货处理、零件及服务支持、工厂及仓库选址、采购、包装、退货处理、废弃物回收、运输、仓储管理。"

1985年，美国物流管理协会对物流定义进行了修订，将原定义中的"原材料、在制品库存及制成品"修改为"货物、服务以及相关信息"，这大大拓展了物流的内涵与外延，此种定义下的物流既包括生产物流，也包括服务物流。美国物流管理协会修订的物流定义为"以满足客户需求为目的，对货物、服务以及相关信息从供应地到消费地的高效率、低成本流动和储存而进行的计划、实施和控制过程"。

1998年，美国物流管理协会对物流的最新定义是："物流是供应链（指生产及流通过程中将产品或服务提供给最终用户所形成的网链结构）流程的一部分，是为满足客户需求而对货物、服务及相关信息从原产地到消费地的高效率、高效益的正向和反向流动及储存进行的计划、实施与控制过程。"

2. 物流的定义

我国国家标准GB/T 18354—2021《物流术语》对物流（Logistics）的定义是：根据实际需要，将运输、储存、装卸、搬运、包装、流通加工、配送、信息处理等基本功能实施有机结合，使物品从供应地向接收地进行实体流动的过程。

3. 物流的发展

（1）传统物流

传统物流的作用领域以商品的销售作为主要对象，具体地完成将生产的商品送交消费者的过程中所发生的各种活动。传统物流追求的目标是以尽可能低的物流成本，给顾客以尽可能好的物流服务。传统物流的功能是克服商品从生产到消费的地域和时空阻隔的一种物理性的经济活动，具体指"在把生产的商品送交消费者的过程中的各项活动"，或者是"把所需的商品在指定场所、指定时间，以指定的价格送交顾客"。物流不仅仅是商品简单的"物"的流动，而是指商品流通这一经济活动的全过程。

（2）综合物流

综合物流的作用领域包括企业运营中的原材料采购、商品生产、商品销售、传统物流和多余材料的回收及生产废弃物的处理等各个过程。也就是对从采购原材料开始到最后将产品送交顾客这一物流的全过程进行综合的一体化管理。

综合物流的功能是在搞好企业内部的物流整体最佳状态的同时，搞好企业外部从供应商到最终顾客各个渠道的整个"物的流动"。

综合物流的目的则是满足顾客的期望，不仅要统一管理公司内部的"物"的流动，而且要和公司外部的供应商、批发商和零售商相互协调，追求"物"的流动的综合效果和一体化，达到提高效益、增加销售和盈利的企业最终目标。

（3）现代物流

社会生产和科学技术的发展使物流进入了"现代物流"的发展阶段，其标志是物流活动领域中各环节的技术水平得到了不断的提高。

现代物流的高技术表现在将各个环节的物流技术进行综合、复合化而形成最优系统技术，以运输设备高速化、大型化、专用化为中心的集装箱系统机械的开发，保管和装卸结合为一体的高层自动货架系统的开发，以计算机和通信网络为中心的情报处理和物流信息技术，与运输、保管、配送中心的物流技术在软技术方面的结合，运输与保管技术相结合的生鲜食品保鲜输送技术，以及商品条形码、电子数据交换（EDI）、射频技术、全球卫星定位系统（GPS）等。这些高新技术在物流中的发展和应用，使物流的作用领域更加广泛，物流的功能和作用更强。当然，发展物流业和加强企业的物流管理，必然将给社会和企业带来更大的社会效益和经济效益，从而物流的重要性也就不言而喻了。

（4）第三方物流

第三方物流是指生产经营企业为集中精力搞好主业，把原来属于自己处理的物流活动，以合同方式委托给专业物流服务企业，同时通过信息系统与物流服务企业保持密切联系，以达到对物流全程的管理和控制的一种物流运作与管理方式。因此第三方物流又叫合同制物流。提供第三方物流服务的企业，其前身一般是运输业、仓储业等从事物流活动及相关的行业。从事第三方物流的企业在委托方物流需求的推动下，从简单的存储、运输等单项活动转为提供全面的物流服务，其中包括物流活动的组织、协调和管理，设计建议最优物流方案，物流全程的信息搜集、管理等。

物流是经济社会这个大系统中一个重要的子系统，它与经济社会发展的关系极为密切。物流成为一个独立的经济过程，是经济社会发展的必然结果；反过来物流自身的不断发展也取决于经济社会发展的程度。在社会主义市场经济条件下，经济社会发展离不开物流，市场经济越发达，物流的作用无论从微观经济的运行上还是从宏观经济的运行上，都显得更为重要。

（5）智慧物流

智慧物流以信息技术为支撑，在物流运输、仓库、包装、装卸搬运、流通加工、配送、信息服务等各个阶段实现系统感知。可以从智慧的定义中导出，智慧物流可以迅速、灵活、准确地了解物流问题，运用科学的思维方式、方法和先进技术解决物流问题，创造更好的社会效益和经济效益的物流模式。智慧物流的本质是智慧，物流是智慧应用的客体。智慧物流的核心和灵魂是提供科学物流解决方案，为客户和社会创造更好的综合效果。

4. 物流的基本功能和分类

（1）基本功能

物流的基本功能包括运输、保管、装卸、包装、流通加工以及与其联系的物流信息处理。

1）物流是生产过程顺利进行的基本保障。

2）物流是实现从生产到消费的重要环节。

3）物流提高了经济效益，增加了销量和盈利。

4）物流提高了企业的综合竞争力。

（2）物流分类

社会经济领域中，物流活动无处不在，许多有自身特点的领域都有包含自己特征的物流活动。虽然物流的基本要素相同，但由于物流对象不同，物流目的不同，物流范围、范畴不同，就形成了不同类型的物流。

1）按物流系统涉及领域分类。

① 宏观物流。宏观物流是指社会再生产过程总体的物流活动，应从社会再生产总体的角度认识和研究物流活动。这种物流活动的参与者是构成社会总体的大产业、大集团，宏观物流也就是研究社会再生产总体的物流，研究产业或集团的物流活动和物流行为。

② 微观物流。消费者、生产企业所从事的实际的、具体的物流活动属于微观物流。在整个物流活动中的一个局部环节的具体物流活动属于微观物流；在一个小地域空间内发生的具体的物流活动也属于微观物流；针对某一产品进行的物流活动同样是微观物流。微观物流研究的主要特点是具体性和局部性。经常论及的以下物流活动皆是微观物流，即企业物流、生产物流、供应物流、销售物流、回收物流、废弃物物流、生活物流等。

2）按物流过程分类。主要是对企业物流进行分类，企业物流是以购进生产所需的原材料、设备为起点，经过劳动加工，形成新的产品，然后供应给社会需要部门的全过程，如图4-1所示。

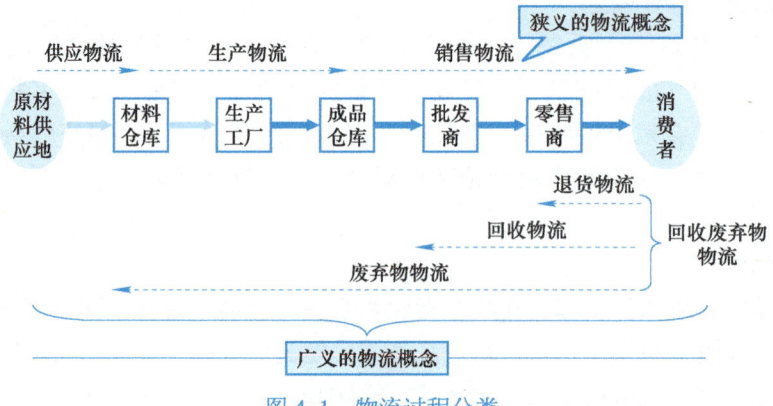

图4-1　物流过程分类

① 供应物流。生产企业、流通企业或消费者购入原材料、零部件或商品的物流过程称为供应物流，也就是物资生产者、持有者至使用者之间的物流。

工厂的供应物流是指生产活动所需要的原材料、备品备件等物资的采购、供应活动所产生的物流。

流通领域的供应物流是指交易活动中从买方角度出发在交易中所发生的物流。对于一个企业而言，企业的流动资金十分重要，但大部分是被购入的物资和原材料及半成品等所占用的，因此供应物流的合理化管理对于企业的成本有重要影响。

② 销售物流。生产企业或流通企业售出产品或商品的物流过程称为销售物流，也是指物资的生产者或持有者与用户或消费者之间的物流。

③ 生产物流。生产物流包括从工厂的原材料购进入库起，直到工厂成品库的成品发送出去为止的物流活动的全过程。生产物流和工厂企业的生产流程同步，企业在生产过程中，原材料、半成品等按照工艺流程在各个加工点之间不停顿地移动、流转形成了生产物流，如果生产物流中断，生产过程也将随之停顿。

生产物流的重要性体现在如果生产物流均衡稳定，可以保证在制品的顺畅流转，缩短生产周期；如果生产物流的管理和控制合理，也可以使在制品的库存得到压缩，使设备负荷均衡化。因此，生产物流的合理化对工厂的生产秩序和生产成本有很大影响。

④ 回收物流。指不合格物品的返修、退货及周转使用的包装容器从需方返回到供方所形成的物品实体的流动。

商品在生产及流通活动中有许多要回收并加以利用的物资。例如，作为包装容器的纸箱和塑料筐等，对物资的回收和再加工过程形成了回收物流。但回收物资品种繁多，变化较大，且流通的渠道也不规则，因此，对回收物流的管理和控制的难度较大。

⑤ 废弃物物流。指将经济活动中失去原有使用价值的物品，根据实际需要进行收集、分类、加工、包装、搬运及储存等，并分送到专门处理厂时形成的物品实体流动。比如：商品的生产和流通系统中所产生的无用的废弃物，如开采矿山时产生的土石、炼钢生产中的钢渣、工业废水以及其他各种无机垃圾等。

5. 电子商务与物流

电子商务的过程体现了物流的重要性。

（1）物流是生产过程的保障

无论是传统的贸易环境还是在电子商务的环境下，生产都是商品流通的开始，而商品生产的顺利进行需要各类物流活动支持，整个生产过程实际上就是一系列的物流活动。

（2）商流的结果由物流完成

商流活动的最终结果是将商品所有权由供方转移到需方，但是实际上在交易合同签订后，商品实体并没有立即转移。在传统交易环境下，商流的结果必须由相应的物流活动来执行完成，也就是卖方按买方的需求将商品实体以适当的方式和途径转移。在电子商务的环境下，网络消费者虽然通过上网订购完成了商品所有权的交割过程，但必须通过物流的过程将商品和服务真正转移到消费者手中，电子商务的交易活动才告以终结。因此，物流在电子商务交易的商流中起到了后续执行者和服务者的作用，没有现代化物流，电子商务的商流活动将是一纸空文。

综上所述，电子商务作为网络时代的一种全新的交易模式，相对于传统交易方式是一场革命。但是，电子商务必须有现代化的物流技术的支持，才能体现出其所具有的无可比拟的先进性和优越性，在最大程度上使交易双方得到便利，获得效益。因此，只有大力发展作为电子商务重要组成部分的现代化物流，电子商务才能得到更好的发展。

拓展训练

浏览相关物流网站，知晓其业务范围和经营特点。

实战训练

参观本地物流公司或物流实训基地，了解物流公司业务流程，并撰写调查报告。

思考与练习

一、单选题

1. "物流"这一概念于（　　）被引入我国。
   A．21世纪80年代初　　　　　　　　B．21世纪70年代末
   C．21世纪80年代末90年代初　　　　D．21世纪70年代末80年代初
2. 现代物流区别于传统物流的关键所在是（　　）。
   A．物流信息　　B．物流数量　　C．物流种类　　D．物流管理
3. 电子商务可以表示为：电子商务＝网上信息传播＋网上支付＋（　　）。
   A．物流配送　　B．生产供应　　C．商品运营　　D．商品销售
4. 现代物流服务功能是（　　）。
   A．单一的　　　B．多种多样的　　C．灵活的　　D．全方位的
5. 以下为企业生产物流过程的是（　　）。
   A．生产线加工→原材料进场→成品进仓库→生产终结
   B．生产线加工→原材料进场→生产终结→成品进仓库
   C．原材料进场→生产线加工→成品进仓库→生产终结
   D．原材料进场→生产线加工→生产终结→成品进仓库
6. 现代物流业发展的必由之路是（　　）。
   A．信息化　　　　　　　　　　　　B．全球化
   C．一流的服务水平　　　　　　　　D．多功能化
7. 第三方物流与企业为了共同的利益，摒弃了对立的立场，建立了（　　）理念。
   A．双赢　　　　B．一体化　　　　C．战略联盟　　D．友好

8. 从企业角度上研究与之有关的物流活动,同时又是具体的、微观的物流活动的典型领域。这种企业内部的物品实体流动的物流指的是（　　）。
   A．生产物流　　　B．企业物流　　　C．供应物流　　　D．社会物流

二、多选题

1. 企业物流可以分为（　　）。
   A．企业生产物流　　　　　　　　B．企业供应物流
   C．企业销售物流　　　　　　　　D．企业回收物流和企业废弃物物流
2. 跨境电子商务物流的特征是（　　）。
   A．物流地域的国际化　　　　　　B．物流反应的快速化
   C．物流功能的集成化　　　　　　D．物流信息的电子化
3. 快递业务中常用的承运方式有（　　）。
   A．铁路运输　　　B．航空运输　　　C．轮渡运输　　　D．公路运输

三、判断题

1. 电子商务物流配送的虚拟性特征可以实现对配送过程实施管理。（　　）
2. 电子商务物流配送中,"配"的个性化主要通过配送企业在流通节点根据客户的指令对配送对象进行个性化流通加工,从而增加产品的附加值;"送"的个性化主要是指依据客户要求的配送习惯、喜好的配送方式等为每一位客户量身制订配送方案。（　　）
3. 现代物流提供标准化服务,实施信息化管理,因而整体系统得以优化。传统物流下物品存在丢失和破损情况,因此现代物流中物品不存在丢失及破损情况。（　　）
4. 从某种程度上来说,物流成为电子商务发展的瓶颈,物流业直接影响着电子商务,其发展壮大对电子商务的快速发展起到支撑作用。（　　）
5. 现代物流的特征包括实施标准化服务、构建全球服务网络、实施人工控制和整体系统优化。（　　）

四、简答题

1. 在理解物流概念时应注意哪些点?
2. 简述电子商务和物流的关系。

任务2　物流配送

任务情景

天气炎热,小王宅在家里不想出门,于是便在美团外卖上点了一份午餐。37分钟后,外卖准时送达。看着大汗淋漓的配送员递上美味可口的饭菜,感动之余,小王更是感慨美团外卖配送速度之快。

 **任务分析**

在前面的任务中学习了物流的相关知识，了解了物流在整个交易环节中的作用。对物流来说，最终的目的就是将商品及时准确地送到客户手中，这就是配送。

 **任务实施**

通过下面的案例先来感性地认识一下配送，了解配送在企业经营中的重要作用。

案例： 苏宁电器致力于为消费者提供多品种、高品质、合理价格的产品和良好的售前、售中与售后服务，强调"品牌、价格、服务一步到位"。苏宁电器目前经营的商品包括空调、冰箱、彩电、音像、生活电器、通信、计算机、数码八个品类，近千个品牌，20多万个规格型号。苏宁电器一直坚持"专业自营"的服务方针。以连锁店服务为基石，苏宁都配套建设了物流配送中心、售后服务中心和客户服务中心，为消费者提供方便快捷的零售配送服务、全面专业的电器安装维修保养服务和热情周到的咨询受理回访服务。苏宁电器竭诚为消费者提供全程专业化的阳光服务，苏宁将朝着"打造中国最优秀的连锁服务品牌"的目标而不懈努力。销售活动一个主要环节就是货品的流动。货品的流动不仅是单向的，也是多向的，既有上游企业对下游客户的流动（进货和补货），也有下游客户对上游企业的流动（退货和换货），乃至客户之间的横向流动（调货等）。如何有效地协调相关物流工作，已经成为许多生产企业考虑的重点所在。

对于家电零售这样的利润被日趋摊薄的行业，没有现代的物流配送，就谈不上真正的连锁经营。物流配送的水平，在一定程度上决定着连锁经营的成功与否。

苏宁该如何运作物流配送？

配送是有千年历史的送货形式在现代经济社会中的发展、延伸和创新，特别需要指出的是，不能用传统的送货来理解现代的配送，虽然两者之间有历史渊源的关系，但是两者之间不能等同。如果一定要将两者挂钩，那么，可以将配送理解为现代送货形式。

 **相关知识**

1. 配送的概念

按照国家市场监督管理总局、中国国家标准化管理委员会发布的中华人民共和国国家标准GB/T 18354—2021《物流术语》，其中关于配送的解释是这样的：根据客户要求，对物品进行分类、拣选、集货、包装、组配等作业，并按时送达指定地点的物流活动。一般来说，配送一定是根据用户的要求，在物流据点内进行分拣、配货等工作。它将商流和物流紧密结合起来，既包含了商流活动，也包含了物流活动中若干功能要素。

关于配送，应当掌握以下几个要点：

1）配送的产生和发展既是社会化分工进一步细化的结果，又是社会化大生产发展的要求。

2）配送是最终的资源配置，属于经济体制的一种形式，最接近顾客。

3）配送的主要经济活动是现代送货，与传统意义上的简单送货不同。

4）配送的实质是从物流终点至客户的一种特殊送货形式，它区别一般送货，是一种"中转"形式。

5）以客户要求为出发点配送是从客户利益出发，按客户要求进行的一种活动。

6）根据客户的要求，对物品进行分类、拣选、集货、包装、组配等作业，并按时送达指定地点。

2. 配送和送货、运输的区别

和送货概念的区别在于，配送不是一般概念的送货，也不是生产企业推销产品时直接从事的销售性送货，而是从物流据点至客户的一种特殊送货形式。从送货功能看，其特殊性表现为：①从事送货的是专职流通企业，而不是生产企业；②配送是"中转"型送货，而一般送货尤其从工厂至客户的送货往往是直达型；③一般送货是有什么送什么，配送则是需要什么送什么。

和运输概念的区别在于，配送不是单纯的运输或输送，而是运输与其他活动共同构成的有机体。配送中所包含的那一部分运输活动在整个输送过程中处于"二次输送"阶段；"支线输送""末端输送"的位置，其起止点是物流中心至终端客户，这也是不同于一般运输的特点。具体见表4-1。

表4-1 运输和配送的比较

内容	运输	配送
线路	从工厂仓库到物流中心	从物流中心到终端客户
运输距离	长距离干线运输	短距离支线运输
运输批量	批量大、少品种	小批量、品种多
运输工具	大型货车或铁路/水路运输	小型货车
评价标准	运输效率优先	服务质量优先
附属功能	装卸、捆包	装卸、保管、包装、分拣、流通加工、订单处理等

3. 配送的分类

（1）按实施配送组织者的不同分类

1）配送中心配送。配送中心配送是由专职从事配送业务的配送中心所组织的配送。配送中心配送的规模较大，专业性强，和用户有固定配送关系。配送中心配送是配送的主要形式。

优点：规模比较大，专业性比较强，与用户之间存在固定的配送关系；配送能力强，配送距离较远，覆盖面较宽，配送的品种多，配送的数量大，可以承担工业生产用主要物资的配送以及向配送商店实行补充性配送等。

缺点：投资较高，灵活与机动性较差。由于拥有配套的大规模实施配送的设施，其投资大，并且一旦建成便很难改变，灵活机动性较差。

2）仓库配送。仓库配送是由仓库组织的配送。仓库配送既可以是将仓库改造成为配送中心，也可以是仓库在保持原有功能的基础上增加一部分配送功能。由于仓库的设施设备不是专门按配送中心的要求设计和建立的，所以仓库配送的规模比配送中心配送规模小，配送的专业化程度低。

优点：投资小、上手快，是开展中等规模的配送可以选择的形式。

缺点：配送的规模较小，专业化水平低。

3）商店配送。商店配送的组织者是商业或物资的门市网点。这些网点主要承担商品零售业务，经营品种齐全。除了日常零售业务外，还可根据用户的要求将商店经营的品种配齐，或代用户订购一部分商店平时不经营的商品，和商店经营的品种一起配齐后送交用户。

优点：灵活机动，适用于小批量、零星商品的配送。

缺点：一般无法承担大批量的商品配送。

4）生产企业配送。生产企业配送由进行多品种生产的企业直接对本企业生产的产品进行配送，而无须将产品发送到配送中心进行中转配送。生产企业配送由于避免了一个物流中转环节，节省了物流费用，因而具有一定的优势。但是在社会化大生产条件下的现代企业，往往是进行大批量、低成本生产，品种单一，因而不能像配送中心那样依靠多种商品凑整运输取得规模经济的优势。

优点：由于具有直接、避免中转的特点，所以在节省成本方面具有一定的优势。

缺点：这种配送方式多适用于大批量、单一产品的配送，不适用于多种产品"划零为整"的配送方式，所以具有一定的局限性。

配送类别对比见表4-2。

表4-2 配送类别对比

配送类别	特点	优点	缺点	适用范围
商店配送	一种销售配送形式，将商店经营的品种配齐，或代用户外订、外购部分本店一般不经营的商品，和本店经营的品种配齐后送达用户	组织灵活，可以进行随机配送	组织者实力有限，配送数量小	商业或者物资的门市网点
配送中心配送	专为配送设计，有配套的实施配送的设施、设备和装备；实行计划配送	规模大，配送能力强，品种多，数量大	灵活性差、服务对象固定；投资高	专业性强，有固定用户的配送，如城市配送等
仓库配送	对原仓库进行改造，在保持储存保管功能的前提下增加一部分配送职能	投入资金小	规模小，专业化差	中等规模配送
生产企业配送	直接从本企业开始向用户进行配送，不需要将产品发送到配送中心进行配送	减少中转，对不适合中转的化工产品、地方建材、地方性较强的食品等有利	品种单一，无法进行集货配送	多品种生产的生产企业

（2）按配送时间及数量分类

1）定时配送，即按事先约定的时间间隔进行配送。

优点：时间固定，易于安排工作计划，易于计划使用设备，也有利于安排接运人员和接运作业。

缺点：临时性较强，配货、配装工作紧张，难度较大，配送数量变化较大时也会出现配送运力困难。

2）定量配送，即按规定的批量在一个指定的时间范围内进行的配送。

优点：备货工作相对简单，而时间规定不严格，则为将不同用户所需的物品拼凑整车运输、充分提高运力利用率提供了机会，并对配送路线进行合理优化，达到节约运力降低成本的目的。

3）定时、定量配送，是在规定的时间内对规定的商品品种和数量进行配送。

特点：它兼有以上两种方式的特点，对配送企业的要求比较严格，管理和作业的难度较大，需要配送企业有较强的计划性和准确度。

适用场合：生产和销售稳定，产品批量较大的生产制造企业和大型连锁商场的部分商品的配送及配送中心采用。

4）定时、定量、定点配送，是按照确定的周期、确定的货物品种和数量，对确定的用户进行配送。

特点：这种配送形式一般事先由配送中心与用户签订配送协议，双方严格按协议执行。

适用场合：重点企业和重点项目的需要，配送中心一般与用户有长期稳定的合作。

5）定时定路线配送，是通过对客户的分布状况进行分析，设计出合理的运输路线，根据运输路线安排到达站点的时刻表，按照时刻表，沿着规定的运行路线进行配送。

特点：对于配送中心来说，易于安排车辆和驾驶人员及接、运货工作。对于用户来讲，可以就一定路线和时间进行选择，又可以有计划地安排接货力量。

适用场合：消费者比较集中的地区。

6）即时配送，是完全按照用户突然提出的时间和数量方面的配送要求，立即将商品送达指定地点的配送方式。

特点：可以灵活高效地满足用户的临时需求，但是对配送中心的要求比较高，特别对配送速度和配送时间要求比较严格。

适用场合：通常只有配送设施完备，具有较高的管理和服务水平，较高的组织和应变能力的专业化配送中心才能大规模地开展即时配送业务。

7）快递配送，是一种面向社会的快速的配送方式。

特点：与即时配送相比更为灵活机动。其服务对象为广大的企业和用户，覆盖范围比较广，服务时间随地域的变化而变化。

适用场合：配送的物品主要是小件物品。

随着互联网的普及，基本消费者的消费习惯会发生很大变化，商品的标准化与个性化也会有效地融合，人们可能用更多的时间追求服务，而力求节约商品的购买时间，通过服务来获得满足而不是通过亲自购买商品获得满足。随着外部环境的逐步优化，配送体系日臻完善，加之以自身的不断创新，我国的物流配送前景是非常广阔的。

4. 网店交易物流配送的选择

随着淘宝网店数量的不断增加，规模的不断扩大，对物流产业的要求也越来越高，物流技术与物流管理水平也受到了更高要求的挑战。由于电子商务市场还不成熟，物流配送方面的问题层出不穷，如收发件延时、包裹被调包、邮件寄丢、邮寄过程导致商品破损、快递公司拒绝赔偿等物流纠纷。目前，因物流问题导致的用户不使用网上交易的比例正逐年递增。支付宝高层表示，物流已成为网上购物最大的投诉热点。因此，物流服务的选择无疑是网商的一门必修课。

网店交易可以把物流分为邮局平邮和快递两种方式。

（1）邮局平邮

平邮是中国邮政提供的一种物流服务，平邮就是说的普通的信件类的东西，也就是平信，或者是普通的包裹，它没有严格的时间限制，就是赶上哪班车走哪班的，一般需用7天到30天。平邮不像快递送货上门，邮递员会事先将通知单发送至你的家庭信箱或门卫处，用户需要凭通知单和收件人身份证去就近邮局领取包裹。邮局平邮的特点有：

1）速度慢：平邮是最慢的，全国7天到30天。

2）资费低：相对于其他运输方式（如EMS、快递等）来说，平邮服务有绝对的价格优势。采用此种发货方式可最大限度地降低成本、提升价格竞争力。

3）易丢失：平邮不属于普通商业部门，故而采取诸多保障性措施维系运营，但是在运输过程中难免丢失货物，所以设有巨资补贴邮资项目。

（2）快递

快递的特点：方便、快捷、邮寄时间短，但价格比较高，一般适用于紧急邮件。

快递邮寄东西的基本程序：买家可以电话通知快递公司的收件员上门收件，也可以网上下单，快递公司自行安排工作人员上门收件。以国内快递为例，邮寄一般只需要三天左右（但快递公司不同，两地距离的远近不同，时间也会有变化），货到买家所在地的快递公司网点之后，快递公司安排工作人员送件上门。

快递的类型包括：

① 邮局快递：邮局快递包裹与特快专递EMS不同，与普通包裹大致相同。首重1000克，1001克以上每500克为一个计费单位。邮局快递的费用一般是邮局平邮的2～2.5倍，邮局快递不上门取货，客户拿着需要邮寄的物品到邮局填写包裹单，进行邮寄。在许多地方，邮局快递能够做到送货上门，送货时间一般是5～7天。

② 邮局EMS：邮局的一项特快专递服务，速度比普通快递稍快，门市价相比之下非常昂贵，但是只要有邮局的地方就能送达，因为是国营，所以给人的一种感觉——"安全"。EMS达到时间为3天左右，到货方式为送货上门。

③ 快递公司：快递公司一般来讲都是民营的，这样的快递运送速度比EMS、平邮都要快很多，但没有网点的城市则没办法派送，如果是贵重物品，不建议使用普通快递。因为这些快递公司一般是民营性质，价位不等，要了解具体资费，最好登录其官方网站进行查询。

拓展训练

了解戴尔公司的物流电子商务化。

实战训练

一家销售企业主要对自己的销售点和大客户进行配送,配送方法为销售点和大客户有需求就立即组织装车送货,结果经常造成送货车辆空载率过高,同时往往出现所有车都派出去而其他用户需求满足不了的情况。所以销售经理一直要求增加送货车辆,由于资金原因一直没有购车。请问:

1. 如果你是公司决策人,你会买车解决送货效率低的问题吗?为什么?
2. 请用配送的含义分析该案例,并提出解决办法。

思考与练习

一、单选题

1. 你认为下列有关配送的理解中( )是正确的。
   A. 配送实质就是送货,和一般送货没有区别
   B. 配送要完全遵守"按用户要求",只有这样才能做到配送的合理化
   C. 配送是物流中一种特殊的、综合的活动形式,与商流是没有关系的
   D. 配送是"配"和"送"的有机结合,为追求整个配送的优势,分拣、配货等项工作是必不可少的

2. 下列几种交通运输方式中,( )可以直接作为其他交通运输方式的衔接手段。
   A. 公路运输　　B. 铁路运输　　C. 航空运输　　D. 管道运输
   E. 水路运输

3. 企业只有( ),才能更关注服务工作,提高服务水平。
   A. 集中精力于核心业务　　B. 吸收大量优秀人才
   C. 完成生产指标　　　　　D. 制订生产计划

4. 企业将( )物流管理业务转移至第三方物流企业。
   A. 不成功的　　B. 不愿意管的　　C. 不擅长的　　D. 难度较大的

5. 条形码和扫描技术在物流管理中主要应用于( )。
   A. 超市和零售商店的销售记账
   B. 物料搬运过程的跟踪
   C. 超市和零售商店的销售记账和物料搬运过程的跟踪
   D. 以上都不是

二、判断题

1. 物流是实现商品价值和使用价值的条件。（　　）
2. 欧洲物流业发展总体十分迅速,并形成了自身独特的管理经验和方法。（　　）
3. 自高山上流下的泉水应被视为物流活动。（　　）
4. 世界各国已经建立起统一的物流定义。（　　）
5. 物流管理是对物流活动进行计划、组织、指挥、协调、控制和监督的方法。
（　　）

三、简答题

1. 现代物流的功能要素包括哪些内容？
2. 简述我国物流业的现状。

项目 5

网上支付与电子商务安全

学习目标

知识目标

- 熟悉电子支付、网上支付的概念,了解网上支付的分类方式,熟悉网上支付的一般流程;
- 掌握数字人民币的概念及主要含义,掌握个人数字人民币钱包的四种类型,熟悉数字人民币钱包的分类方式,熟悉数字人民币与支付宝、微信有何不同;
- 熟悉 CA 认证中心的概念和主要功能,熟悉数字证书的概念和类型;
- 了解手机银行的概念和构成;
- 知晓电子商务安全的内涵、主要风险,以及电子商务的安全需求;
- 知晓加密、解密、SET、SSL 的含义,以及常用的加密算法;
- 了解电子商务法律法规的相关内容。

能力目标

- 能够安装与使用数字人民币 App;
- 能够申请、安装、删除和取消支付宝数字证书;
- 能够安全使用手机银行完成基本业务操作;
- 能够使用杀毒软件查杀病毒,保护计算机安全。

素质目标

- 利用互联网不断学习,接受新知识、新技术,具有一定的创新意识;
- 安全使用手机银行,具有安全支付、网上理财意识;
- 网络安全的基本意识和能力。

任务1 网上支付

任务情景

2022年北京冬奥会，数字人民币试点覆盖了40多万个冬奥场景，提供便捷的金融服务。随着北京冬奥会的举办，吉祥物冰墩墩成了热门商品。北京王府井冬奥会特许商品零售店里，前来抢购冰墩墩的消费者络绎不绝。其中，不少人选择了使用方便、快捷的数字人民币支付。李明作为冬奥会的志愿者，也希望使用数字人民币购买吉祥物送给家人，他应该怎么做呢？

任务分析

随着网络技术和数字经济的蓬勃发展，诸多数字场景涌现在人们的生活中，例如移动支付、线上购物、公共交通、在线教育、网上办公等。社会公众对零售支付便携性、安全性、普惠性、隐私性等方面的需求日益提高。不少国家和地区的中央银行或货币当局紧密跟踪金融科技发展成果，积极探索法定货币的数字化形态，法定数字货币正从理论走向现实。

数字人民币作为由央行发行的数字形式的法定货币，在保障高效便捷的支付体验的同时，相比第三方支付更为稳定安全，适用范围也更广，是搭建支付基础设施的最优解。

数字人民币（试点版）App是我国法定数字货币——数字人民币面向个人用户开展试点的官方服务平台，提供数字人民币个人钱包的开通与管理、数字人民币的兑换与流通服务。下载数字人民币手机App，注册账号，选择开通个人数字钱包，并升级为实名钱包，通过银行卡充钱和手机银行转入两种方式为钱包充值，即可进行在线支付。

任务实施

1. 数字人民币

（1）下载与安装

打开手机应用市场或App Store，搜索"数字人民币"，在搜索结果页面单击"数字人民币（试点版）"完成下载和安装。

（2）注册与登录

第一次打开数字人民币App，将弹出"App个人信息保护政策"窗口，单击"同意"按钮后，进入注册登录界面。单击"新用户注册"按钮，弹出"注册须知"窗口，内容为："数字人民币面向试点地区开展试点，需根据您所在位置判断是否符合注册条件，保障您的账号安全。试点地区包括：北京、天津、河北（张家口、雄安新区）、大连、上海、苏州、浙江（杭州、宁波、温州、湖州、绍兴、金华）、福建（福州、厦门）、青岛、长沙、广东（广州、深圳）、海南、重庆、成都、西安。"单击"同意并继续注册"按钮，根据注册页面提示，

输入手机号码并验证,完成注册和登录。

> **实训要点提示**
>
> 如果想开通数字人民币钱包,需满足 GPS 定位处于以上试点地区内。开通之后使用钱包则不受地区限制。

(3) 开通钱包

首次注册登录后,可按引导开通钱包,如图 5-1 所示。或在首页单击"开通数字钱包"按钮进入开通页面。在开通匿名钱包页面,如图 5-2 所示,选择为您提供服务的运营机构,开通后可按需要升级为实名钱包。按照提示进行操作完成数字钱包的开通。

图 5-1 欢迎体验数字人民币界面

图 5-2 开通匿名钱包

> **实训要点提示**
>
> 1) 个人钱包分为四类,每一类所对应的实名强弱程度、交易限额均不同,其中一、二、三类钱包是实名钱包,四类钱包是匿名钱包。通过对钱包进行实名认证、银行卡绑定等操作,能提升钱包等级和支付限额。
>
> 2) 钱包类型升级。登录数字人民币 App 后,单击"我的"→"钱包管理",选择需要升级的子钱包,单击"升级钱包"按钮,按提示将钱包升级为实名钱包。

(4) 钱包充值

在钱包开通成功页面,单击"去充钱"按钮,或在"我的钱包"页面单击充钱包链接,进入充值页面，如图 5-3 所示。根据提示完成充值操作。此外，在"我的钱包"页面还能实现绑定银行卡、将钱包余额存银行、钱包升级等操作，如感兴趣可自行进入相应模块探索体验。

（5）转钱和收付

完成以上步骤后，即可使用钱包了。在"我的钱包"页面，单击"转钱"按钮，可以通过手机号或钱包编号向已开通钱包的朋友转钱；单击"收付"按钮或向上滑，可以通过二维码收钱；对商户展示付钱码，或单击"扫一扫"扫描商户的付款码进行支付。

线上场景可推送数字人民币子钱包完成支付，支付过程中无须跳转。本例中开通的是工行数字人民币子钱包，工行已支持京东、美团、饿了么、天猫超市、滴滴出行、携程等数十家商户子钱包。以京东为例：第一步，进入数字人民币 App 依次选择"服务"→"子钱包"→"查看更多"，如图 5-4 所示，按页面提示选择"京东"，打开子钱包推送；第二步，在京东收银台选择数字人民币支付。用同一手机号登录京东 App，挑选好京东自营商品后，支付时在京东收银台选择"数字人民币"支付即可。

图 5-3　充钱包

图 5-4　服务

开通钱包后，通过工行手机银行搜索"数字人民币"到达钱包页面，可进行钱包充值、提现、转账等常规操作，通过智能兑换、组合支付、多人转钱功能，还能享受个性化服务。开通智能兑换后，数字人民币可自动转为银行存款，享受活期存款利息、购买理财产品；开通组合支付后，实现银行账户与数字人民币钱包绑定，在交易过程中实时补足数字人民币交易差额，避免支付断点；使用多人转钱功能，可设置收款人组别，轻轻松松完成多人转钱，

项目5 网上支付与电子商务安全

支付效率大大提高。

2. 支付宝数字证书

数字证书是使用支付宝账户资金的身份凭证之一,加密使用者的信息并确保账户资金安全。数字证书相当于网上保险箱的钥匙,可以有效地对账户使用者进行确认,增强账户使用的安全。与物理钥匙不同的是,数字证书还具有安全、保密、防篡改的特性,可对网上传输的信息进行有效保护,增强传递的安全性。

数字证书由权威公正的第三方机构 CA 中心签发。申请数字证书后,即使账号被盗,对方也动不了使用者账户里的资金。支付宝数字证书的作用主要体现在加强保障,提升账户安全。

（1）申请与安装

登录网页版支付宝→安全中心→数字证书→申请,在数字证书详情介绍界面,单击"申请数字证书"按钮,弹出"请先回答安全保护问题以校验身份"窗口,输入支付宝支付密码后单击"确定"按钮,弹出"请升级安全保护问题"窗口,如图 5-5 所示。输入安全保护问题后单击"确定"按钮,确认安全保护问题后单击"确定",系统提示"恭喜您,安全保护问题已经升级成功"。单击"继续申请数字证书"按钮进入数字证书申请页面,如图 5-6 所示。输入身份证号码、选择使用地点、输入验证码后,单击"提交"按钮,弹出如图 5-7 所示窗口,单击"是",系统开始安装数字证书。稍等几秒钟,系统提示证书已经安装成功。

实训要点提示

1）如果系统检测到计算机未安装过数字证书控件,页面会提示先安装控件,安装后才能继续申请数字证书。

2）申请数字证书后,只能在安装数字证书的计算机上支付。当更换计算机或重装系统时,只需用手机校验即可重新安装数字证书,所以要确保在支付宝绑定的手机号码可以正常使用。

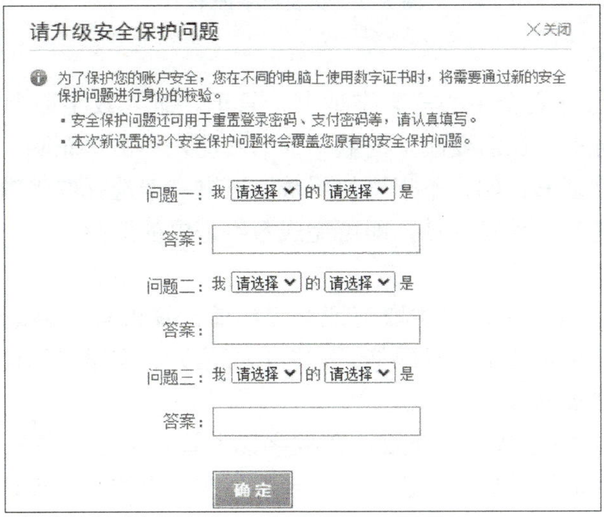

图 5-5 升级安全保护问题

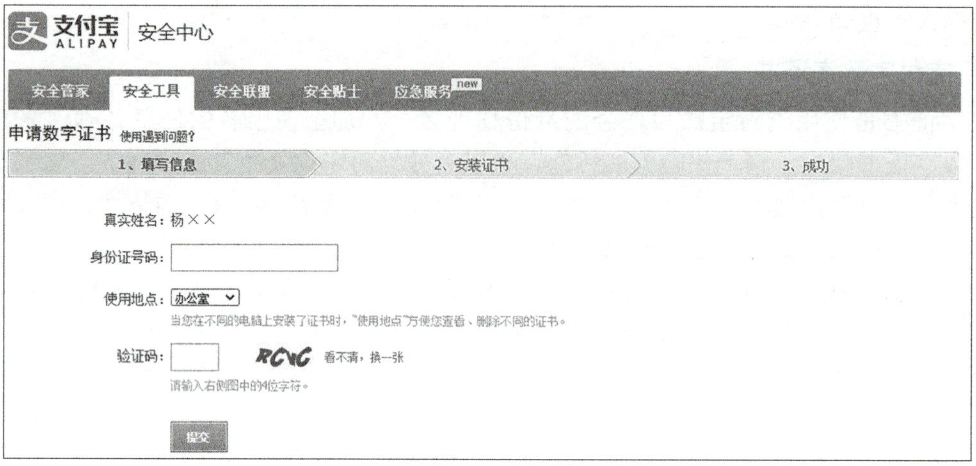

图 5-6　申请数字证书

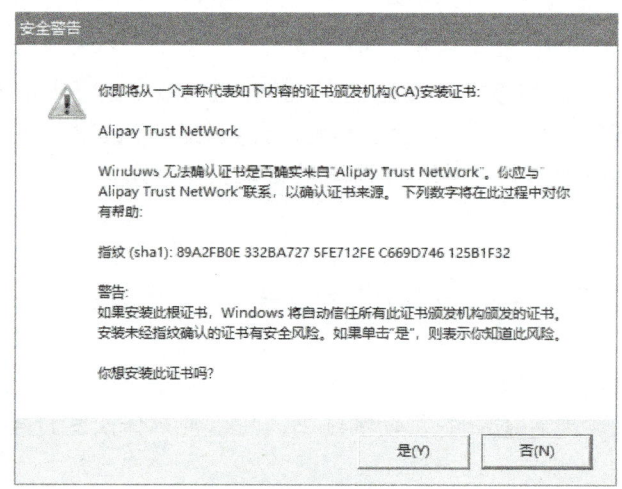

图 5-7　安装数字证书

（2）删除数字证书

登录网页版支付宝→安全中心→数字证书→管理，进入数字证书管理页面，可以查看所有已经安装的数字证书。在需要删除的数字证书右侧，单击"删除"，系统提示"您正在删除账户中唯一的数字证书。如果不想再使用数字证书，请选择取消数字证书。是否继续删除操作？"，单击"是"。稍等几秒，即可完成数字证书的删除。

（3）取消数字证书

取消证书有以下四种方法：自主取消证书（当前计算机有安装证书即可操作）、手机取消证书（支付宝账户绑定的手机号码能正常接收短信）、客服取消证书、接收邮件并回答安全保护问题取消数字证书。

下面以自主取消证书为例进行介绍：在数字证书管理页面，单击"取消数字证书"按钮，选择取消数字证书的原因后，单击"下一步"，在弹出的"您确认要取消证书吗"窗口中单击"确定"按钮，完成数字证书的取消。

项目 5　网上支付与电子商务安全

> **实训要点提示**
>
> 　　如果安装数字证书的计算机或手机不是常用设备，使用完毕后，记得要将证书从本地删除。这样一来，再用这台设备登录支付宝，账户操作权限将受限，以防他人用证书登录。如果不想使用数字证书了，也可以申请取消。

相关知识

1. 网上支付基础知识

电子支付是指消费者、商家和金融机构之间使用安全电子手段把支付信息通过信息网络安全地传送到银行或相应的处理机构，用来实现货币支付或资金流转的行为。

网上支付也称网上支付与结算、网络支付，是指以金融电子化网络为基础，以商用电子化工具和各类交易卡为媒介，以现代计算机技术和通信技术为手段，通过计算机网络系统特别是互联网，以电子信息传递的形式来实现资金的流通与支付。

可以看出，网上支付是电子支付的一种形式，它的概念要小于电子支付的概念。在线支付与网上支付的概念基本相同。

2. 网上支付方式和基本流程

网上支付分类方法有很多种，从不同的角度来看，有不同的分类方法，每一种分类方法都有它不同的特点。

（1）按支付数据流的内容性质分类

根据电子商务流程中用于网上支付结算的支付数据流内容性质不同，即传递的是指令还是具有一般等价物性质的电子货币本身，可将网上支付方式分为以下两类：

第一，指令传递型电子支付方式。支付指令是指启动支付与结算的口头或书面命令，电子支付的支付指令是指启动支付与结算的电子化命令，即一串指令数据流。支付指令的用户从不真正地拥有货币，而是由其指示银行等金融中介机构替其转拨货币，完成转账业务。指令传递型网络支付系统是现有电子支付基础设施和手段（如 ACH 系统和信用卡支付等）的改进和加强。

指令传递型电子支付方式主要有银行网络转拨指令方式（EFT、CHIPS 与 SWIFT、电子支票、网络银行、金融电子数据交换 FEDI 等）、信用卡支付方式等。FEDI 是一种以标准化的格式在银行与银行计算机之间、银行与银行的企业客户计算机之间交换金融信息的方式。因此，FEDI 可以较好地应用在 B2B 电子商务交易的支付结算中。

第二，电子现金传递型电子支付方式。电子现金传递型电子支付是指客户进行电子支付时在网络平台上传递的、具有等价物性质的电子货币本身，即电子现金的支付结算机制。其主要原理是，用户可从银行账户中提取一定数量的电子现金且把电子资金保存在一张卡（如智能卡）中或者用户计算机中的某部分中。这时，用户拥有真正的电子货币，能在互联网上直接把这些电子现金按相应支付数额转拨给另一方，如消费者、银行或供应商。

传递型电子支付方式可分为两类：一类是依靠智能卡或电子钱包提供安全和其他特征

的系统，以及严格基于软件的电子现金系统；一类是对款额特别小的电子商务交易（如用户浏览一个收费网页），需要一种特殊的成本很低的电子支付策略，这就是所谓的微支付方式。

（2）按电子支付金额的规模分类

电子商务由于基于互联网平台进行，运作成本较低，对大中小型企业、政府机构以及个体消费者均比较适用。不同规模的企业及个体消费者的消费能力、网络上商品与服务的价格也是不同的，大到有几十万元的汽车，小到一角或几角钱的一条短消息服务，因此同一个商务实体针对这些不同规模的资金支付，也可采用不同的支付结算方式。根据电子商务中进行网络支付金额的规模大小来划分，可以将电子支付方式分为以下三类方式：

第一，微支付。微支付是指在互联网上进行的一些小额的资金支付。这种支付机制有着特殊的系统要求，在满足一定安全性的前提下，要求有尽量少的信息传输、较低的管理和存储需求，即速度和效率要求比较高。由于互联网的快速普及，这类小额的资金支付还在经常发生。因此，企业与银行业发展一个良好的微支付体系将大大有利于数目众多的小额网络服务的开展，特别是在普通大众中进行电子商务业务的推广。

第二，消费者级电子支付。消费者级电子支付指满足个体消费者和商业（包括企业）或政府部门在经济交往中的一般性支付需要的电子支付服务系统，亦称小额零售支付系统。由于金额不大不小的一般性网络支付业务在日常事务是最多的，一般占全社会总支付业务数量的80%～90%。所以，这类系统必须具有极大的处理能力，才能支持经济社会中发生的大量支付交易，如去买一本书、买一束鲜花、下载一个收费软件及企业批发一些办公用品等。因此支持这种档次消费的电子支付工具也发展得最成熟与最普及，常用的有信用卡、电子现金、小额电子支票、个人网络银行账号等。

第三，商业级电子支付。商业级电子支付指满足一般商业（包括企业）部门之间的电子商务业务支付需要的网络支付服务系统，亦称中大额资金转账系统。中大额资金转账系统，虽然发生次数远不如一般的消费者级支付，但其支付结算的金额规模占整个社会支付金额总和的80%以上，因此是一个国家网络支付系统的主动脉。

一般说来，银行与银行间、银行与企业间、企业与企业间、证券公司与银行间等发生的支付金额较大，安全可靠性要求高，这些支付属于中大额支付系统处理的业务。常见的商业级网上支付方式主要有FEDI、电子汇兑系统、电子支票、中国现代化支付系统、企业网络银行服务等。但这种分类方法中金额的界限并不是特别严格的。

（3）按业务模式分类

网上支付按照业务模式可分为预付费、代缴费、网上银行付费、在线支付平台付费。

第一，预付费。预付费的实现方式有发行预付费卡、与银行合作建立预付费账户。目前以发行预付费卡方式为主。预付费卡最早来源于储值电话卡，目前已经成了互联网替代性支付机制的一种，通常有刮开式与磁条式之分，可利用其他支付机制（包括在线与现实渠道）购买，通常以现金的匿名购买方式为主，持卡人使用前必须进行账号的"激活"，才可用于Web交易。大多数预付费卡支持多种充值方式（包括在线与现实方式）。预付费卡的使用范围很小，一般只能用于购买一种在线数字产品或服务，如某种游戏。因此，预付费卡一般由特定产品或服务的提供商亲自发行、推广。尽管使用范围小，但预付费卡还是有诸多优点，例如具有"匿名性"，易于购买，运营门槛低，进入门槛低也使得预付费卡种类非常丰富。

第二，代缴费。银行、电信运营商这类营业网点众多的机构可提供代缴费业务。就网上代缴费来讲，最合适的提供者为电信运营商。电信增值业务提供商（Service Provider，SP）是移动互联网服务内容应用的直接提供者，负责根据用户的要求开发和提供适合手机用户使用的服务。电信运营商将 SP 的信息费纳入电话费中一并向用户收取，然后按照一定的周期同 SP 结算。代缴费的应用范围受到金融政策限制，仅适合小额支付，但它目前的使用较为普遍，较典型的有手机代缴费等。

第三，网上银行付费。网上银行付费是指网上购物者直接通过银行提供的在线支付界面付费。为提供网上银行付费业务，银行需要亲自发展 SP、网上商场。但网上银行付费的使用范围受到银行卡的限制。通常，各银行的在线支付界面仅支持本行发行的银行卡。此外，使用范围也受到银行推广能力的影响，无支持的商户，网上银行付费自然也无从谈起。

第四，在线支付平台付费。在线支付平台付费由独立的在线支付平台运营商提供。在线支付平台运营商是独立于银行的第三方经济实体，具有独立的经营权，它是连接用户、银行和商户的纽带。在线支付平台运营商的主要工作是不断发展提供产品/服务的商户和提供实际支付的银行，从而扩展在线支付平台的应用范围，吸引更多的用户，同时自己也获取更多的佣金。目前，国内的在线支付平台运营商较多，比较著名的有微信钱包、支付宝等。

基于 Internet 平台的网上支付结算流程与传统的支付结算过程是类似的。如果熟悉传统的支付结算方式，如纸质现金、支票、信用卡 POS 机等方式的支付结算过程，将有助于对网上支付结算流程的理解。

基于 Internet 平台的网上支付一般流程如图 5-8 所示。

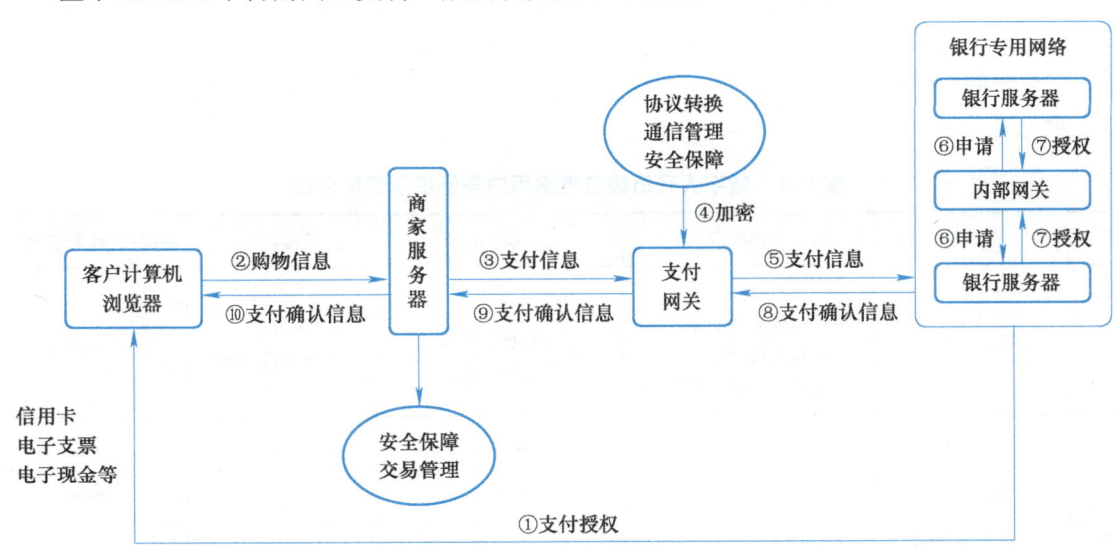

图 5-8　基于 Internet 平台的网上支付一般流程

1）客户通过网络浏览商品、选择商品，填写网上订单，选择所应用的网上支付结算工具，并经银行授权使用，如银行卡、电子钱包、电子现金、电子支票或网上银行账户等。

2）客户端加密相关订单信息，如支付信息，在线提交订单。

3）商家服务器对客户的订购信息进行检查确认，并将相关的、已加密的客户支付信息转发至支付网关，直至经银行专网后台业务服务器确认，以验证来自银行及其他电子货币发行方的支付资金授权。

4）经核实确认后，银行将利用支付网关通过已建立的加密通信通道向商户服务器发回确认和支付结算信息，并向客户发回支付授权请求以进一步保障安全。

5）银行收到客户的进一步授权结算信息后，将资金从客户账户转入开展电子商务的商户银行账户，借助专用金融网络进行结算，并将成功的支付结算信息分别发送给商户和客户。

6）商家服务器收到银行的结算成功信息后，向客户发送网上支付成功信息和发货通知。至此，一个典型的网上支付结算流程就结束了。商家和客户可以通过网络分别查询自己的资金余额信息，以便进一步核实。

图 5-8 所示的网上支付一般流程只是对目前各种网上支付结算方式的应用流程的普遍归纳，不同网络支付结算工具的流程也有差别，但大致遵守该图示流程。

3. 数字人民币

数字钱包是数字人民币的载体和触达用户的媒介。在数字人民币中心化管理、统一认知、实现防伪的前提下，人民银行制定相关规则，各指定运营机构采用共建、共享方式打造移动终端 App，对钱包进行管理并对数字人民币进行验真；开发钱包生态平台，实现各自视觉体系和特色功能，实现数字人民币线上线下全场景应用，满足用户多主体、多层次、多类别、多形态的差异化需求，确保数字钱包具有普惠性，避免因"数字鸿沟"带来的使用障碍。

（1）按照客户身份识别强度分为不同等级的钱包

指定运营机构根据客户身份识别强度对数字人民币钱包进行分类管理，根据实名强弱程度赋予各类钱包不同的单笔、单日交易及余额限额。最低权限钱包不要求提供身份信息，以体现匿名设计原则。用户在默认情况下开立的是最低权限的匿名钱包，可根据需要自主升级为高权限的实名钱包。目前，个人数字人民币钱包主要分为四种类型，办理要求和各类钱包限额见表 5-1。

表 5-1 数字人民币钱包根据用户身份识别强度分类

		一类钱包	二类钱包	三类钱包	四类钱包（非实名）
办理要求		手机号 有效身份证件 本人银行账户 运营机构现场面签	手机号 有效身份证件 本人银行账户	手机号 有效身份证件	手机号
交易限制	余额上限	无	50 万元	2 万元	1 万元
	单笔支付限额		5 万元	5000 元	2000 元
	日累计支付限额		10 万元	1 万元	5000 元
	年累计支付限额		无	无	5 万元

一类钱包需要用户提供手机号、有效身份证件、本人银行账户，运营机构现场面签，无交易限制。

二类钱包需要用户提供手机号、有效身份证件、本人银行账户，余额上限 50 万元，单笔支付限额 5 万元，日累计支付额限额 10 万元，年累计支付额无限制。

三类钱包需要用户提供手机号、有效身份证件，余额上限 2 万元，单笔支付限额 5000 元，日累计支付额限额 1 万元，年累计支付额无限制。

四类钱包提供手机号即可办理，余额上限 1 万元，单笔支付限额 2000 元，日累计支付额限额 5000 元，年累计支付额 5 万元。

（2）按照开立主体分为个人钱包和对公钱包

自然人和个体工商户可以开立个人钱包，按照相应客户身份识别强度采用分类交易和余额限额管理；法人和非法人机构可开立对公钱包，并按照临柜开立还是远程开立确定交易、余额限额，钱包功能可依据用户需求定制。

（3）按照载体分为软钱包和硬钱包

软钱包基于移动支付 App、软件开发工具包（SDK）、应用程序接口（API）等为用户提供服务。硬钱包基于安全芯片等技术实现数字人民币相关功能，依托 IC 卡、手机终端、可穿戴设备、物联网设备等为用户提供服务。软硬钱包结合可以丰富钱包生态体系，满足不同人群需求。

（4）按照权限归属分为母钱包和子钱包

钱包持有主体可将主要的钱包设为母钱包，并可在母钱包下开设若干子钱包。个人可通过子钱包实现限额支付、条件支付和个人隐私保护等功能；企业和机构可通过子钱包来实现资金归集及分发、财务管理等特定功能。

人民银行和指定运营机构及社会各相关机构一起按照共建、共有、共享原则建设数字人民币钱包生态平台。按照以上不同维度，形成数字人民币钱包矩阵。在此基础上，人民银行制定相关规则，指定运营机构在提供各项基本功能的基础上，与相关市场主体进一步开发各种支付和金融产品，构建钱包生态平台，以满足多场景需求并实现各自特色功能。

4. 数字人民币与支付宝、微信有何不同

微信和支付宝是第三方支付工具，定位为第三方"钱包"，商业机构掌握服务的客户交易信息，不同服务主体需要服务手续费。数字人民币是我国的法定货币，是人民币的数字化形式，与实物人民币等价。它既是"钱包"（数字人民币 App 软钱包、实物硬钱包），又是钱包里的内容（货真价实可以花掉的钱），有国家信用作为背书，隐私保护、信息保密更加可靠，是安全等级最高的资产。

中国人民银行（以下简称人民银行）高度重视法定数字货币的研究开发。2014 年，成立法定数字货币研究小组，开始对发行框架、关键技术、发行流通环境及相关国际经验等进行专项研究。2016 年，成立数字货币研究所，完成法定数字货币第一代原型系统搭建。2017 年末，经国务院批准，人民银行开始组织商业机构共同开展法定数字货币（以下简称数字人民币，字母缩写按照国际使用惯例暂定为"e-CNY"）研发试验。目前，研发试验已基本完成顶层设计、功能研发、系统调试等工作，正遵循稳步、安全、可控、创新、实用的原则，选择部分有代表性的地区开展试点测试。

(1) 数字人民币的定义

数字人民币是人民银行发行的数字形式的法定货币，由指定运营机构参与运营，以广义账户体系为基础，支持银行账户松耦合功能，与实物人民币等价，具有价值特征和法偿性。其主要含义是：

第一，数字人民币是央行发行的法定货币。一是数字人民币具备货币的价值尺度、交易媒介、价值贮藏等基本功能，与实物人民币一样是法定货币。二是数字人民币是法定货币的数字形式。从货币发展和改革历程看，货币形态随着科技进步、经济活动发展不断演变，实物、金属铸币、纸币均是相应历史时期发展进步的产物。数字人民币发行、流通管理机制与实物人民币一致，但以数字形式实现价值转移。三是数字人民币是央行对公众的负债，以国家信用为支撑，具有法偿性。

第二，数字人民币采取中心化管理、双层运营。数字人民币发行权属于国家，人民银行在数字人民币运营体系中处于中心地位，负责向作为指定运营机构的商业银行发行数字人民币并进行全生命周期管理，指定运营机构及相关商业机构负责向社会公众提供数字人民币兑换和流通服务。

第三，数字人民币主要定位于现金类支付凭证（M_0），将与实物人民币长期并存。数字人民币与实物人民币都是央行对公众的负债，具有同等法律地位和经济价值。数字人民币将与实物人民币并行发行，人民银行会对二者共同统计、协同分析、统筹管理。国际经验表明，支付手段多样化是成熟经济体的基本特征和内在需要。我国作为地域广阔、人口众多、多民族融合、区域发展差异大的大国，社会环境以及居民的支付习惯、年龄结构、安全性需求等因素决定了实物人民币具有其他支付手段不可替代的优势。只要存在对实物人民币的需求，人民银行就不会停止实物人民币供应或以行政命令对其进行替换。

第四，数字人民币是一种零售型央行数字货币，主要用于满足国内零售支付需求。央行数字货币根据用户和用途不同可分为两类：一类是批发型央行数字货币，主要面向商业银行等机构类主体发行，多用于大额结算；另一类是零售型央行数字货币，面向公众发行并用于日常交易。各主要国家或经济体研发央行数字货币的重点各有不同，有的侧重批发交易，有的侧重零售系统效能的提高。数字人民币是一种面向社会公众发行的零售型央行数字货币，其推出将立足国内支付系统的现代化，充分满足公众日常支付需要，进一步提高零售支付系统效能，降低全社会零售支付成本。

第五，在未来的数字化零售支付体系中，数字人民币和指定运营机构的电子账户资金具有通用性，共同构成现金类支付工具。商业银行和持牌非银行支付机构在全面持续遵守合规（包括反洗钱、反恐怖融资）及风险监管要求，且获央行认可支持的情况下，可以参与数字人民币支付服务体系，并充分发挥现有支付等基础设施作用，为客户提供数字化零售支付服务。

(2) 数字人民币的设计特性

数字人民币设计兼顾实物人民币和电子支付工具的优势，既具有实物人民币的支付即结算、匿名性等特点，又具有电子支付工具成本低、便携性强、效率高、不易伪造等特点，主要考虑以下特性。①兼具账户和价值特征。数字人民币兼容基于账户（Account-Based）、基于准账户（Quasi-Account-Based）和基于价值（Value-Based）等三种方式，采用可变面额设计，以加密币串形式实现价值转移。②不计付利息。数字人民币定位于 M_0，与同属 M_0 范畴的实物人民币一致，不对其计付利息。③低成本。与实物人民币管理方式一致，人民银行不向指定运营机构收取兑换流通服务费用，指定运营机构也不向个人客户收取数字人民币的兑出、兑回服务费。④支付即结算。从结算最终性的角度看，数字人民币与银行账户松耦合，基于数字人民币钱包进行资金转移，可实现支付即结算。⑤匿名性（可控匿名）。数字人民币遵循"小额匿名、大额依法可溯"的原则，高度重视个人信息与隐私保护，充分考虑现有电子支付体系下业务风险特征及信息处理逻辑，满足公众对小额匿名支付服务需求。同时，防范数字人民币被用于电信诈骗、网络赌博、洗钱、逃税等违法犯罪行为，确保相关交易遵守反洗钱、反恐怖融资等要求。数字人民币体系收集的交易信息少于传统电子支付模式，除法律法规有明确规定外，不提供给第三方或其他政府部门。人民银行内部对数字人民币相关信息设置"防火墙"，通过专人管理、业务隔离、分级授权、岗位制衡、内部审计等制度安排，严格落实信息安全及隐私保护管理，禁止任意查询、使用。⑥安全性。数字人民币综合使用数字证书体系、数字签名、安全加密存储等技术，实现不可重复花费、不可非法复制伪造、交易不可篡改及抗抵赖等特性，并已初步建成多层次安全防护体系，保障数字人民币全生命周期安全和风险可控。⑦可编程性。数字人民币通过加载不影响货币功能的智能合约实现可编程性，使数字人民币在确保安全与合规的前提下，可根据交易双方商定的条件、规则进行自动支付交易，促进业务模式创新。

5. CA 认证中心

（1）认证中心的概念

认证中心（Certificate Authority，CA），也称为电子认证中心，是电子商务的一个核心环节，是一个负责发放和管理数字证书的权威机构，与具体交易行为无关，往往具有半官方的性质。认证中心通常采用多层次的分级结构，上级认证中心负责签发和管理下级认证中心的证书，最下一级的认证中心直接面向最终用户。

（2）主要功能

1）证书的颁发。中心接收、验证用户（包括下级认证中心和最终用户）的数字证书的申请，将申请的内容进行备案，并根据申请的内容确定是否受理该数字证书申请。如果中心接受该数字证书申请，则进一步确定给用户颁发何种类型的证书。新证书用认证中心的私钥签名以后，发送到目录服务器供用户下载和查询。为了保证消息的完整性，返回给用户的所有应答信息都要使用认证中心的签名。

2）证书的更新。认证中心可以定期更新所有用户的证书，或者根据用户的请求来更新用户的证书。

3）证书的查询。证书的查询可以分为两类：证书申请的查询，认证中心根据用户的查询请求返回当前用户证书申请的处理过程；用户证书的查询，这类查询由目录服务器来完成，目录服务器根据用户的请求返回适当的证书。

4）证书的作废。当用户的私钥由于泄密等原因造成用户证书需要申请作废时，用户需要向认证中心提出证书作废的请求，认证中心根据用户的请求确定是否将该证书作废。另外一种证书作废的情况是证书已经过了有效期，认证中心自动将该证书作废。认证中心通过维护证书作废列表来完成上述功能。

5）证书的归档。证书具有一定的有效期，证书过了有效期之后就将作废，但是不能将作废的证书简单地丢弃，因为有时可能需要验证以前的某个交易过程中产生的数字签名，这时就需要查询作废的证书。基于此类考虑，认证中心还应当具备管理作废证书和作废私钥的功能。

6. 数字证书

（1）数字证书的概念

数字证书（Digital ID）又称为数字凭证、数字标识，是一个经证书认证机构（CA）数字签名的（包含用户身份信息以及公开密钥信息）的电子文件。数字证书提供了一种在 Internet 上验证通信实体身份的方式，可以证实一个用户的身份，以确定其在网络中各种行为的权限。最简单的证书包含一个公开密钥、名称以及证书授权中心的数字签名。数字证书还有一个重要的特征就是只在特定的时间段内有效。

（2）数字证书的类型

基于数字证书的应用角度分类，数字证书可以分为以下几种：

1）服务器证书，被安装于服务器设备上，用来证明服务器的身份和进行通信加密。服务器证书可以用来防止欺诈钓鱼站点。在服务器上安装服务器证书后，客户端浏览器可以与服务器证书建立 SSL 连接，在 SSL 连接上传输的任何数据都会被加密。同时，浏览器会自动验证服务器证书是否有效，验证所访问的站点是否是假冒站点，服务器证书保护的站点多被用来进行密码登录、订单处理、网上银行交易等。

2）电子邮件证书，可以用来证明电子邮件发件人的真实性。它并不证明数字证书上面 CN 一项所标识的证书所有者姓名的真实性，它只证明邮件地址的真实性。收到具有有效电子签名的电子邮件，除了能相信邮件确实由指定邮箱发出外，还可以确信该邮件从被发出后没有被篡改过。另外，使用接收的邮件证书，还可以向接收方发送加密邮件。该加密邮件可以在非安全网络传输，只有接收方的持有者才可能打开该邮件。

3）个人证书，客户端证书主要被用来进行身份验证和电子签名。安全的客户端证书被存储于专用的 USBKey 中。存储于 Key 中的证书不能被导出或复制，且 Key 使用时需要输入 Key 的保护密码。使用该证书需要物理上获得其存储介质 USBKey，且需要知道 Key 的保护密码，这也被称为双因子认证。这种认证手段是目前在 Internet 最安全的身份认证手段之一。Key 的种类有多种，如指纹识别、第三键确认、语音报读，以及带显示屏的专用 USBKey 和普通 USBKey 等。

另外一种常见的数字证书分类方式，把数字证书分为以下三种类型：

1）个人凭证：属于个人所有，帮助个人用户在网上进行安全交易和安全的网络行为。个人的数字证书安装在客户端的浏览器中，通过安全电子邮件进行操作。

2）企业（服务器）凭证：企业如果拥有 Web 服务器，即可申请一个企业凭证，用具有凭证的服务器进行电子交易。而且有凭证的 Web 服务器会自动加密和客户端通信的所有信息。

3）软件（开发者）凭证：是为网络上下载的软件提供凭证，用来和软件的开发方进行信息交流，使用户在下载软件时可以获得所需的信息。

项目5　网上支付与电子商务安全

拓展训练

浏览下列电子商务网站，了解其网上购物流程及所提供的支付结算方式，将调研结果填入表 5-2 中。

表 5-2　电子商务网站网上支付方式调研表

支付方式	电子商务网站				
	淘宝	京东	拼多多	当当	唯品会
支付宝					
微信支付					
网银支付					
快捷支付					
银联在线支付					
其他支付方式（请列举）					

实战训练

数字人民币凭借安全性、多终端、可离线等特点，有着丰富的使用场景和广阔的前景，所以越来越多的第三方平台接入了数字人民币支付系统，让数字人民币更加便捷。在数字人民币 App 中为京东商城添加子钱包，尝试在京东购物结算时选择使用数字人民币进行支付。

思考与练习

一、判断题

1．数字人民币个人钱包分为四类，且都是实名认证，每一类所对应的实名强弱程度、交易限额均不同。　　　　　　　　　　　　　　　　　　　　　　　　　　　（　　）

2．通过对数字人民币钱包进行实名认证、银行卡绑定等操作，能提升钱包等级和支付限额。　　　　　　　　　　　　　　　　　　　　　　　　　　　　　　　（　　）

3．数字证书相当于网上保险箱的钥匙，可以有效地对账户使用者进行确认，增强账户使用的安全。　　　　　　　　　　　　　　　　　　　　　　　　　　　　　（　　）

4．数字证书由权威公正的第三方机构 CA 中心签发。申请数字证书后，即使账号被盗，对方也动不了使用者账户里的资金。　　　　　　　　　　　　　　　　　　（　　）

5．网上支付是电子支付的一种形式，它的概念要小于电子支付的概念。　（　　）

6．在线支付与网上支付的概念基本相同。　　　　　　　　　　　　　（　　）

二、单选题

1. 就网上代缴费来讲,最合适的提供者是（   ）。
   A. 银行　　　　　　　　　　　　B. 商家
   C. 电信运营商　　　　　　　　　D. CA 认证中心
2. 数字人民币钱包按照（   ）分为不同等级的钱包。
   A. 存款金额　　　　　　　　　　B. 开立主体
   C. 客户身份识别强度　　　　　　D. 运营机构

三、多选题

1. 网上支付按支付数据流的内容性质分类,可以分为（   ）。
   A. 指令传递型电子支付　　　　　B. 电子现金传递型电子支付
   C. 消费者级电子支付　　　　　　D. 商业级电子支付
2. （   ）数字人民币钱包仅用手机号就可以开立,无须绑定银行卡。
   A. 一类　　　　B. 二类　　　　C. 三类　　　　D. 四类
3. 数字人民币钱包按照开立主体分为（   ）。
   A. 个人钱包　　B. 对公钱包　　C. 软钱包　　　D. 硬钱包
4. 数字人民币钱包按照载体分为（   ）。
   A. 个人钱包　　B. 对公钱包　　C. 软钱包　　　D. 硬钱包
5. 基于数字证书的应用角度分类,数字证书可以分为（   ）。
   A. 服务器证书　B. 电子邮件证书　C. 个人证书　　D. 企业证书

四、名词解释

电子支付　网上支付　数字人民币　认证中心　数字证书

五、简答题

1. 简述基于 Internet 平台的网上支付一般流程。
2. 简述数字人民币与支付宝、微信有何不同。
3. 简述数字人民币的主要含义。
4. 简述 CA 认证中心的主要功能。

任务 2　网上银行

任务情景

曾经,在银行大排长队,仅仅为了一笔转账;曾经,四处寻找能上网的计算机想要尽快完成一笔转账。现在,在出差途中、候车时、超市排队结账时……只要下载手机银行客户端,不跑腿、不排队,轻松办理银行业务;随时随地,轻松理财。省时省力省心还省钱!弹指之间,理财、生活、工作皆不误!

项目5　网上支付与电子商务安全

任务分析

手机银行开通的程序很简单，可以携带有效身份证件原件，亲临银行网点申请并办理相关手续，通过手机下载安装手机银行客户端，完成绑定之后，便可以在网上轻松自如地享受网上银行的快捷和便利。

手机银行的主要业务有：账户管理、转账汇款、代缴费、缴费业务、投资理财和信用卡业务等。

任务实施

各手机银行的功能和操作类似，下面以交通银行手机银行为例进行介绍。

交通银行个人网上银行手机注册版提供的主要业务品种有：我的账户、转账汇款、外汇宝、基金超市、信用卡、理财产品、个人贷款、证券期货、客户服务、代理缴费和网上支付。

1. 申请手机银行

1）用户携带银行卡及银行卡开立时的有效证件，至交通银行网点，填写"交通银行个人网上银行业务申请表"，签订《交通银行个人网上银行服务协议》。

2）签约时，需要提供手机号码，当用户通过网银做转账汇款时，系统会以短信形式发送一次性的动态密码到签约时注册的手机，用户需要输入动态密码，系统验证后，方可完成转账，手机注册版的每日累计转账限额为5万元。

2. 登录手机银行

1）在手机应用市场或App Store中搜索"交通银行"，并进行下载和安装。

2）打开交通银行手机银行，如图5-9所示。单击左上角的"登录"，进入登录界面。选择手机注册用户登录，首先进行首次登录，设置网上银行用户名和网上银行密码。输入网上银行签约卡卡号和查询密码及校验码，系统会发送动态密码手机短信给用户，此时将进入到网上银行用户名和网上银行登录密码设置页面，用户自行设置网上银行用户名和网上银行登录密码，输入手机再次接收到的动态密码后确认，登录名和登录密码即设置成功，再次登录时，可凭此登录个人网上银行手机注册版。

> **实训要点提示**
>
> 1）交通银行手机银行支持多种登录方式，包括密码登录、短信密码登录、微信登录、支付宝登录等，用户可以选择其中任意一种方式登录。
>
> 2）在登录管理模块，如图5-10所示，用户还可以设置指纹登录和手势登录，选择是否开启微信登录和支付宝登录。

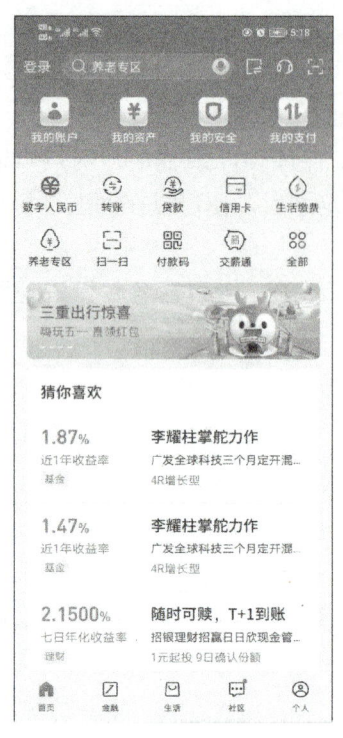
图 5-9 手机银行

图 5-10 登录管理

3. 使用手机网银

1）我的账户。在图 5-9 中，单击"我的账户"按钮，进入我的账户界面，用户可以查看交行账户，查看交易明细、明细清单，进行转账、资金转入和挂失等，还可以进行账户申请、办卡进度查询、卡片激活和账户解绑等操作。

2）我的资产。在我的资产界面，用户可以查看总资产、总负债和资产分布等信息。

3）我的安全。在我的安全界面（见图 5-11），提供的主要功能包括安全检测、登录安全（包括登录日志、登录管理）、账户安全（包括借记卡安全锁、身份认证工具、隐私管理）、设备安全、支付安全（包括支付设置、转账设置）和通知安全。用户可以单击"一键检测"按钮进行安全检测，检测完成后，如果有可优化项，系统将进行提示，如图 5-12 所示。

4）我的支付。在我的支付界面（见图 5-13），包括付款码、收款码和扫一扫等快捷功能，还包括数字钱包、网上支付、三方支付、一键绑卡、代扣管理、支付设置等功能。在三方支付中，用户可以对已经签约的三方支付进行解约，如图 5-14 所示。在一键绑卡中，用户可添加银行卡至微信、支付宝、京东、云闪付、苏宁、美团、拼多多等平台，如图 5-15 所示，也可以进行解除绑定操作。在支付设置中，用户可以对小额免密、收银台短信密码、支付密码、指纹支付、刷脸付、POS 消费限额和 ATM 取现限额等进行设置，如图 5-16 所示。

5）全部服务。在图 5-9 中，单击"全部"，进入全部服务界面，如图 5-17 所示，包括最近使用、账户服务、转账、支付、投资理财、贷款、信用卡、跨境金融、生活服务、高端服务、活动权益和助手等服务。以生活服务为例，包括生活缴费、话费充值、娱乐充值、党费、银校通、非税缴费、缴税通、电子社保卡、医保电子凭证、高德打车、安居保证金、公积金、电影票、挂号问诊、一键加油、员工卡专区、餐饮美食和乘车码等。

项目 5 网上支付与电子商务安全

图 5-11 我的安全

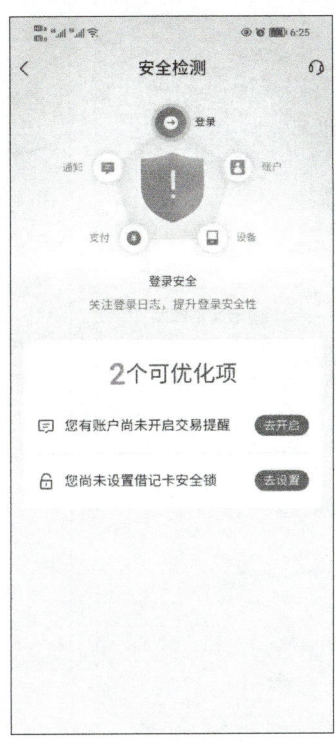

图 5-12 安全检测

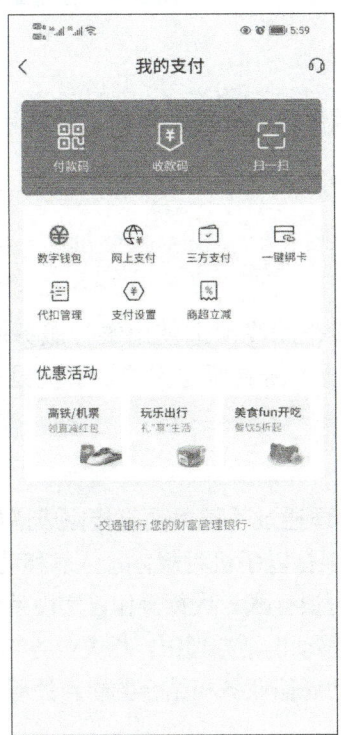

图 5-13 我的支付

图 5-14 三方支付

图 5-15　一键绑卡　　　　　图 5-16　支付设置　　　　　图 5-17　全部服务

实训要点提示

关于手机银行的具体业务操作，可以根据实际需求情况，安排具体的实训操作任务。

 相关知识

1. 手机银行的含义

手机银行是指银行以智能手机为载体，使客户能够在此终端上使用银行服务的渠道模式。随着通信与互联网技术的进步，手机银行的业务功能不断更新与完善。手机银行既是产品，又是渠道，属于电子银行的范畴。

2. 手机银行的构成

通过移动通信网络将客户的移动电话与银行连接，实现通过手机界面直接完成诸如账户查询、账户转账等各种金融业务的一种崭新的业务产品，即银行以手机为载体，依靠移动 GSM 无线网络，利用移动的短信资源，通过手机发送短信的形式对银行账户进行操作，实现手机"金融理财""电子钱包"等功能。简单地说，手机银行就是利用移动电话办理银行相关业务的简称，是银行实现电子化的一种渠道，它是一种将货币电子化与移动通信业务相结合的崭新的服务方式。

3. 安全使用手机银行

各家银行手机银行都会经过严格的安全性测试，系统设置了多重防火墙，在需要时，还会对系统和客户端进行更新升级。客户手机银行的密码在传输过程中也设置了多重密钥加密，以充分保证安全。通过手机银行登录密码和账户交易支付密码进行双重保护，即使手机丢失，也不会造成资金损失。即使如此，由于手机银行的使用涉及多个方面、多个环节，手机银行的使用安全仍然不可掉以轻心。在使用手机银行时要养成以下良好习惯。

1）下载手机银行客户端时，应通过银行门户网站、手机门户网站或其他官方指定的网站，不要下载并使用来历不明的客户端软件。

2）注意看管好手机，不要轻易把已开通手机银行的手机借给他人使用，以防止他人冒用或窥视个人信息。

3）避免使用电话号码、车牌号、身份证号、出生日期等容易被别人猜到和窃取的信息作为密码，并尽量避免规律组合。为手机银行设置专门的密码，避免因某项密码的丢失而造成手机银行密码的泄露。定期更改手机银行登录密码。

4）如果手机或 SIM 卡丢失，尽快向提供服务的电信运营商挂失或停止服务，同时为进一步保障资金安全，建议通过银行柜台或客服热线进行手机银行挂失，待手机号码找回后再恢复手机银行服务。

5）如果遇到任何困难或发现任何反常情况，及时拨打银行 24 小时客户服务电话。

拓展训练

现在越来越多的人把钱存入余额宝，因为存取方便，每天的收益都可以看得到进账，利息又加入本金，如此持续循环，达到财富增长的目的。请把任意数额的钱存入支付宝，尝试理财。

实战训练

通过阅读相关书籍、网络搜索等，了解目前国内外网上支付发展的现状和趋势。

思考与练习

一、名词解释

手机银行

二、简答题

如何安全使用手机银行？

任务 3　电子商务安全技术

任务情景

在日常生活中，经常发生 QQ 账号被盗、密码被修改、个人信息泄露、单击一个陌生的链接导致网银中钱款被莫名其妙地转走等问题。伴随着互联网的发展，网络安全、网上支付等安全问题已成为电子商务发展急需解决的问题。

 **任务分析**

针对网络安全问题，360、腾讯、金山等高新技术企业推出了一系列杀毒软件，在日常工作中确保计算机安装一款杀毒软件，并养成定期查杀的良好习惯，可保障个人账户、信息、资金等安全。

 **任务实施**

360 杀毒是 360 安全中心出品的一款免费的云安全杀毒软件。它创新性地整合了五大领先查杀引擎，包括国际知名的 Bit Defender 病毒查杀引擎、小红伞病毒查杀引擎、360 云查杀引擎、360 主动防御引擎以及 360 第二代 QVM 人工智能引擎，带来安全、专业、有效、新颖的查杀防护体验。

360 杀毒软件具有查杀率高、资源占用少、升级迅速等优点。零广告、零打扰、零胁迫，一键扫描，快速、全面地诊断系统安全状况和健康程度，并进行精准修复。其防杀病毒能力得到多个国际权威安全软件评测机构认可，荣获多项国际权威认证。

1. **360 杀毒软件下载与安装**

1）打开 360 杀毒官网（sd.360.cn），下载 360 杀毒软件。

2）双击安装软件，保持默认设置，单击"立即安装"，几秒钟后即可完成安装。

2. **360 杀毒软件的使用**

360 杀毒提供了四种手动病毒扫描方式：快速扫描、自定义扫描、全盘扫描和 Office 宏病毒扫描。

1）快速扫描：扫描 Windows 系统目录及 Program Files 目录。在 360 杀毒主界面单击"快速扫描"按钮后，开始快速扫描，如图 5-18 所示。扫描结束后，根据情况对扫描结果进行处理。

图 5-18　快速扫描

2）自定义扫描：用户可以指定磁盘中的任意位置进行病毒扫描，完全自主操作，有针对性地进行扫描查杀。在360杀毒主界面单击"自定义扫描"按钮，选择需要扫描的目录或文件，单击"扫描"按钮即可。扫描结束后，根据情况对扫描结果进行处理。

3）全盘扫描：扫描所有磁盘。在360杀毒主界面单击"全盘扫描"按钮，开始进行全盘扫描。扫描结束后，对扫描结果进行有选择的处理。

4）Office宏病毒扫描：360杀毒自从3.1正式版开始，就推出了Office宏病毒扫描查杀功能，可全面处理寄生在Excel、Word等文档中的Office宏病毒，查杀能力处于行业领先地位。

在360杀毒主界面单击"功能大全"后，单击界面系统安全中的"宏病毒扫描"，系统提示"扫描前请保存并关闭已打开的office文档"，单击"确定"按钮后，进入宏病毒扫描界面。扫描结束后，勾选需要处理的项目，单击"立即处理"按钮进行处理。

3. 功能大全

360杀毒的功能大全包括系统安全、系统优化和系统急救。

系统安全主要包括：主页防护、漏洞修复、自定义扫描、宏病毒扫描、人工服务、安全沙箱、系统安全防护和手机助手等。

系统优化主要包括：弹窗过滤、软件管家、上网加速、文件堡垒、文件粉碎机、电脑清理、进程追踪器以及杀毒搬家等。

系统急救主要包括：杀毒急救盘、系统急救箱、断网急救箱、备份助手以及修复杀毒等。

有兴趣的同学可以尝试下以上功能，也可以根据自身的实际需要进行功能的使用。

 相关知识

1. 电子商务安全概述

（1）电子商务安全的内涵

电子商务安全就是保护在电子商务系统里的企业或个人资产（物理的和电子化的）不受未经授权的访问、使用、篡改或破坏。电子商务安全覆盖了整个电子商务活动的各个环节，因此，电子商务安全是电子商务的关键和核心。

对电子商务安全的理解与认识应注意以下几个方面：电子商务安全不只是安全管理部门的事情；电子商务安全具有全面性和普遍性的特点；电子商务安全是一个系统性的、整体性的概念；电子商务安全是相对的并且不断发展变化的；电子商务安全是有代价的，即要付出安全成本。

（2）电子商务安全面临的主要风险

电子商务的安全问题主要涉及信息的安全问题、信用的安全问题、安全的管理问题以及安全的法律保障问题。

1）信息的安全问题。从技术上看，电子商务面临的信息安全问题主要来自以下几个方面：冒名偷窃，即冒名他人，窃取信息；篡改数据，即破坏数据的完整性，造成电子商务交易中的信息风险；信息丢失，即交易信息的丢失；信息传递出问题。

2）信用的安全问题。信用安全问题主要来自三个方面：①来自买方的信用安全问题，

例如，使用信用卡恶意透支、使用伪造的信用卡骗取卖方的货物、拖延货款等；②来自卖方的信用安全问题，卖方没有按照合同或约定执行，造成买方的安全风险；③买卖双方的抵赖行为，即双方都有可能会抵赖曾经发生过的交易。

3）安全的管理问题。严格管理是降低电子商务风险的重要保证，特别是在网络商品中介交易的过程中，交易中心不仅要监督买方按时付款，还要监督卖方按时提供符合合同要求的货物。在这些环节上，都存在着大量的管理问题。另外，电子商务管理上的漏洞也带来较大的交易安全问题。

4）安全的法律保障问题。在目前的法律中是找不到或很少有现成的条文来保护电子商务交易中的交易方式的，在网上交易可能会承担由于法律滞后而造成的安全风险。此外，还存在来自其他方面的各种不可预测的风险。

概括来说，电子商务的安全需要依靠三个方面的支持：一是信息技术方面的措施，如防火墙、网络防毒、信息加密、身份认证、授权等，但只有技术措施并不能保证百分之百的安全；二是信息安全管理制度的保障；三是社会的法律政策与法律保障。只有三管齐下，才能最终保证电子商务的安全。

（3）电子商务的安全要求

电子商务安全是一个复杂的系统问题，电子商务的安全要求主要体现在以下6个方面。

1）保密性。信息的保密性是指信息在传输或存储过程中不被他人窃取、不被泄露给未经授权的人或者经过加密伪装后使未经授权者无法了解其中的内容。因此，信息需要加密以及在必要的节点上设置防火墙。

2）完整性。加密的信息在传输过程中，虽能保证其保密性，但不能保证不被修改。信息的完整性要从传输和存储两方面来保证。传输协议必须具有查错、纠错功能；存储的磁盘也要采用热修补技术。

3）真实性。真实性也称认证性，是指在虚拟市场中确认交易者的实际身份。对于为客户开展服务的银行、信用卡公司和销售商店，都要进行身份认证的工作。

4）不可否认性。信息的不可否认性又称不可抵赖性，是指信息的发送方不能否认已发送的信息，接收方不能否认已收到的信息。商情是千变万化的，交易一旦达成后就不能否定，否则会损害另一方利益。

5）不可拒绝性。不可拒绝性又称可靠性，是保证已授权用户在正常访问信息和资源时不被拒绝，可以为用户提供可靠的服务。

6）访问控制性。访问控制性又称可控性，规定了主题访问客体的操作权利限制，包括出入控制和存储控制。

2. 加密技术

密码学是应用复杂的数学运算以增强电子交易安全性的科学，是实现网络和信息安全的重要技术方法。"加密"就是使用数学的方法将原始消息（明文）重新组织、变换成只有授权用户才能解读的密码形式（密文），使其只能在输入相应的密钥之后才能显示出本来的内容，通过这样的途径来达到保护数据不被非法窃取、阅读的目的。"解密"就是将密文重新恢复成明文。相关术语解释如下：

① 明文：发送方将要发送的消息。
② 密文：明文被变换成看似无意义的随机消息。
③ 加密：明文变换成密文的过程。
④ 解密：加密的逆过程，即由密文恢复出原明文的过程。
⑤ 加密算法：密码员对明文进行加密时所采用的一组规则。
⑥ 解密算法：接收者对密文进行解密时所采用的一组规则。

现代密码学的一个基本原则是一切秘密应寓于密钥之中，即在设计加密系统时，总是假定密码算法是公开的，真正需要保密的是密钥。

（1）对称密码体制和非对称密码体制

根据密码算法使用的加密密钥和解密密钥是否相同，将密码体制分为对称加密和非对称加密两类。

对称密码体制又称为秘密密码体制，加密密钥和解密密钥相同或者一个可由另一个导出。对称加密技术的最大优势是加/解密速度快，适合于对大数据量进行加密。但这种体制密钥管理困难，需要有可靠的密钥传递渠道，常用的有 DES、IDEA、AES 等算法。

非对称密码体制称为公开密码体制，它需要使用一对密钥来分别完成加密和解密操作：一个公开发布，称为公开密钥；另一个由用户自己秘密保存，称为私有密钥。即加密密钥公开，解密密钥不公开。非对称密码体制比较灵活，适用于开放的使用环境，密钥管理相对简单，但加密和解密速度却比对称密钥加密慢得多。常用的有 RSA、LUC、椭圆曲线等算法。

（2）分组密码体制和序列密码体制

根据密码算法对明文信息的加密方式进行分类的方法。如果密文仅与给定的密码算法和密钥有关，与被处理的明文数据段在整个明文或者密文中所处的位置无关，则称为分组密码体制。分组密码体制是将明文分为固定长度的组，如 64bit 一组，用同一个密钥和算法对每一组加密，输出也是固定长度的密文。

如果密文不仅与给定的密码算法和密钥有关，同时也是被处理的明文数据段在整个明文或者密文中所处的位置的函数，则称为序列密码体制。序列密码的关键技术是伪随机序列产生器的设计。

（3）加密技术中的摘要函数

摘要是一种防止改动的方法，其中用到的函数叫摘要函数。这些函数的输入可以是任意大小的消息，而输出是一个固定长度的摘要。摘要有这样一个性质，如果改变了输入消息中的任何东西，甚至是只有一位，输出的摘要将会发生不可预测的改变，也就是说输入消息的每一位对输出摘要都有影响。总之，摘要算法从给定的文本块中产生一个数字签名，数字签名可以用于防止有人从一个签名上获取文本信息或改变文本信息内容和进行身份认证。

3. SSL 和 SET 协议

（1）安全套接层协议 SSL

安全套接层协议（Secure Socket Layer，SSL）最初是由美国网景公司（Netscape）推出的一种安全通信协议，它能够对信用卡和个人信息提供较强的保护。SSL 通过在收发双方之间建立安全通道来提高应用程序间交换数据的安全性，从而实现浏览器和服务器（通常是 Web 服务器）之间的安全通信。SSL 是一种利用公共密钥技术的工业标准，广泛用于 Internet。

SSL 采用了公开密钥和私有密钥两种加密方法，是对计算机之间整个会话进行加密的协议。目前，几乎所有操作平台上的 Web 浏览器以及流行的 Web 服务器都支持 SSL 协议，现在它已成为事实上的工业标准。SSL 协议解决了目前 TCP/IP 协议难以满足的网络安全通信的要求，它运行在 TCP/IP 协议之上而在其他高层的应用层协议（如 HTTP、FTP、SMTP 等）之下。SSL 协议在应用层协议通信之前就已经完成加密算法、通信密钥的协商以及服务器认证工作。在此之后应用层协议所传送的数据都会被加密，从而保证通信的私密性。SSL 协议的好处之一在于它是个独立的应用协议，其他高层的协议能透明地位于 SSL 协议之上。

SSL 可分为两层：一是握手层，二是记录层。SSL 握手协议描述建立安全连接的过程，在客户和服务器传送应用层数据之前，完成诸如加密算法和会话密钥的确定、通信双方的身份验证等功能；SSL 记录协议则定义了数据传送的格式，上层数据包括 SSL 握手协议建立安全连接时所需传送的数据都通过 SSL 记录协议再往下层传送。这样，应用层通过 SSL 协议把数据传给传输层时，已是被加密后的数据，此时 TCP/IP 协议只需负责将其可靠地传送到目的地，弥补了 TCP/IP 协议安全性较差的弱点。

SSL 安全协议主要提供三方面的服务：

1) 用户和服务器的合法性认证：认证用户和服务器的合法性，使得它们能够确信数据将被发送到正确的客户机和服务器上。客户机和服务器都有各自的识别号，这些识别号由公开密钥进行编号，为了验证用户是否合法，SSL 要求在握手交换数据时进行数字认证。

2) 加密数据以隐藏被传送的数据：SSL 采用的加密技术既有对称密钥技术，也有公开密钥技术。在客户机与服务器进行数据交换之前先交换 SSL 初始握手协议，在 SSL 握手协议中采用了各种加密技术对其加密，以保证其机密性和数据的完整性，并且用数字证书进行鉴别。这样就可以防止非法用户进行破译。

3) 保护数据的完整性：SSL 采用 Hash 函数和机密共享的方法来提供信息的完整性服务，建立客户机与服务器之间的安全通道，使所有经过安全套接层协议处理的业务在传输过程中能全部完整准确无误地到达目的地。

SSL 协议的缺点主要体现在以下两方面：

1) 客户的信息先到商家，让商家阅读，这样，客户资料的安全性就得不到保证。

2) SSL 只能保证资料信息传递的安全，而传递过程是否有人截取就无法保证了。所以，SSL 并没有实现电子支付所要求的保密性、完整性，而且多方互相认证也是很困难的。

（2）安全电子交易协议 SET

安全电子交易协议（Secure Electronic Transaction，SET）是美国 Visa 和 MasterCard 两大信用卡组织联合于 1997 年 5 月 31 日推出的电子交易行业规范，其实质是一种应用在 Internet 上、以信用卡为基础的电子付款系统规范，目的是为了保证网络交易的安全。

SET 协议是信用卡在互联网上进行支付的一种开放式标准，也是银行卡安全支付的具体规范。SET 本身并不是一个支付系统，而是一个安全协议集，SET 规范保证了用户可以安全地在诸如 Internet 这样的开放网络上应用现有的信用卡支付设施来完成交易,SET 较好地解决了信用卡在电子商务交易中的安全问题。SET 中的核心技术主要有公开密钥加密、电子数字签名、电子信封、电子安全证书等。目前已经被广为认可而成了事实上的国际通用的网上支付标准。SET 的制定与推广既为业务相互渗透的各家信用卡公司提供了统一的安全通信标准,也促进了信用卡在互联网上作为支付工具的应用。

SET 支付系统主要由持卡人、商家、发卡行、收单行、支付网关、认证中心等部分组成。相应地,基于 SET 协议的网上购物系统至少包括电子钱包软件、商家软件、支付网关软件和签发证书软件。

SET 安全协议主要提供三方面的服务。

1)保证客户交易信息的保密性和完整性:SET 协议采用了双重签名技术,对 SET 交易过程中消费者的支付信息和订单信息分别签名,使得商家看不到支付信息,只能接收用户的订单信息;金融机构看不到交易内容,只能接收到用户支付信息和账户信息,从而充分保证了消费者账户和订购信息的安全性。

2)确保商家和客户交易行为的不可否认性:SET 协议的重点就是确保商家和客户的身份认证和交易行为的不可否认性,采用的核心技术包括 X.509 电子证书标准、数字签名、报文摘要、双重签名等技术。

3)确保商家和客户的合法性:SET 协议使用数字证书对交易各方的合法性进行验证。通过数字证书的验证,可以确保交易中的商家和客户都是合法的、可信赖的。

SET 协议的缺点主要体现在以下两方面。

1)只能建立两点之间的安全连线,所以顾客只能把付款信息先发送到商家,再由商家转发到银行,而且只能保证连接通道是安全的而没有其他保证。

2)不能保证商家会不会私自保留或盗用他人的付款信息。

 拓展训练

> 了解国产主流杀毒软件。

实战训练

> 请给自己的手机安装手机安全软件。

思考与练习

一、判断题

1. 电子商务安全覆盖了整个电子商务活动的各个环节,因此,电子商务安全是电子商务的关键和核心。   (   )

2. 现代密码学的一个基本原则是一切秘密应寓于密钥之中,即在设计加密系统时,总是假定密码算法是公开的,真正需要保密的是密钥。   (   )

3．根据密码算法使用的加密密钥和解密密钥是否相同，将密码体制分为对称加密和非对称加密两类。（   ）

4．对称密码体制又称为秘密密码体制，加密密钥和解密密钥相同或者一个可由另一个导出。（   ）

5．在非对称密码体制中，加密密钥和解密密钥都公开。（   ）

6．摘要是一种防止改动的方法，其中用到的函数叫摘要函数。（   ）

7．SET 采用了公开密钥和私有密钥两种加密方法，是对计算机之间整个会话进行加密的协议。（   ）

二、单选题

1．关于 SSL 和 SET 协议，以下说法正确的是（   ）。
    A．SSL 和 SET 都能隔离订单信息和个人账户信息
    B．SSL 和 SET 都不能隔离订单信息和个人账户信息
    C．SSL 能隔离订单信息和个人账户信息，SET 不能
    D．SET 能隔离订单信息和个人账户信息，SSL 不能

2．关于 SET 协议和 SSL 协议，以下说法正确的是（   ）。
    A．SET 和 SSL 都需要 CA 系统的支持
    B．SET 需要 CA 系统的支持，但 SSL 不需要
    C．SSL 需要 CA 系统的支持，但 SET 不需要
    D．SET 和 SSL 都不需要 CA 系统的支持

3．以下关于 SSL 协议的描述错误的是（   ）。
    A．SSL 协议采用 TCP 作为传输协议
    B．SSL 协议能提供数字签名功能
    C．SSL 协议在应用层通信前完成加密算法、通信密钥协商和服务器认证
    D．SSL 协议中应用层协议所传输的数据都会被加密

4．下列关于 SET 协议的叙述中正确的是（   ）。
    A．SET 的中文名称是电子支票
    B．SET 协议对不用卡支付的交易方式同样有效
    C．SET 认证可以通过第三方 CA 安全认证中心进行
    D．以上都不对

5．关于 SET 协议，以下说法错误的是（   ）。
    A．SET 要求软件遵循相同的协议和消息格式
    B．SET 可以保证信息在因特网上传输的安全性
    C．SET 能够隔离订单信息和个人账号信息
    D．SET 是为了保证电子现金在因特网上的支付安全而设计的

三、多选题

1．常用的对称密码算法有（   ）。
    A．DES   B．IDEA   C．AES   D．RSA

2. 常用的非对称密码算法有（　　　）。

　　A．RSA　　　　　　B．LUC　　　　　　C．AES　　　　　　D．椭圆曲线

四、简答题

1. 什么是电子商务安全？
2. 电子商务安全面临的主要风险有哪些？
3. 电子商务的安全要求体现在哪些方面？
4. 什么是加密和解密？
5. SET 安全协议主要提供哪三方面的服务？

项目 6

网上创业

学习目标

- **知识目标**
  - ⮕ 知晓淘宝开店相关规则；
  - ⮕ 熟悉第三方电子商务平台的类型及功能；
  - ⮕ 掌握网店运营与推广的常用方法。

- **能力目标**
  - ⮕ 能在淘宝网完成淘宝开店流程；
  - ⮕ 能对网店进行装修和商品管理；
  - ⮕ 会使用站内、站外等手段宣传和推广自己的店铺和商品。

- **素质目标**
  - ⮕ 培养学生创业意识和创新精神。

任务1 网上创业渠道

 **任务情景**

2015年，国务院政府工作报告中提出"互联网+"行动计划，奏响了"大众创业，万众创新"的时代序曲，掀起了第四次创业大潮。学生淘宝开店，月入过万，更是激发了张宇的创业热情，坚定了他创业的决心。在老师的指导下，张宇决定运用所学电子商务技能实现他的网上创业梦想！

 **任务分析**

实现网上创业，需要选择创业渠道，网上创业的平台有很多，淘宝网凭借低门槛与低

成本、庞大的用户基础、完善的交易与支付系统、丰富的辅助工具与服务、自由灵活的经营方式、成熟的电商生态系统等优势成为创业的首选平台。淘宝开店流程需要五个步骤：第一，选择个人开店；第二，进行支付宝认证；第三，进行实人认证；第四，完成开店；第五，发布商品。完成上述工作，就可以创建一个属于自己的淘宝网店了。

任务实施

1. 选择个人开店

打开并登录淘宝网，单击"免费开店"，如图 6-1 所示。

图 6-1　淘宝网首页

2. 进行支付宝认证

单击图 6-2 中的"去认证"，通过手机支付宝扫码认证，如图 6-3 所示。

图 6-2　开店任务页

图 6-3 支付宝扫码认证

3. 进行实人认证

单击图 6-4 中的"去认证",通过手机淘宝扫码认证,如图 6-5 所示。

图 6-4 开店任务页

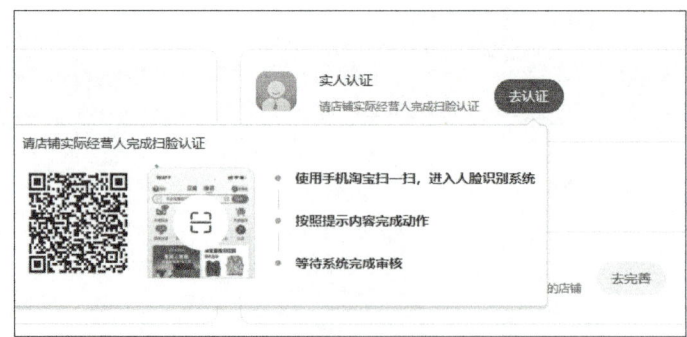

图 6-5 实人认证

4. 完成开店

1)开店完成,单击"进入千牛工作台",如图 6-6 所示。

项目6 网上创业

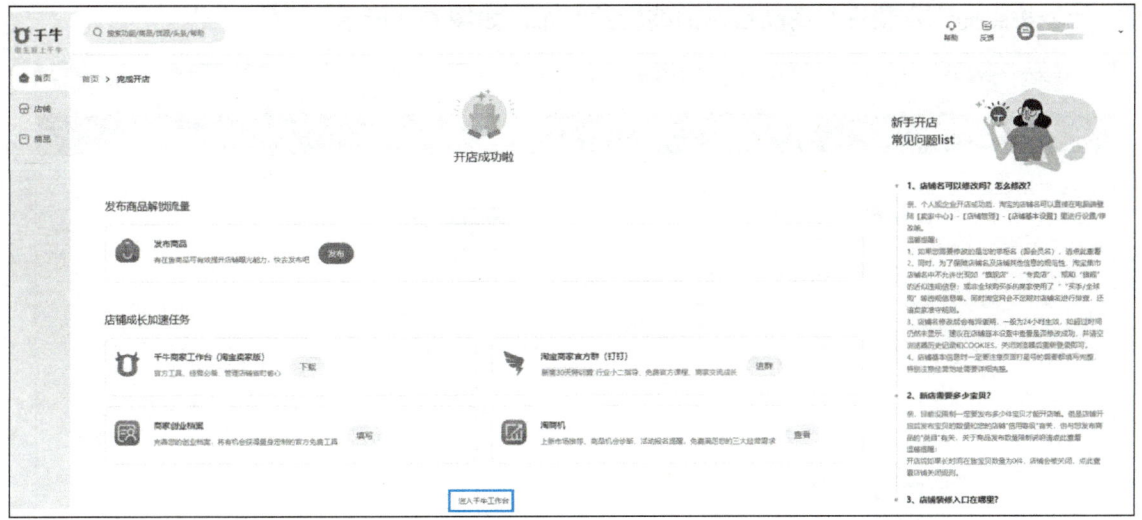

图 6-6 完成开店页

2）进入店铺→店铺信息→基本信息，可以编辑店铺的基础信息，如图 6-7 所示。

图 6-7 基础信息页

5. 发布商品

1）进入商品，单击"发布商品"，如图 6-8 所示。

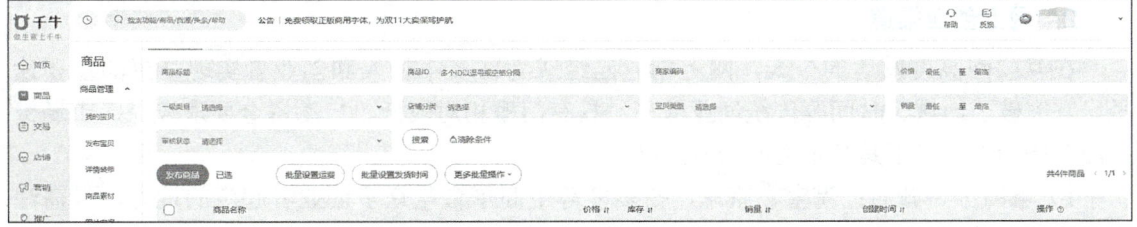

图 6-8 发布商品

2）按照提示步骤进行商品信息的编辑并发布，如图 6-9 所示。

图 6-9　商品信息编辑页

相关知识

1. 第三方电子商务平台

第三方电子商务平台泛指独立于产品或服务的提供者和需求者，通过网络服务平台按照特定的交易与服务规范为买卖双方提供服务，服务内容有供求信息发布与搜索、交易的确立、支付、物流等。

2. 网上创业渠道

在互联网高度发达的今天，网上创业已经成为许多年轻人和创业者实现梦想的重要途径。它突破了地域、时间等传统创业壁垒，具有门槛相对较低、启动资金要求较少、市场覆盖面广等特点。以下是几个主要的网上创业渠道。

1）电商平台开店：淘宝、京东、拼多多等电商平台是众多创业者起步的地方，只需注册账号，通过平台审核后即可开设线上店铺。可以销售实物商品如服装、家居用品，也可以提供虚拟产品如电子书、课程等。利用平台庞大的用户基础和成熟的交易体系，实现低成本快速启动。

2）社交电商：微信小程序、抖音小店、快手电商等社交电商平台借助社交媒体的传播力，以内容营销带动商品销售。通过精准定位目标群体，打造个性化、互动性强的内容吸引消费者，形成口碑推广，实现商业变现。

3）自建独立网站或 App：有一定技术背景或者资金实力的创业者，可以选择自建电子商务网站或开发移动应用。虽然初期投入较大，但可以拥有更大的自主权和品牌塑造空间，如网易严选、小米有品等就是成功案例。

4）知识付费平台：在知乎、得到、喜马拉雅等知识付费平台上，可以分享专业知识、技能或经验，制作并售卖线上课程、音频节目、电子书等内容产品，实现知识的价值转化。

5）服务交易平台：猪八戒网、美团众包等服务交易平台为创业者提供了提供各类专业服务的机会，如设计、文案、编程、家政、出行接送等。

6）直播电商：随着直播行业的兴起，淘宝直播、抖音直播、快手直播等平台为创业者提供了新的商业模式。主播通过实时互动展示商品，吸引观众购买，这种方式极大地提高了用户的购物体验和购买转化率。

7）内容创作与广告分成：在今日头条、百家号、微信公众号等自媒体平台，创作者可以通过提供优质内容获取流量，进而通过平台的广告分成、粉丝打赏、付费阅读等方式获得收益。

8）跨境电商：依托亚马逊、阿里巴巴国际站等平台，国内商家可以直接面向全球消费者销售产品，拓宽销售渠道，参与全球化竞争。

总之，网络创业渠道多样，关键在于找准自身优势，挖掘市场需求，并结合合适的平台与模式，持之以恒地付出努力，才有可能在网络创业的大潮中脱颖而出，实现自我价值和商业成功。

3. 网店名称设置技巧

一个好的淘宝店铺名字，会让买家很容易地记住你的淘宝店铺，或是一看你的店名就被吸引进来，从而达到宣传和推广的目的，同时带来一些销售收入。

（1）基本要求：店铺名称不超过 30 个字符

不能违反淘宝关于店铺名称设置的相关规定，店铺的名称可以修改，但是具有唯一性。

例如：柠檬绿茶，精品居家生活馆，高端、精品、品味，C2C 第一店等。

分析："柠檬绿茶"简单易记，具有一定的亲和力；"精品居家生活馆"突显主要销售内容；"高端、精品、品味"展示店铺的档次；"C2C 第一店"突出店铺的信誉。

（2）店名设置小贴士

1）店铺或主营品牌、经营内容、定位特点等行业介绍类关键字。

2）皇冠、钻石、好评率等信誉信息类关键字。

3）包邮、打折、清仓、新货上架、热卖程度、收藏有奖等促销信息类关键字。

4）原创手工、外贸尾单、厂家直销等专业特色类关键字。

5）在线情况、议价态度、发货周期等个性化关键字。

6）商盟、满就送、搭配减价等淘宝组织或活动类关键字。

拓展训练

1. 学习、知晓淘宝规则，为下一步网店运营奠定基础。
2. 对比分析同类淘宝网店，从货源、价格、网店促销、物流配送等方面分析其经营特色。

实战训练

1. 结合自己的创业计划，在淘宝网完成网上开店流程。
2. 在淘分销中，选择1～2家供应商，申请分销其商品，以解决货源问题。

思考与练习

一、单选题

1. 淘宝开店前需要先注册（　　）账号。
   A．阿里巴巴账号　　B．支付宝账号　　C．天猫账号　　D．微博账号
2. 下列选项中（　　）不是淘宝开店必须提供的资料。
   A．身份证照片　　　　　　　　　　　B．店铺 Logo
   C．个人手持身份证照片　　　　　　　D．银行卡信息
3. 开通淘宝店铺时，若选择的是企业店铺，还需要提供（　　）材料。
   A．营业执照　　　　　　　　　　　　B．法人身份证
   C．组织机构代码证　　　　　　　　　D．所有上述选项
4. 关于淘宝店铺名称的规定，以下选项中正确的是（　　）。
   A．店铺名称可以随意使用，不受限制
   B．店铺名称不能包含违规或误导消费者的词汇
   C．店铺名称一经注册不能修改
   D．店铺名称必须与实体店营业执照上的名称一致
5. 新开淘宝店铺需要完成的基础设置不包括（　　）。
   A．店铺名称设定　　　　　　　　　　B．店铺 Logo 上传
   C．发布至少 10 个商品　　　　　　　D．完成支付宝实名认证

二、多项选择题

1. 关于淘宝开店的货源准备，下列说法中正确的是（　　）。
   A．可以采取自产自销的方式　　　　　B．可以通过代销合作方式获取货源
   C．必须拥有实体店作为供应链　　　　D．可从批发市场或供应商处进货
2. 关于淘宝店铺命名规则，以下描述中正确的是（　　）。
   A．店铺名称不得包含非法字符

B．店铺名称可以完全模仿知名品牌

C．同一会员只能开设一个同名店铺

D．店铺名称应具有显著性，便于买家识别

3．下列哪些行为违反了淘宝开店规则？（　　　）

　　A．发布未经许可的商品图片　　　　B．未按照规定时间发货

　　C．商品标题中使用绝对化用语　　　　D．使用他人账户开店经营

4．以下哪些是淘宝店铺可以选择的主营类目？（　　　）

　　A．服装鞋包　　　B．数码家电　　　C．美容个护　　　D．食品保健

5．淘宝新店初期可以采取哪些措施来提升信誉度？（　　　）

　　A．提供优质的客户服务　　　　B．设置合理的价格策略

　　C．积极参与淘宝平台活动　　　　D．引导买家给予好评

三、判断题

1．在淘宝开店过程中，企业店铺和个人店铺的开店流程完全一致。（　　　）

2．淘宝开店过程中，同一身份信息只能注册一个淘宝店铺。（　　　）

3．淘宝开店成功后，卖家可以直接上架任意类型的商品，不受限制。（　　　）

4．只要开通了支付宝，就能立即在淘宝上创建自己的店铺。（　　　）

5．淘宝平台上，所有商品都必须设定一口价，不能议价销售。（　　　）

任务2　网店装修

任务情景

张宇终于在淘宝成功开设了自己的网店，但他很纳闷，为什么淘宝上别人的店铺看上去非常美观，而自己的店铺却显得一般？通过在线咨询，淘宝的工作人员告诉他：店铺申请成功后，还必须进行店铺装修。漂亮的店铺才能吸引顾客的注意，从而提升店铺的人气。

任务分析

一个好的淘宝店铺，其装修设计需要通过视觉向顾客传达产品信息、服务信息和品牌理念，这样的店铺装修设计可以达到促进商品销售、树立品牌形象的目的。对买家而言，视觉营销吸引的是眼球，撩拨的是购物欲望。店铺的装修设置可繁可简，目前店铺的装修主要涉及计算机端和手机移动端，包括网店模板的选择、网页功能模块的选择、网店页头和招牌的制作、促销广告制作、宝贝分类制作、宝贝详情页制作等。

**任务实施**

淘宝网提供了网店装修的功能，可以通过"千牛卖家中心"中的"店铺"模块进入"店铺装修"。

注意：所有装修素材图片都必须上传到淘宝的"店铺素材"中，"店铺素材"在"店铺"模块中的"店铺管理"里。

1. 计算机端网店装修

（1）选择店铺模板

1）目前针对店铺装修，淘宝推出了旺铺，旺铺分为基础版、专业版和智能版。将网店切换到智能版旺铺，所有用户都可以免费使用。

2）使用好的模板是店铺装修成功的第一步，可以选择旺铺智能版自带的三套免费模板：在店铺装修界面，单击"装修模板"，可以看到三套自带的免费模板，这三套模板可以自由选择切换。

3）也可以购买付费模板：进入服务市场，找到装修模块进入装修市场，如图 6-10 所示，可以按照旺铺版本、模板属性、行业、风格、色系挑选中意的模板，这里的模板都是按一季度、半年或者一年进行收费的。当然在购买前也可以试用一下，觉得满意再付款。

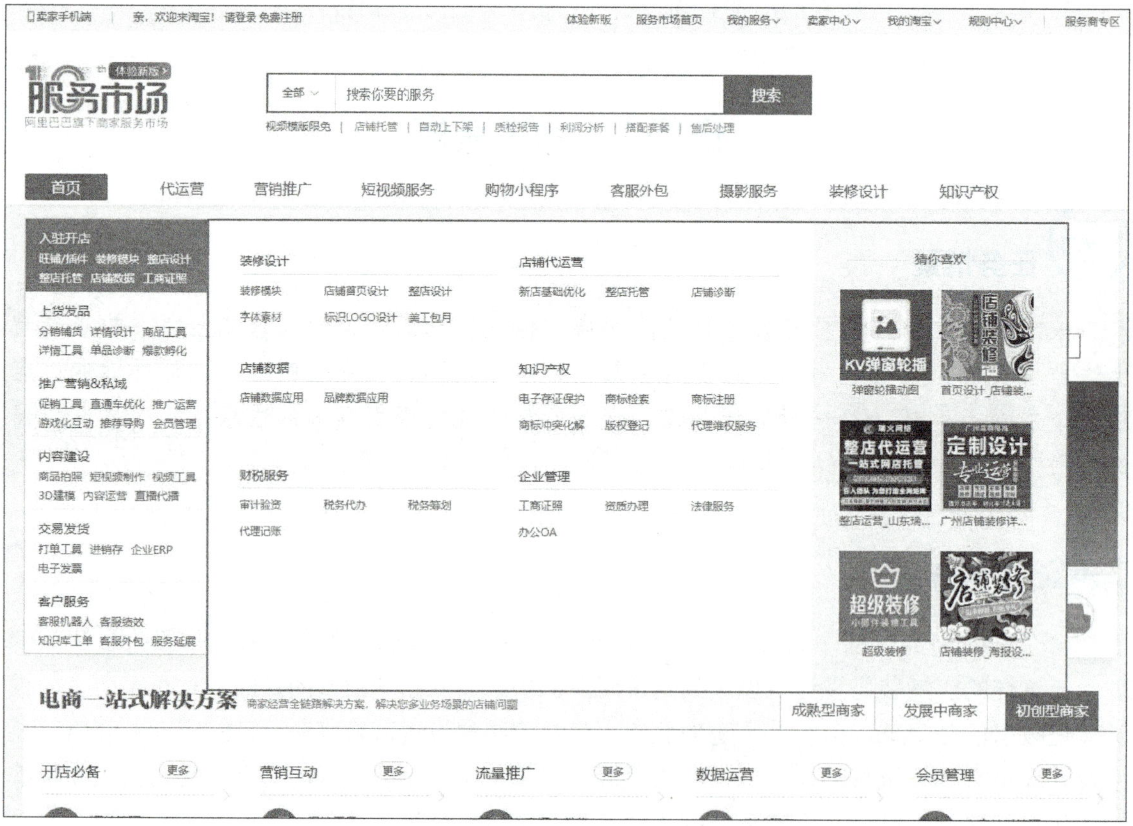

图 6-10　服务市场

项目6 网上创业

4)选择好模板后,可以设置喜欢的配色,如图6-11所示,不同的模板提供的配色不同。

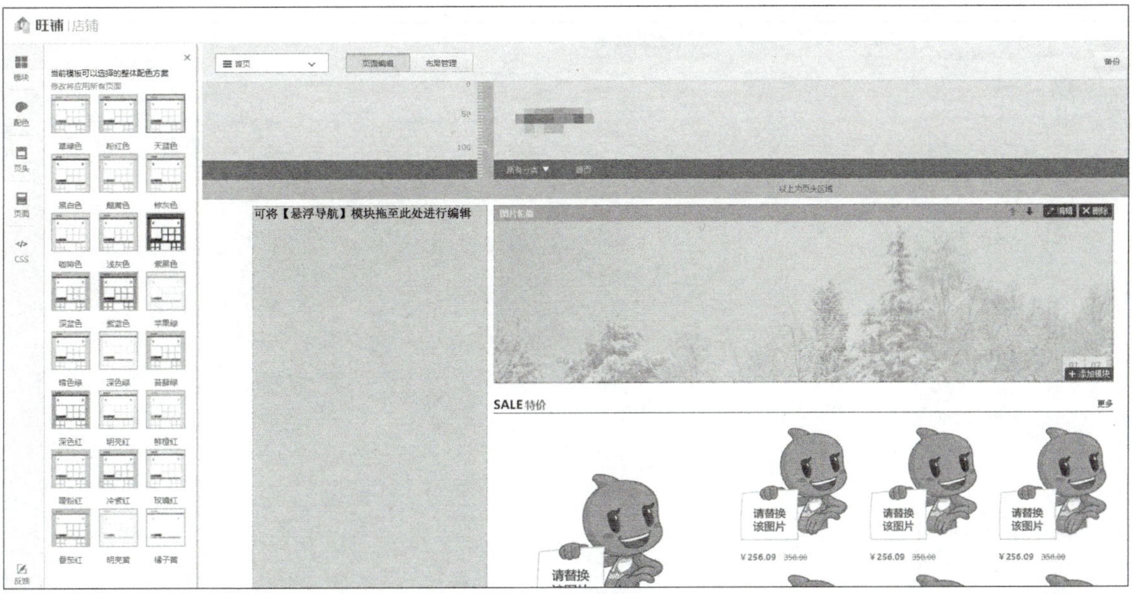

图6-11 选择配色

(2)选择和设置网页功能模块

1)旺铺智能版提供了"模块"服务,可以将需要的功能模块拖动到页面上去,模块按照宽度尺寸分为190像素、750像素、950像素、1920像素四种,有的模块可以适应多种尺寸,放置的位置也相对更自由。

2)每个功能模块被拖动到页面上后,将光标移动到模块上,都可以进行编辑、调整顺序和删除,如图6-12所示。

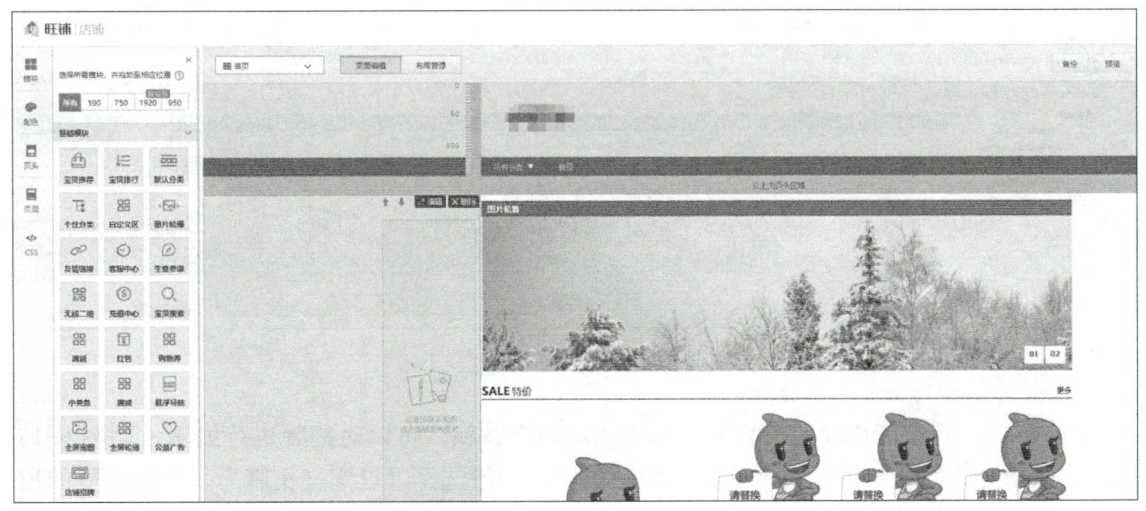

图6-12 模块编辑

3)由于功能模块较多,需要整体调整时可能会带来麻烦,可以切换到布局管理,从整

243

体上对模块进行添加、删除、排序，如图 6-13 所示。

图 6-13　布局管理

（3）制作网店页头和招牌

网店页头和招牌是进入网店第一眼看到的区域，处于非常重要的地位。

1）网店页头。单击"页头"模块，可以根据需要设置页头的背景色、背景图和是否应用到所有页面，如图 6-14 所示。

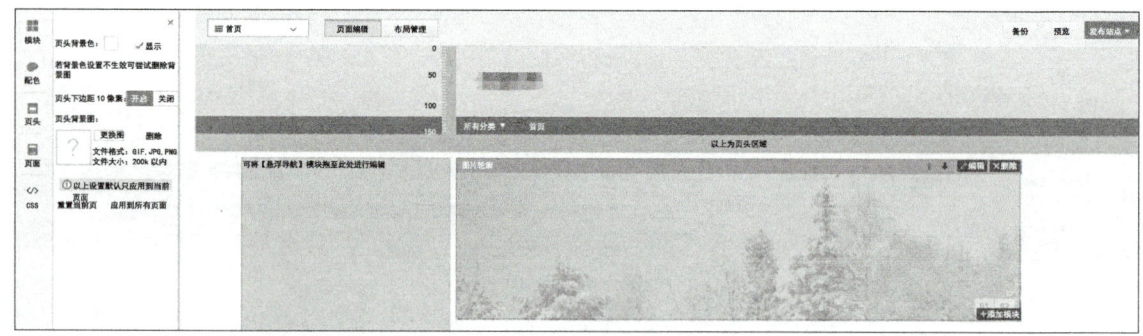

图 6-14　页头模块

2）招牌。将光标移动到招牌上，单击"编辑"按钮，可以对招牌进行编辑，如图 6-15 所示。招牌分为默认招牌、自定义招牌两种类型，一般选择"自定义招牌"。将设计好的招牌图片上传到"店铺素材"，然后粘贴到自定义内容区，单击"保存"按钮即可。招牌图片的高度为 120 像素，宽度为 950 像素。

项目6 网上创业

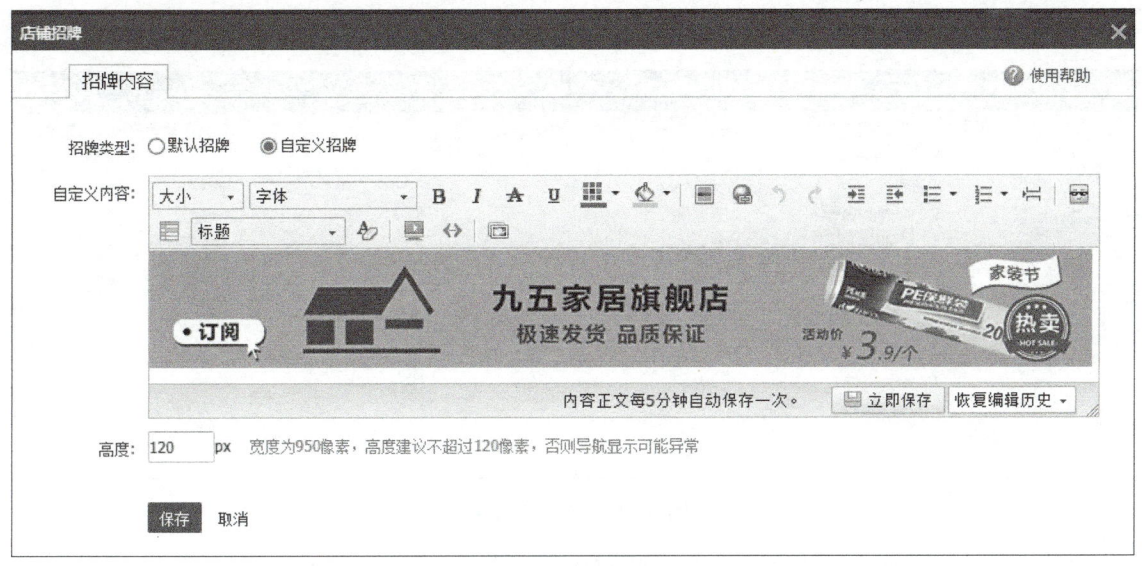

图 6-15 编辑招牌

图片制作操作步骤如下。

1）启动 Photoshop，新建 950×120 像素，分辨率为 72 像素/英寸[①]，颜色模式为 RGB，背景内容为白色的图像文件。

2）填充背景色 #a0cbb0。

3）置入"店标""商品""热卖标签""订阅""活动标签"素材，拖拽至相应位置。

①选择"横排文字工具"；②在属性栏中设置文本格式"微软雅黑"、30 点、#1a1b1b，在店标右侧输入"九五家居旗舰店"；③在属性栏中设置文本格式"微软雅黑"、20 点、#474747，在店名下方输入"极速发货品质保证"；④在属性栏中设置文本格式"微软雅黑"、13 点、#1a1b1b，输入"活动价"；⑤在属性栏中设置文本格式"微软雅黑"、17 点、#ff2d2d，输入"¥3.9/个"，如图 6-15 所示。

（4）设置宝贝分类

在淘宝上销售的商品被称作"宝贝"，为了方便顾客进入店铺后快速地找到自己需要的宝贝，卖家可以对宝贝进行分类管理。设置分类后，单击相应的分类链接，即可查看该分类下的所有宝贝。

1）通过"千牛卖家中心"的"店铺"模块，进入"宝贝分类管理"。可以添加手工分类，也可以添加自动分类。其中自动分类是淘宝按照网店商品自动按类目、属性、品牌、时间进行归类。

2）以添加手工分类为例。单击"添加手工分类"按钮，可以添加一个一级分类，在一级分类上可以设置分类名称或者用图片替代分类名称，设置是否展开显示。

3）同时可以在一级分类下单击"添加子分类"按钮，在一级分类下面添加小分类，可以对小分类设置名称及显示顺序，如图 6-16 所示。全部设置完成后单击右上角的"保存更

[①] 1 英寸 =0.0254 米。

改"按钮将设置的分类进行保存。

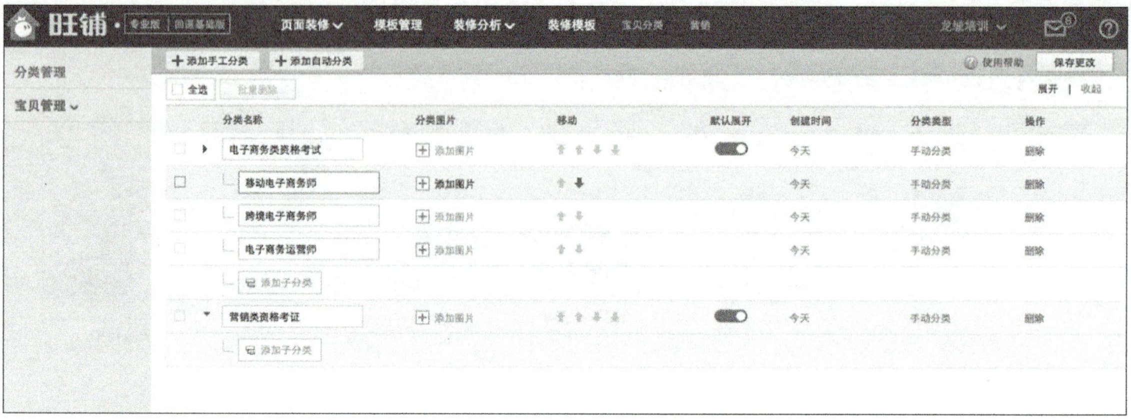

图 6-16 添加子分类

4）最后单击左侧的"宝贝管理"，将网店的商品添加到对应的分类里。

（5）制作网店页面及导航

1）执行"店铺装修"→"PC店铺装修"命令，可以对基础页、宝贝详情页、宝贝列表页、自定义页、大促承接页、门店详情页进行制作。其中基础页包括首页和店内搜索页。每个页面都可以单击"装修页面"进行制作。

2）以店内搜索页为例，单击"装修页面"，进入店内搜索页的制作界面，单击左侧的"页面"，可以对该页的背景进行设置。单击"模块"，可以对该页需要放置的模块进行设置。

3）也可以新建自己想要的页面：店铺装修→PC店铺装修→自定义页→新建页面。可以选择页面内容样式、添加页面名称、修改页面地址，完成后单击"新建页面"，一个自定义页面就完成了。在自定义页面上同样可以修改页面的背景，增加模块。

4）制作网店导航：将光标移至"导航"模块，单击"编辑"按钮，进入导航编辑页面。

5）单击"添加"按钮，可以添加宝贝分类、页面、自定义链接三种类型的导航。单击"宝贝分类"，可以看到之前制作好的宝贝分类，将分类全部勾选后单击"确定"。单击"页面"，可以看到之前制作好的自定义页面，勾选这个页面后单击"确定"。单击"自定义链接"，可以添加淘宝网内部链接。

6）全部添加好后分别单击"确定"按钮，导航便设置完成，可以在店铺首页预览效果。

（6）制作促销广告

1）在网店首页添加模块"图片轮播"。将光标移至模块上，单击"编辑"按钮可以对促销广告进行制作。

2）促销广告图片制作完成后先上传至"店铺素材"，在图片地址中选取上传好的图片，编辑单击图片要转到的链接地址。如果有多张促销图片，单击"添加"按钮继续添加。

3）对图片轮播进行显示设置，可以选择是否显示标题、高度以及多张促销图片切换的效果，如图6-17所示。一般促销图片的宽度为750像素，高度不超过600像素。

项目 6　网上创业

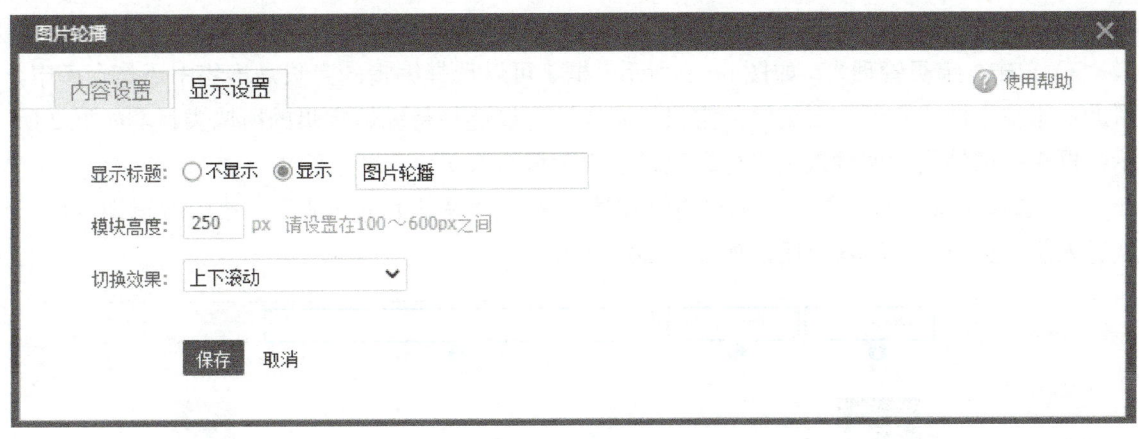

图 6-17　图片轮播设置

图片制作操作步骤如下。

① 启动 Photoshop，新建 750×250 像素，分辨率为 72 像素 / 英寸，颜色模式为 RGB，背景内容为白色的图像文件；

② 设置前景色 #6bade4，背景色 b1cde4，填充从前景到背景色的渐变；

③ 置入 "背景底部" "背景 2" "商品" "文案" "圆台" 素材，调整大小，拖拽至相应位置，如图 6-18 所示。

图 6-18　促销广告效果图

（7）制作宝贝详情页面

宝贝详情页是唯一一个向顾客详细展示宝贝细节与优势的地方，顾客喜不喜欢这个宝贝、是否愿意在你的店里购买，肯定都要仔细看宝贝的详情页，99% 的订单也都是在看过宝贝的详情页后生成的。因此，宝贝详情页是提高转化率的入口，能激发顾客的消费欲望，树立顾客对店铺的信任感，打消顾客的消费疑虑，促使顾客下单。由此可见宝贝详情页的重要性。

1）宝贝详情页可以自己设计制作，也可以通过淘宝最新推出的淘宝神笔来进行制作。

2）在淘宝神笔中，单击 "模板市场"，可以按照行业、风格选择自己满意的宝贝详情页模板。单击选中的模板进入模板详情介绍页面，如果觉得不错就可以单击 "立即购买" 或

247

者"立即试用"按钮。单击"模板管理",就可以看到自己选择的所有模板。

3）单击"宝贝管理",如图 6-19 所示。框 1 可以选择编辑的宝贝是出售中还是仓库中,帮助卖家快捷地找到所需要编辑的宝贝。同样地可以选择待编辑宝贝的所属类目,如框 2 所示;框 3 提供的是卖家输入宝贝标题直接搜索待编辑宝贝。

4）选择完宝贝后,单击"编辑电脑详情"或者"编辑手机详情"。单击编辑详情后,就进入了宝贝详情编辑器界面,如图 6-20 所示。

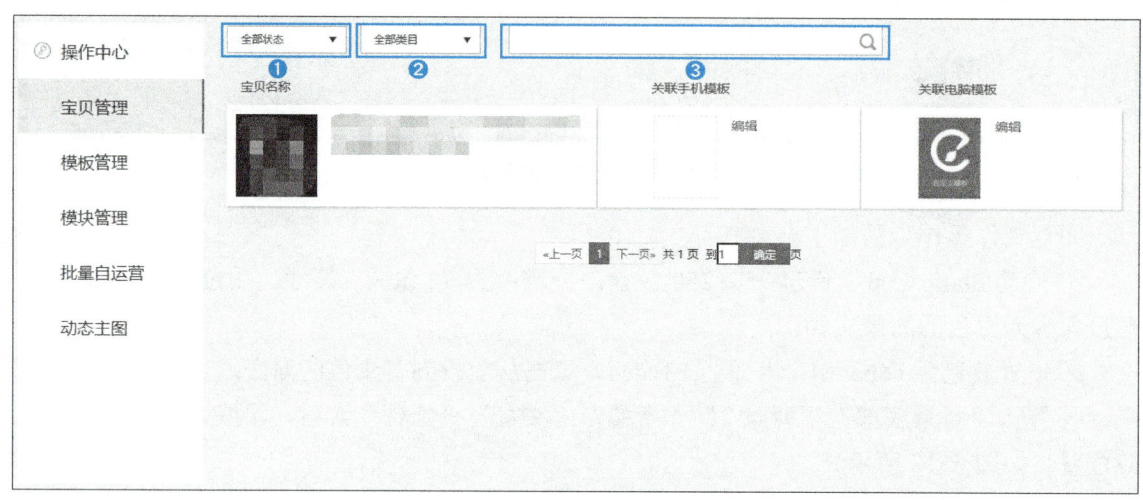

图 6-19　宝贝详情管理

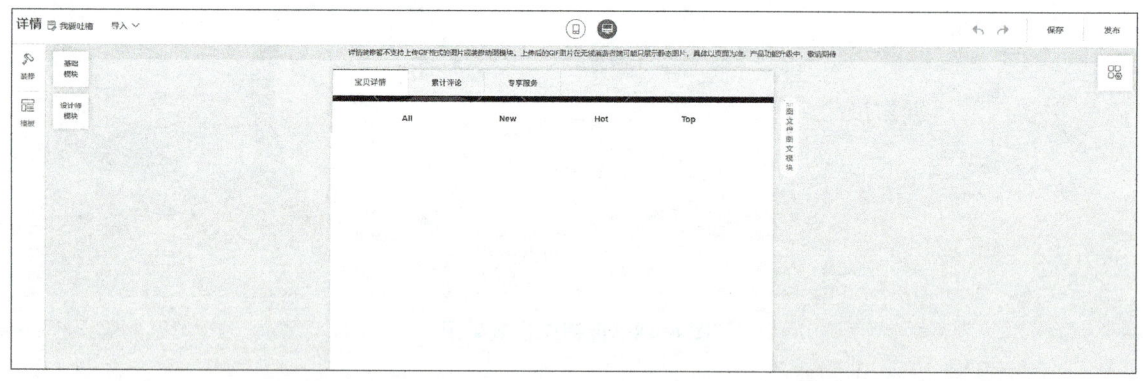

图 6-20　宝贝详情编辑

5）模板是以模块的形式制作的,因此卖家如果要修改可以单击一个模块。单击后,模块外面会描边,并且可以在最右边的属性编辑区域进行编辑。

6）单击更换图片后,卖家可以选择自己上传新图片,也可以在图片空间中选择合适的图片或者在千牛云盘中选择。选择完后,可能需要对图片进行裁剪,裁剪到你需要的大小后单击"确认"按钮即可将模板中的图片更换为你的图片了。

7）如图 6-21 所示,如果卖家需要对模块位置进行移动,则可以拖动箭头进行上下位移,也可以选中模块进行复制和删除。

项目6　网上创业

图6-21　宝贝详情页模块编辑

8）卖家编辑完宝贝详情页面后，单击最上面的"保存"按钮，并单击"发布"，会出现同步成功界面。稍等一会儿，修改完的宝贝详情就同步到了你的淘宝店铺中去了。

图片制作操作步骤如下。

① 启动Photoshop，新建750×7400像素，分辨率为72像素/英寸，颜色模式为RGB，背景内容为白色的图像文件。

② 置入"1焦点图""2优惠券""3商品搭配""4商品信息""5商品卖点""6商品特点""7适用人群""8售后服务""9用户评价""10关于我们"素材，调整大小，完成详情页长图，如图6-22所示。

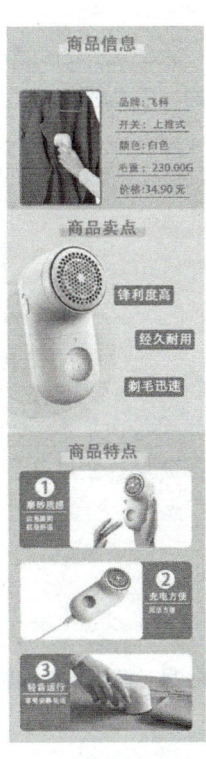

图6-22　宝贝详情页效果图

2. 手机移动端网店装修

（1）首页装修

1）执行"店铺装修→手机店铺装修"命令，找到默认首页，单击"装修页面"。

2）左侧"页面容器"提供图文类、视频类、宝贝类、营销互动类四种模块，如图6-23所示。可以拖动相应的模块移至手机店铺首页中。

3）单击模块，模块外面会描边，并且可以在最右边的属性编辑区域进行编辑，如图6-24所示。

4）全部编辑完成后，可以单击右上方的发布按钮，选择"立即发布"或者"定时发布"。

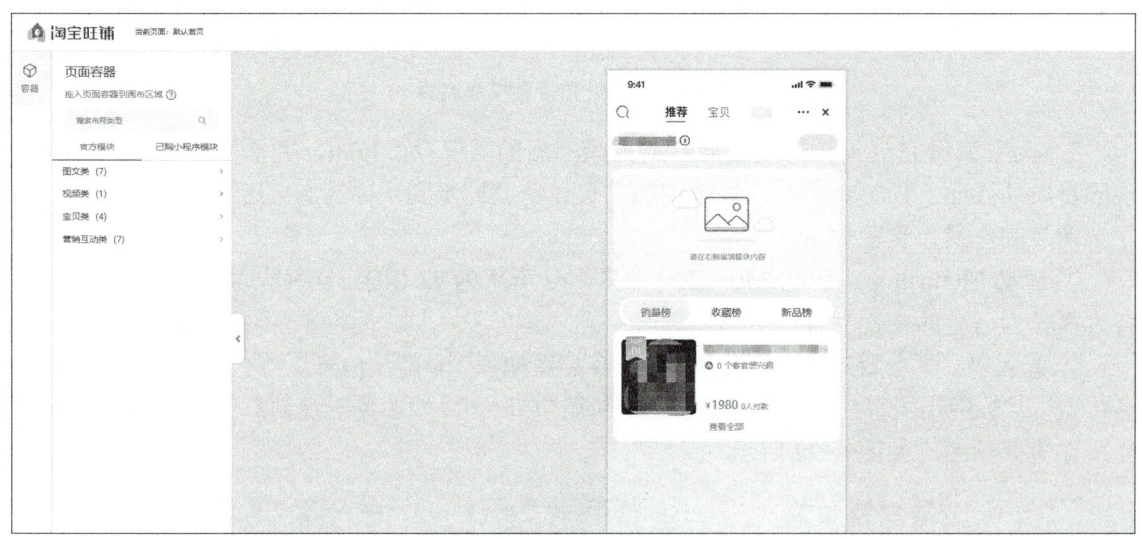

图6-23 手机店铺装修页面

图6-24 模块属性编辑

（2）详情页及其他页面装修

1）详情页装修。在"商品装修"页面，找到某个商品，单击"装修详情"，即可进行手机端详情页装修。详情页装修提供"基础模块""营销模块""行业模块""自定义模块"四种模块,可以选择自己需要的模块拖动移入商品详情页,如图 6-25 所示。单击模块,模块外面会描边,并且可以在最右边的属性编辑区域进行编辑。装修完成后可以单击"保存"或者"发布"。

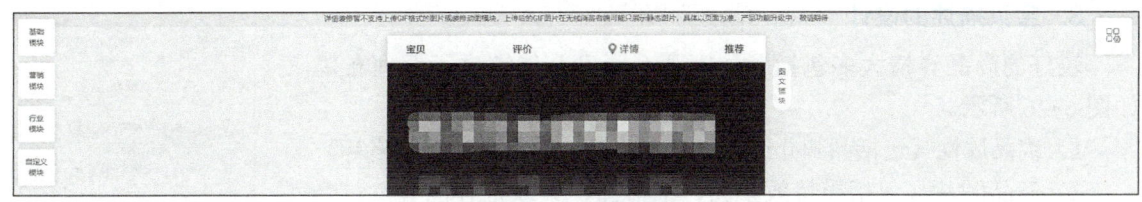

图 6-25 模块编辑

2)其他页面包括"全部宝贝""宝贝分类""自定义页""大促承接页""店铺印象""店铺搜索",装修的方法与首页装修类似。

相关知识

1. 网店商品分类

1)按商品销售状况分类,可以分为畅销商品、主力商品、试销商品、优惠商品、滞销商品、应淘汰商品等。对不同类别的商品,应配合店铺的特性及店铺所在的商圈环境,制订适用的销售计划。

2)按商品周期分类,可分为介绍期、全盛期、保持期、衰退期。店铺应对处于不同阶段的商品制订相应的销售策略,使用相关的促销手段,从而增加销售量。

3)按商品价格分类,可分为高价位、中价位、低价位。应配合店铺的经营方针制订价格策略。

4)按商品销售季节分类,可分为长年销售商品、季节性销售商品。应配合季节的交替及时调整店铺的商品销售计划。

5)按商品的使用目的分类,可分为送礼产品、自己消费用商品、集团消费用商品等。店铺可根据光顾店铺的顾客特性掌握不同商品的比例,制订商品计划。

6)按目标顾客群分类,可以按性别、年龄、职业、生活层次、购买习惯等来区分,并且应该在开店初期即针对这种区分制订商品计划。

7)按商品用途区分,可根据何时使用、何处使用、如何使用等情况来进行分类,采用相应的商品陈列手段、服务方式等进行销售活动。

8)按满意度区分,顾客对商品的满意度与各自对商品的不同要求有关,可从色彩、花样、规格、型号、性能、设计风格、制作面料、趣味、款式等方面来衡量,尽量使更多的顾客感到满意,从而增大销售量。

2. 宝贝描述的内容

1)商品展示类:平铺、模特、色彩、细节、卖点、场景、效果、搭配、包装。

2）实力展示类：品牌、荣誉、资质、销量、生产、仓储。
3）吸引购买类：情感打动、品质打动、实力打动、买家评价。
4）交易说明类：尺码规格、维护保养、购买、发货验货、退换货、保修。
5）促销说明类：店内活动、关联销售、搭配商品、优惠方式。

3. 宝贝描述的设计

较好的商品详情大多包括了如下几个要素并能够进行合理布局，如图6-26所示。

1）商品属性（包括品牌介绍、规格、质地、颜色、套餐价格等）。
2）商品图片（包括模特效果图、细节图、关联推荐图等）。
3）促销活动介绍。
4）买家必读（物流运费、售后服务、尺寸量法、付款方式、联系方式等）。

以上要素也需要根据实际需要进行逻辑布局。大概有以下几个原则：

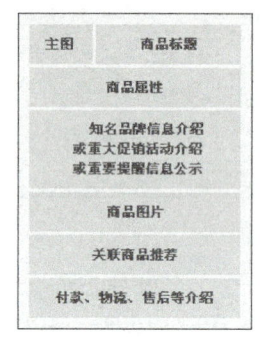

图6-26　宝贝描述布局

1）系统自动标记的属性肯定是在最前面的。这里的属性设置也是最重要的，特别诸如品牌、颜色、尺码等属性一定要标注清楚。如果是知名品牌而且是正品，则应给买家一个强化提醒。

2）买家必读中的付款方式、售后、物流、尺寸量法等信息一般可以放在详情最底部，当然如果有特别重要的提醒，可以放在"商品属性"和"商品图片"之间。这里的信息固然重要，但它不是让消费者产生购买欲望的信息，反而是在产生购买欲望后决定购买前的一些参考信息和提醒信息。因此可以放在详情偏后位置。

3）店铺重大促销活动，则可以视具体情况放置在详情偏顶部位置。这里跟进入超市看到的堆头是一样的。要让买家一进入就能感受到促销的巨大拉力。另外可在底部介绍些与此款商品搭配的相关商品，再次刺激消费。

4. 买家必读撰写的内容

买家通过标题进到商品详情，通过对商品属性的了解以及对商品图片的观摩，这时如果买家有购买兴趣，则会细看购物必读等文字信息。该如何通过文字的补充信息帮助买家做最后的购买决策呢？

（1）商品补充介绍

通过图片，尤其是服装鞋包等，不能实际感受商品的面料、做工、尺寸、厚薄、品牌等信息，此时文字就是最好的传递工具。例如，卖家可以把自己或其他买家拿到实物后"摸"到的实际感受通过文字描述的形式传递给买家。此外，哪些是配件哪些属于商品本身，也要说清楚，避免后期产生不必要的误会，造成差评就不好了。

【示例】"这件衣服摸起来手感很好""摸起来偏硬/软""摸起来比较薄""摸起来比较厚""摸起来比较像……""由于拍摄光线问题，会有轻微色差"等。

（2）商品使用说明

向买家提示商品的使用方法，如窗帘可以介绍挂钩用法，食品可以介绍烹调方法，服装可以介绍尺寸测量方法等。

【示例】以鞋类的尺寸说明为例：建议您的买家也这样去测量，尽可能避免沟通实物或标准、量法不统一导致买家不满意，如图 6-27 所示。

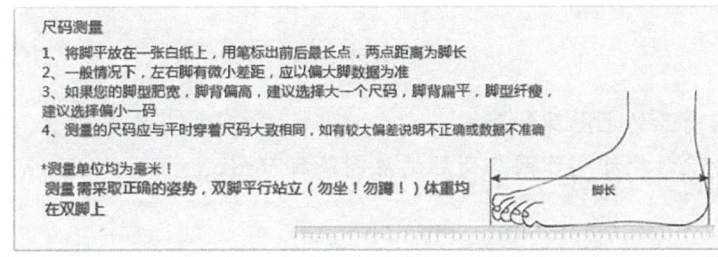

图 6-27　如何选择合适的鞋码

（3）物流运费信息

物流运费信息往往也是买家很关注的，如果每次都通过旺旺一个个给客户介绍解释，那是相当庞大的一个工作量，所以一定要充分利用商品描述，把物流配送等信息及时传达给客户。最好以列表方式将常用物流公司、配送区域、各地运费、到货天数以及快递跟踪查询方法等都一一列出，方便买家了解配送信息。为了避免买家觉得运费太高，还要注意合理设置运费。

关于收货问题，在收到货时应检查货品后再签收，发现问题时应及时联系卖家，拒绝签收等都应标注清楚。

（4）售后服务说明

相信每一位成功的卖家都有好的售后服务。不过既然承诺了就一定要履行。说明清楚售后服务情况也有利于在遇到交易纠纷问题时提供证据。售后服务具体包括：退、换、修具体期限；退、换、修范围以及不予退换修的情况说明；退、换、修来回邮费等。

（5）联系方式

将你的手机、办公座机、QQ、电子邮件等联系方式列出，便于买家在遇到问题时与你取得联系。

（6）其他说明

1）关于评价说明。提醒买家在收到货物评价前要和卖家联系，在对商品有不满意的时候能及时为买家解决问题，有利于解决交易纠纷。可以减少令不少卖家感到头疼的问题：一些新手买家在评价里面写道"不错，还行""挺好的，就是有点色差"，但却给了中评，他们可能不清楚中评的恶劣性不亚于差评。此外，可以拿自己的以往销售记录出来秀一下，引导买家正确评价，这样得到中、差评的概率会小很多。

2）关于付款帮助。有些买家不知道如何通过支付宝付款，直接要求汇款转账。但是只有支付宝交易才能更好地保护买卖双方利益，而且有利于卖家增加店铺信用。因此，你可以补充一些付款帮助说明，让买家感受到你贴心的服务，利于成交也利于培养忠诚客户。

温馨提示

大家想要表达的东西实在是太多了，但事实证明，人们并不愿意一次性接受太多的文字，所以为了准确传达以上的信息给买家，可以在需要特别引起买家注意的地方，加大字体或者是改变字体颜色，从而突出重点，并做到言简意赅、整齐明了、主次分明。

拓展训练

1. 拍摄网店商品的主图及细节图。
2. 利用图片设计软件制作网店商品的主图及细节图。

实战训练

1. 根据自己网店经营的商品类别，选择一个合适的网店模板。
2. 为自己的店铺设置好店铺页头，制作店铺招牌。
3. 在网店首页设计一个三张图片轮播的促销广告。
4. 根据自己网店经营商品的情况进行科学分类，并且把商品放置到分类中。
5. 为网店商品制作宝贝详情页。

思考与练习

一、单选题

1. 淘宝店铺装修中，用于展示店铺品牌信息和整体风格的模块是（　　）。
   A．招牌　　　　　　B．宝贝详情页　　　C．分类导航栏　　　D．首页轮播图
2. 淘宝店铺装修中，招牌图片大小通常限制为（　　）。
   A．950×120 像素　　　　　　　　　　　B．1920×600 像素
   C．750×300 像素　　　　　　　　　　　D．根据店铺类型不同有所差异

3. 下列（　　）不属于淘宝店铺首页装修的基本元素。
    A．主轮播图　　　　B．宝贝推荐区　　　C．店铺公告　　　　D．商品详情页模板
4. 在淘宝店铺装修中，若要设置全屏海报，一般应使用（　　）功能模块。
    A．宝贝展示模块　　B．图片轮播模块　　C．互动模块　　　　D．优惠券模块
5. 对于提高淘宝店铺转化率，以下装修策略更为重要的是（　　）。
    A．使用高清美观的大图　　　　　　　　B．清晰明确的商品分类
    C．设计吸引人的促销活动区域　　　　　D．以上都重要

二、多选题

1. 淘宝店铺装修的作用包括（　　）。
    A．提升品牌形象　　　　　　　　　　　B．规划商品布局
    C．增强用户体验　　　　　　　　　　　D．提高用户留存与转化
2. 在进行淘宝店铺装修时，可以使用的装修工具及功能有（　　）。
    A．模板市场购买专业模板　　　　　　　B．自定义模块上传个性化素材
    C．利用智能版装修实现多屏适配　　　　D．装修后台直接调整页面布局
3. 下列（　　）属于淘宝店铺装修中的基础模块。
    A．导航条　　　　　B．分类模块　　　　C．宝贝列表　　　　D．客服中心
4. 以下（　　）是进行淘宝店铺装修时需要考虑的因素。
    A．店铺的品牌形象统一性　　　　　　　B．页面色彩搭配与视觉冲击力
    C．购物体验的便捷性和引导性　　　　　D．所有商品的一致性描述
5. 淘宝店铺装修中，（　　）可以帮助提高用户体验和转化率。
    A．清晰的商品分类导航　　　　　　　　B．吸引眼球的活动促销区
    C．具有吸引力的商品主图　　　　　　　D．完整详尽的商品详情页

三、判断题

1. 淘宝店铺装修只需注重PC端设计即可，无须关注手机端。　　　　　　　　（　　）
2. 在淘宝店铺装修过程中，所有图片都必须自行设计制作，不能使用网络下载的素材。
　　　　　　　　　　　　　　　　　　　　　　　　　　　　　　　　　　（　　）
3. 淘宝店铺装修中，所有模块的位置和内容都可以自由调整。　　　　　　　（　　）
4. 使用淘宝官方提供的模板进行装修能确保店铺页面在各个设备上都能良好展示。
　　　　　　　　　　　　　　　　　　　　　　　　　　　　　　　　　　（　　）
5. 商品详情页的长度越长，消费者停留时间越久，购买转化率就越高。　　　（　　）

任务3　网店运营与推广

任务情景

张宇的店铺经过一番装修，果然看上去美观了许多，但是，店铺的生意却冷冷清清，张宇非常郁闷，为什么人家的店动不动就是钻石、皇冠级别，而自己才孤零零的一颗红心

呢？有哪些方法可以宣传推广自己的店铺，从而吸引客流呢？

任务分析

淘宝目前每天新增店铺3万余家，面对激烈的市场竞争，作为一个新卖家一定要打起十二分的精神。首先，应尽快熟悉店铺的日常管理，如在线沟通、修改价格、发货、评价等；其次，要掌握店铺促销、付费推广、站外宣传等尽可能多的宣传推广手段。

1. 处理订单

买家在经过一番搜索比较后，在确定购买前会通过阿里旺旺与卖家进行沟通交流，对商品的价格、质量、服务等方面进行进一步了解。经过一番洽谈，买家终于下单了，这时卖家中心中的"已卖出的宝贝"栏目会显示订单信息。那么接下来就需要对订单进行处理了。订单的处理主要分为三种情况：订单改价、修改邮费和关闭交易。订单处理的常用入口有千牛软件、淘宝网千牛卖家中心。

（1）订单改价

执行"已卖出的宝贝→找到相应的订单→修改价格"命令，可以按优惠折扣调整价格，也可以按优惠金额调整价格。

（2）修改邮费

执行"已卖出的宝贝→找到相应的订单"命令，当卖家承诺包邮时，应该将邮费修改为0。

（3）关闭交易

当买家拍下后却不想购买时，该订单就视为无效订单，卖家可以在征得买家同意的情况下关闭交易。执行"已卖出的宝贝→找到相应的订单→关闭交易"命令，选择关闭的理由后提交。如果卖家不主动处理，订单也会在买家拍下后三天内不付款后自动关闭，同时，买家自己也可以主动关闭交易。

2. 发货管理

当买家付款后，订单状态显示"买家已付款"，卖家应该在48小时内安排发货。通常情况下，买家付款成功后，卖家要复制对方收货地址、收货人姓名、联系电话和所订购的商品等信息给买家确认。这样做的好处是完善收件信息，经过客户认可后，对发货过程中可能出现的问题便于解决，也可以体现卖家的细心和专业，便于买家完善或更改信息、再次确定产品，这是确保收发件准确的基础条件。

发货的流程一般为选择物流公司、包装发货。

（1）选择物流公司

物流发货的形式有三种：在线下单、自己联系物流、官方寄件。一般建议新手卖家选择"在线下单"进行发货，卖家选择相应的快递公司，单击"选择"可以查看派送范围及派送时间，做到心中有数。物流公司上门取件后，卖家只需填写运单号码，单击"确认"即可完成发货。

（2）包装发货

发货一般应在当日内完成。在发件完成后告知买家什么时间走件，发货单号和查询方法，以安买家之心，买家可以自己查询货物，随时了解自己的货物情况。

在发货前还有一个重要程序就是包装。商品包装的好坏直接决定着买家对商品的第一印象，质量再好的商品放在脏乱差的包装盒里价值也会大打折扣，因此作为卖家要掌握一定的包装技巧。

1）首先要准备好包装材料。常用的包装材料有销售包装盒、外包装纸盒、塑封袋、胶带等。

2）根据订单进行包装。将相关的商品、商品说明书、发货单、赠品等装入销售包装盒。

3）最后将销售包装盒装入外包装纸盒。装箱后，用胶带封箱是包装的必要条件，先封住纸箱闭合处存在的缝隙，然后在边角处粘上胶带，这样不易产生裂痕，更耐挤压。全部完成后在外包装纸盒上贴上快递单。

3. 交易评价

淘宝网会员在使用支付宝服务成功完成每一笔交易后，双方均有权对对方交易的情况作一个评价，这个评价亦称为信用评价。

评价分为"好评""中评""差评"三类，每种评价对应一个积分。具体为："好评"加 1 分，"中评" 0 分，"差评"扣 1 分。评价的有效期是交易结束后的 15 天以内。在评价生效后的一个月内，评价可以修改。

卖家评价步骤：已卖出的宝贝→选择需要评价的订单→评价。

买家的评价直接影响着产品的销售，好的评价会增加商品的销量，但是一个差评就有可能会使得商品销售停滞，因为网购中买卖双方互不见面，买家希望通过其他买家的评价来获得更多的参考和意见，以决定是否值得购买。那么如何引导买家给予好评？

信用评价体系是网络零售的核心，在商家竞争异常激烈的今天，"服务"已经成为商家脱颖而出的利器，而服务最直接的反映就是客户的好评。

顾客给好评的条件 = 好的顾客体验 + 评价

1）好的顾客体验需要具备如下条件。

①对待上帝般的服务：客服熟悉产品，非常热情、耐心解答，回复时间不超过 30 秒，发货较快、包装有档次，主动帮助买家处理物流、售后问题。

②靠谱的产品：顾客打开包装，看到商品的那一刻，已经决定是否会给差评。所以产品的质量，以及是否与宝贝描述相符，都会影响顾客最终的评价。

③超出预期的惊喜：如果商家希望能获得更多的好评，那么无论是在服务上还是在产品上，必须要超出顾客此前的预期。比较可控的方法有小赠品、VIP 福利等。

2）当具备以上条件之后，最终还需要人为地推动顾客来评价，有效的方法如下。

①老顾客的评价：通过在宝贝描述页面等地方展示老顾客的好评，不光是推动成交，还可以在潜意识里引导顾客的从众心理，从而给予类似好评。

②温馨提示：在买家等待收货期间，建议以短信的形式提示其发货和物流信息，可以放置手写的小贺卡，做客户关怀。有条件的情况以电话的形式做回访，顺便提醒买家在收货之后给予好评。

③推出"写好评，得大奖"之类的活动，除了在相关页面有显示，在客户付款之后，短信中、电话中、贺卡上都可以提醒此活动。

4. 店铺促销

与开设实体店铺一样，在网上开店也需要开展一些让利促销活动来吸引顾客，增加客流量。为此淘宝网在"千牛卖家中心"专门设置了"营销"这一模块。

（1）店铺营销中心

进入淘宝网"千牛卖家中心"，在"营销"模块，单击"营销工具"，可以进行店铺活动的创建、管理及数据分析，如图6-28所示。

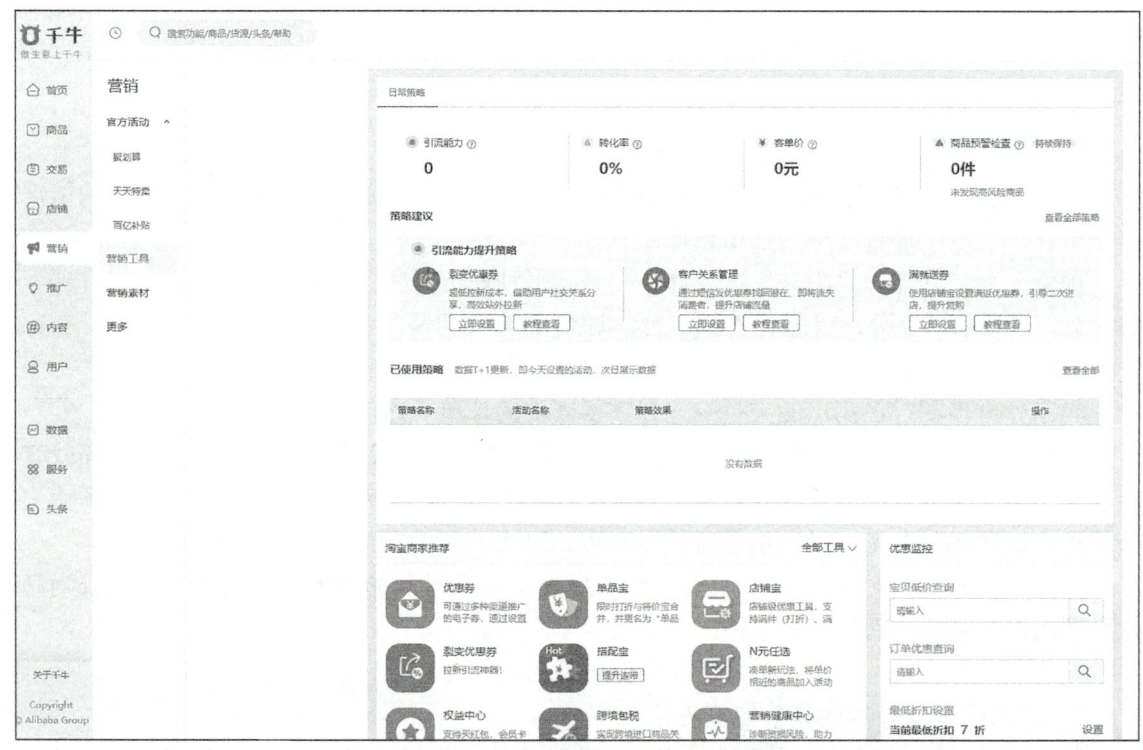

图6-28 营销工具页面

（2）淘宝站内活动

1）淘宝网不定时地为淘宝店铺开设了一些促销活动，卖家可以选择参加，参加淘宝网促销活动的具体操作步骤如下：进入淘宝网"千牛卖家中心"，在"营销"模块，单击"官方活动"。淘宝网提供的各项营销活动会进行列表显示，并且会显示卖家是否能参加。

2）能够直接看到可以报名参加的活动列表，如图6-29所示。如果想要报名参加，则单击"去报名"按钮。可以看到详细的活动规则及店铺要求。

3）在打开的"填写报名信息"页面中填写店铺信息和要参加促销的宝贝的相关信息。

项目6 网上创业

图 6-29 可参加活动列表

5. 付费推广

淘宝网提供了一些付费推广工具,比如关键词推广、精准人群推广等。

(1) 关键词推广

关键词推广即升级版的直通车。原有直通车能力在关键词推广都可以复用。如原有直通车智能计划的几大场景,通过自定义推广都能实现。关键词推广帮助宝贝精准展现在搜索结果页,无点击不扣费,营销推广精准可控,满足商家多样化的推广诉求。关键词推广在原直通车三大计划类型的基础上进行了整合与升级,兼顾了商家可控与智能的诉求,真正实现"手动挡+辅助驾驶"的能力,让推广更简单,更高效。

1) 关键词推广竞价原理。关键词推广的排名是依据关键词出价、质量得分以及买家综合维度综合排名,排名靠前展现的机会大。另外,关键词推广可设定精选人群,展现会受人群特征、地域、竞争环境等因素的影响,不同的人搜索展现的宝贝会不一样。若要想抢首条或者获得更多搜索广告流量,建议优化关键词质量分,同时可以适当地进行加价或者设置抢位,也可针对搜索人群进行溢价。

关键词推广分为自定义推广和流量金卡。自定义推广是原直通车标准计划和智能计划的整合升级版。支持自主选品、选词等能力,同时出价方式进行打通,支持自主出价、控成本出价、控投产比出价、最大化拿量四种出价方式,打破原有直通车出价壁垒,投放可控,效果更优。自定义推广是按照商家所选关键词圈选流量,选品/出价/人群均支持自定义,精准可控。广告展现免费,点击收费,展示在手机淘宝中的核心资源位:在手淘 App 搜索结果页首条,以及往下每间隔 6 个或 10 个商品都是关键词推广展现位置。关键词推广能为商家带来两种收益,一种是直接转化助力宝贝成交,另一种是长期品牌心智种草。流量金卡是一款针对关键词推广的特定产品或服务,其核心理念是帮助商家更高效地触达具有潜在购买意愿的消费者,尤其是在关键词心智层面进行精准营销。相较于传统的自定义推广,流量金卡可能提供更高级别的功能或特权,旨在提升关键词推广的效率和效果。

展现不扣费,点击扣费。只有买家在搜索广告展位上点击了宝贝,才会产生扣费,一般扣费是不会高于关键词最终出价的。扣费公式：（下一名的出价×下一名的质量得分）/您的质量得分+0.01。最高出价计算公式：关键词出价×（1+精选人群溢价）×（1+抢位助手溢价）×（1+智能调价溢价）×分时折扣。

若没有设置抢位（或抢位失败）和智能调价，则抢位溢价和智能调价均不生效。计算公式：最终出价＝关键词出价×（1+精选人群溢价）×分时折扣。以此类推，只计算生效的设置，计算没有先后顺序，也无关键词、人群、创意，都是单独扣费单独出价的说法。溢价和分时折扣，均可理解为对关键词加价的意思。

2）关键词推广投放要素。关键词推广投放要素包括宝贝、关键词、创意图和预算。

①宝贝：宝贝负责承接关键词推广单元。

②关键词：关键词作为桥梁的开端，匹配供需，商家以关键词为基础进行竞价，消费者通过关键词搜索看到搜索广告。

③创意图：创意图提供供需可视化，进一步锁定意向。

④预算：预算用于关键词推广投放过程中的支撑，决定了搜索广告覆盖时长、范围、排名等。

3）关键词推广准入机制。绝大部分类目都是默认准入的，除部分特殊类目外，如网络游戏点卡、本地化生活服务、教育培训等。如果需要具体了解，可以前往查询，路径为：阿里妈妈规则中心→通用规则→自查工具→用户准入及商品准入查询。

4）关键词推广资源位展示。主要展示端口有计算机端淘宝网搜索、手机淘宝搜索、站外优质媒体、搜索人群追投等。

计算机端核心资源位：淘宝网搜索结果页，左侧1～3个宝贝展示位，有标识"广告"字样的位置，以及页面右侧和页面底端有标识【广告】字样的位置。

天猫页面展示位：天猫关键词或类目搜索，最下方掌柜热卖，5个展示位，根据计算机的屏幕显示自动调整展现位个数。注意：该展示位只展现天猫用户。

手机淘宝核心资源位：手机淘宝App搜索结果页每隔5个或10个宝贝有1个带"广告"字样的展现位为关键词推广广告。如1+5+1+5+1+10+1+10+1+…，其中"1"为关键词推广展示位。前述展示位可能受淘宝活动的影响，实际广告位会出现上下波动，如插入活动信息至搜索结果页等官方活动，具体以搜索结果页"广告"标识为准。

拍立淘位置有关键词推广展位，但无法自主设置投放，只要使用关键词推广，就有一定的投放概率，无法关闭。

淘宝站外展示位：百度、360、搜狗等多家头部媒体，网站用"关键词"搜索时，会跳转爱淘宝搜索页面。

5）关键词推广出价形式。为了满足不同商家的不同投放需求，关键词推广存在多种出价形式，具体见表6-1。

表6-1 关键词出价模式的能力介绍及优点

分类	产品能力简介	优点
最大化拿量	商家可设置日限额或周限额的预算，系统会基于预算进行出价，控制全天的预算花费在设置的范围内。支持成交金额、收藏加购、点击量三个目标的投放	对于有预算要在一定时间内去抢占市场的用户有很大价值，可以通过控预算更轻便地控制投放，快速起量

（续）

分类	产品能力简介	优点
控成本投放	控成本目前以成交为目的的出价模式，商家可设置点击、直接成交、收藏加购三类方向的控成本，系统会基于商家设置，控制平均花费的成本在一定范围内	满足在管控某一个指标成本下的投放模式，约束在某一成本指标下达成成交
控投产比投放	控投产比即 ROI 出价，支持商家设置 ROI，并在 ROI 的一定范围内去拿量，可兼顾 ROI 和拿量	可以针对生意不同阶段对于 ROI 的不同诉求，能够兼顾 ROI 和拿量
手动出价	商家可针对每一个词、人群等进行出价，并支持商家设置智能溢价比例，严格限制出价上限	可以严格地限制出价，对于每一个词、人群等管控更精细，可控性强

① 手动出价：直接对关键词的每次点击出价，是最精细的设置参数方式。

② 控成本投放：分为直接成交、收藏加购、宝贝点击三个转化目标，系统按照成本自动优化推广策略达成转化目标，扣费还是每次点击扣费。

③ 控投产比投放：设置投产比目标，系统会尽可能优化计划 ROI，扣费还是每次点击扣费。

④ 最大化拿量：设置花费预算上限，系统自动推广优先获取更多优质流量，扣费是每次点击扣费。

6）关键词推广操作流程。以自定义推广为例，介绍关键词推广操作流程。关键词推广操作步骤：万相台无界→选择推广→关键词推广→选择"自定义推广"模式→设置计划组和计划名称。

① 选择投放主体。选品方式包括自定义选品和智能选品。自定义选品是全店商品自选投放，可控性强，可添加宝贝上限 30 个，根据需求去选品，重点卡 ROI。选择店铺中转化率高、点击率高的产品，重点投放。智能选品是系统通过宝贝多维度特征及推广效果预估，动态优选营销目标下的最优宝贝，选品方向包括成交转化、店铺引流和目标客户覆盖。

② 设置预算与排期。设置预算类型、出价方式，以及投放位置、地域和时间等。

③ 选择关键词。关键词分类包括：自定义买词、流量智选、关键词组合。选择自选词，商家可自定义选择想要投放的词，并支持广泛匹配和精准匹配。其优势是灵活性强，可控性强，可操作空间大。选择流量智选词包，则流量智选词包根据宝贝特征进行流量拓展，触达更多消费者搜索意图。同时开启关键词动态管理，实现输送新优质关键词，目标可选好词优选、捡漏和类目优选。其优势是智能化的动态买词能力，在商家选择不同的流量购买策略下，为推广宝贝自动购买自选词未触及的优质流量。选择关键词组合，以宝贝卖点词 / 趋势主题词为切入点，系统自动购买高质量关键词组合。其优势是智能化的动态买词能力，帮助商家及时抓住趋势新机遇，高效打造货品卖点。注意：智能选品不支持自定义设置关键词。

④ 选择人群。人群设置包括种子人群和优质人群扩展，见表 6-2。种子人群是系统根据投放主题和推广方案，智能推荐精选人群，包括智能拉新人群、店铺长期价值人群、店内商品放入购物车的访客、收藏过店内商品的访客和购买过店内商品的访客等。优质人群扩展是系统通过实时计算并学习种子人群的用户特征及历史行为，挖掘跟种子人群成交行为相似度高且对推广感兴趣的消费者作为扩展人群，以获得更好的推广效果。注意，只有"自定义选品＋手动出价"，才可支持添加人群投放。

表 6-2 种子人群和优质人群扩展比较

分类	产品能力简介	商家价值
种子人群	商家可以在关键词流量下，选择自定义人群、行业人群、店铺人群、智能人群，通过人群溢价的方式，表达人群投放偏好	在已选关键词的基础上，为商家提供丰富的人群及标签，帮助商家精细化运营，提升目标人群搜索时看到广告的概率，提升关键词推广效率
优质人群扩展	基于选择的种子人群，系统实时计算并学习种子人群的用户特征及历史行为，挖掘跟种子人群成交行为相似度高且对推广感兴趣的消费者作为扩展人群	在已选种子人群的基础上，系统进行优质人群扩展，帮助商家快速获取更多的人群流量

⑤配置创意。创意模式包括智能创意与仅商品主副图，可在计划设定完成后，单独添加创意。选择智能创意，系统根据商品信息、主副图、商品视频自动生成创意（包含标题、商品摘要、图片、视频创意等）；系统根据生成的创意，结合流量特点进行创意优选投放，帮助提升点击率。选择仅商品主副图，系统将自动抓取宝贝主图进行广告投放，并随宝贝主图更新而自动更新。可后续自定义增加创意图进行投放。

⑥新享礼金权益设置。权益设置可以提高广告的点击率、转化率。投放的商品享受独特的创意利益点展示。关键词推广支持设置商品的权益，即新客礼金、新品礼金、限时礼金。可基于店铺拉新、新品快速成长、主推打爆/尾货清仓等店铺目标，让店铺目标客户更快地看到宝贝，提升广告效能，帮助商家快速获取高转化流量。

（2）精准人群推广

万相台无界版精准人群推广场景，覆盖全淘宝的"猜你喜欢"流量，提供最精准的人群增长阵地，加快目标人群成交转化。独有定义目标人群及出价，实现高营销价值人群运营的精确和可控；提供拉新至转换全链路人群培育路径，推动全店生意长期增长。该运营场景核心包括三大功能板块：人群方舟、店铺宝贝运营和人群超市。人群方舟基于达摩盘人群方法论，支持人群精细化拉新人群资产，高效转化。人群超市极大提高人群达量效率，直接圈定目标人群；洞察同行优质人群，加速优质人群抢占。店铺宝贝运营基于店铺宝贝的人群行为，运营宝贝全生命周期成交增长；推荐使用新品飞车，通过平台培育和专属算法，实现货品人群爆发生意增长。

商家场景应用建议：人群超市适合初涉人群圈选投放的商家或者投钱需要明确投放人群画像并需精准投放的商家，建议选择合适的人群包和套餐，一键下单，全程无忧。人群方舟适合人群精细化运营的商家，使用人群方舟提升兴趣，首购新客、精准人群拉新；也可使用人群方舟的人群资产转化和高效人群转化。店铺宝贝运营建议在上新期使用，新品上架初期建议使用新品飞车，优化点击和收加，获取平台流量补贴，快速积累数据；新品成长期，当新品积累数据完成后，使用直接销量达成，快速完成新品成长。

以人群方舟为例，介绍精准人群推广操作流程。精准人群推广操作步骤：万相台无界→选择推广→精准人群推广→选择"持续推广"模式→选择"智能选品"方式→调整"种子人群"→设置"扩展人群"→设置预算、排期和创意等。

6. 站外推广

（1）淘宝客推广

淘宝客推广是专为淘宝卖家打造，按成交计费的推广模式。淘宝客从淘宝联盟拿到卖家推广商品的链接,在聊天、论坛、博客和个人网站或其他地方推广商品,买家通过推广链接进入完成交易后,淘宝客拿到该卖家一定比例的佣金。

以下是加入淘宝客推广的通用准入条件:

1)店铺状态正常(店铺可正常访问)。
2)用户状态正常(店铺账户可正常登录使用)。
3)近30天内成交金额大于0。
4)淘宝店铺掌柜信用≥300分。天猫店铺、淘特店铺无此要求。
5)淘宝店铺近365天内未存在修改商品如类目、品牌、型号、价格等重要属性,使其成为另外一种宝贝继续出售而被淘宝处罚的记录。天猫店铺无此要求。
6)店铺账户实际控制人的其他阿里平台账户(以淘宝排查认定为准),未被阿里平台处以特定严重违规行为的处罚,未发生过严重危及交易安全的情形。
7)店铺综合排名良好。店铺综合排名指阿里妈妈通过多个维度对用户进行排名,排名维度包括但不限于用户类型、店铺主营类目、店铺服务等级、店铺历史违规情况等。

加入淘宝客的步骤:登录淘宝→千牛卖家中心→推广→淘宝联盟→阅读淘宝联盟推广协议→注册。注册完成后,进入"计划管理",可以对商品进行营销计划设置,可以添加主推商品(最多可添加12000件商品),设置推广时间和佣金比率。设置完毕后,此时页面会显示当前设置的主推商品的所有状态,需要注意的是,此时的佣金比率不会立即生效,光标指向时钟会显示生效时间。在"计划管理"中,也可以对全店进行营销计划设置,针对全店的营销计划主要包括定向计划、自选计划、淘花计划、通用计划。

(2)外部网站推广

1)返利网站:网站与商家达成协议,只要买家通过合作平台前往商家成功购买商品,商家就根据商品金额支付给合作平台一定的费用。目前主要合作形式为CPS盈利模式。

举例:返利网、返利优惠网购、易购网等。

评价:现在的返利平台质量参差不齐,建议卖家尽量考虑有实力、有信誉的大平台,确保自身权益。

2)社交网站:即卖家以个人关系网络为核心展开的关系营销,重点在于建立新关系、巩固老关系,以支持其业务的发展。

举例:微博、微信、贴吧。

评价:拥有庞大的用户群和流量,但一直没有寻找到合适的推广方式。大部分无法做到精准营销,后期转化效果常是未知数。

3)导购类网站:指导对网上购物不熟悉的消费者,或是把各大电商网站进行对比后,挑选出一些性价比高的商品导购网站。

举例:蘑菇街、美丽说、口袋购物。

评价:站外推广的质量和用户精准性均较高,是网购交易的上游环节。相对于站内推广,其营销成本跟技术门槛都很低,已成为卖家新宠。

4)广告联盟:集合众多网络媒体资源组成联盟,通过联盟平台帮助广告主实现广告投放,并进行广告投放的数据检测统计。

举例:Google AdSense、阿里妈妈、百度联盟。

评价：目前市场上做广告联盟的公司众多，主流媒体都能覆盖，但质量参差不齐，后期效果监测也难以保障，适合有一定技术背景的商家。

 相关知识

1. 网店网络营销的方法

针对网店的网络营销方法很多，接下来介绍一些网络营销新方法。

（1）知识型营销

知识型营销如同百度知道、搜搜问答等，通过用户之间的互助关系，达到一定"连锁推广"效应。按照分类进入自己擅长的频道进行解答互助，提升你在圈内的知名度，使其产生黏性。扩展完善自己的个人资料，合理自然出现自己所要表达的内容，这个需要有耐心。要注意底下的参考资料和地图标识，要充分利用资源合理编排，帮助用户解决所需问题。

（2）新闻类营销

新闻类营销即事件营销。新闻类营销针对实体企业线下的一些重大有意义的活动而言，能够产生社会效应。策划组织有积极意义上的活动，制造"新闻热点"，最终引起媒体及社会的关注，进而达到一种营销的方法。

（3）微博营销

微博营销的关键点在于组织策划广告词，同时这个也关系到产品或服务的营销根基以及用户群体大小问题。

（4）威客营销

威客营销存在一个招标和悬赏的关系，在招标的期间内也是产品服务展示的一个营销点。

（5）网络红人营销

对于网络红人营销，要合理运用，切勿极端化。

（6）图片营销

图片营销存在两个营销点：一个是产品本身特点，以及模特造型搭配；另一个是视觉色彩把控，最终表现，如清爽、自然、突出产品特点、色彩合理搭配，进而激发用户心目中的购买欲望。

（7）贴吧营销

贴吧和论坛一样，互动性比较强，如百度贴吧。贴吧营销要做到"有问必答""有求必应"。

（8）视频营销

视频营销首先要结合企业内部大型活动或事件，同上面提到的"新闻类营销"一样，要有用。可观性强的一些内容方可有用。可以展示企业、产品、服务、新闻等，也可以发布到一些视频网站上面。

（9）口碑营销

产品服务的好坏将会是影响口碑好坏的直接点。因此，企业在做营销的前提下首先完

善自己的产品与服务，这样方可起到事半功倍之效，一个买家可能会告知亲朋好友，一传十，十传百……一定程度上，口碑效应胜过做任何推广。

（10）即时通信营销

目前网络上较为流行的就是 QQ、微信等，即时通信的特点在于"速度快"，第一时间得到最新消息，也体现出电子商务的及时性、便捷性及无地域性，好比千里传音一样。

（11）公关营销

公关营销一定程度上要有一定的"关系链组合"，也就是企业与媒体、政府、社会建立的关系。通过赞助活动、公共活动以及大型企业间的合作，诚邀媒体采访，顺应社会发展以及政府的支持，这样就会产生"新闻效应"进而产生"口碑效应"，外界人士方可更多地了解企业文化、产品和服务，最终达到营销的目的。

（12）SNS 营销

SNS 即 Social Network Service，社交网络服务。依据六度理论，以认识朋友的朋友为基础，扩展自己的人脉，并且无限扩张自己的人脉，在需要的时候，可以随时获取一点，得到该人脉的帮助。SNS 网站，就是依据六度理论建立的网站，帮你运营朋友圈的朋友。其实推广营销人员无非就是哪里有人去哪里，因此，要不断寻找机会，有创意地第一时间展示自己方为王道。

（13）点评营销

点评营销其实就是上述的口碑营销里面的线上口碑营销，这不仅仅是一个评价，而是一个消费者对该企业商品与服务的肯定与认可。同时，消费者的一个评价将会起到一个口碑性的连锁效应。好与不好，销量的好与坏可能就在此而引发。一个好的点评将会给下一个消费者肯定，一个评价也胜过商家的任何推广营销。反过来说，产品服务的好与坏靠市场来说话。因此，建议各类商家在企业的运营过程必须以市场消费者为导向。没有市场，那么你的产品自认为再好，也是无人问津的。

（14）创意广告营销

创意广告在实施过程中一定不能忘记广告的本质，过于抽象未必是好事，会导致无法被识别。广告必须要做到两点：一是信息的传达能够让消费者理解，二是要能够体现出品牌的价值。

（15）病毒式营销

病毒式营销是通过一套合理的策略引导并刺激用户主动进行宣传，是建立在双向互利的基础上的一种营销模式。一种口碑式的连锁效应营销，在用户得益的前提下无意识中起到了一种推广。要注意的是"热点"度要高。例如，免费空间、免费二级域名、便民服务类、免费计数器等，如果他们在使用的过程中感觉很好那么就会通过口碑（线上/线下）方法传播。

（16）百科营销

利用百科，如百度百科、搜搜百科、互动百科等，合理完善地将公司的文化历史、产品信息予以编辑，亦可起到推广之效。特别对于百度搜索引擎的用户，应尽量合理利用百度产品，因为一定程度上百度首先注重的是自己的产品，同一个关键词先出现的可能就是百度内部的一些产品，所以要好好运用。

（17）新媒体营销

新媒体营销包括个人微信和微信公众平台的建设和推广，社交网络平台建设和推广，QQ 空间及豆瓣网的营销等。

其他的营销方法还有电子邮件营销、数据库营销、线下营销（如电梯广告、车体广告、网吧桌面广告、发放传单）等。

2. 关键词推广操作优化

（1）宝贝选择

宝贝的选择要从以下几点考虑。

1) 宝贝应季性和前瞻性。例如在盛夏重点推广雪纺裙和 T 恤时，要及早为秋款打底衫做预热。

2) 宝贝符合当前潮流趋势和社会主流价值需求。例如夏天销售的 T 恤，如果具有莱卡、泡泡袖、人头像等大热的时尚元素，则更容易被大众接受，对成交也有促进作用。

3) 宝贝具有一定的成交记录和客户评价。由于网购无法看到实物，用户除了通过图片和文字介绍来了解宝贝外，历史购买记录和客户的评价也是用户是否会产生购买行为的重要依据。

4) 宝贝货源充足。推广对宝贝的销量有推进作用，同时，也会产生滞后购买效应，所以库存量充足也是推广不可忽视的。

5) 宝贝市场需求量大，目标购买人群规模较大。重点推广的宝贝最好是市场大，目标用户群范围较广的，存在一定的市场需求。

6) 宝贝在货源渠道和销售价格上具有优势。推广为宝贝争取了更多的展示机会，如果产品有价格优势，对成交的推动和成本的控制都会有一定的积极作用。如市面上的雪纺衫，大部分价格集中在 80～120 元/件，如果自己的产品成本可以控制在 40 元/件以下，则相对推广优势会更大。

7) 宝贝颜色、尺码等齐全。由于客户需求不同，如果具备多种颜色可供选择，并且常用尺码都备货充足，对销售也会起促进作用。

（2）关键词优化

1) 关键词设置原理。站在买家的角度思考问题，思考买家会搜索什么词：宝贝名称词，如毛衣、雨伞、T 恤等；宝贝详情里的属性词；组合词（组合词 = 名称词 + 属性词，如毛衣 + 红色；组合词 = 属性词 + 属性词，如套头 + 长袖）；其他买家会搜索的词。

2) 关键词来源。关键词来源设置主要有四种方法：①分析宝贝特征，填入相对应的词语；②可以在社区帮派中寻找别人推荐的关键词；③可以在宝贝淘宝排行榜中选择使用淘宝网排名最靠前的行业关键词；④在数据魔方的后台，可以选择热搜关键词加以使用。

3) 关键词选词方法。如淘宝关键词推广系统中的关键词，宝贝标题中的关键词，宝贝详情中的关键词，淘宝首页搜索下拉框中的关键词。"你是不是想找"以及更多筛选条件中的关键词，"类目词"中的关键词。

其中淘宝关键词推广系统中的关键词包含以下几种。①系统推荐词：系统根据宝贝相关性信息提取的关键词推荐。②相关词查询：在搜索框中输入任意词，查询本词及相关词的流量等情况，如输入"毛衣"，系统会显示毛衣、韩版毛衣、女式毛衣等关键词及相关信息。

③正在使用的关键词：当前账户中其他宝贝的关键词。

（3）提高标题和图片点击率

关键词推广标题必须要突出亮点、有创意，才能引人注目，比如可在标题中添加特价、秒杀、包邮、折扣、正品等吸引人关注的词汇。

关键词推广图片必须要清晰，突出商品的特征，最好还可以跟上下广告位的宝贝图片有差异，醒目的图片能更好地吸引顾客，增加页面到达率。

（4）定价策略

关键词推广的定价很难设置，出价过低就会没流量，出价过高会太烧钱，很难在两点之间找到平衡点，所以必须寻找到一种可以保证不亏钱，且不至于没流量的定价方法。

点击价值，即一个点击能带来多少利润。只要点击商品花费的金额低于商品点击价值就不会亏钱，这也是关键词推广效果的直接反应。目前淘宝网还没有提供点击价值的数据给卖家参考，但有些服务平台商已推出了近似的功能。要想保证关键词推广不亏钱，首先要学会成本核算，了解店铺的毛利润是多少。毛利润就是销售额减去成本后的费用，即商品的利润减去关键词推广的费用。点击价值实际上就是商品在一个时间段内的利润除以这个时间段的点击量。查看某段时间的点击量的具体操作步骤如下：

1）进入"千牛卖家中心"页面，单击左侧栏的"数据"按钮，进入生意参谋页面。

2）查阅宝贝最近30天的数据，包括浏览量、访客数、平均停留时长、下单买家数等。由得到的数据去分析关键词推广的效果，然后进行投放改进。

3. 淘宝客推广技巧

（1）调整佣金比例

投放的商品佣金比例尽可能要比同行的高，比如说可以超过5%，最高达到10%。佣金比例越高对淘宝客来说越有吸引力。只有在众多商品中脱颖而出，首先吸引淘宝客的目光，才能带来好销量。

（2）挑选优秀的商品

淘宝客推广绝对不应该成为卖家滞销品的仓库，只有诱人的销售记录，有说服力的标题，才能带给淘宝客和买家信心。

（3）调整当季、合适的商品

关注淘宝客推广后台，当忙着为店铺更新换季的时候，记得调整淘宝客推广上的商品。要将淘宝客推广当作第二间店铺，而且是一间面向全互联网的店铺。常换常新，根据效果来调整商品和设置，才是好销量的保证。

（4）设置优秀的标题、简介

突出希望传达给买家的商品价值点。比如某件商品正在搞促销，或者有赠品，或者是某个品牌。最好能在标题和简介里明确体现出来，第一眼就能吸引淘宝客的目光。

（5）额外奖励刺激

如果希望有更多优秀的淘宝客帮助推广商品，还可以在佣金之外，对淘宝客设置额外推广激励计划。

4. 淘宝站内其他推广方式

网店商品的推广方式除了利用淘宝客、淘宝直通车、超级钻展外，还有一些别的方式，比如淘金币等。

淘金币是淘宝网的虚拟货币，能够在淘金币这个平台兑换、竞拍到品牌折扣商品。对于卖家而言，它是很好的营销互动平台，是一个快速提升品牌形象，打造口碑营销的平台。拥有优质的客户群体和每天大量的 PV（页面浏览量），可以在淘金币平台上展示品牌，提高品牌曝光度。精准的消费群体和高转化率及购物分享可以很好地打造口碑营销，拉拢回头客。

拓展训练

1. 尝试利用淘金币进行网店商品推广。
2. 申请店铺免费试用功能并开展此活动。

实战训练

1. 请为自己网店设置 1～2 个店铺推广活动推广网店商品。
2. 利用 QQ 等即时通信工具进行网店商品推广。
3. 利用微博、微信宣传自己的网店。

思考与练习

一、单选题

1. 下列淘宝推广工具主要用于提高商品搜索排名的是（　　）。
   A．关键词推广　　B．精准人群推广　　C．淘金币　　D．淘抢购
2. 以下（　　）是淘宝平台日常进行的限时折扣促销活动。
   A．"双 11" 大促　　B．天天特价　　C．"618" 狂欢节　　D．年货节
3. 在淘宝店铺中，设置满减、买赠等优惠活动属于（　　）营销手段。
   A．直接折扣　　B．联合促销　　C．客户关系管理　　D．搭配销售
4. 在新品上架初期，卖家常用的一种快速获取基础销量的方法是（　　）。
   A．设置淘宝客推广　　　　　　　B．进行站外广告投放
   C．利用老客户进行回购　　　　　D．提前做预售活动
5. 关于淘宝 SEO 优化，下列说法不正确的是（　　）。
   A．商品标题关键词对搜索排名影响大
   B．类目属性完整准确有助于提高搜索权重
   C．商品详情页质量不影响搜索排名
   D．店铺 DSR 评分高有利于提升自然搜索流量

二、多选题

1. 淘宝店铺想要通过内容营销提升流量与转化，可以利用（　　　）渠道。
   A．微淘　　　　　　B．淘宝直播　　　　C．短视频　　　　　D．博客文章
2. 以下（　　　）是淘宝常见的站内付费推广方式。
   A．关键词推广　　　B．精准人群推广　　C．超级直播　　　　D．淘宝联盟
3. 淘宝商家可以通过（　　　）方式进行客户关系管理以促进复购率。
   A．发送会员专享优惠券　　　　　　　　B．创建店铺会员体系
   C．进行买家秀征集活动　　　　　　　　D．开展定期的老客户回馈活动
4. 在淘宝运营中，常见的用户黏性提升手段有（　　　）。
   A．发布微淘内容吸引粉丝互动　　　　　B．设置会员制度及积分商城
   C．提供优质的售前售后服务　　　　　　D．定期推送营销邮件及短信
5. 通过淘宝联盟进行推广时，可以选择的合作形式包括（　　　）。
   A．CPS 模式（按成交计费）　　　　　　B．CPC 模式（按点击计费）
   C．CPA 模式（按行动或效果计费）　　　D．自定义佣金比例吸引淘宝客推广

三、判断题

1. 淘宝店铺 DSR 评分的高低直接影响到商品在自然搜索结果中的排名。（　　　）
2. 淘宝直播只能用于展示商品，不能直接进行销售。（　　　）
3. 只有报名参加淘宝官方大型活动才能有效提升店铺流量。（　　　）
4. 只有商品参加了淘宝关键词推广，才有可能在搜索结果页面获得优先展示的机会。
   （　　　）
5. 淘宝平台会根据商家参与的官方活动频率来调整其商品在搜索结果中的排序。
   （　　　）

参 考 文 献

[1] 宋文官. 电子商务实务教程 [M]. 5 版. 北京：高等教育出版社，2014.
[2] 相成久. 电子商务应用与运营 [M]. 2 版. 北京：中国人民大学出版社，2014.
[3] 陈彦彬，宋凯明，陈曦. 区块链与数字货币 [M]. 西安：西安电子科技大学出版社，2021.
[4] 中国就业培训技术指导中心. 电子商务师国家职业资格培训教程：基础知识 [M]. 北京：中央广播电视大学出版社，2014.
[5] 白东蕊. 电子商务基础 [M]. 3 版. 北京：人民邮电出版社，2021.
[6] 纪琳. 网上支付与结算 [M]. 2 版. 北京：机械工业出版社，2014.
[7] 周建良，卢菊洪. 电子商务实用教程 [M]. 北京：海洋出版社，2006.
[8] 宁迪. 央行发布白皮书勾画数字人民币未来 [N]. 中国青年报，2021-07-20（5）.
[9] 《电子商务师国家职业资格考试培训教程》编委会. 电子商务师国家职业资格考试培训教程：基础知识 [M]. 北京：中央广播电视大学出版社，2009.
[10] 朱景伟. 电子商务基础 [M]. 上海：复旦大学出版社，2015.
[11] 余兰亭，万润泽. H5 设计与运营：视频指导版 [M]. 北京：人民邮电出版社，2020.
[12] 夏名首. 网上贸易实务 [M]. 合肥：中国科学技术大学出版社，2021.